China Coal Outlook 2019

● He Youguo
Liu Wenge Li Yanqiang Lan Xiaomei

2019 中国煤炭发展报告

● 主　编　贺佑国
副主编　刘文革　李艳强　蓝晓梅

煤炭工业出版社 · 北京
China Coal Industry Publishing House
Beijing · China

图书在版编目（CIP）数据

2019 中国煤炭发展报告 / 贺佑国主编．- -北京：煤炭工业出版社，2019

ISBN 978-7-5020-7363-3

Ⅰ．①2… Ⅱ．①贺… Ⅲ．①煤炭工业—工业发展—研究报告—中国—2019 Ⅳ．①F426.21

中国版本图书馆 CIP 数据核字（2019）第 057158 号

2019 中国煤炭发展报告

主　　编　贺佑国
责任编辑　闫　非　彭　竹　张　成　籍　磊
编　　辑　刘　鹏　田小琴　刘晓天
责任校对　孔青青
封面设计　安德馨

出版发行　煤炭工业出版社（北京市朝阳区芍药居 35 号　100029）
电　　话　010-84657898（总编室）　010-84657880（读者服务部）
网　　址　www.cciph.com.cn
印　　刷　北京玥实印刷有限公司
经　　销　全国新华书店

开　　本　889mm×1194mm $^{1}/_{16}$　**印张**　15 $^{1}/_{4}$　**插页**　16　**字数**　315 千字
版　　次　2019 年 4 月第 1 版　2019 年 4 月第 1 次印刷
社内编号　20192133　　**定价**　300.00 元

编委会

掌握国内外煤炭行业发展动态
促进中国煤炭工业可持续发展

中国／世界煤炭发展报告

China / World Coal Outlook

《中国／世界煤炭发展报告》是应急管理部信息研究院在中国煤炭工业协会支持下开展的重点研究项目，作为年度报告定期出版。自 2004 年首次出版以来，已出版《中国煤炭发展报告》中文版 14 期、英文版 4 期，《世界煤炭发展报告》2 期。

《中国／世界煤炭发展报告》以国民经济和社会发展趋势及宏观经济政策为背景，通过市场调研获得大量丰富详实的数据资料；深入分析煤炭生产与市场动态，包括煤炭需求与供应预测、煤炭运输、煤炭市场、煤炭科学技术、煤矿安全生产、煤炭与环境、国内外煤炭供应平衡体系建设等，重点报道和研究当前煤炭行业的热点议题；同时对下一年度行业发展趋势进行预测，提出独家观点和对策建议。

《中国／世界煤炭发展报告》的编纂出版，得到了有关政府部门、大型企业领导和有关专家的大力支持，受到业内人士的普遍关注，课题组对此表示衷心的感谢！我们将努力工作，不断提高研究质量和水平，以报答领导和读者的厚爱！

红石岩煤矿

近年来，在司法部、省委省政府、省监狱管理局、省益秦集团公司、行业管理部门及监狱党委的正确领导下，红石岩煤矿党建引领、文化铸魂，全力打造“全国一流·省级示范”的本质安全型矿井为目标，牢固树立“生命至高无上，安全责任为天”的安全核心理念，突出预防、突出创新、突出人本文化、突出全员参与，探索出超前安全预防管理新模式；坚持以“红实”文化为支撑，“以文化促管理、以管理保安全”的工作思路不动摇，创新管理，精心培育，努力构建“1266”人员素质提升体系、“145”工作环境提升体系，形成了“12545”安全管理新模式；从“四零”安全管理目标出发，不断夯实安全管理基础，提升安全管理水平，逐步提炼形成了具有红矿特色的安全管理文化，实现了矿井安全发展，截至 2018 年底，实现安全生产 3799 天，多次被陕西省人民政府、司法部直属煤矿管理局、陕西省监狱管理局及行业管理部门授予“安全生产先进企业”“安全生产先进单位”“企业信用评价 AAA 级信用企业”“监狱企业综合考核优秀单位”等荣誉称号。2018 年 1 月 2 日，被陕西煤矿安全监察局命名为“省级煤矿企业文化建设示范企业”。8 月 17 日，应急管理部国家煤矿安全监察局命名该矿为安全生产标准化一级矿井。12 月 25 日，中国安全生产协会命名该矿为**全国安全文化建设示范企业**。

部煤管局领导检查工作

研究工作

杨伟矿长在井下检查

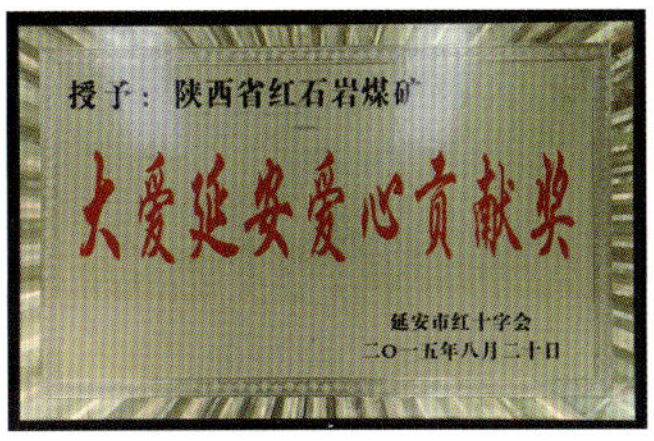

安全改造项目审查

安全文化培训

安全咨询

训练

救护演练

宣传栏

安全杯篮球比赛

井下一角

作业区

陕西有色榆林煤业有限公司简介

陕西有色榆林煤业有限公司成立于 2008 年 12 月，位于陕西省榆林市榆阳区陕西有色榆林新材料循环经济产业园区，是陕西有色金属控股集团有限责任公司旗下的全资大型国有企业，注册资本 8 亿元，负责陕西榆神矿区杭来湾煤矿的建设与经营。杭来湾煤矿是经原国家计委批准规划建设的榆神矿区特大型矿井之一，井田位于榆林市榆阳区金鸡滩镇和麻黄梁镇，面积 90.364km2，可采储量 705.69Mt，建设规模 8.00Mt/ 年，服务年限 67.9 年。

杭来湾煤矿所产煤类主要为长焰煤和不黏煤，矿物质含量较低，属特低 ~ 低灰、特低 ~ 低硫、特低 ~ 低磷、富油、中等 ~ 较低软化温度灰、特高 ~ 高热值的低变质阶段烟煤，是全国最优质的“环保煤”和“洁净煤”，可作为优质的动力、气化用煤，也可作为水煤浆制作、液化用煤、低温干馏用煤以及制造活性炭等。2019 年 1 月 15 日，原煤样品作为“榆林煤”品牌样本被榆林市政府捐赠中国地质博物馆。

在各级政府和社会各界的关心和支持下，陕西有色榆林煤业有限公司凭借高起点的规划、科学的管理、一流的设备和专业化的职工队伍，屡创项目建设效率和生产经营效益奇迹。杭来湾矿井项目于 2009 年 4 月开工建设，2015 年 4 月按批复建设完成，2015 年 6 月开始联合试运转，2018 年完成项目竣工综合验收和国家安全生产标准化一级矿井验收。经过 10 年多的持续发展，累计实现产值 180 多亿元，上缴税费 55 亿元，成为陕西省内闻名，行业知名，高质量，高效益发展的标杆煤炭企业。公司在自身发展的同时，积极回馈社会，履行企业社会责任。截至目前，已累计投入 5 亿多元用于村民安置、周边村镇基础设施建设、教育事业捐助、扶危帮困、精准扶贫和推进乡村振兴战略等，多次获评榆林市榆阳区“企地和谐共建先进企业”“社会力量支持新农村建设先进企业”“行业纳税大户”，获得陕西省煤炭“2016—2017 年度特级安全高效矿井”“2015 年中国环境社会责任企业”等荣誉称号。

陕西有色循环经济产业园全景

陕西有色榆林煤业有限公司杭来湾煤矿

作为一个成立仅十年的年轻企业，陕西有色榆林煤业有限公司将主动对标国内一流矿山企业，坚持高起点、高标准，践行新发展理念，力争实现安全生产和生态发展的统一，实现企业效益和社会效益的平衡，在保持自身高质量高效益发展的同时，为加快区域经济社会发展做出更大的贡献。

陕西有色榆林煤业有限公司杭来湾煤矿项目全景

封闭式储煤场

榆林国际煤博会上参展的“有色煤”

公司原煤样品入驻中国地质博物馆

美国久益 7LS6C 型电牵引双滚筒采煤机

美国久益 12CM15 型 连续采煤机

公司投资建设的移民安置小区

陕西有色榆林煤业有限公司厂区

信息研究院安全发展研究中心

安全发展研究中心是信息研究院主要二级单位，拥有一支高学历、高职称、高水平的研究队伍，主要开展安全生产和应急管理领域综合性、战略性、前瞻性重大课题研究工作，对制定出台有关重大政策进行可行性调研，为安全生产和应急管理领域改革发展提供政策咨询和技术支撑。

一、参加重要政策文件起草

1. 参加起草《中共中央 国务院关于推进安全生产领域改革发展的意见》，是历史上第一次以党中央、国务院名义印发的安全生产方面文件，对安全生产事业改革发展具有里程碑式的重大意义。

2. 参加起草中央办公厅、国务院办公厅印发的《关于推进城市安全发展的意见》，并研究制定《国家安全发展示范城市评价管理办法》与《评价细则》等配套文件，对全面提升城市安全发展水平具有重大而深远的意义。

3. 参加起草《安全生产责任保险实施办法》，以国家安全监管总局、中国保监会和财政部名义印发，牵头制定《安全生产责任保险事故预防技术服务规范》，推动建立以安责险为纽带的安全生产社会化服务体系，提升企业安全生产保障能力。

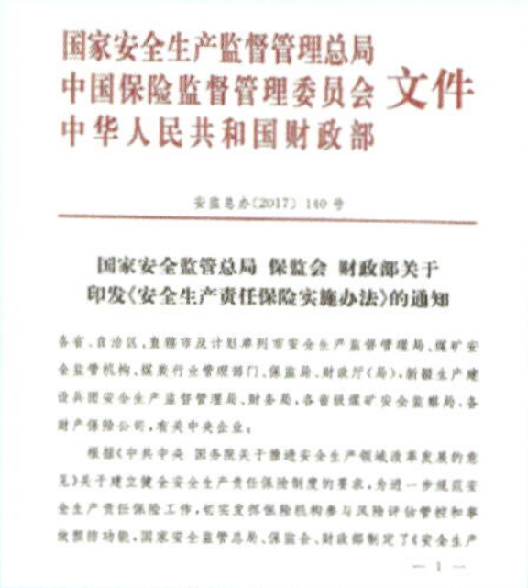

二、开展重大课题研究

完成应急管理部办公厅委托的《安全生产领域改革发展研究》课题，为起草《中共中央 国务院关于推进安全生产领域改革发展的意见》发挥了重要支撑作用，以范维澄院士为组长的专家组一致认为课题成果达到国内领先、国际先进水平。

三、编发重要信息材料

组织编写《决策参考》，供应急管理部领导参考；编印《全国安全生产简报》（贯彻落实《意见》专刊），促进经验交流借鉴。

四、参加学术交流活动

参加中美智慧城市安全发展论坛，就推进城市安全发展的对策措施作交流发言

五、加强支部党建工作

加强政治理论学习，组织支部党员参观平西抗日纪念馆，缅怀革命先烈，重温入党誓词，强化党性教育，提高思想政治素质。

信息研究院能源安全研究所

能源安全研究所是应急管理部信息研究院（煤炭信息研究院）的重要业务部门，拥有一批国家级专家、研究员、博士和留学回国人员等高层次人员。主要职能是为国家政府部门、应急管理和安全生产领域以及煤炭行业提供决策和咨询支持，为国内外相关企业发展和国际交流合作提供研究咨询服务。

近年来，能源安全研究所围绕煤矿安全技术及重大灾害防治、煤层气开发利用、安全生产领域和应急管理体制改革发展，完成了一批重要研究课题，为政府部门出台相关政策措施和企业安全发展提供了重要决策依据。

贺佑国院长在 2017 中美煤炭清洁发展论坛作题为《中国煤炭发展现状及展望》的主旨演讲

煤矿重大灾害防治：

主要开展煤矿瓦斯治理的工程技术咨询服务。承担了《煤矿重大灾害防治形势与对策研究》《瓦斯抽采利用先进技术研究》《废弃矿井瓦斯综合治理和利用技术研究及产业化推广》等项目。

煤层气开发与利用：

主要开展煤层气开发与利用方面的可行性研究、规划编制及技术推广与应用等工作。承担了《阳煤集团煤层气利用中长期规划》《晋城煤业集团通风瓦斯利用可行性研究报告》《乌兰煤矿废弃矿井瓦斯综合治理示范项目可行性研究》等项目。

煤矿安全技术服务：

为煤矿企业安全管理提供工程咨询服务。承担了《国家能源集团哈尔乌素露天煤矿安全管理体系研究》《国家能源集团安全生产“十三五”规划编制研究》《陕煤化集团安全生产过程管理体系研究》等项目。

基础理论技术攻关：

建有煤层气开发与瓦斯灾害防治、煤矿瓦斯综合利用等重点实验室，拥有高温高压煤（岩）三轴多参数测试系统、固定床微型反应器评价装置等，能够开展煤矿瓦斯抽采达标快速检验、通风瓦斯利用效能评价、通风阻力测定、煤矿职业病危害检测等服务。

国际合作项目开发：

与美国、英国、澳大利亚等二十多个国家的政府部门、国际组织、跨国公司和科研机构保持密切合作关系，承担了英国大使馆繁荣基金《中国废弃煤矿瓦斯开发利用示范项目可行性研究及政策》、APEC 项目《通过煤炭综合利用提供能源利用和转换效率》等几十个合作项目，还每年承办一届“国际煤层气暨页岩气研讨会”和“中美煤炭清洁发展论坛”，为中外政府、企业搭建合作交流的平台。

信息院承办的 2017 中美煤炭清洁发展论坛
在美国西弗吉尼亚州举行

第十七届国际煤层气会议会场

信息研究院新闻中心

应急管理部信息研究院新闻中心是系统内的期刊出版部门，重点宣传全国应急管理和安全生产领域的方针政策、法律法规，关注焦点热点问题、国内外应急管理和安全监管监察动态，煤炭行业以及能源矿产业新的学术思想和新技术、重大科研成果、先进的煤炭企业管理经验，多年来连续承担了原国家安全生产监督管理总局和国家煤矿安全监察局部分课题项目，目前继续承担应急管理部和国家煤矿监察局相关课题和研究。

新闻中心下设“五刊三网”及新媒体矩阵，是应急管理、安全生产和能源领域的主流媒体平台，分别有《中国安全生产》《中国煤炭》《当代矿工》月刊，《煤炭新视界》半年刊以及《煤炭信息》周刊，中国安全生产杂志网站、当代矿工网站和中国煤炭网站以及各自的官方微博、微信。

多年来，新闻中心服务工作大局，紧紧围绕应急管理、安全生产和能源领域的热点问题，以期刊编辑出版活动为依托，承办了相关活动。承办过五届“安全发展”高层论坛，全国“科学发展，安全发展”知识竞赛、“安全发展战略”知识竞赛、新安法知识竞赛，“安全发展战略理论与实践”有奖征文、学习贯彻《中共中央 国务院关于推进安全生产领域改革发展的意见》征文、学习贯彻党的十九大精神征文等全国性活动。

历年“安全发展”高层论坛

新媒体矩阵

中国安全生产官方微信　中国安全生产官方微博　中国安全生产 QQ 群　当代矿工 QQ 群　当代矿工微信　中国煤炭官方微信　中国煤炭官方微博　煤炭信息周刊微信

五 刊

《中国安全生产》杂志

《中国安全生产》杂志由应急管理部主管、应急管理部信息研究院主办，创刊于 2006 年，是一本具有全局性、指导性和前瞻性的新闻时政综合性月刊。作为应急管理和安全生产的主要媒体，《中国安全生产》杂志服务于应急管理大局，聚焦安全生产领域，面向政府、生产经营单位、科研院所和社会各界，宣传党和政府应急管理和安全生产方针政策及决策部署，传播应急管理和安全生产的法律法规和安全发展理念，介绍各地、各部门、各单位的先进经验，反映应急管理和安全生产领域特别是基层存在的问题和呼声，在全社会营造了对应急管理和安全生产高度关注、积极支持、广泛参与和共同监督的良好舆论环境。

《当代矿工》杂志

《当代矿工》杂志由中国科协主管、中国煤炭学会和煤炭信息研究院主办，创刊于 1985 年，是以普及煤炭科学知识为主要内容的综合性期刊。杂志面向全国煤矿及非煤矿山公开发行，致力于宣传普及科学思想、科学知识和科学方法，以提高广大干部职工的科学文化素质为己任，力求融科学性与艺术性、知识性与趣味性于一体，积极发挥科普宣传的主渠道作用。

《中国煤炭》杂志

《中国煤炭》杂志是由中国煤炭工业协会主管，煤炭信息研究院主办，以科技为主导，经济、管理相结合的具有权威性、导向性和科学性的国家级学术期刊。他展示中国煤炭工业发展全貌，探索科技和管理前沿问题，积极宣传煤炭工业创新成果和煤矿安全生产技术，解析行业发展动态指标，介绍煤炭循环经济发展及世界煤炭工业发展趋势。

《煤炭新视界》杂志

《煤炭新视界》杂志由中国煤炭工业协会主管，煤炭信息研究院主办，立足煤炭行业、能源产业和安全生产领域，报道煤炭行业政策资讯，反映煤炭生产和煤矿安全管理领域新理念、新方法、新经验，关注职业健康，普及安全知识与文化，开展从业者教育与培训，为促进我国煤炭行业可持续发展服务。

《煤炭信息》周刊

《煤炭信息》周刊由应急管理部信息研究院（煤炭信息研究院）主办，《中国煤炭》杂志编辑出版发行，《煤炭信息》周刊突出时效性与实用性，每周精选煤炭行业领域的最新资讯和信息，让读者在 5 分钟内便可对一周内我国煤炭行业的信息了然于胸。

三 网

中国安全生产杂志网：www.chinaosh.com.cn

中国煤炭网：www.zgmt.com.cn

当代矿工网：www.ddkg.com.cn

1、应急管理数字图书馆

应急管理数字图书馆（www.safetylib.com）是由应急管理部信息研究院于 2018 年主持建设，为全国应急管理行业提供一站式各类数字资源检索和专业化文献信息服务的数字资源平台。

应急管理数字图书馆以国内外应急管理、安全生产、防灾救灾等领域为重点，集中收录专业图书、期刊论文、学位论文、外文文献、会议论文、专利、标准、法律法规、事故灾害案例库、视频资料库以及国外应急管理特色栏目。可帮助各级应急管理政府部门、企事业单位提供专业、高效、便捷的文献信息服务。

2、煤炭数字图书馆

煤炭数字图书馆（www.coallib.com）是由应急管理部信息研究院（煤炭信息研究院）于 2004 年建设，集中提供国内外煤炭及相关专业图书、期刊论文、学位论文、外文文献、会议论文、统计数据、专利、标准、法律法规和成果等资源的行业文献服务平台。目前，平台已累积收藏近万册相关专业图书、140 万余篇期刊论文，8 万余篇外文文献，10 万条专利和 2 万多部标准法规。多年来，图书馆系统运行稳定，已经为近 100 家煤炭企事业单位、科研院所、煤炭相关院校提供了优质的信息共享服务。

3、煤炭工程技术共享平台

煤炭工程技术共享平台是应急管理部信息研究院面向煤炭行业科研人员和社会大众量身定制的专业化信息共享平台，覆盖行业领域前沿技术、产品、专家、机构等多种知识对接服务，促进煤炭行业科技成果转化，促进行业供需双方有效对接和煤炭业领域知识串联，促进领域科技交流合作，为国家重大决策提供数据支撑和依据。

4、《应急管理文摘》

《应急管理文摘》由应急管理部信息研究院主办，其前身为2015年8月创刊的《安全生产文摘》。《应急管理文摘》实时跟踪国外主要新闻媒体、政府网站、科技企业等公开渠道发布的应急管理、安全生产等领域相关资讯、报告和前沿技术，总结国外可值得借鉴的先进做法和管理经验，同时采编国内应急管理、安全生产等领域具有创新性和代表性的优秀学术期刊论文，为各级应急管理政府部门提供专业的领域发展动态和资讯参考。

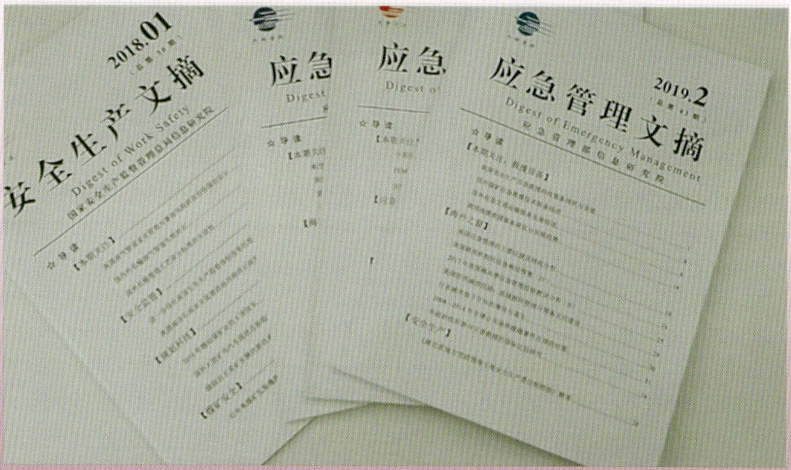

煤矿瓦斯治理抽采成套技术

信息研究院矿山安全研究所根据多年煤矿瓦斯治理现场经验，不断总结完善治理技术，引进煤科总院专家加盟煤矿瓦斯治理团队，目前已形成增透显著、抽采高效的煤矿瓦斯治理抽采成套技术。

一、钻场瓦斯防突技术

利用文丘里技术，将矿井的高压风管与文丘里泵相连，将钻场封孔器的首段排矸处与文丘里泵相连，实现打钻的同时排煤及排气，减小作业场所空气中的瓦斯含量，同时释放煤层的瓦斯压力，进一步降低突出危险，从而确保采场施工空间。

二、煤层强制增透技术

强制增加煤层透气性是解决低透气性松软煤层瓦斯抽采难题的必要措施，矿山安全研究所目前开发形成两项强制增透技术：液态 CO_2 相变爆破预裂技术、超高压水射流切割煤层技术。

1. 液态 CO_2 相变爆破预裂技术

液态 CO_2 相变爆破预裂技术原理是通过化学加热液态 CO_2，使其压力骤增至 300MPa，瞬间从液态膨胀 600 多倍转化为气态，产生的爆破力致裂煤体，从而增加煤体透气性，提高瓦斯抽采效率。

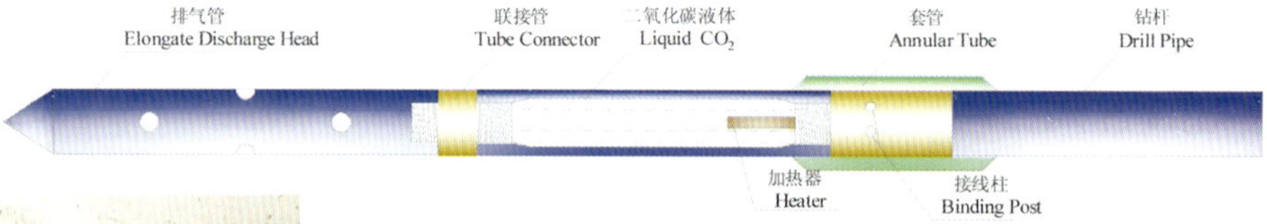

▲ 液态 CO_2 相变爆破技术装备结构示意图

◀ 液态 CO_2 相变爆破技术现场施工图

该法属物理爆破，爆破过程无火花外露、爆破威力大，无需验炮、操作简便，被广泛应用于瓦斯治理、石门揭煤等工程。

2. 超高压水射流切割煤层技术

超高压水射流切割煤层技术原理是利用超高压（可达 300MPa）水射流的切割力在煤体中割缝，增加煤层暴露面积，实现卸压增透，提高瓦斯抽采效果。

三、多级站抽放技术

多级站抽放技术的核心是减小主抽放泵功率，将多个抽放泵移动到钻场靠近抽放点，减小管道损失，增大抽放点的抽放压力和效率，使煤层达到最佳抽放效果的同时降低系统的总功耗、实现节能。

超高压水射流切割技术装备

55MPa 切割煤层排查效果

75MPa 切割煤层排查效果

98MPa 切割煤层排查效果

金属非金属矿山尾矿库安全监测实验室

实验室主要开展尾矿库在线安全监测技术研发与运用、监测监控技术标准制定、监管预警机制科研等工作，主要研发设备包括北斗高精度尾矿库监测研发系统、科研用金属非金属小型尾矿库传感监测系统、12 通道 (32bit) 金属非金属尾矿库地震响应监测系统等，力求解决金属非金属矿山尾矿库安全监督管理、远程监测技术、安全监测数据智能分析等方面的不足。其重要成果——尾矿库安全运行多级监测监管软件平台系统能够为各级安全监管部门和企业提供成熟、可靠的监测预警管理平台。

▲ 尾矿库在线监测沙盘

▲ Web 浏览器登陆

信息研究院信息技术研究所

信息技术研究所主要致力于应急管理信息化领域的规划可研咨询、大数据分析与服务、应急管理与指挥信息化软件研发和应急技术及装备的研究与服务。通过不断实践与创新，研发了二三维一体化地理信息服务平台与安全生产物联网大数据采集分析平台为核心的两个支撑平台，形成了智慧安监综合信息系统、高危行业（煤矿）风险预警与防控系统、智慧煤矿安全生产综合管控系统、智慧工业园区综合管理系统等四大应用系统。取得软件能力成熟度模型集成三级（CMMI3）、ISO9001 质量管理体系认证、ISO20000 信息技术服务管理体系认证、ISO27001 信息安全管理体系认证资质证书和 19 项计算机软件著作权，取得了国家级计量认证（CMA）、中国合格评定国家认可委员会认可实验室（CNAS）等资质。

一、重点实验室

经过多年的发展，信息技术研究所以大数据、云计算、物联网以及移动互联网为基础，创建了两个国家级实验室：矿山安全无线定位与监控技术实验室和安全生产事故预防数据分析验证实验室。

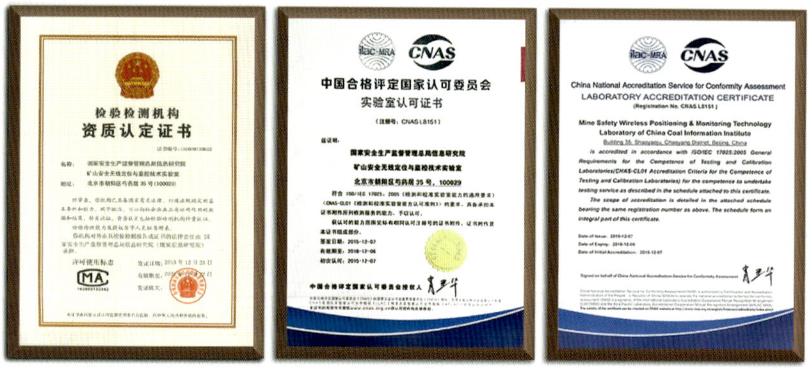

实验室证书

矿山安全无线定位与监控技术实验室是国家级第三方软件测评机构，具有国家计量认证（CMA）、中国合格评定国家认可委员会认可实验室（CNAS）等权威资质。针对安全生产领域及全国信息化相关行业软件产品提供测评服务，拥有专业的评测工程师、完善的软硬件测评平台和国际先进的测评工具，已为多行业领域的软件产品实施了第三方测评服务。安全生产事故预防数据分析验证实验室的创建提升了对安全生产事故数据的存储、分析、处理、应用能力，更好地发挥安全监管监察决策辅助和技术支撑作用。

二、产品服务

信息技术研究所紧随应急管理信息技术发展方向，结合用户实际需求，先后研发了二三维一体化地理信息服务平台、安全生产物联网大数据分析平台、智慧安监综合信息平台、智慧化工园区综合管理信息系统、智慧煤矿安全生产综合管控平台、高危行业（煤矿）风险预警与防控系统、煤矿“三位一体”安全生产标准化信息系统、多人协同沉浸式应急演练培训系统、应急救援队伍训练系统等应急管理安全监管监察系统，为煤矿安全、智慧安监、工业园区、应急救援等提供全新的管理模式和信息技术服务。

智慧安监综合信息平台

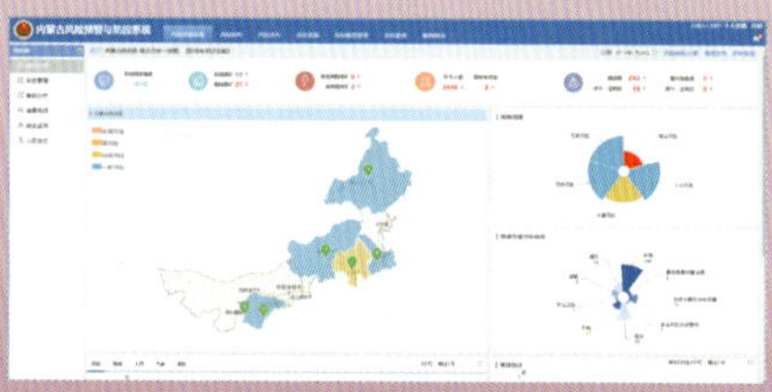
风险预警与防控系统（政府端）

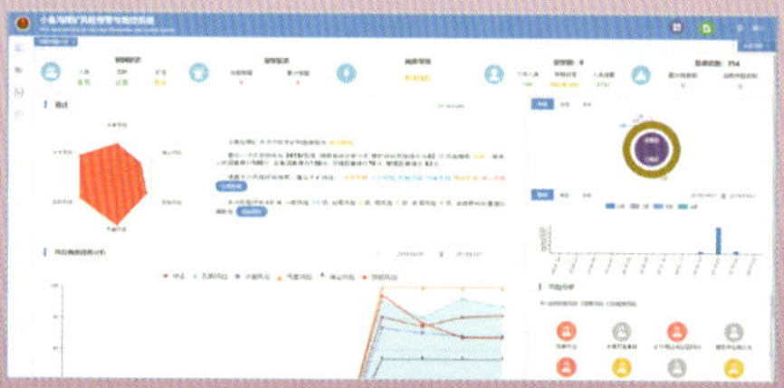
风险预警与防控系统（企业端）

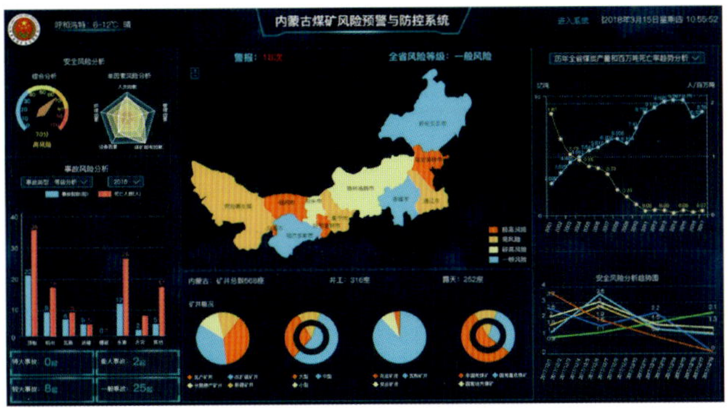

煤矿风险预警与防控系统（大屏）

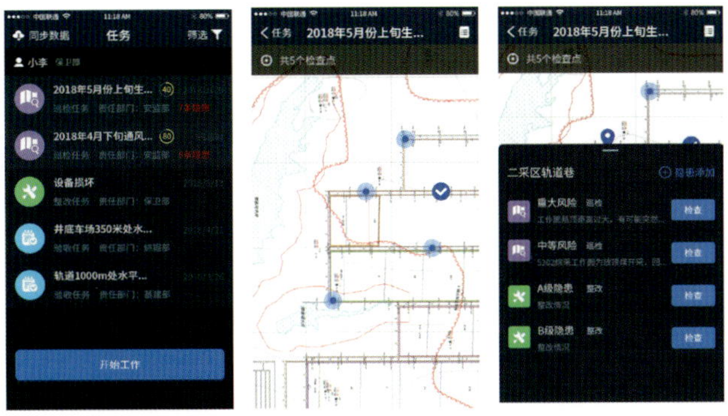

煤矿“三位一体”安全生产标准化信息系统（APP）

煤矿“三位一体”安全生产标准化信息系统（WEB）

二三维一体化地理信息服务平台

多人协同沉浸式应急演练培训系统

三、成果与资质

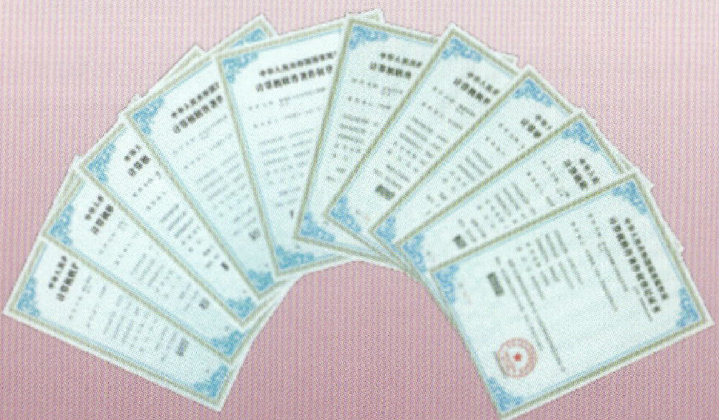

信息研究院战略规划研究所

战略规划研究所成立于 2016 年 2 月，研究实力雄厚，目前在职职工 8 名，其中博士及博士后占比达到 50%。主要开展煤矿安全生产政策研究及工程咨询、安全发展示范城市建设理论与实践、煤炭行业发展及战略规划等三大领域的研究工作，为政府、行业、企业提供管理咨询与技术支持服务。

1. 开展煤矿安全生产工作

（1）煤矿安全生产标准化考核

落实国家煤矿安监局一级安全生产标准化煤矿现场检查考核工作安排，积极做好牵头工作，先后赴山西，陕西、内蒙古、山东等省对 96 处井工及露天煤矿开展现场考核验收工作，考核工作受到有关地区、部门和煤矿企业的高度赞扬和认可。

信息研究院院长贺佑国带考核组在白音华三号露天矿考核现场

信息研究院院长贺佑国现场检查露天煤矿

战略规划研究所标准化煤矿考核组在陕西省黄陵县开展标准化煤矿考核验收

战略规划研究所标准化煤矿考核组现场检查资料

（2）煤炭安全生产政策研究

围绕国家煤矿安监局重点工作，开展煤矿安全生产政策研究。完成国家煤矿安监局《当前煤炭市场对煤矿安全影响分析报告》《中国煤矿安全年度发展报告》等课题。

（3）煤矿工程咨询

为煤矿企业提供相关工程咨询服务，提升煤矿安全生产水平。开展《神华准能集团公司战略规划纲要及规划》《中煤平朔集团生产能力核定》《黄陵二号煤矿安全生产会诊》《陕西未来能源金鸡滩煤矿安全风险双重体系建设》《霍林河五处露天煤矿安全风险分级管控体系建设》等项目。

2. 聚焦城市安全，助力城市发展

按照《关于推进城市安全发展的意见》新要求，参与应急管理部城市安全相关政策文件的制定。承担并开展《关于推进城市安全发展的意见》《国家安全发展示范城市评价与管理办法》《国家安全发展示范城市评价细则》《国家安全发展示范城市评价实操手册》《常德市创建国家安全发展示范城市项目》《佛山市创建国家安全发展示范城市项目》。

信息研究院院长贺佑国在国家行政学院宣讲《关于推进城市安全发展的意见》

信息研究院院长贺佑国视察清华大学合肥公共安全研究院

《国家安全发展示范城市评价实操手册》研讨会

佛山市安全发展示范城市创建

3. 服务煤炭行业，促进转型升级

开展国家煤矿安监局《煤矿高质量发展战略研究》，国家发展改革委《关于构建煤炭产供储销体系的实施意见》，国家能源局《研究完善煤炭去产能政策、统筹推进煤炭清洁高效开发利用，构建煤炭高质量发展长效机制》，新疆哈密市政府关于《新疆哈密露天煤矿绿色开采生态环境保护研究》，《特大型现代化矿井岗位设置和劳动定员改革与应用示范研究》等项目。

国家煤矿安监局《煤矿高质量发展研究》课题研讨会

支部活动

信息研究院煤矿机器人协同推进中心

煤矿机器人协同推进中心成立于 2018 年 9 月，是应急管理部信息研究院为响应应急管理部、国家煤矿安监局要求成立的协调推进煤矿机器人研发应用的专职部门。

煤矿机器人协同推进中心成立以来，按照国家煤矿安监局的统一部署，协调推进煤矿机器人研发应用，积极推动顶层设计、协调争取政策支持、搭建平台协同推进、扎实做好服务支撑、广泛开展宣传促进，为提升煤矿本质安全水平尽智出力，发挥了积极的作用。

中心组织开展煤矿机器人研发应用情况调研，向国务院提交专题报告；组织专家研讨论证并广泛征求意见，起草了《煤矿机器人重点研发目录》（国家煤矿安监局 2019 年第 1 号公告），引导煤炭企业、有关高校和科研院所、机器人制造企业和全社会参与研发应用，力争尽快在煤矿机器人技术上实现新的突破；协调国家有关部门，将煤矿机器人纳入煤矿安全改造 30 亿国债资金支持范围；与科技部沟通，申报了 4 项“卡脖子”技术，并积极争取设立煤矿机器人国家重点研发专项支持，探索扶持无人（少人）矿井建设的科技支撑新途径；筹备组织举办 2019 世界机器人大会煤矿机器人专题论坛；组织开展《重点研发目录》发布后煤矿机器人研发应用情况的调研，梳理各地方、各企业在煤矿机器人研发和应用方面的具体做法和进展；组织开展《煤矿机器人分类标准和通用技术要求》的前期调研工作；组织召开煤矿机器人井下充电技术研讨会，研讨锂离子电池井下充电技术存在的安全隐患，提出改进井下充电技术的意见和建议；组织开展《协同推进煤矿机器人研发应用研究》，研究提出全国煤矿机器人研发应用发展战略与规划，积极推进煤矿机器人产学研跨界合作与协同创新；广泛开展宣传促进工作，设立了煤矿机器人微信公众号，在煤监局政府网站开设了“煤矿机器人研发应用”专栏等，在煤炭行业、科研院所和制造企业中形成了研发应用煤矿机器人、发展煤矿智能装备的共识，行业内外参与煤矿智能化和煤矿机器人研发应用的积极性普遍高涨，自觉性进一步增强。

2019 年是新中国成立 70 周年，是决胜全面建成小康社会第一个百年奋斗目标的关键之年。煤矿机器人协同推进中心将统筹思考当前煤矿安全生产面临的新形势、新特点和重点工作任务，坚持以习近平新时代中国特色社会主义思想为指导，深入贯彻落实党的十九大精神和刘鹤副总理，王勇国务委员，黄明书记、黄玉治局长对煤矿机器人研发应用工作的指示批示精神，围绕中心、服务大局，积极研究探索新路径新措施推动煤矿机器人研发应用，促进煤炭企业和机器人研发制造企业的交流与对接，进一步引导机器人制造企业聚焦技术研发和煤炭企业实际需求，充分利用 2019 世界机器人大会的平台，着力推进煤矿机器人产学研用一体化发展与跨界深度融合，推动煤矿机器人研发应用再上新台阶。

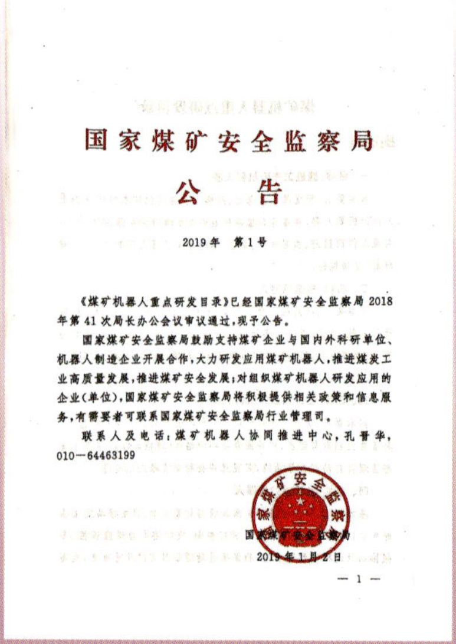

国家煤矿安全监察局

公　告

2019 年　第 1 号

《煤矿机器人重点研发目录》已经国家煤矿安全监察局 2018 年第 41 次局长办公会议审议通过，现予公告。

国家煤矿安全监察局鼓励支持煤矿企业与国内外科研单位、机器人制造企业开展合作，大力研发应用煤矿机器人，推进煤炭工业高质量发展，推进煤矿安全发展；对组织煤矿机器人研发应用的企业（单位），国家煤矿安全监察局将积极提供相关政策和信息服务，有需要者可联系国家煤矿安全监察局行业管理司。

联系人及电话：煤矿机器人协同推进中心，孔晋华，010—64463199

国家煤矿安全监察局

2019 年 1 月 2 日

— 1 —

《煤矿机器人重点研发目录》公告

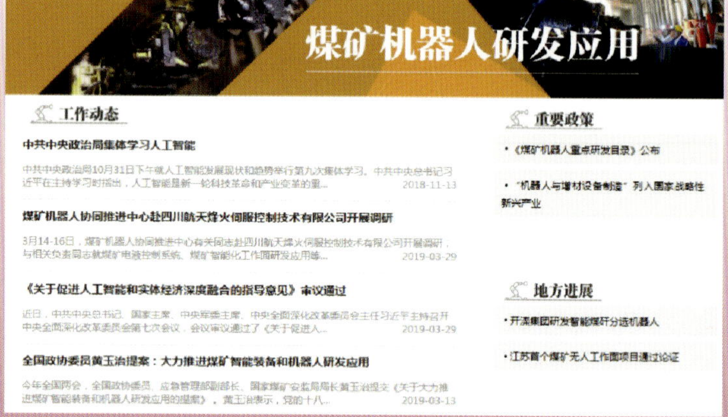

煤矿机器人研发应用专栏

《煤矿机器人研发应用工作信息》

同榆林市委领导就推进示范矿井建设开展交流

组织召开煤矿机器人井下充电技术研讨会议

煤矿机器人微信公众号

赴四川航天烽火伺服控制技术有限公司开展调研

煤炭工业出版社有限公司

煤炭工业出版社成立于 1956 年，2018 年 12 月，已按照中央文化企业改革发展要求完成了公司制改制，目前，出版社主管单位为应急管理部和中国煤炭工业协会，主办单位为应急管理部信息研究院。出版社具有图书、音像、电子出版物、互联网等出版资质，建有乌金网络学院、煤炭数字资源库、煤矿安全数字资源库、安全生产数字资源库等数字媒体资源。

出版社始终坚持严格的质量标准，坚持求实稳健不尚奢华的作风，组织编写和出版了大量具有很高价值的科技著作和培训教材，迄今已达上万种、印数达到数亿册，出版了《煤矿总工程师技术手册》《煤矿电工手册》《矿井地质手册》《煤矿防治水手册》《中国煤炭发展报告》《中国安全生产发展报告》等重点图书，并且多次获得国家图书奖、中国图书奖、科技进步奖等重大奖项。近两年，出版社积极服务煤炭科技几部和安全生产中心工作，相继出版了新版《煤矿安全规程》及配套读本，《防治煤矿冲击地压细则》《< 中共中央国务院关于推进安全生产领域改革发展的意见 > 学习读本》《关于推进城市安全发展的意见学习读本》等图书，在获得社会效益的同时，也获得了较好的经济效益，为煤炭工业和安全生产领域提供了图书、音像、电子出版等各种媒体强有力的新闻出版支撑。

所属安全生产电视中心（煤炭电视中心）集电视片策划、拍摄、制作、音像出版等为一体，是煤炭系统内唯一专业影视制作机构，承担煤炭相关会议、重大活动、专项检查，以及重特大事故、自然灾害现场等现场摄制工作，并配合央视等主流媒体开展相关宣传报道。制作并在中央电视台播出《安全生产发展报告》《安全生产平安回家》《以人为本科学救援》等多部作品，策划制作了《生命至上 科学救援》《安全生产 平安回家》等一系列安全生产方面的公益广告、警示教育片、专题宣传片，在煤炭、安全生产领域享有较高知名度。

根据国家应急管理改革发展要求，面对新形势、新业态，出版社正在积极推进转型发展。未来，将在立足服务煤炭工业科技进步的基础上，围绕应急管理中心工作实施多元发展，积极服务应急管理、防灾减灾救灾、安全生产、综合应急救援、消防安全等应急管理部各项业务职能。即将策划推出《应急管理干部读本》《应急准备指南丛书》《安全应急丛书 校园安全》等一批应急管理、科普选题，加快形成煤炭管理基础理论、培训教育、科普宣传等图书系列。

图书出版

自救急救常识
消防安全常识
交通安全常识
建筑施工 安全生产应急管理
安全生产责任保险实施办法
关于推进城市安全发展的意见
安全生产应急管理
新汶矿业集团志
山西焦煤集团志
中国安全生产年鉴
CHINA'S WORK SAFETY YEARBOOK
(2016)
中国煤炭工业志
贵州煤炭工业志
中煤一建公司第十工程处志
(1958—2017)
中国煤炭工业年鉴
CHINA COAL INDUSTRY YEARBOOK
2016
煤矿安全生产标准化 事故隐患排查治理体系建设与实施指南
煤矿安全生产标准化 基本要求及评分方法(试行) 专家解读
煤矿安全生产标准化 安全风险分级管控体系建设与实施指南
煤矿安全生产标准化 基本要求及评分方法
(试行)
煤矿防治水细则 解读
防治煤矿冲击地压细则 解读
煤矿企业主要负责人 考试手册
2018

音像出版

四川九寨沟
7.0级地震
8月9日
星期三
10:09 机场运行正常。
昨晚23时40分

组织结构

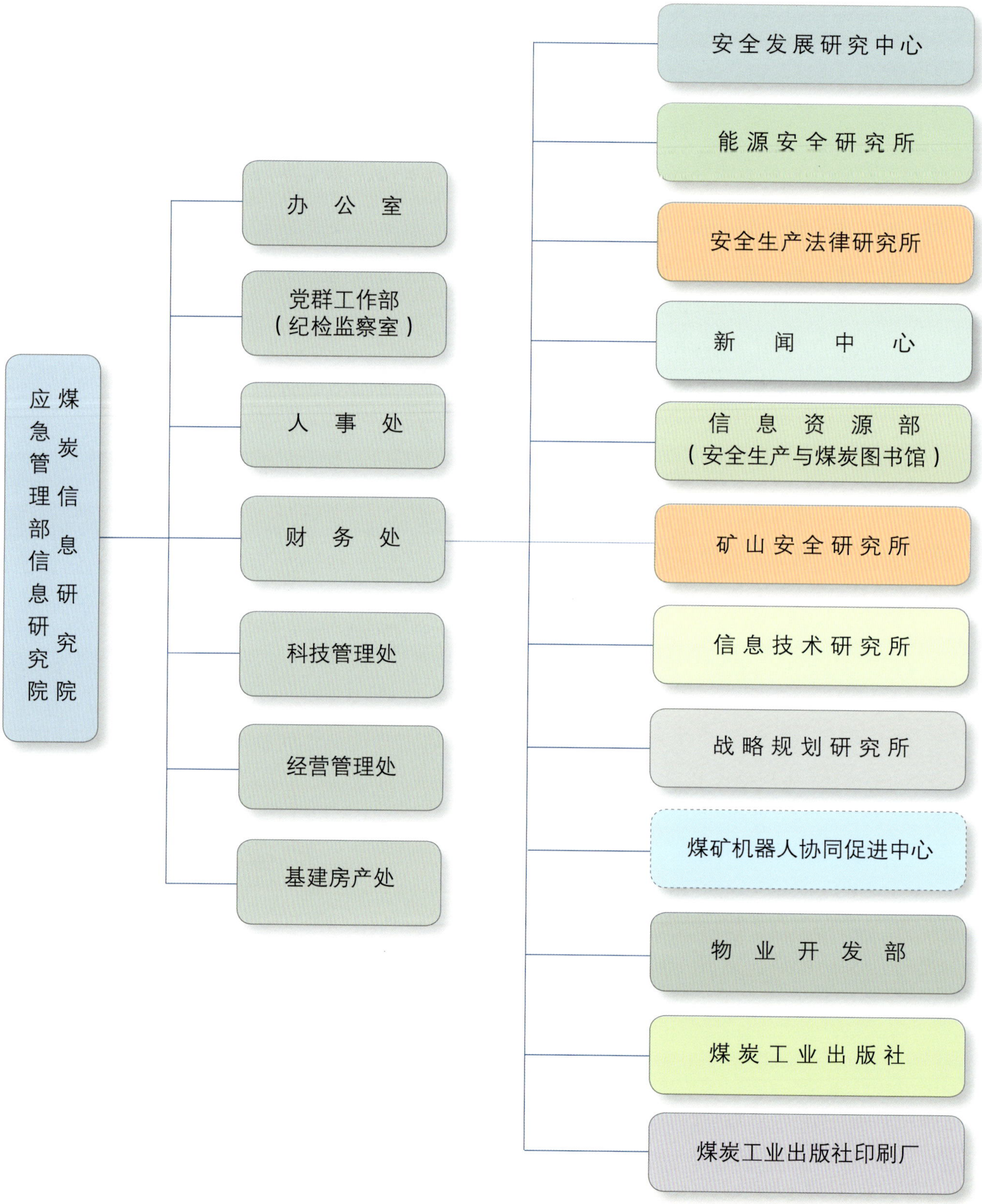

煤炭信息研究院
应急管理部信息研究院
办公室
党群工作部（纪检监察室）
人事处
财务处
科技管理处
经营管理处
基建房产处
安全发展研究中心
能源安全研究所
安全生产法律研究所
新闻中心
信息资源部（安全生产与煤炭图书馆）
矿山安全研究所
信息技术研究所
战略规划研究所
煤矿机器人协同促进中心
物业开发部
煤炭工业出版社
煤炭工业出版社印刷厂

序

煤炭是我国的基础能源和重要的工业原料。我国煤炭资源的可靠性、价格的低廉性、利用的可洁净性，决定了在今后较长一个时期内，煤炭作为我国主体能源的地位和作用难以改变。2018 年，煤炭占我国一次能源消费比重为 59.0%。在石油、天然气进口量大幅增长，对外依存度持续上升的情况下，煤炭的地位和作用更加突出。

由煤炭信息研究院编写的《中国煤炭发展报告》结合我国宏观经济发展特征，总结了改革开放 40 年我国煤炭工业的历史性跨越，对 2018 年煤炭行业在供给侧结构性改革、市场化机制建设、产业转型升级发展过程中取得的成果和经验进行了梳理和归纳，对今后一个时期煤炭产业结构调整、煤炭供需关系、煤矿安全生产、煤炭安全高效绿色智能化开采与清洁高效低碳集约化利用、煤炭科技创新发展趋势等进行了研究分析和客观预判。报告提出的产业政策引导、深化供给侧结构性改革、推动科技进步是煤炭工业健康可持续发展的主要驱动力，对今后一个时期行业发展具有指导意义。

2018 年是煤炭供给侧结构性改革的第三年，供给侧结构性改革迎来“升级版”，去产能政策的指向更加具体，路径更加清晰。产能置换比例提高，由总量性去产能为主转向系统性去产能、结构性优产能为主，进一步优化存量资源配置、扩大优质增量供给，全年实现煤炭供需基本平衡，“十三五”煤炭去产能主要目标任务基本完成。

2019 年是新中国成立 70 周年，也是全面建成小康社会的关键之年，能源供给侧结构性改革任务艰巨。我国仍处于并将长期处于发展的重要战略机遇期，经济长期向好的基本面不会改变，能源需求将保持适度增长，预计全国煤炭产量 37.5 亿吨左右，仍有一定的增长空间。

今后一个时期，是我国推动能源革命和煤炭行业改革与转型升级发展的关键时期。全行业要以习近平新时代中国特色社会主义思想为指导，深入贯彻新发展理念，以推进传统能源向清洁能源的战略转型为主攻方向，深化煤炭供给侧结构性改革，推动煤炭结构调整与转型升级。

《中国煤炭发展报告》是行业内层次较高的研究报告，内容全面、信息量大、分析深入、观点和结论比较客观，对于煤炭企事业和科研单位把握市场动态、研究制定发展战略和科学决策都具有重要的参考价值。

2019 年 3 月

前言

2018年，中国煤炭生产重心继续向晋陕蒙地区集中，三省区原煤产量占全国比重为68.8%；煤炭供应结构进一步优化，大型现代化煤矿成为煤炭生产主体，平均单井规模提高到900 kt/a以上；煤炭供应质量逐渐提升，全国原煤入选率达到71.8%。煤炭市场总体延续上升态势，煤炭消费量同比增长1%，电煤消费比重提升到57%，建成世界最大的清洁煤电供应体系；全国规模以上煤炭企业主营业务收入同比增长5.5%，利润总额同比增长5.2%；煤炭运输体系逐渐完善，铁路运量大幅增长，达到2383 Mt，水路运输格局更加合理。全国煤矿实现事故总量、较大事故、重特大事故和百万吨死亡率“四个下降”，其中煤矿百万吨死亡率0.093，首次降至0.1以下，达到世界产煤中等发达国家水平，煤矿安全生产创历史最好水平。矿区生态环境得到持续改善，煤矸石综合利用率、矿井水利用率、土地复垦率分别达到70%、72.8%、49.5%。自主创新能力显著增强、煤炭科技取得长足进步，大型煤炭企业采煤机械化程度提高到96.1%，建成145个智能化采煤工作面，智能信息化水平显著提高。

2018年2月，国家发展改革委等部委发布了《关于进一步完善煤炭产能置换政策加快优质产能释放促进落后产能有序退出的通知》，提出要加快退出落后产能，促进煤炭产业结构调整和新旧发展动能转换。明确与自然保护区、风景名胜区、饮用水水源保护区重叠等煤矿、灾害严重煤矿和长期停工停产煤矿，相应产能置换指标折算比例可提高到200%；支持一级安全标准化煤矿新增产能和新增优质产能所需产能置换指标折算比例可提高为200%；对煤电联营煤矿增加优质产能，允许产能置换最高比例达到300%。2018年4月，国家发展改革委等部委联合印发《关于做好2018年重点领域化解过剩产能工作的通知》，明确2018年煤炭行业化解过剩产能目标150 Mt左右，确保800 Mt左右煤炭去产能目标实现三年“大头落地”，同时将有序释放优质产能提至更加重要的地位。2018年11月，国家发展改革委等部委联合发布《关于进一步做好“僵尸企业”及去产能企业债务处置工作的通知》，明确了“僵尸企业”的处置原则，强调要坚持市场化法制化、发挥好政府的引导作用、有效防范债务处置中的各类风险。在多方共同努力下，煤炭行业超额完成了去产能任务目标，产业结构和布局得到进一步优化，煤炭产业的整体素质和核心竞争力得到进一步提升。

2019年是新中国成立70周年，也是全面建成小康社会的关键之年。中国经济稳中向好、稳中有进的发展态势没有变，中国煤炭工业进入由高速增长向高质量发展转变阶段，要求煤炭行业贯彻新发展理念，以推进传统能源向清洁能源的战略转型为主攻方向，深化煤炭供给侧结构性改革，推动煤炭产业技术升级、产品升级、质量升级、管理升级，培育新模式、发展新业态、提升新动能，促进行业新旧动能转换，推进煤炭高质量发展。

《2019中国煤炭发展报告》以2018年国民经济和社会发展趋势以及宏观经济政策为背景，通过市场调查获得大量第一手资料和数据信息，从中国宏观经济发展入手，对煤炭供需、煤炭运输、煤炭市场、煤矿安全生产、煤炭与环境、煤炭科技、国内外煤炭供应平衡体系建设等方面的内容进行了深入的研究分析，并在此基础上提出2019年行业发展方向及相应的对策措施。《中国煤炭发展报告》是由煤炭信息研究院组织研究完成的一个反映煤炭行业改革发展成果、预测未来发展趋势的年度报告，每年4月份定期出版，已经得到煤炭行业及相关部门领导和广大读者的认可。

报告的撰写工作，得到了中国煤炭工业协会会长王显政等相关领导以及各大煤炭企业高层人士和有关专家的大力支持与帮助。在此，课题组谨向对报告编写工作给予热情支持和帮助的有关单位领导和专家深表感谢。

应急管理部信息研究院
煤炭信息研究院　院长

2019年3月25日于北京

目次

图 表 目 次

1 中国煤炭工业发展现状与展望

改革开放40年，中国经济社会取得了社会主义建设的历史性成就，国民经济总量跃居世界第二，综合国力和国际影响力实现历史性跨越；2018年中国经济保持了稳中有进的发展态势。在改革开放的进程中，中国成为世界第一大能源生产国，能源结构更加多元、高效；煤炭的供给能力不断增强、市场化体系逐步形成、行业经济运行质量不断提升，产业结构与集中度优化升级，煤炭科技创新体系日益完善，资源开发、重大灾害防治、清洁利用与高效转化等基础理论研究与关键技术攻关取得重大进展。未来一个时期，中国煤炭的主体能源地位不会改变，煤炭的应用领域随着科技进步将进一步拓展，新型经营模式将逐渐提升煤炭企业的核心竞争力。

1.1 中国宏观经济发展

1978年，党的十一届三中全会做出了把党和国家工作中心转移到经济建设上来的历史性抉择，开启了中国改革开放的新纪元。2018年，面对复杂严峻的国际环境和艰巨繁重的改革发展稳定任务，各地区各部门以供给侧结构性改革为主线，着力深化改革，扩大开放；坚决打好防范重大风险、精准脱贫、防治污染三大攻坚战，有效应对外部环境深刻变化。经济运行总体平稳，质量效益稳步提升，人民生活持续改善，保持了经济的可持续健康发展和社会大局的稳定，朝着实现建成全面小康社会的目标迈出了新的步伐。

1.1.1 中国宏观经济运行分析

1. 经济运行总体平稳，质量效益稳步提升

中国经济持续快速增长，增速在全球范围内名列前茅。40年来，中国坚持以经济建设为中心，锐意推进改革，全力扩大开放，经济发展步入快车道。国内生产总值由1978年的3679亿元增长到2018年的90.03万亿元，增长245倍；2018年实现同比增长6.6%，相当于澳大利亚2017年的经济总量，实现了6.5%左右的预期增长目标，

增速在世界五大经济体中居首位。按平均汇率折算，2018 年经济总量达到 13.6 万亿美元，稳居世界第二位。其中，三次产业的增加值分别增长 3.5%、5.8%和 7.6%；三次产业增加值占国内生产总值的比重分别为 7.2%、40.7%和 52.2%。中国人均国内生产总值 6.46 万元，扣除价格因素，比 1978 年增长 24.7 倍，超过中等偏上收入国家平均水平，在世界银行公布的 217 个国家（地区）中排名上升到第 95 位。2018 年国民总收入 89.7 万亿元，同比增长 6.5%。2014—2018 年国内生产总值及其增长指数和国民收入及其增长指数分别如图 1-1 和图 1-2 所示。

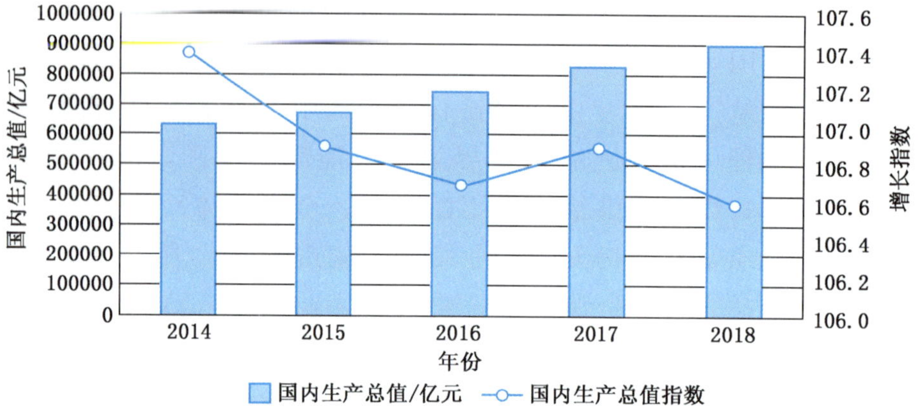

图 1-1　2014—2018 年国内生产总值及其增长指数

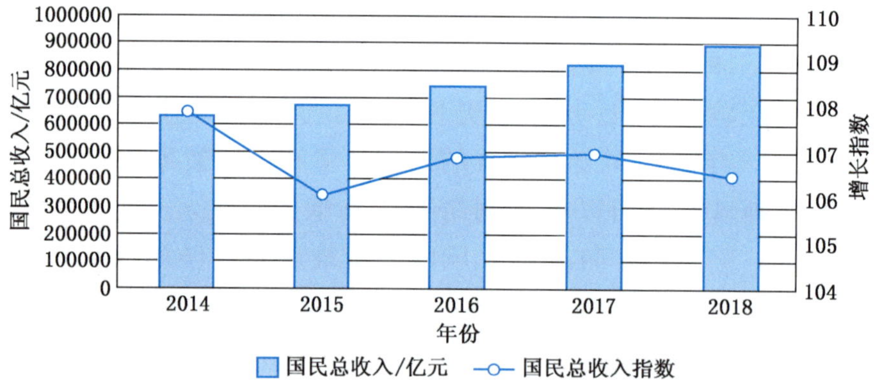

图 1-2　2014—2018 年国民收入及其增长指数

2. 供给侧结构性改革深入推进，产业结构持续优化

改革开放以来的 40 年，中国开始了从高度集中的计划经济体制到社会主义市场经济体制的改革历程。党的十八大以来，中国以供给侧结构性改革为主线，逐步优化升级经济结构，使得经济发展的全面性、协调性和可持续性不断增强。2018 年供给侧结构性改革深入推进，“三去一降一补”持续显效，去产能任务提前完成。坚持市场化、

法治化手段去产能，提前超额完成全年压减钢铁产能 30 Mt 以上，退出煤炭产能 150 Mt 以上的目标任务。全国工业产能利用率为 76.5%。其中，煤炭开采和洗选业产能利用率为 70.6%，同比提高 2.4 个百分点；黑色金属冶炼和压延加工业产能利用率为 78.0%，提高 2.2 个百分点。生态保护和环境治理业、农业固定资产投资（不含农户）分别同比增长 43.0%和 15.4%。

产业结构不断优化，经济增长由主要依靠第二产业带动转向依靠三次产业共同带动，服务业快速发展成为经济增长的新引擎。农业基础地位更加稳固，实现了以单一种植业为主的传统农业向农、林、牧、渔业全面发展的现代农业转变。工业结构不断向中高端水平迈进。战略性新兴服务业持续发展壮大。2018 年全年规模以上工业中，战略性新兴产业增加值同比增长 8.9%。高技术制造业增加值增长 11.7%，占规模以上工业增加值的 13.9%。规模以上服务业中，战略性新兴服务业营业收入同比增长 14.6%。高技术产业投资同比增长 14.9%，工业技术改造投资增长 12.8%。服务业发挥了“稳定器”的作用。从总量看，第三产业占 GDP 的比重是 52.2%；从增量看，第三产业增加值增速比第二产业快 1.8 个百分点。从工业内部结构看，加快向中高端迈进，2018 年高技术制造业增加值同比增长 11.7%，占规模以上工业的比重达到 13.9%。近 5 年，第一、二、三产业占国内生产总值比重的变化如图 1－3 所示。

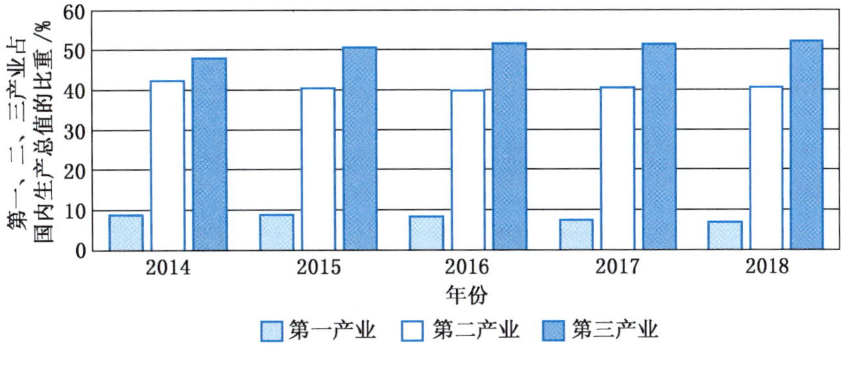

图 1－3　2014—2018 年第一、二、三产业占国内生产总值比重的变化

3. 绿色发展理念深入人心，生态文明建设成效突出

改革开放以来的 40 年，是对生态环境保护认识发生深刻变化的 40 年，是生态环境治理力度不断加大、环境质量逐步改善的 40 年。秉承“绿水青山就是金山银山”的理念，各地区各部门不断加大生态环境治理力度和环保投入，推进先进节能环保技术应用，持续提升资源利用效率，积极推动经济与资源环境协调可持续发展，促进人与自然和谐共生。

节能减排取得新成绩。2018 年，全国万元国内生产总值（2015 年不变价）能耗同比下降 3.1%，近 5 年中国单位国内生产总值能耗降低率如图 1－4 所示。重点耗能工业企业单位烧碱综合能耗下降 0.5%，单位合成氨综合能耗下降 0.7%，吨钢综合能耗下降 3.3%，单位铜冶炼综合能耗下降 4.7%，每千瓦时火力发电标准煤耗下降 0.7%，万元国内生产总值二氧化碳排放下降 4.0%。资源利用效率提高、结构改善。煤炭消费量占能源消费总量的 59.0%，同比下降 1.4 个百分点；天然气、水电、核电、风电等清洁能源消费量占能源消费总量的 22.1%，提高 1.3 个百分点。空气质量总体向好，水环境质量明显改善。大气、水、土壤污染防治行动计划陆续实施，中国大气及水环境质量明显改善。在监测的 338 个地级及以上城市中，城市空气质量达标的城市占 35.8%，同比上升了 6.5 个百分点。细颗粒物（PM2.5）未达标城市（基于 2015 年 PM2.5 年平均浓度未达标的 262 个城市）年平均浓度 43 $\mu g/m^3$，同比下降 10.4%。

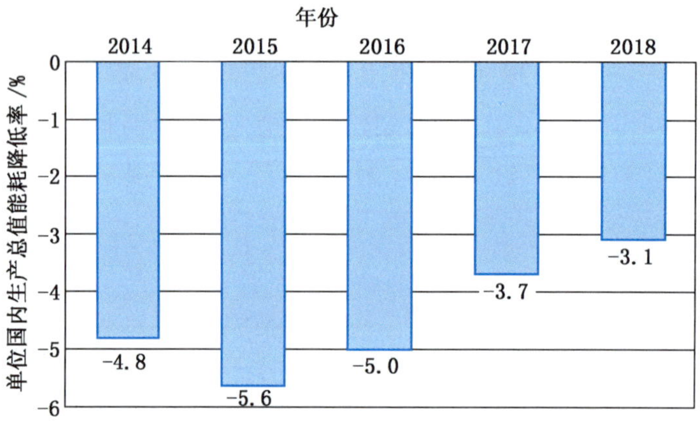

图 1－4　中国单位国内生产总值能耗降低率

4. 平稳投资初见成效，结构调整深入推进

根据国家统计局报告显示，2018 年，全国共完成固定资产投资（不含农户）63.5 万亿元，同比增长 5.9%。2018 年一季度、前半年和前三季度投资增速分别为 7.5%、6%和 5.4%，整体呈现平稳增长态势。分区域看，东部地区投资同比增长 5.7%，中部地区投资同比增长 10.0%，西部地区投资同比增长 4.7%，东北地区投资同比增长 1.0%。在固定资产投资（不含农户）中，第一产业投资 2.24 万亿元，同比增长 12.9%；第二产业投资 23.78 万亿元，增长 6.2%；第三产业投资 37.53 万亿元，增长 5.5%。民间固定资产投资 39.40 万亿元，增长 8.7%，占固定资产投资（不含农户）的比重为 62.0%。基础设施投资增长 3.8%。六大高耗能行业投资增长 1.4%。2014—2018 年全社会固定资产投资（不含农户）变化情况如图 1－5 所示。

2018 年，中国经济投资工作主要体现为以下几个方面。①中央出台了减税降费、定向降准、支持民营企业和小微企业融资等政策支持企业发展。各月民间投资增速均高于全部投资，且保持在8%以上；制造业投资同比增长9.5%，增速同比提高4.7个百分点，高于全部投资3.6个百分点。②2018年下半年，国家加大补短板政策支持力度，加快地方专项债发行进度，加快重大基础设施项目审批速度。各部门各地区在加快推进一批项目的工作上下功夫，有力推动了一批重大建设项目的实施，基础设施、农业农村、民生等短板领域投资增长呈现趋稳态势。③受设备更新换代、环保标准提升等因素的影响，制造业中转型升级和装备制造投资呈较快增长态势。在科技创新驱动和需求快速增长的拉动下，高技术产业投资快速发展。

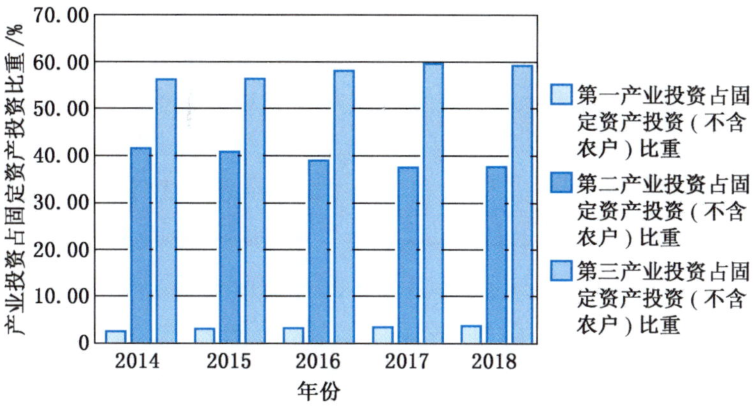

图1-5　2014—2018年全社会固定资产投资（不含农户）变化情况

5. 创新驱动加快实施，新动能成长蹄疾步稳

改革开放以来的40年，是中国科技事业迅猛发展的40年，重大科技成果不断涌现，全国上下加快推进创新型国家建设，积极打造“双创”升级版，推动创新资源开放共享，推进科技创新成果转化应用，优化创新生态环境，不断增强经济创新力和竞争力，有力推动经济转向高质量发展。

2018年，全年研究与试验发展（R&D）经费支出1.96万亿元，同比增长11.6%，与国内生产总值之比为2.18%，其中基础研究经费0.11万亿元。全年共签订技术合同41.2万项，技术合同成交金额1.77万亿元，同比增长31.8%。2014—2018年研究与实验发展经费支出与投入强度变化情况如图1-6所示。

创新驱动发展深入推进，发展新动能茁壮成长。深化“放管服”改革，积极打造高水平“双创”，新产业新产品快速成长。2018年，工业战略性新兴产业增加值同比增长8.9%，增速高于全部规模以上工业2.7个百分点；战略性新兴服务业营业收入同比增长14.6%，增速高于全部规模以上服务业3.2个百分点；新能源汽车、智能电视产量分别同比增长66.2%和17.7%。

6. 民生福祉不断改善，社会事业繁荣发展

改革开放以来的40年，各地区各部门始终坚持以人民为中心的发展思想，增加居

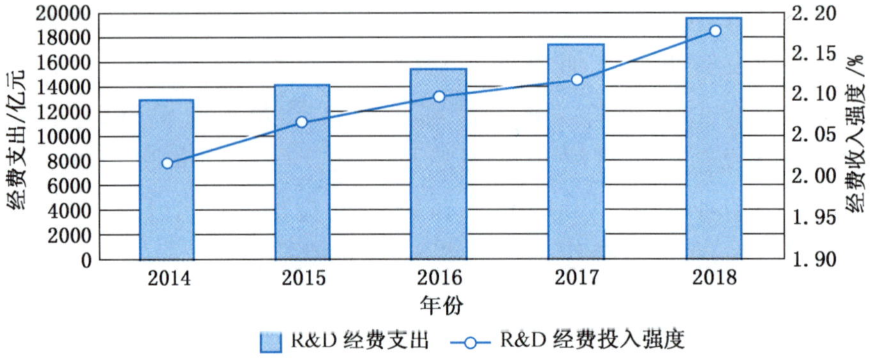

图 1-6 2014—2018 年研究与实验发展经费支出与投入强度变化情况

民收入，切实提高民生保障水平，积极扩大医疗、养老、教育等服务供给。

居民收入与经济增长基本同步。1978 年，全国居民人均可支配收入仅 171 元，2009 年达到 1.10 万元，2014 年达到 2.02 万元。2018 年，全国居民人均可支配收入 2.82 万元，同比增长 8.7%，扣除价格因素，实际增长 6.5%，比人均 GDP 增速快 0.4 个百分点。居民消费层次不断提升，全国居民人均消费支出 1.98 万元，同比增长 8.4%，扣除价格因素，实际增长 6.2%。全国居民恩格尔系数为 28.4%，同比下降 0.9 个百分点。2014—2018 年全国居民人均可支配收入及其增长速度如图 1-7 所示。2018 年末全国就业人员从 1978 年末的 4.01 亿人增加到 7.75 亿人。年末全国城镇调查失业率为 4.9%，同比下降 0.1 个百分点；城镇登记失业率为 3.8%，下降 0.1 个百分点。2014—2018 年城镇新增就业人数如图 1-8 所示。

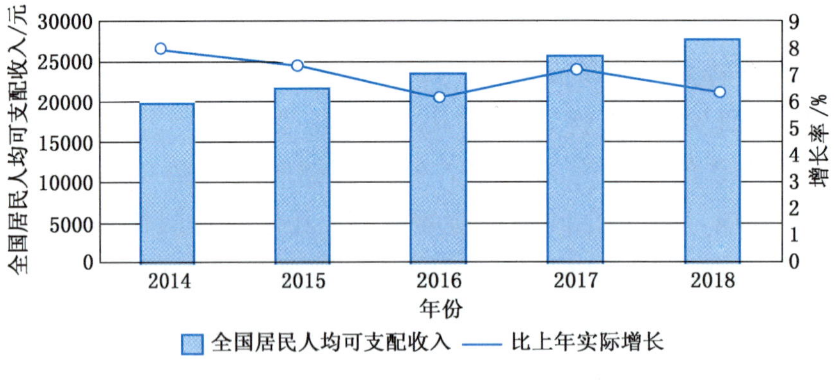

图 1-7 2014—2018 年全国居民人均可支配收入及其增长速度

7. “一带一路”建设成效显著，对外开放又上新台阶

改革开放以来的 40 年，是中国积极把握全球化机遇、纵深推进对外开放的 40 年，是中国深入参与全球经济治理、与世界各国共同发展的 40 年。①货物贸易规模

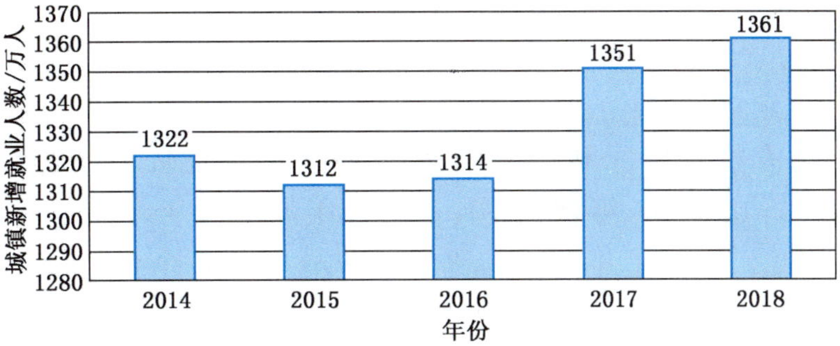

图 1-8　2014—2018 年城镇新增就业人数

创历史新高。2018 年，全国货物进出口总额 30.50 万亿元，首破 30 万亿元，同比增长 9.7%，出口额、进口额均创历史新纪录。②贸易结构继续改善，贸易方式呈阶段性演变。2018 年，一般贸易占货物进出口总额的比重从 1981 年的 93.5%下降到 57.8%，下降了 35.7 个百分点；机电产品出口占全部出口额的 58.8%，同比提高 0.4 个百分点。③“一带一路”经贸合作成效显著。中国坚持共商共建共享，与“一带一路”沿线国家经贸合作领域不断拓宽。2018 年，对“一带一路”沿线国家进出口总额 8.36 万亿元，同比增长 13.3%。④对外开放水平不断提高。制定实施外资准入负面清单管理制度，在金融、交通、汽车、船舶制造等 22 个领域推出开放措施。在全球跨境投资大幅下滑的背景下，2018 年，中国外商直接投资（不含银行、证券、保险领域）新设立企业数量同比增长 69.8%，实际使用外商直接投资金额（按人民币计价）增长 0.9%。

1.1.2　中国在世界经济中的地位

2018 年，世界经济整体保持增长，但复苏势头分化，各类风险加快积聚。进中求稳，成为世界经济运行趋势的新目标。在发展环境面临诸多风险和不确定性的背景下，各国着力求变图强，以期在全球竞合中占据有利地位。在世界经济波折起伏之际，中国经济经过 40 年的改革开放，已由高速增长阶段转向高质量发展阶段，这必将为世界共同发展、打造共同命运提供越来越多的正能量。

1. 中国综合国力和国际影响力显著提升

据世界货币基金组织统计，2018 年世界经济增速为 3.7%，与 2017 年持平；但增长的均衡性明显下降，不同国家和地区之间的表现参差不齐。

发达经济体的增长在 2018 年上半年势头有所减弱，发达经济体今年增长 2.4%。2018 年美国国内生产总值同比增长 3.5%；欧洲经济增长放缓，第三季度欧盟和欧元区 GDP 环比增速分别放缓至 0.3%和 0.2%；日本经济在下半年也遭遇下行压力，动力渐失。

新兴经济体增速普遍高于发达经济体。①中国国内生产总值同比增长 6.6%，分季度看，增速连续 16 个季度运行在 6.4%～7.0%，经济运行稳定性和韧性明显增强，实现了6.5%左右的预期；印度本财年第二季度（2018年7月至9月）经济增长7.1%；俄罗斯前10个月GDP增长1.5%，与去年全年增速持平。②中国的国际收支平衡也在今年有一定的改善。2018年，货物进出口顺差同比收窄18.3%；服务进出口逆差同比略有扩大。③利用外资规模大于对外投资。实际使用外商直接投资同比增长3.0%，比1984年增长91.3倍，年均增长14.7%；对外非金融类直接投资0.12万亿美元，与上年基本持平。年末外汇储备余额3.07万亿美元，持续保持在3万亿美元以上。人民币汇率基本稳定，人民币兑美元年平均汇率同比升值2.0%。

改革开放40年来，中国积极参与和推动经济全球化，提升全球经济治理话语权。1980年4月和5月，中国先后恢复了在国际货币基金组织和世界银行的合法席位，2001年加入世界贸易组织，更加积极地参与国际经济合作。2003年以来，中国与亚洲、大洋洲、拉美等多个国家和地区建设数十个自贸区。近年来，倡议建立亚洲基础设施投资银行和设立丝路基金，成功主办了“一带一路”国际合作高峰论坛、亚太经合组织（APEC）北京峰会、二十国集团（G20）领导人杭州峰会、博鳌亚洲论坛等，在全球治理体系变革中贡献了中国智慧、中国方案。

2. 科技创新成果丰硕，持续发挥领头作用

改革开放以来，中国科技投入不断增加，成为世界研发经费投入大国。2018年，全国研究与试验发展经费支出同比增长11.6%，与国内生产总值之比为2.18%，同比提高0.03个百分点。中国研发经费总量在2013年超过日本，成为仅次于美国的世界第二大研发经费投入国家。截至2018年底，国家科技成果转化引导基金累计设立21支子基金，资金总规模达到313亿元；境内外专利申请同比增长16.9%，授予专利权增长33.3%。按照世界知识产权组织排名，2018年中国综合科技创新排在第17位，中国科技进步贡献率达58.5%。

2018年，中国成功完成38次宇航发射。嫦娥四号探测器成功着陆月球背面并通过中继星将数据传回地球，标志着人类首次月球背面巡视探测任务正式开启；北斗三号基本系统完成建设，开始提供全球服务；中国地震立体观测体系首个天基平台中意电磁监测试验卫星、中法航天合作的首颗卫星中法海洋卫星成功发射。

3. 中国为全球减贫做出了巨大贡献

改革开放40年来，中国通过深化改革和大规模的扶贫开发，贫困人口大幅减少，成为全球最早实现联合国千年发展目标中减贫目标的发展中国家，也为全球减贫做出了巨大贡献。

一是对全球减贫的贡献率超七成。按照世界银行每人每天1.9美元的国际贫困标准及世界银行发布数据，中国贫困人口从1981年末的8.78亿人减少到2013年末的2511万人，累计减少8.53亿人，减贫人口占全球减贫总规模超七成；中国贫困发生率从1981年末的88.3%下降至2013年末的1.9%，累计下降了86.4个百分点，年均下降2.7个百分点，同期全球贫困发生率从42.3%下降到10.9%，累计下降31.4个

百分点，年均下降1.0个百分点，中国减贫速度明显快于全球，贫困发生率也大大低于全球平均水平。

二是为全球减贫提供了经验。改革开放40年来，中国以政府为主导的有计划有组织的扶贫开发，为全球减贫提供了中国方案和中国经验，世界银行2018年发布的《中国系统性国别诊断》报告称“中国在快速经济增长和减少贫困方面取得了‘史无前例的成就’”，按照每人每年2300元（2010年不变价）的农村贫困标准计算，年末农村贫困人口1660万人，同比减少1386万人；贫困发生率1.7%，同比下降1.4个百分点。全年贫困地区农村居民人均可支配收入10371元，同比增长10.6%，扣除价格因素，实际增长8.3%。联合国秘书长在给“2017减贫与发展高层论坛”的贺信中盛赞中国减贫方略：“精准减贫方略是帮助最贫困人口、实现2030年可持续发展议程宏伟目标的唯一途径。中国已实现数亿人脱贫，中国经验可为其他发展中国家提供有益借鉴”。

4. 中国企业在2018《财富》世界500强排行榜中稳居第二

随着中国经济总量的迅速增长，中国企业的规模也越来越大。在2018年发布的《财富》榜单上，中国公司达到了120家，稳居第二，接近美国（126家），超过第三位的日本（52家）。

前四名位置同去年比没有变化，除第一名沃尔玛之外，剩下三家中国能源企业——国家电网有限公司、中国石油化工集团有限公司和中国石油天然气集团有限公司依旧继续分列榜单前四位。在排名位次的变化上，今年上升最快的是中国的国家能源投资集团，跃升175位。所有上榜的房地产行业企业均来自中国。中国（含香港在内，不包括台湾地区）为111家企业。13家中国公司首次上榜，有4家为能源企业。

5. 中国对外开放为国际合作提供更多可能

改革开放初期，中国只有少数国有企业走出国门。加入世界贸易组织以后，企业走出去步伐明显加快。中国提出的“一带一路”倡议，为完善全球治理指明了新方向，为国际合作提供了新模式。据商务部、外汇局统计，2018年，中国全行业对外直接投资1298.3亿美元，同比增长4.2%。

2018年，中国对外投资合作的主要特点如下：

（1）稳步推进“一带一路”投资合作。中国企业对“一带一路”沿线的56个国家实现非金融类直接投资同比增长8.9%。

（2）对外投资结构持续多元。对外投资流向制造业、批发和零售业、采矿业的占比分别为15.6%、8.8%和7.7%。

（3）对外投资方式不断创新，企业并购境外融资比例提升。共完成并购项目405起，实际交易总额702.6亿美元。

（4）稳妥、有序地推进与第三方市场的合作。中国企业与来自英国、德国、法国、新加坡等国的企业利用各自优势，在亚洲、非洲等地区开展务实合作，均稳妥有序推进。

（5）地方企业和民营经济对外投资活跃。地方企业对外直接投资同比增长11.3%。

（6）境外经贸合作区建设取得积极进展。截至2018年末，通过确认考核的合作区入区企业共计933家，累计投资209.6亿美元。

（7）对外承包工程带动东道国经济社会发展和中国出口。其中，交通运输、一般建筑和电力工程建设行业占比66.5%。

1.2 中国能源结构和发展趋势

改革开放40年，中国成为世界第一大能源生产国，能源结构更加多元、高效；2018年中国能源结构持续优化，建成世界最大清洁煤电供应体系，节能降耗取得新成效；能源需求持续增长、总量可控，传统能源与新能源协同发展是中国能源发展总体趋势。

1.2.1 改革开放40年中国能源发展

1. 中国成为世界能源生产第一大国、能源生产结构更加多元

中国能源生产总量从1978年的630 Mtce增长为2017年的3590 Mtce，于2008年位居世界第一；2017年天然气产量增长9.4倍、占比由1978年的2.9%提高到5.4%，一次电力产量增长30.5倍、占比由1978年的3.1%提高到2017年的17.4%。

2. 能源消费结构持续优化、清洁能源消费占比持续增加

改革开放以来，中国能源消费整体呈现稳定增长态势。2017年，中国能源消费总量4.49 Gtce，比1978年增长6.9倍，年均增长5.4%。煤炭占能源消费总量比重总体呈现下降趋势，由1978年的70.7%下降到2017年最低的60.4%，下降10.3个百分点；石油占比1978年为22.7%，2017年为18.8%，下降3.9个百分点；天然气、一次电力及其他能源等清洁能源消费占比持续提高，天然气由1978年的3.2%提高到2017年最高的7.0%，一次电力及其他能源由1978年最低的3.4%提高到2017年最高的13.8%，分别提高3.8个和10.4个百分点。

3. 节能效果显著，单位GDP能耗整体呈现下降态势

随着中国经济发展进入新阶段，能源发展步入了新阶段。“十一五”以来，单位GDP能耗指标连续被纳入中国“十一五”“十二五”和“十三五”国民经济和社会发展五年规划纲要。2017年中国单位GDP能耗比1978年累计降低77.2%，年均下降3.7%，比2012年累计降低20.9%，年均下降4.6%，比1979—2012年的年均降幅高1.0个百分点，5年累计节约能源约1.03 Gtce。

1.2.2 2018年中国能源资源及结构特点

1. 中国能源资源现状

能源资源总量比较丰富。中国拥有较为丰富的化石能源资源，其中，煤炭占主导

地位，截至2017年煤炭查明资源储量达到1666.673 Gt，同比增长4.3%。已探明的石油、天然气资源储量相对不足，油页岩、煤层气等非常规化石能源储量潜力较大。中国拥有较为丰富的可再生能源资源。

人均能源资源拥有量较低。中国人均能源资源拥有量在世界上处于较低水平。煤炭和水力资源人均拥有量相当于世界平均水平的50%，石油、天然气人均资源量仅为世界平均水平的1/15左右。耕地资源不足世界人均水平的30%，制约了生物质能源的开发。

能源资源赋存分布不均衡。中国能源资源分布广泛但不均衡，煤炭资源主要赋存在华北、西北地区；水力资源主要分布在西南地区；石油、天然气资源主要赋存在东、中、西部地区和海域。

能源资源开发难度较大。中国煤炭资源地质开采条件较差，能够进行露天开采的煤炭储量较少。石油天然气资源地质条件复杂，埋藏深，勘探开发技术要求较高。未开发的水力资源多集中在西南部的高山深谷，远离负荷中心，开发难度和成本较大。非常规能源资源勘探程度低，经济性较差，缺乏竞争力。

根据《中国矿产资源报告（2018）》，2017年，中国煤炭、石油、天然气、页岩气、锰矿、金矿、石墨等重要矿产查明资源储量增长，勘查新增资源量超过5 Gt煤田3处、超过百吨的金矿2个，探明地质储量超过亿吨的油田2处、超过5×10^{10} m^3的天然气田3个。2017年，石油新增探明地质储量877 Mt，天然气5553.79×10^{8} m^3；煤炭新增查明资源储量81.556 Gt、同比增加49.866 Gt，锰矿282 Mt，铜矿4.1811 Mt，铝土矿292 Mt。

2018年，山西省财政投入3.57亿元，安排地质勘查项目83个，验收往年项目60个，新增煤炭资源量2437 Mt、铝土矿82 Mt，煤层气推断资源量31.93×10^{8} m^3、潜在资源量23.342×10^{9} m^3。

2. 中国能源生产与消费结构

2018年中国能源消费结构继续优化，全国能源消费总量同比增长3.3%，为4.64 Gtce。其中，煤炭消费量增长1.0%，原油消费量增长6.5%，天然气消费量增长17.7%，电力消费量增长8.5%；煤炭消费量占能源消费总量的59.0%，比上年下降1.4个百分点；天然气、水电、核电、风电等清洁能源消费量占能源消费总量的22.1%，上升1.3个百分点。2009—2018年中国能源生产和消费总量变化情况如图1-9所示。

2018年，根据规模以上工业企业统计情况，中国能源生产稳定增长。分品种看，原煤供应总量回升，原煤生产继续向优势地区和企业集中。随着完善煤炭产能置换加快优质产能释放等政策的持续推进，原煤生产逐步恢复，全年产量3.68 Gt，比上年增长4.5%，增速比上年加快1.2个百分点。原油生产降幅收窄，2018全年产量190 Mt，比上年下降1.3%，降幅比上年收窄2.8个百分点。天然气生产快速增长，天然气全年产量1602.7×10^{8} m^3，比上年增长8.3%，增速比上年加快0.1个百分点。

发电量加快增长，全年发电量比上年增长7.7%，增速比上年加快2.9个百分点，为2014年以来最高增速；电源结构不断优化，核电、风电和太阳能发电保持两位数增长，水电、核电、风电和太阳能发电等清洁能源发电比重比上年提高0.6个百分点。

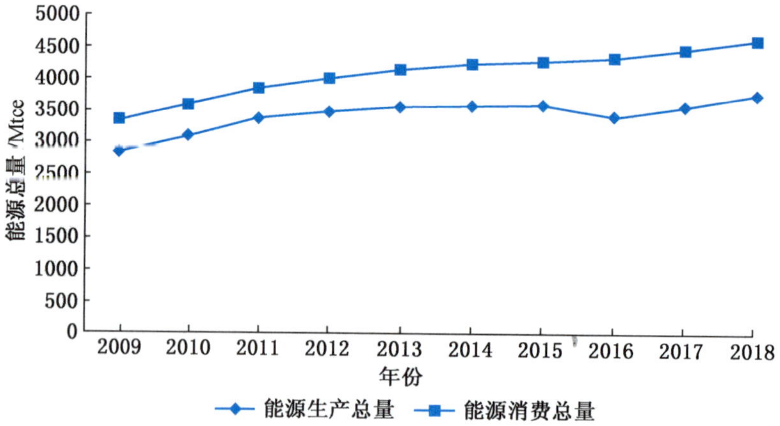

图1-9 2009—2018年中国能源生产与消费总量变化情况

3. 中国能源消费对外依存度

2018年中国能源进口快速增长。根据海关总署快报数据，2018年原煤进口稳定增长，原油、天然气进口创历史新高。其中，原煤进口比上年增长3.9%，增速比上年回落2.2个百分点；原油进口增长10.1%，与上年持平；天然气进口增长31.9%，加快5.0个百分点。

随着中国油气消费继续快速增长，2018年石油和天然气的对外依存度快速攀升，石油对外依存度升至69.8%；天然气对外依存度升至45.3%。

1.2.3 2018年中国能源发展特点

1. 贯彻中央坚决打赢脱贫攻坚战的决策部署，做好能源扶贫工作

2018年，是全面打赢脱贫攻坚战三年行动的第一年，国家能源局认真贯彻落实党中央、国务院关于坚决打赢脱贫攻坚战的决策部署，聚焦“三区三州”等深度贫困地区和特殊贫困群体，加大对贫困地区能源基础设施建设、能源资源开发的支持力度，助推贫困地区经济社会发展、改善贫困群众生产生活条件。

推进行业扶贫、完善贫困地区能源基础设施。一是，稳步推进农村电网改造升级，提高贫困地区农村供电能力和供电质量。2018年下达农网改造升级投资计划405亿元（其中中央预算内投资120亿元），全部投向贫困地区。其中，51%的资金投向“三区三州”深度贫困地区。二是，持续推动贫困村通动力电工程，有效促进了当地经济发展。三是，有序开展光伏扶贫电站建设。截至2018年8月31日，累计下达光伏扶贫规模1544×10⁴ kW,已在全国26个省份建成并网光伏扶贫项目1363×10⁴ kW，

累计帮扶 224 万建档立卡贫困户。四是，支持贫困地区重大能源项目建设。对《能源发展“十三五”规划》及各专项规划进行了中期评估和调整，从布局上加大对贫困地区能源项目建设的支持力度，促进贫困地区能源加快发展。

开展定点扶贫、助推当地经济社会发展。把定点扶贫作为重大政治任务，从政策、项目、资金、人才等多方面给予帮扶，在党建扶贫、选派干部、扩展教育扶贫渠道、加强扶贫干部培训等方面加大力度，使得脱贫人数不断增加、贫困发生率持续下降。

2. 中国建成全球最大清洁煤电供应体系，煤电不再是造成污染的主要因素

煤电超低排放和节能改造提前 2 年完成总量目标任务，中国建成全球最大的清洁煤电供应体系。近年来，中国积极推动国内各发电企业实施超低排放和节能改造工程、完善配套减排支持政策、加大对超低排放改造新技术的支持推广力度，煤电行业清洁、高效、高质量发展水平得到有力提升。截至 2018 年第三季度末，中国煤电机组累计完成超低排放改造 7×10^8 kW 以上，提前超额完成 5.8×10^8 kW 的总量改造目标，加上新建的超低排放煤电机组，超低排放限值煤电机组已达 7.5×10^8 kW 以上，占全部煤电机组 75%以上；节能改造累计完成 6.5×10^8 kW，占全部煤电机组 65%以上，其中，“十三五”期间完成改造 3.5×10^8 kW，提前超额完成“十三五”3.4×10^8 kW 改造目标，标志着中国煤电产业迈向清洁高效“升级版”。

煤电污染物排放强度下降，排放总量得到有力控制，煤电不再是造成环境污染的主要因素。一是，污染物排放减少、煤耗降低，节约煤炭用量。2012—2017 年，全国煤电装机由 7.49×10^8 kW 增长至 9.8×10^8 kW，增幅达 30%，电力二氧化硫、氮氧化物、烟尘排放量从 8.59 Mt、10.86 Mt、1.78 Mt 下降至 1.20 Mt、1.14 Mt、260 kt，降幅分别达 86%、89%、85%。火电机组供电标煤耗从 325 g/(kW·h) 下降至 312 g/(kW·h)，2017 年节约原煤约 83.00 Mt。二是，煤电超低排放为大气环境改善作出了重要贡献。燃煤电厂超低排放改造对长三角、珠三角、京津冀等重点区域细颗粒物年均浓度下降的贡献分别达 24%、23%和 10%。三是，标准不断严格、技术日趋成熟。目前中国脱硫机组二氧化硫的排放限值是 35 mg/m^3，比美国和日本的 184 mg/m^3 和 200 mg/m^3 还要严格。中国泰州电厂 3 号机组是世界首台百万千瓦超超临界二次再热燃煤发电机组，其发电效率已达 47.82%，是全球煤电领域的标杆，2018 年实现供电煤耗 264.78 g/(kW·h)，是全国煤电机组的最好水平。

3. 可再生能源装机规模不断扩大，利用水平不断提高

中国可再生能源装机规模不断扩大。截至 2018 年底，中国可再生能源发电装机达到 7.28×10^8 kW，同比增长 12%。其中，水电装机占 48.35%、风电装机占 25.27%、光伏发电装机占 23.9%、生物质发电装机占 2.48%，分别同比增长 2.5%、12.4%、34%和 20.7%。可再生能源发电装机约占全部电力装机的 38.3%，同比上升 1.7 个百分点，可再生能源的清洁能源替代作用日益突显。水电新增装机较多的省份是云南、四川和广东；风电开发布局进一步优化，中东部和南方地区新增装机占比约 47%；光

伏发电结构日趋合理，集中式电站和分布式光伏新增装机分别占光伏发电新增总装机的 52.64%和 47.36%；生物质发电新增装机较多的省份是安徽、山东、广东和湖南。

中国可再生能源利用水平不断提高。2018 年，可再生能源发电量达 186.7×10^{10} kW·h，同比增长约 1.70×10^{11} kW·h；可再生能源发电量占全部发电量比重为 26.7%，同比上升 0.2 个百分点。其中，水电 123.29×10^{10} kW·h，同比增长 3.2%；风电 36.60×10^{10} kW·h，同比增长 20%；光伏发电 17.75×10^{10} kW·h，同比增长 50%；生物质发电 9.06×10^{10} kW·h，同比增长 14%。全年弃水电量约 6.91×10^{10} kW·h，2018 年来水好于 2017 年，全国平均水能利用率达到 95%左右；弃风电量 2.77×10^{10} kW·h，全国平均弃风率 7%，同比下降 5 个百分点；弃光电量 54.9×10^{8} kW·h，全国平均弃光率 3%，同比下降 2.8 个百分点。

1.2.4 能源供需趋势分析

1. 能源需求不断增长，但总量安全可控

中国能源需求将不断增长。2017 年，中国人均 GDP 为 5.97 万元，低于全球 6.73 万元/人的平均水平，仍有较大发展空间。中国人均一次能源消费量为 3.23 tce/人，刚刚超过 2.61 tce/人的全球平均水平，仅为经合组织国家 6.3 tce/人的一半。随着人民生活水平提高，中国能源需求将不断攀升。据国家发展改革委和国家能源局发布的《能源生产和消费革命战略（2016—2030）》，2030 年前，中国能源消费总量控制在 6 Gtce 以内。

中国能源需求总量可控。近年来，世界经济复苏乏力，积极与不确定性并存，贸易保护主义有所抬头。国内经济发展进入新常态，未来一段时间，中国处在新旧动能转换阶段，经济将保持较低热度平稳健康发展。未来五年，钢铁、有色、建材等主要耗能产品需求预计也将达到峰值。中国能源强度将保持下降。十九大报告明确指出："必须坚持节约优先、保护优先、自然恢复为主的方针。"按国家统计局数据初步计算，2017 年中国能源强度为 0.54 tce/万元，同比下降 8.5%，比 2007 年下降 53%，能源强度不断降低，能源利用效率不断提高。按同样标准计算，2017 年国际平均能源强度为 0.37 tce/万元，美国能源强度为 0.25 tce/万元，中国能源强度仍然有较大下降空间。国务院印发的《"十三五"节能减排综合工作方案》预计，到 2020 年，中国万元国内生产总值能耗将比 2015 年下降 15%，能源消费总量控制在 5 Gtce 以内。以此推断，在未来一段时间内，中国能源需求量将保持缓慢增长，能源安全总体可控。

2. 传统能源与新能源互为补充、互为支撑协同发展，提升能源绿色发展水平

传统能源与新能源相互协同、优势互补的发展，是今后一个时期中国能源发展的必然选择。中国政府积极推进生态文明建设的国家战略，积极在风电、太阳能发电、生物质能发电等各个新能源板块推动多元化、均衡化发展，不但满足了社会、经济发展对能源持续增长的需求，同时也实现了能源结构的优化调整。传统能源发展所积累的经验、资金和技术，可以帮助新能源变得更加有效和实用；反过来，新能源的发展，也会催生各种清洁技术，促进传统化石能源得以更加清洁地利用。在新能源、可

再生能源发展的初级阶段，更需要促进煤炭等传统能源的清洁高效利用，促进传统能源与新能源、可再生能源协同发展；同时，推动煤炭与清洁能源技术、产业与模式地有机融合，实现传统能源与新能源、可再生能源互为支撑、互相补充、互相促进，从而形成煤、油、气、核、新能源、可再生能源多轮驱动的能源供应体系，全面提升能源绿色发展水平，使中国能源更加清洁、更加高效、更加安全，促进能源行业平稳实现高质量发展，推动现代文明和生态环境共同向前发展。

3. “一带一路”倡议进一步保障中国能源安全、提升能源产业国际竞争力

能源国际合作是“一带一路”合作的重要组成部分。国家发展改革委和国家能源局发布的《推动丝绸之路经济带和21世纪海上丝绸之路能源合作愿景与行动》指出，加强“一带一路”能源合作有利于带动更大范围、更高水平、更深层次的区域合作，促进世界经济繁荣。

“一带一路”能源合作保障中国能源安全。通过“一带一路”能源合作建设，沿线国家将不断完善和扩大油气互联通道规模，形成全球能源互联网，实现能源资源更大范围内的优化配置，增强能源供应抗风险能力，形成开放、稳定的全球能源市场，沿线国家能源供应现状将得到有效改善。目前，中国已经初步建成五大海外油气合作区，正在快速形成四大油气战略通道，亚洲、欧洲和美洲三大油气运营中心已初具规模，中俄北极地区亚马尔液化天然气LNG项目已经投产，成为北方航道上“冰上丝绸之路”的重要支点。中国能源供应现状将发生根本改变，能源供应安全得到充分保障。

“一带一路”推进中国能源技术革命获得提升。当前新一轮能源技术革命正在兴起，新的能源科技成果不断涌现，正在并将持续改变世界能源格局。作为中国能源革命战略的重要一环，能源技术革命是助推能源消费、供给、体制革命和加强国际合作的基础，是建设绿色、低碳、安全、高效可持续的现代能源体系目标的支撑。近年来，国外新能源车企利用技术、互联网等优势，在无补贴的不利情况下已发力抢占市场；中国新能源产业的核心技术与国际先进水平还有较大差距、“弃风弃光”的现象一直存在，要想破局，储能技术将发挥重要作用。“一带一路”给我国创造了合作的契机，能够快速、有效地提升能源技术水平，缩小与发达国家的差距，提高能源产业国际竞争力。

1.3 中国煤炭工业现状及发展趋势

改革开放40年，中国煤炭工业从高速发展转向高质量发展阶段。2018年煤炭行业在面临诸多困难情况下，坚持以供给侧结构性改革为主线，煤炭产业结构更加优化、转型升级步伐加快、煤矿安全生产取得了历史性突破、国际合作领域持续拓展，为国民经济持续健康发展提供了有力保障。

1.3.1 改革开放40年中国煤炭发展

改革开放40年来，煤炭工业先后经历了“深化改革、改革脱困、健康可持续发

展、高质量发展”四个发展阶段，始终坚持全面深化改革、发展先进生产力、激发创新活力，煤炭供应保障、安全生产、市场化改革、装备智能、绿色环保等方面实现了历史性的跨越发展（表 1－1），行业整体面貌发生了巨大变化，为国民经济平稳较快发展提供了有力的能源保障。改革开放 40 年煤炭行业主要指标变化如图 1－10 所示。

表 1－1　改革开放 40 年中国煤炭发展的历史性跨越

主要方面	主要内容
煤炭消费长期占主导地位，消费总量增加、消费质量提升	煤炭消费经历了缓慢增长、快速增长和缓慢下降三个阶段，煤炭消费量由 1978 年的 687 Mt 逐步增加到 2018 年的 3900 Mt；随着清洁能源消费比重持续提升，煤炭占一次能源消费比例由 71%降至 59%，首次低于 60%，在一次能源消费结构中长期占主导地位不变；电煤消费比重由 20%提升到 57%，建成世界最大的清洁煤电供应体系
煤炭供应能力得到切实保障，供应结构优化、供应质量提升	煤炭供应由供给严重短缺转变为产能总体富余、供需基本平衡，满足经济社会发展对煤炭的需求。全国煤炭查明资源储量从 596 Gt 增加到 2017 年的 1666.673 Gt；建成 14 个国家级大型煤炭基地、134 个矿区；全国煤炭产量由 620 Mt 增加到 3680 Mt，累计生产煤炭 77.3 Gt，占全国一次能源生产总量的 70%以上；煤矿人均生产效率由 137 t/a 提高到 1 kt/a，平均单井规模由 1988 年的 15.2 kt/a 提高到 2018 年的 900 kt/a 以上；全国原煤入选率由 16.7%提高到 71.8%，提高了 53.5 个百分点
煤炭运输体系逐渐完善。煤炭铁路运量大幅增加，水路运输格局符合实际需要	建成了大秦、朔黄、蒙冀、瓦日、集通等主要煤炭铁路运输线，形成了“三西”、东北、华东、中南、西北、西南六大铁路煤炭外运通道；煤炭运量从 1978 年的 402 Mt 增至 2018 年的 2383 Mt，增长 493%；建成了秦皇岛、京唐港、曹妃甸、黄骅等一批沿海、沿江煤炭接卸港口码头，煤炭水路运输的基本格局由“国内煤炭北煤南运＋外贸出口”转变为“国内煤炭北煤南运＋外贸煤炭进口”
煤炭市场改革取得显著成效，市场化体系日益完善	取消重点电煤合同，实现电煤价格并轨，建立了煤炭“中长期合同制度”和“基础价＋浮动价”的定价机制，发挥煤炭市场平稳运行“压舱石和稳定器”的作用，为煤炭市场的平稳运行保驾护航；煤炭交易体系、价格指数体系、市场资源配置的作用显著增强，行业经济运行质量不断提升，逐步形成了统一开放、竞争有序的市场体系
煤矿安全生产状况明显好转，达到世界产煤中等发达国家水平	煤矿安全生产领域进行了一系列体制机制法制改革创新，建立健全煤矿安全国家监察体系，大力加强煤矿安全法制建设、机制建设和责任体系建设。全国煤矿事故总量、死亡人数、百万吨死亡率等各项煤矿安全生产指标明显下降，事故死亡总人数由 1978 年的 6001 人减少到 2018 年的 333 人，煤炭百万吨死亡率由 9.713 下降到 0.093
矿区生态环境得到持续改善，绿色矿山建设理念深入人心	煤矸石综合利用率由 27%提高到 70%，提高了 43 个百分点，矿井水利用率、土地复垦率达到 72.8%、49.5%；保水开采、充填开采等绿色开采技术得到普遍推广；建成一批“花园式”绿色矿山

表 1-1（续）

主要方面	主要内容
煤炭科技取得长足进步，绿色开采技术和煤机装备制造能力进入世界前列	煤炭科技基础不断夯实，关键技术难题获得突破，科技供给能力持续增强，推动了煤炭工业从劳动密集型向技术密集型转变，大型煤炭企业采煤机械化程度由 32.3%提高到 96.1%，建成了 145 个智能化采煤工作面，智能信息化水平显著提高。煤机装备制造、特别是“三机一架”装备制造能力进入世界前列，8.8 m 一次采全高综采成套装备全部实现国产化，世界首个具有完全自主知识产权的 8.8 m 超大采高智能工作面在国家能源集团神东煤炭集团上湾煤矿日产量突破 10 Mt。在基础研究、关键共性技术突破、创新示范工程建设、科技成果推广应用等方面取得了长足进步，推动煤炭由传统能源向清洁能源转变。同时，煤炭行业培养出宋振骐等院士 30 名，“兖州矿区工程建设施工新技术”等众多成果荣获国家科技进步奖

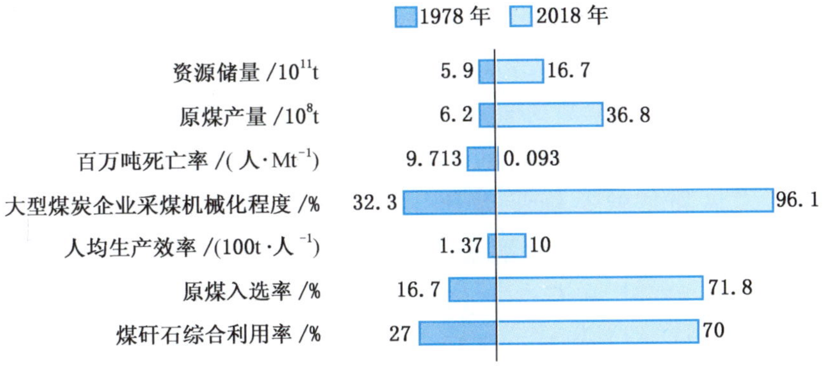

图 1-10　改革开放 40 年煤炭行业主要指标变化

1.3.2　2018 年中国煤炭经济运行特点

煤炭工业坚持以推进供给侧结构性改革为主线，全力落实去产能、去库存、去杠杆、降成本、补短板五大任务，煤炭产能产量均有回升，全年煤炭价格小幅波动，总体呈平稳运行态势。煤炭工业发展质量不断提高，煤炭生产开发布局不断优化，化解过剩产能成效明显，产业结构优化升级加快，安全生产形势持续好转，科技创新能力显著增强，国际合作领域进一步拓展，进一步保障了国家能源安全，推动了能源高质量发展。

1. 煤炭生产开发重心进一步西移

随着完善煤炭产能置换加快优质产能释放等政策地持续推进，原煤生产逐步恢复，全年生产原煤 3680 Mt（规模以上原煤产量 3546 Mt），比上年增长 4.5%，2018 年全国规模以上分省原煤产量统计如图 1-11 所示。原煤生产继续向煤炭资源禀赋条件好、市场竞争力强的优势地区集中，生产开发重心进一步西移，内蒙古、山西、陕西、新疆、贵州、山东、安徽、河南 8 个亿吨级产煤大省煤炭产量 3122.8 Mt，占全国的88.06%，其中，内蒙古、山西和陕西三省原煤产量均超过600 Mt，三省合计生产原煤2442.62 Mt，占全国产量的68.88%，比上年提高1.7个百分点。

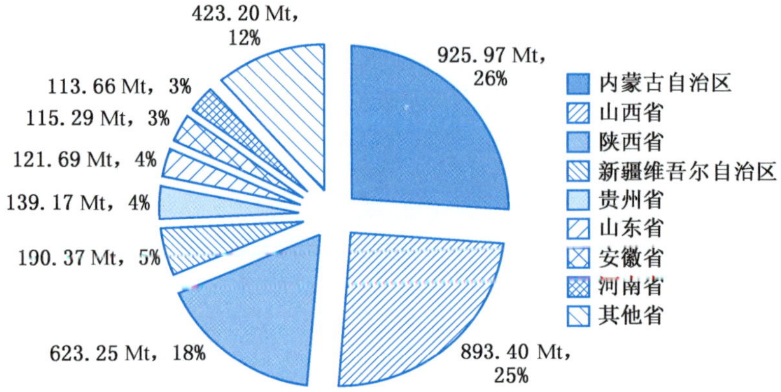

图1-11　2018年全国规模以上分省原煤产量统计

2. 化解过剩产能明显成效

坚持以“破、立、降”为主攻方向，持续推进结构性去产能、系统性优产能，供给结构不断改善，发展质量效益稳步提升。2018年4月，国家发展改革委等6部委发布了《关于做好2018年重点领域化解过剩产能工作的通知》，提出在煤炭方面，力争化解过剩产能1050 Mt左右，确保800 Mt左右煤炭去产能目标实现三年“大头落地”。全年淘汰退出煤矿832处，完成淘汰落后产能约150 Mt，产能利用率上升为70.6%，增长2.4个百分点，其中，山西退出煤炭产能30.90 Mt、黑龙江退出14.83 Mt、河北退出14.01 Mt、内蒙古退出11.1 Mt、贵州退出10.38 Mt。全年符合条件的国有煤矿核增优质产能8.5 Mt/a，核减灾害严重矿井产能4.9 Mt/a。

3. 产业结构优化升级加快

继续优化煤炭供给结构，煤炭产能集中化程度进一步提高。据国家能源局产能公告显示，截至2018年6月底，安全生产许可证等证照齐全的生产煤矿有3816处，年产能3491 Mt；已核准（审批）开工建设煤矿1138处（含生产煤矿同步改建、改造项目96处），年产能976 Mt。其中，已建成进入联合试运转的煤矿201处，年产能335 Mt。全国生产煤矿产能集中于年产能1.2～5.0 Mt的煤矿。全国生产煤矿年产能合计煤矿数量为4070处。其中，年产能在1.2 Mt以下的煤矿数量为3229处，占生产煤矿产能比重为27.03%，占生产煤矿数量的79%；年产能在1.20～5.00 Mt（不含5.00 Mt）的煤矿数量为730处，年产能占生产煤矿产能比重为41.38%，占生产煤矿数量的17.94%；年产能在5.00～10 Mt（不含10 Mt）的煤矿数量为71处，占生产煤矿产能比重为12.96%，占生产煤矿数量的1.74%；年产能在10 Mt以上煤矿数量为40处，占生产煤矿产能比重为18.63%，占生产煤矿数量的0.98%。

2018年大型煤炭企业原煤产量完成2610 Mt，上涨3.5%。其中，年产量超过

50 Mt 企业达到 19 家，占大型煤炭企业原煤产量的 86.2%，占规模以上煤炭企业原煤产量的 63.4%。国家能源投资集团有限责任公司、中国中煤能源集团有限公司、兖矿集团有限公司、陕西煤业化工集团有限责任公司、山东能源集团有限公司、大同煤矿集团有限责任公司、山西焦煤集团有限责任公司 7 家煤炭企业产量超亿吨，较 2017 年增加 1 家。

4. 安全生产形势创历史最佳

始终坚持“以人为本，生命至上，源头管控，标本兼治”的安全发展原则，煤矿安全生产形势持续稳定向好，全国煤矿未发生一起特别重大事故，事故总量、较大事故、重特大事故和百万吨死亡率实现同比“四个下降”，安全生产工作创历史最好水平。全年共发生事故 224 起、死亡 333 人，同比减少 2 起、50 人。煤矿百万吨死亡率 0.093，同比下降 12.3%，首次降至 0.1 以下。全国煤矿安全生产达标煤矿已增至 3020 处，其中一级标准化煤矿已达到 444 处，比 2017 年增加 277 处，同比增加 266%；二级、三级标准化矿井分别已达到 1533 处、1043 处。同时全年建成 145 个智能化采煤工作面。

5. 科技创新能力显著增强

煤炭行业坚持创新发展理念，加强煤炭科技创新，推动煤炭技术革命。围绕煤炭精细地质勘探领域、现代化煤矿建设领域、清洁高效利用领域、煤矿安全生产领域取得了一大批新成果、新技术和新工艺。成功应用日处理煤量 500 t 的水煤浆水冷壁废锅汽化炉（晋华炉）技术；现代科技与煤炭传统产业加速融合，物联网、大数据、云计算等信息技术加快集成应用，井下机器人研发全面启动，信息化、智能化水平不断提升，中信重工机械股份有限公司和兖矿集团有限公司矿用特种作业机器人、灭火机器人、直径 5 m 的硬岩掘进机、智慧绿色煤炭物流运输系统科技创新技术上升新台阶；8.8 m 超大采高智能输送系统成套装备实现国产化并投入生产；世界首套纯水支架工业性试验成功；世界首台井下 TDS 智能干选设备试车成功。

6. 国际合作领域持续拓展

在“一带一路”国际能源合作的大框架下，国家能源局、煤炭工业协会等机构（部门）与国际能源署、世界煤炭协会和相关国际组织的交流日趋密切，合作领域不断拓展。2018 年共进口煤炭 281 Mt，同比增长 3.9%，与印度尼西亚、澳大利亚、蒙古、俄罗斯、菲律宾的五个主要煤炭资源国进口 274 Mt，长期煤炭贸易关系得到进一步巩固。成功召开了国际煤炭采矿技术交流及设备展览会、中国国际煤炭大会、中国国际煤炭清洁高效利用博览会等一系列国际煤炭交流会，不断增强中国在国际舞台上的行业影响力和话语权。煤炭企业继续加强“走出去”参与“一带一路”沿线国家能源项目，兖州煤业收购澳大利亚联合煤炭实业公司，陕西煤化在吉尔吉斯斯坦、澳大利亚、阿根廷、印度尼西亚等国家布局了煤炭资源勘探、煤化工、煤电一体化、工业园区开发等项目，中煤能源、江西中鼎、中煤科工等企业在涉煤国家进行了工程承包及技术服务。

1.3.3 2018年中国煤炭行业上市公司经营业绩分析

目前，中国煤炭行业上市公司共有34家。受益于国家宏观经济稳健运行和煤炭行业深入推进供给侧结构性改革，2016年以来煤价持续回升，煤炭企业亏损的局面得到改善，2017年煤炭企业基本实现扭亏为盈，2018年煤炭企业盈利快速增长。截至2019年2月，有26家上市煤炭企业发布了2018年业绩预告，其中有18家公司业绩预增或略增，3家公司扭亏，4家公司业绩预减，1家公司预亏。其中，煤炭龙头企业中国神华（601088）预计2018年归属于公司股东的净利润约为440亿元，净利润增幅最大的是山西焦化（600740）、新集能源（601918），实现净利润分别约15亿元、2.5亿元，同比增长约1500%、1038%。但是，也有个别煤炭企业业绩下滑，郑州煤电（600121）预计2018年实现净利润约1.7亿元，同比减少约72%，红阳能源（600758）预计2018年实现净利润1亿元，同比下降78%。

1.3.4 “十四五”煤炭发展趋势

1. 中国能源资源禀赋决定了煤炭的主体能源地位难以改变

由于中国能源资源禀赋的特征，加之煤炭资源的可靠性、价格的低廉性、利用的可洁净性，决定了在今后较长一段时期内，煤炭是中国主体能源和重要工业原料的地位和作用难以改变。在经济发展过程中，煤炭支撑了中国经济社会快速发展。改革开放以来，累计生产煤炭77.3 Gt，占全国一次能源生产总量的75%左右；1985年，中国成为世界第一煤炭生产大国；2018年中国煤炭产量占世界的比重达到46.96%，比1978年提高30个百分点。在未来一段时间内，煤炭仍将是中国能源消费的支柱。中国煤炭供需形势将保持稳中有进、稳中有升态势，未来5年煤炭消费仍将保持小幅增长趋势，总量维持在4.0 Gt左右。

2. 科技创新进一步拓展了煤炭的应用领域

科技创新推动煤炭洁净化技术取得突破性进展，进一步拓展了煤炭的应用领域。随着科技创新发展，传统能源洁净化技术先进、经济合理、实践可靠，中国煤炭清洁高效利用技术将取得新的突破，到2020年，中国将全面完成燃煤电厂超低排放技术改造，新建燃煤电厂全部按超低排放标准建设；高效煤粉型工业锅炉技术普遍推广应用，煤炭在能源方式转换与燃烧洁净化利用方面将取得新的进展。随着一批百万吨级煤炭液化技术、煤制烯烃二代技术、低阶煤分级分质利用技术实现工业化生产和煤制乙二醇、煤制气、煤制精细化工品等技术示范工程取得成功，现代煤化工技术将实现突破性进展。

3. 新型经营模式提升煤炭企业核心竞争力

随着“十三五”煤炭去产能主要目标任务基本完成，煤炭行业由总量性去产能转向系统性去产能、结构性优产能；行业效益持续好转、企业现金流明显增加，规模以上煤炭企业资产负债率同比下降2个百分点；煤炭企业在经营模式方面的探索与创新取得了较好的效果。兖煤澳洲于2018年12月6日正式在香港联交所挂牌上市、成为首家在澳洲和香港两地主板上市的国有控股公司，股东多元化、融资渠道的拓展进一步推动了公司未来的国际化发展，增强了核心竞争力。2018 年 10 月 18 日淮北矿业经过重组更名成功登陆 A 股市场，为淮北矿业集团实现多渠道、低成本融资，实现高质量发展开拓了新的空间，同时进一步促使企业治理更加现代、规范。2018 年 2 月 5 日，江苏省国信集团有限公司、中煤平朔集团有限公司、大同煤矿集团有限责任公司、中国电力国际发展有限公司、晋能集团有限公司、中国大唐集团有限公司六大能源国有企业投资成立苏晋能源控股有限公司，通过资本纽带将资源和市场进行有效对接，打通煤电上下游产业链。加强资本运作，创新经营模式，发挥金融与实业的协同效应，实现产融结合，是煤炭企业提升核心竞争力、实现高质量发展的趋势。

2 煤炭需求预测

煤炭是中国的基础能源，在中国一次能源消费中长期占据较高比重，为中国经济社会发展做出了重要贡献。当前，中国经济发展步入新常态，经济已由高速增长阶段转向高质量发展阶段，能源需求强度和增速下降。绿色发展理念深入人心，能源结构调整步伐加快，新能源快速发展，非化石能源比重逐步提高。供给侧结构性改革力度加大，产业结构进一步调整。在当前背景下，煤炭占一次能源消费比重逐步下降，煤炭需求增速放缓甚至呈现负增长。2018 年，在错综复杂的国际国内环境下，中国经济运行实现总体平稳、稳中有进，经济基本面对煤炭需求拉动力度总体稳健、略有增强，全国煤炭消费量约 3900 Mt，占一次能源消费比重下降到 59%。2019 年是新中国成立 70 周年，是全面建成小康社会、实现第一个百年奋斗目标的关键之年，也是习近平总书记提出能源安全新战略五周年。因此，准确判断煤炭行业发展趋势、预测煤炭需求形势，对深化煤炭供给侧结构性改革、缓解供需矛盾、保障能源安全具有重要意义。通过对国内宏观经济形势及电力、钢铁、建材、化工等主要耗煤行业发展趋势分析，报告预测 2019 年全国煤炭需求量较去年略有上升。

2.1 煤炭消费现状

2.1.1 煤炭消费总量

煤炭消费在一次能源消费中长期占据较高比重。中国是世界上最大的煤炭生产和消费国，也是少数几个以煤为主要能源的国家之一。富煤、贫油、少气的能源资源赋存特点决定了煤炭在中国能源供应中的重要地位：从消费总量上看，中国煤炭消费增长是世界煤炭增长的主要动力，2018 年中国煤炭消费量 3900 Mt，较 2010 年增加 410 Mt，年均增长 1.47%，占世界煤炭消费量的 50%左右，占世界 1980 年以来煤炭消费增量的近 80%；从能源结构上看，受能源结构调整、清洁能源快速发展等影响，中国煤炭占一次能源消费量的比重总体上呈缓慢下降趋势，但仍将在较长时期在一次能源构成中占主导地位。初步核算，2018 年中国煤炭消费量占一次能源消费量的 59.0%，较 2010 年下降 10.0 个百分点，但仍高出世界目前平均水平近 40 个百分点。图 2-1 所示为 2010—2018 年中国煤炭消费占一次能源消费比重变化情况。

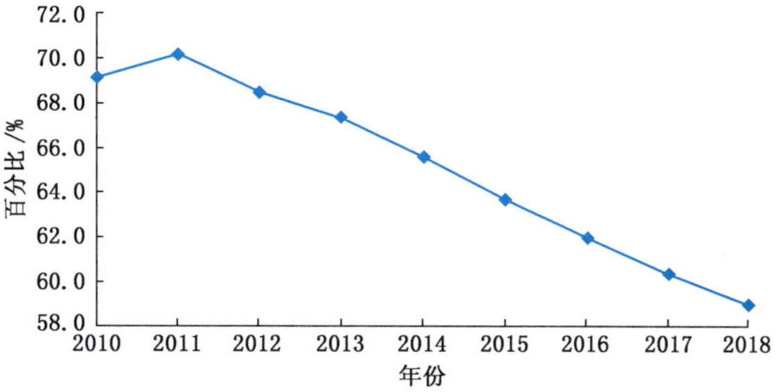

图 2-1 中国煤炭消费占一次能源消费比重

煤炭消费总量由高位持续回落转变为缓慢回升。2002 年以后，中国工业化和城镇化进程进入快速发展时期：基础设施和人们生活福利设施建设明显加快，电力、钢铁、建材等相关耗煤行业迅速扩张，拉动煤炭消费量逐年大幅增长，由 2000 年的 1357 Mt 增加到 2011 年的 3890 Mt，平均每年增长 230 Mt，年均增速高达 10.0%。2013 年以来，受国际金融危机持续蔓延和世界经济复苏缓慢、国内经济自主调整、经济增长速度放缓及能源结构调整等因素影响，主要耗煤行业产品产量增速大幅下降，煤炭市场疲软，煤炭消费总量增速急剧回落并呈负增长，供需形势发生逆转，由 2013 年的历史峰值 4244 Mt 减少到 2016 年的 3846 Mt，平均每年减少 133 Mt，年均下降 3.3%，煤炭消费降幅明显。2017 年以来，受经济发展稳中向好、稳中有进影响，经济增长向高质量发展转变，能源消费持续保持回暖态势，煤炭需求在能源消费弹性恢复中小幅回升。从月度消费变化来看，2018 年上半年煤炭消费 1890 Mt，同比增长约 3.1%；在工业生产回暖、气候因素影响、火电快速增长等因素带动下，前三季度煤炭消费量约为 2875 Mt，同比增长 3%；全年煤炭消费量 3900 Mt 左右，同比增长 1%。图 2-2 所示为 2010—2018 年全国煤炭消费量情况。

2.1.2 煤炭消费分布

主要产煤地区煤炭消费量及所占比重逐步上升。中国煤炭消费分布与区域经济规模呈明显正相关关系，经济较发达的地区煤炭消费量相对较高。东部地区是中国工业化进程的先驱，电力等主要耗煤行业发展起步早、规模大，长期以来是中国煤炭消费重心，煤炭消费量长期占全国煤炭消费量的一半以上。但随着中部崛起战略和西部大开发战略实施，中西部经济发展加速，布局了一大批主要耗煤项目，能耗需求增长较

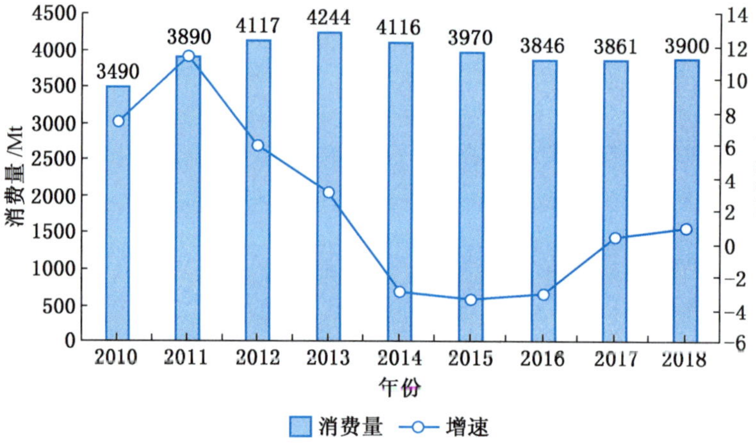

图 2-2　2010—2018 年全国煤炭消费量情况

快，煤炭消费量占全国的比重呈逐步上升态势；近年来受能源消费结构调整和生态环境保护等因素影响，东部地区加大实施煤炭消费总量控制力度，煤炭消费所占比重逐步下降。2005—2018 年，晋陕蒙宁甘新地区煤炭消费量由 445 Mt 增加到 1229 Mt，占全国煤炭消费总量比重由 18.3%上升到 31.5%；京津冀、东北、华东、中南、云贵、川渝青藏地区煤炭消费量占全国的比重分别比 2005 年下降 2.3、1、5.4、2.3、0.8 和 1.4 个百分点。如图 2-3、图 2-4 所示为 2005 年和 2018 年各地区煤炭消费量及比重变化对比。

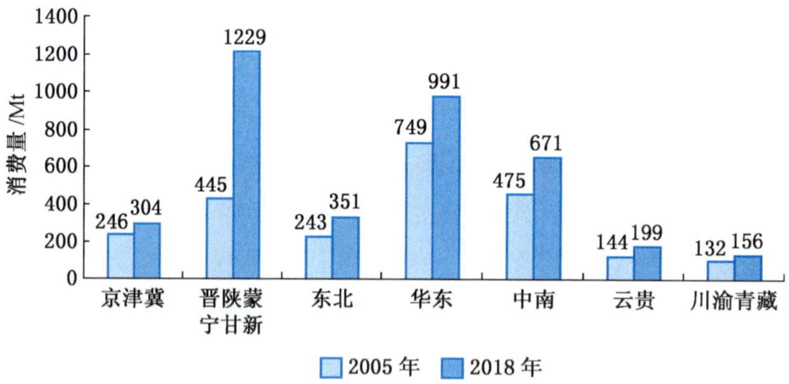

图 2-3　各地区煤炭消费量变化对比

2.1.3　煤炭消费结构

煤炭消费的重心在第二产业（主要是工业），工业耗煤的重心在重工业。一直以来，第二产业是中国煤炭消费的主力，且占消费总量的比例呈逐步上升趋势。随着中国经济继续增长，第二产业耗煤增速进一步加快，所占比例进一步上升。2016 年第二

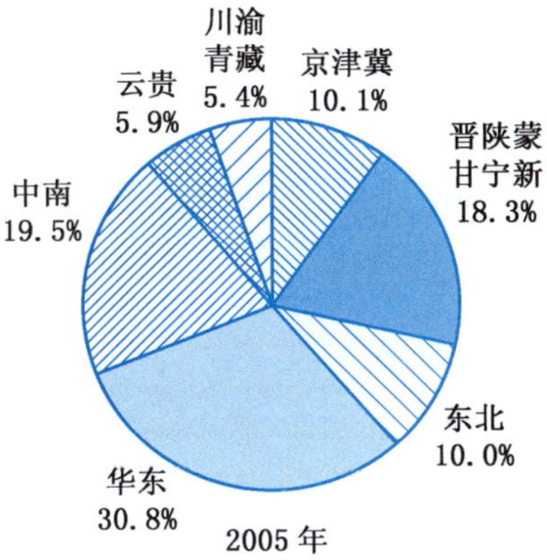

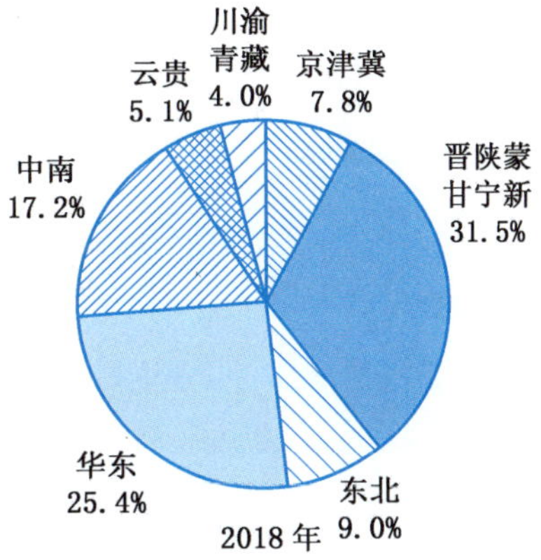

图 2-4 各地区煤炭消费量占全国比重对比

产业煤炭消费量达到 3640 Mt，占国内煤炭消费总量的 94.6%，与 2010 年相比，年均增长 56 Mt。第二产业包括工业和建筑业，其中工业占第二产业煤炭消费量的比例一直保持在 99%以上，且随着中国工业化进程不断推进，占国内煤炭消费总量的比例呈快速上升趋势，近年保持在 94%左右。2016 年工业部门煤炭消费量达到 3632 Mt，占国内消费总量的 94.4%，与 2010 年相比，年均增长 55 Mt。在工业部门煤炭消费量中，电力、钢铁、建材、化工历来是中国 4 个主要耗煤行业，且煤炭消费越来越向四大主要耗煤行业集中，其中电力是拉动煤炭消费增长的主要因素。2010—2017 年，4 个主要耗煤行业煤炭消费量由 2828 Mt 增加到 3493 Mt，占国内煤炭消费总量的比重也由 81.0%上升到 90.5%。其中，发电和供热耗煤量由 1713 Mt 增加到 2145 Mt，所占比重由 49.1%上升到 55.6%。2018 年前三季度，除建材行业外，电力、钢铁、化工行业用煤均为正增长，四大耗煤行业煤炭消费量 2702 Mt，占国内煤炭消费总量的 94%。预计 2018 年全年 4 个主要耗煤行业煤炭消费量 3600 Mt，占国内煤炭消费总量的 92.3%，其中发电和供热耗煤量 2224 Mt，约占消费总量的 57.0%。2010 年和 2018 年煤炭消费结构如图 2-5 所示。

1. 电力行业

“十二五”以来，特别是面对中国经济发展新常态，中国发电行业持续加快转变电力发展方式，着力推进电力结构优化和产业升级，为经济社会发展和电力安全保障做出了突出贡献。受能源资源结构和分布制约，电力发展长期倚重煤电，使电力行业成为拉动煤炭消费增长的主要因素。“十二五”以来，电力装机容量持续增长，装机结构进一步优化，煤电装机比重逐步降低，用电量转变为低速增长，煤电发电量增速下降。2018 年，全社会用电量实现较快增长，电力消费结构持续优化，全国电力供需形势从前几年的总体宽松转为总体平衡，受去产能超进度、安全、环保等多方面影响，电煤供需形势持续偏紧，在火电快速增长带动下，全年电煤消耗大幅上升。

1）电力供需现状

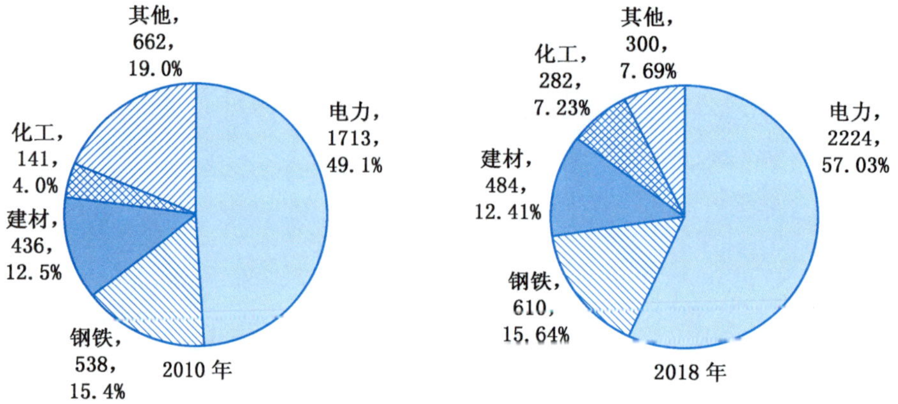

图 2－5　2010 年和 2018 年煤炭消费结构

（1）电力装机容量保持平稳增长。21 世纪以来，中国经济保持较快增长，取得巨大成就，工业化进程不断重型化发展；与此同时，电力作为保障工业稳定发展的重要能源，也进入高速发展时期，投产大中型机组逐渐上升。2017 年，全国电力装机容量达到 1784 GW，比 2010 年增加 818 GW，年均增长约 117 GW。近年来，净增装机结构逐步变化，发电装机绿色转型持续推进，清洁低碳化趋势明显。截至 2018 年底，全国全口径发电装机容量 1900 GW，同比增长 6.5%，其中非化石能源 770 GW，占总发电装机容量的比重较上年提高 2.0 个百分点。如图 2－6 所示为我国 2010—2018 年全国电力装机容量。

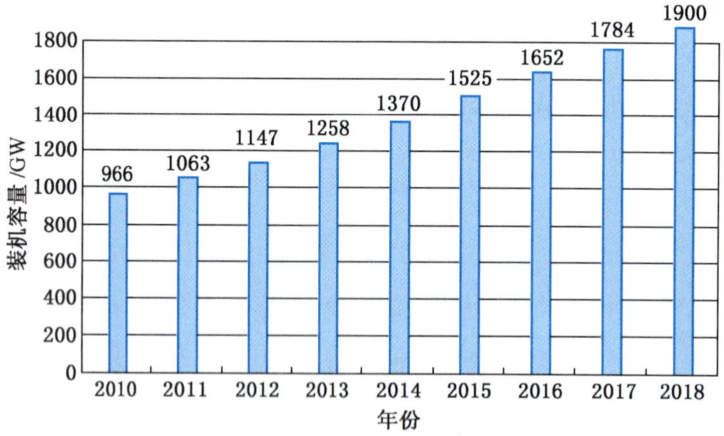

图 2－6　2010—2018 年全国电力装机容量

（2）煤电装机比重持续下降。受能源资源条件制约，中国电力装机长期以煤电为主。近年来，随着生态文明建设、环保力度加大等外部环境的要求，电源结构调整加快，水能、核能、风能、太阳能等非化石能源发电快速发展，煤电装机所占比重逐步下降，发展高效洁净煤发电，提高煤电机组热效率，减少污染物排放，已成为中国未来煤电发展的必然趋势。2010—2018 年，全国电力装机容量由 966 GW 增加到 1900 GW。其中，煤电装机容量由 657 GW 增加到 1010 GW，年均增长约 44 GW，占发电总装机容量的比例由 68.0%下降到 53.2%；在 2018 年新增装机容量中，新增非化石能源发电装机 88 GW，接近上年水平，而煤电新增规模同比减少 6.01 GW，为 2014 年以来的最低水平。如图 2-7 所示为 2010 年和 2018 年中国电源结构对比。

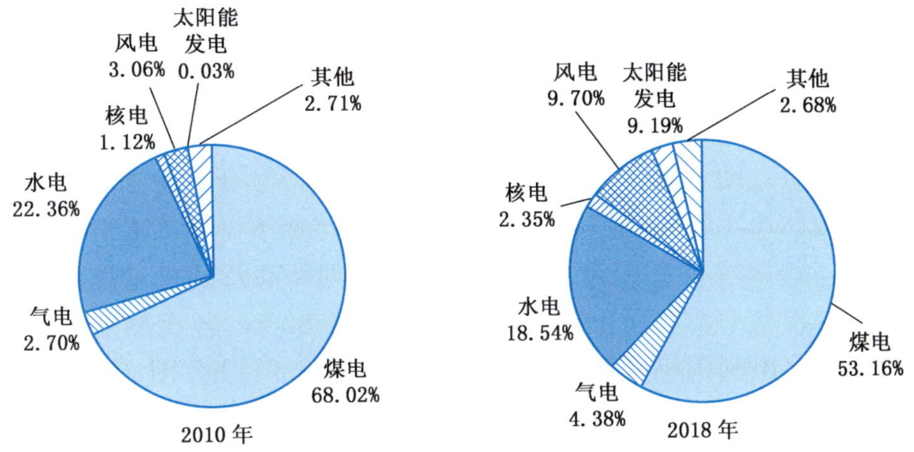

图 2-7　2010 年和 2018 年中国电源结构对比

（3）用电量由高速增长转变为中高速增长。电力消费增长与经济发展呈正相关关系，且用电量增速波动幅度要大于经济增速波动幅度。进入 21 世纪后，在工业化、城镇化步伐进一步加快的拉动下，经济步入新一轮快速增长期，电力需求高速增长；之后，受国际金融危机影响，加之国内经济步入换挡期，用电量增速大幅回落；为应对国际金融危机和国内经济快速下滑，在投资刺激政策的带动下，用电量增速反弹；但随着经济刺激政策效应逐步消失和经济发展阶段性变化，“十二五”期间用电增速总体上呈持续下行趋势：年均增长仅 6.2%，电力消费弹性系数下降至 0.79，2015 年全社会用电增速仅为 0.5%，是中国过去 40 年电力同比增长数据最低的一年。“十三五”以来，随着中国经济增速企稳、经济结构不断优化、质量和效益持续提升，2018 年全社会用电量 6845 TW·h，同比增长 8.5%，比上年提高 1.9 个百分点，为 2012 年以来最高增速。如图 2-8 所示为 2010 年以来我国用电量与 GDP 增速。

（4）全国发电设备利用小时数由持续下降转为企稳回升。受电力需求增长放缓、电力装机容量持续增长、新能源装机占比不断提高等因素影响，“十二五”以来，全国 6000 kW 及以上电厂发电设备平均利用小时数总体上呈逐步下降趋势：2011 年全国发电设备平均利用小时达到 4731 h，其中火电设备平均利用小时 5294 h，均为 2008 年

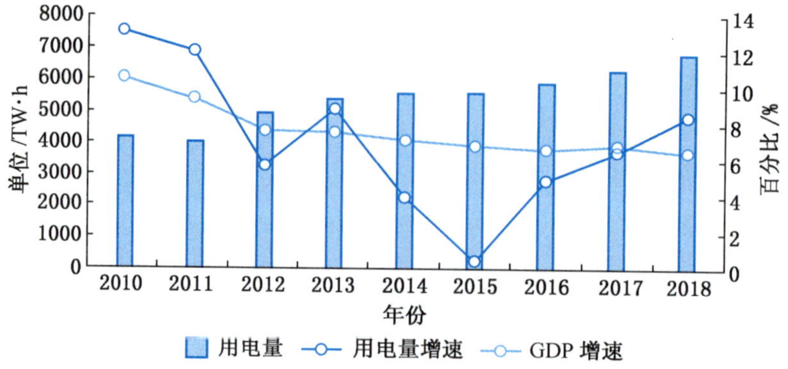

图 2－8　2010 年以来中国用电量与 GDP 增速

以来最高水平。之后，随着经济增速放缓，电力结构持续优化，社会用电增长放缓，全国发电设备平均利用小时数连续下降，截至 2017 年底下降至 3786 h，火电利用小时数下降至 4209 h。2018 年受益于全社会用电量增速创新高及装机增速持续放缓，行业景气度提升，发电设备平均利用小时数触底回升至 3862 h，各类型发电设备利用小时均同比提高，其中火电利用小时数为 4361 h，同比提高 143 h。图 2－9 所示为 2010 年以来全国发电设备平均利用小时情况。

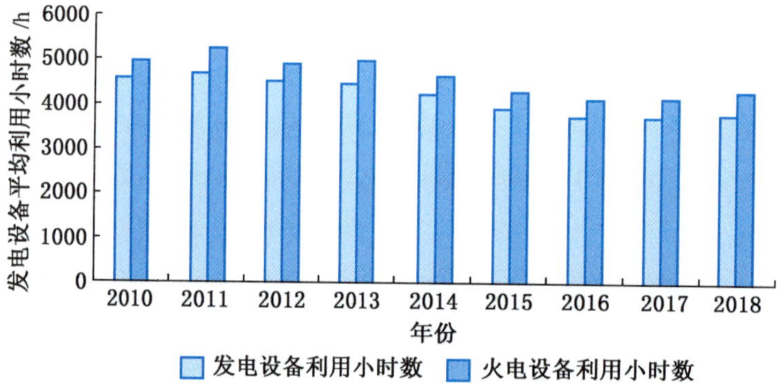

图 2－9　2010 年以来全国发电设备平均利用小时情况

2）电力行业煤炭消费现状

（1）电力是中国最大的耗煤行业。进入 21 世纪，特别是“十一五”以来，在经济快速发展、电力需求快速增长的推动下，电力工业出现了前所未有的快速发展，煤电装机规模和发电量迅速增长。2013 年，电力工业耗煤量达到历史高点，耗煤 2179 Mt，较 2010 年增长 466 Mt。近年来，随着电力消费增速大幅下滑，煤电装机结构调整，以及清洁能源发电快速增长，电力行业耗煤首次呈现负增长。2014 年、2015 年电力工业耗煤量为 2070 Mt 和 2034 Mt，分别同比下降 109 Mt 和 36 Mt，占全国煤炭消费总量的比重分别为 50.3%和 51.2%。“十三五”以来，经济发展呈现稳中向好、稳中有进的总体态势，经济发展的质量和效益在改善。在基本面因素和气候因素的双重拉动下，同时随着热电机组较快发展，电力工业耗煤稳步增长，2017 年电力工业耗煤 2145 Mt，同比增长 2.5%。受经济稳中向好拉动、异常天气多发等因素叠加影响，社会用电量快速增长，带动电煤需求大幅增长，2018 年上半年电力工业耗煤 1000 Mt，同比增长 9.1%；进入下半年，在宏观经济持续拉动，加上迎峰度夏、冬季取暖等天气因素影响，全社会用电量同比较快增长，日均煤炭消耗进一步提高：全年火电发电量同比增长 7.3%，电力工业耗煤 2224 Mt，占全国煤炭消费总量的比重为 57.0%。如图 2-10 所示为 2010 年以来中国电力耗煤量及占全国煤炭消费总量的比重。

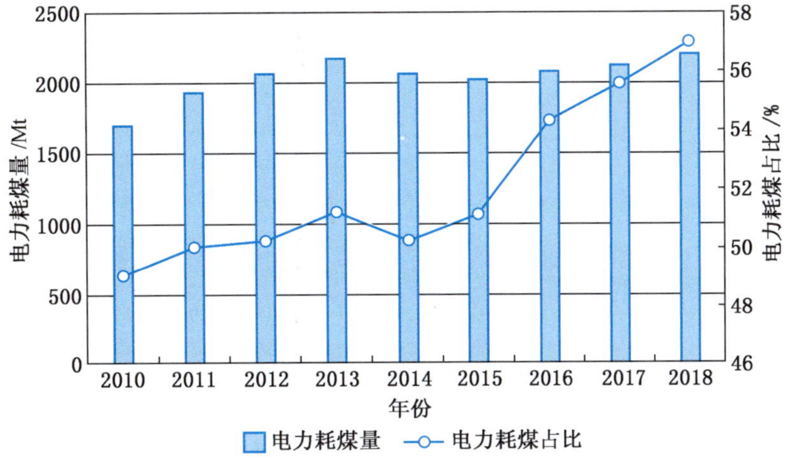

图 2-10　2010 年以来中国电力耗煤量及占比

(2) 单位发电标准煤耗不断下降。“十二五”以来，随着电力工业淘汰落后产能力度加大和技术进步加快，煤电机组结构持续优化，具有国际先进水平的大容量、高参数、高效率发电机组在中国电力装机中所占比例不断提高，节能减排技术水平不断发展，发电煤耗逐步下降。2018 年，中国发电煤耗为 301 gce/kW·h，比 2010 年的 319 gce/kW·h 下降了 18 gce/kW·h。如图 2-11 所示为 2010 年以来中国发电标准煤耗变化情况。

2. 钢铁行业

钢铁工业是国民经济的重要基础产业，长期以来，钢铁工业为国家建设提供了重要的原材料保障，有力支撑了相关产业发展，推动了中国工业化、现代化进程，促进了民生改善和社会发展；同时作为中国第二大耗煤产业，为煤炭行业快速发展提供了重要支撑。

1) 钢铁行业发展现状

(1) 钢铁产量由快速增长转变为基本平稳。钢铁工业作为原材料生产和加工部

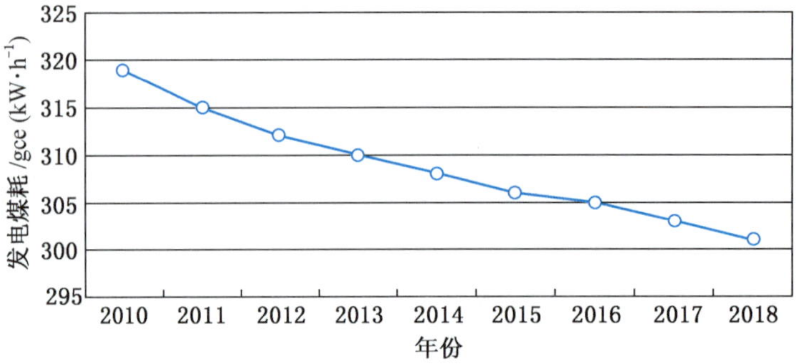

图 2-11 2010 年以来中国发电标准煤耗变化情况

门，处于工业产业链中间位置，与国家基础建设以及工业发展速度关联性很强。“十二五”以来，中国已建成全球产业链最完整的钢铁工业体系，提供了国民经济发展所需的绝大部分钢铁材料，产品实物质量日趋稳定，有效支撑了下游用钢行业和国民经济的平稳较快发展。2010—2013 年，粗钢产量由 637 Mt 增加到 813 Mt，年均增长 59 Mt，年均增速 8.5%；生铁产量由 597 Mt 增加到 711 Mt，年均增长 38 Mt，年均增速 6.0%。近年来，随着经济增速回落和结构调整加快影响，粗钢和生铁产量增速大幅下降甚至呈现负增长。2014 年粗钢和生铁产量仅分别同比增长 1.1%和 0.3%，2015 年分别同比下降 2.2%和 3.1%，是 1981 年来首次下降。“十三五”以来，国内经济平稳增长，中国钢铁行业在去产能的大背景下实现了根本性好转，粗钢和生铁产量止跌回升：2016 年、2017 年粗钢和生铁产量分别同比增长 1.2%和 0.7%、3%和 1.4%；2018 年，随着供给侧结构性改革持续推进，产业结构不断优化，运行状况继续改善，合规企业生产积极性持续提高，产能利用率明显提升，粗钢全年产量持续正增长，全年产量 928 Mt，增长 6.6%，创历史新高，生铁全年产量 771 Mt，增长 3%。如图 2-12 所示为 2010 年以来中国粗钢和生铁产量变化情况。

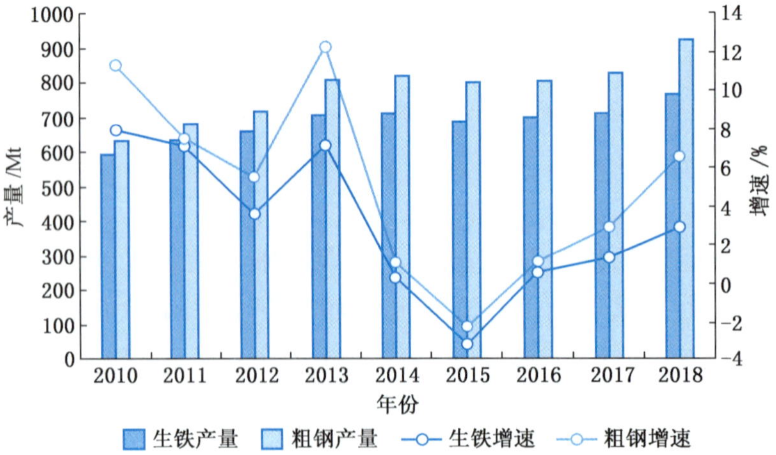

图 2-12 2010 年以来中国粗钢和生铁产量变化情况

(2) 吨钢能耗逐步下降，重点钢铁企业能耗指标已达到国际先进水平。近年来，随着中国钢铁行业技术进步，设备大型化、落后生产能力逐步淘汰，节能技术普及以及铁钢比降低和喷煤比提高，钢铁工业能耗指标有很大改善，重点钢铁企业部分工序能耗指标已经达到或超越国际先进水平。2010—2017 年，重点钢铁企业吨钢综合能耗由 605 kgce 下降到 551 kgce。2018 年，随着钢铁行业化解过剩产能和节能减排工作的继续深入推进，钢铁生产企业能源消耗总量延续呈下降趋势，全国吨钢综合能耗下降 3.3%。根据钢铁工业协会统计，2018 年会员生产企业吨钢综合能耗、吨钢可比能耗分别同比下降 2.13%、3.12%；球团工序、炼铁工序、转炉炼钢和钢加工工序能耗较上年降低，同比下降幅度分别为 0.29%、0.2%、5.88%和 0.85%；烧结工序、焦化工序和电炉炼钢工序能耗较上年略有上升，同比升高 0.34%、4.46%和 0.66%。中国重点钢铁企业主要工序能耗指标变化及国际对比见表 2-1。

表 2-1　中国重点钢铁企业能耗指标与国际先进水平对比　　kgce/t 钢

生产工序	2010 年	2011 年	2012 年	2013 年	2014 年	2015 年	2016 年	2017 年	国际先进水平
烧结	53	49	50	49	48	47	46	45	50
球团	29	29	29	28	28	27	27	26	26
焦化	106	108	101	100	99	99	100	99	120
炼铁	408	399	395	391	389	387	386	385	430
转炉	−0.16	−5.01	−6.36	−7.5	−9	−12	−14	−13	−9
电炉	74	67	65	63	60	60	59	58	90
轧钢	62	61	59	59	59	58	57	56	48
综合能耗	605	597	599	590	585	572	565	551	580
可比能耗	585	574	568	556	540	533	518	506	560

(3) 铁钢比下降缓慢，远高于国际水平。铁钢比即生铁产量和粗钢产量的比值，是钢铁强国的重要标志之一。由于炼铁及前置工序（包括矿石采选以及铁、烧、焦等）能源消耗占整个钢铁工业能耗的 70%左右，铁钢比越高（生产相同钢产量），生铁用量越大，能源消耗也越多，从而导致吨钢能耗上升，因此降低铁钢比是钢铁工业降低能耗的重要手段。“十二五”以来，中国钢铁行业技术装备水平大幅提升，铁钢比逐渐下降，但与先进国家相比仍有较大差距。2018 年，中国铁钢比为 0.83，较 2010 年降低 11.7%；世界平均水平为 0.71，扣除中国后的世界平均铁钢比为 0.56；美国、韩国、德国、俄罗斯、日本铁钢比分别为 0.37、0.56、0.63、0.7 和 0.71，远低于中国。如图 2-13 所示为中国铁钢比变化情况。

2) 钢铁行业煤炭消费现状

(1) 钢铁工业耗煤量由快速增长转变为缓慢下降。钢铁行业是中国主要能源消耗

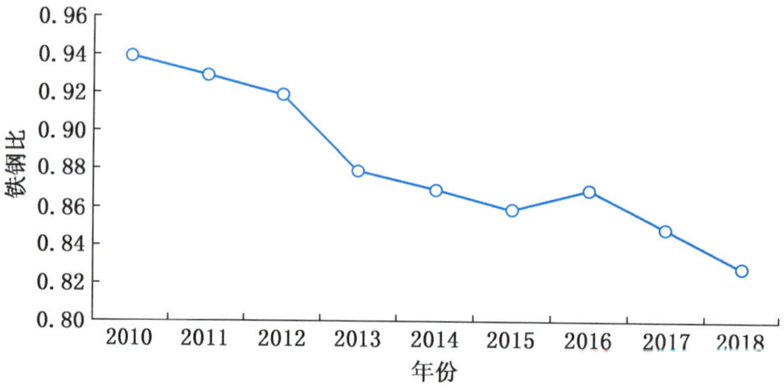

图 2-13 中国铁钢比变化情况

行业之一，煤炭占其能源消费量的 70%左右，其他依次是电力、燃料油、天然气。目前电力已上升到 25%以上，油气比重很小。钢铁行业煤炭消费量主要取决于生铁产量和单位产品能耗，消费的煤炭主要是炼焦用煤和燃料用煤。炼焦用煤主要供炼焦炭，燃料用煤主要包括无烟粉煤、自备电站和高炉烧结等用煤。“十二五”以来，受经济增速放缓、房地产持续下滑、基建投资增长减弱和制造业恢复力度偏弱等多重因素影响，钢铁产量增速有所下降。在吨钢能耗持续降低背景下，2013 年钢铁工业耗煤达到历史峰值 672 Mt，较 2010 年增加 134 Mt，随后耗煤量缓慢下降。钢铁行业耗煤量已达峰值，并保持相对平稳，难有上升空间。2018 年，钢铁工业耗煤 610 Mt，其中炼焦用煤 478 Mt，喷吹 87 Mt，燃料煤 45 Mt。中国钢铁产量与煤炭消费量情况见表 2-2。

表 2-2 钢铁产量与煤炭消费量

Mt

年 份	2010 年	2018 年
生铁产量	597	771
粗钢产量	637	928
煤炭消费量	538	610
其中：炼焦煤	438	478
喷吹煤	57	87
燃料煤	43	45

（2）入炉焦比和喷煤比指标不断优化，但较国际先进水平还存在很大差距。入炉焦比和喷煤比是衡量钢铁工业煤炭消费的主要指标。高炉喷煤可实现以煤代焦，使高炉炼铁焦比大幅度下降，从而使高炉吨铁焦炭消耗降低。2010—2017 年，重点钢铁企业入炉焦比由 369 kg/t 铁下降到 341 kg/t 铁，年均下降 4 kg/t 铁；喷煤比由 149 kg/t 铁上升到 176 kg/t 铁，年均增加 3.9 kg/t 铁。随着钢铁行业供给侧结构性改革工作深

入推进，产业结构不断优化调整，预计2018年重点钢铁企业入炉焦比达到336 kg/t铁，喷煤比达到180 kg/t铁。目前，先进国家入炉焦比已经下降到270 kg/t铁左右，喷煤比提高到268 kg/t铁左右，中国还存在很大差距。中国重点钢铁企业与国际先进水平炼铁指标对比见表2-3。

表2-3 中国重点钢铁企业与国际先进水平炼铁指标对比 kgce/t钢

指　标	2010年	2011年	2012年	2013年	2014年	2015年	2016年	2017年	2018年	国际先进水平
入炉焦比	369	368	362	359	354	350	346	341	336	270
喷煤比	149	150	155	157	162	168	172	176	180	268

3. 建材行业

建材工业是重要的原材料和制品工业，是中国重要的基础性产业，在国民经济发展中起到至关重要的作用，作为主要耗煤产业之一也为煤炭工业发展提供了有力支撑。“十二五”期间建材工业发展成绩喜人，建材生产、消费大国地位进一步巩固，保障了经济社会持续快速发展。但中国建材工业仍“大而不强”，水泥、平板玻璃等传统建材产能严重过剩，新型建材发展缓慢，技术创新能力不足，节能减排水平不高等问题突出，仍有待解决。2018年，建材行业进一步深化供给侧结构性改革，大力化解过剩产能，经济效益明显改善，产业结构持续优化；但基建领域投资增速放缓，在市场需求继续放缓的情况下，主要建材产品略有下降，耗煤量有所减少。

1）建材行业发展现状

（1）主要建材产品产量由快速增长转变为负增长。中国是世界上最大的建筑材料生产和消费国，水泥、平板玻璃、建筑陶瓷、卫生陶瓷、墙体材料等产品产量连续多年雄踞世界首位。在住房和基础设施建设投资拉动下，“十二五”期间建材工业持续增长，但有所起伏，尤其是“十二五”后两年，在经济进入新常态、市场需求增长趋缓的背景下，建材主要产品产量增速开始下降。建材工业产品产量在2014年达到历史高点：水泥产量2490 Mt、平板玻璃产量8.3亿重量箱、建筑陶瓷产量1.02×10^{10} m^2，较2010年分别增长32.4%、25.3%、30.8%，年均增速分别为7.3%、5.8%、6.9%。近年来，建材工业面对产能严重过剩、市场需求不旺、下行压力加大的严峻形势，主要建材产品产量均出现不同程度负增长：2017年水泥、平板玻璃、建筑陶瓷产量较2014年分别下降6.1%、4.9%、1%。2018年全国固定资产投资同比增长5.9%，建筑业、交通运输、水利、公共设施等基建领域投资增速均出现不同程度回落，固定资产投资对水泥等大宗建材产品需求拉动减弱：全年水泥产量2210 Mt、建筑陶瓷产量9.2×10^{9} m^2，分别同比下降5.6%、8.9%；平板玻璃产量8.69亿重量箱，同比增长10%。2010年以来主要建材产品产量见表2-4。

表 2-4 2010 年以来主要建材产品产量

产　品	2010 年	2011 年	2012 年	2013 年	2014 年	2015 年	2016 年	2017 年	2018 年
水泥/Mt	1882	2099	2210	2419	2492	2359	2410	2340	2210
平板玻璃/亿重量箱	6.63	7.91	7.51	7.93	8.31	7.87	8.04	7.90	8.69
建筑陶瓷/10^8 m^2	78	92	93	97	102	101	102	101	92

（2）产业结构加速优化，但产能过剩、利用率低问题仍然突出。“十二五”期间累计淘汰落后水泥和平板玻璃产能 657 Mt、1.69 亿重量箱。2015 年前十家水泥、平板玻璃企业生产集中度均达 53%。以玻璃、陶瓷、石材等为特色的产业园区日益成为支撑行业创新、延伸产业链和发展区域经济的重要载体。近年，建材行业持续推进供给侧结构性改革，优化调整生产结构。2018 年全国新点火水泥熟料生产线共有 14 条，合计年度新点火熟料产能 20.43 Mt，与 2017 年基本持平，已连续 6 年呈递减走势。截止到 2018 年底，全国新型干法水泥生产线累计 1681 条，设计熟料产能达 1820 Mt，实际年熟料产能超过 2000 Mt，累计产能与上年基本持平，水泥熟料产能利用率仅为 70%左右。综合来看，虽水泥产能集中度逐年提升，增速逐步下降，但受近年市场需求疲软影响，产能严重过剩矛盾仍未得到根本解决，产能利用率与合理预期目标仍有较大差距。

2）建材行业煤炭消费现状

（1）建材行业耗煤由较快增长转变为下降。建材产品大多需要进行煅烧、烘烤、熔炼、焙烧等加工工艺过程，需要消耗大量煤炭。其中煤炭消耗较大的建材产品主要有水泥、墙体材料、石灰 3 种产品，其煤炭消费量占建材工业煤炭消费量的 90%左右。近年，受全国固定资产增速持续回落影响，建材行业中受投资直接驱动的行业或生产增速大幅回落，或产品产量出现下降，进而直接影响建材行业耗煤消费。2013 年建材行业煤炭消费 591 Mt，较 2010 年增加 155 Mt，在达到历史峰值后逐步下降。2018 年受部分基建领域投资增速放缓甚至负增长，固定资产投资对大宗建材产品需求拉动减弱，市场需求继续放缓，主要建材产品产量同比略有下降，建材行业煤炭消费 484 Mt：其中，水泥耗煤 286 Mt，墙体材料耗煤 108 Mt，石灰耗煤 30 Mt。建材工业主要产品耗煤量见表 2-5。

表 2-5 建材工业主要产品耗煤量

Mt

	2010 年	2018 年
合　计	436	484
水泥耗煤量	261	286
墙体材料耗煤量	98	108
石灰耗煤量	28	30
其他产品耗煤量	49	60

（2）建材单位产品综合能耗呈下降趋势，但与国际先进水平相比还有较大差距。随着中国新型干法水泥生产技术和装备的快速发展以及行业结构调整的步伐加快，水泥单位产品综合能耗呈下降趋势。2010—2018 年，吨水泥煤耗从 129 kgce 下降到 99 kgce，降幅达 23.3%。但与国际先进水平相比，中国建材产品单位能耗还有较大差距，总体上“大而不强”。仅就新型干法水泥而言，中国熟料烧成热耗平均水平比国际上约高 20%，综合电耗约高 10%。

4. 化工行业

化学工业是国民经济的重要支柱产业，经济总量大，产业关联度高，在中国工业体系中占有重要地位，同时也是能源消费大户。“十二五”期间，化学工业积极应对各种风险和挑战，大力推进“转方式、调结构”，全行业总体保持平稳较快发展，综合实力显著增强，为促进经济社会健康发展做出了突出贡献。2018 年，化工行业坚持新发展理念，紧扣供给侧结构性改革的主线，持续加大淘汰落后产能力度，大力推进创新驱动和转型升级，化学工业产品产量平稳增长，现代煤化工项目逐步投产，耗煤量增加。

1）化工行业发展现状

（1）传统煤化工产品结构性过剩较为严重。中国传统煤化工产品产量多年来位居世界第一，合成氨、甲醇、电石产量分别占全球产量的 32%、28%和 93%，但产业结构较为落后，竞争力较差。目前，传统煤化工产品均处于阶段性供大于求状态，不同程度地存在结构性过剩，其中电石、烧碱、聚氯乙烯、磷肥、氮肥等重点行业产能过剩尤为明显。近年在供给侧结构性改革背景下，过剩行业去产能工作取得新进展，截至 2018 年底，合成氨产能减少 2.05 Mt，氮肥减少 4.65 Mt，电石产能减少 4 Mt。2018 年，合成氨产能达到 67 Mt/a，产量 56 Mt，产能利用率 83.6%；电石产能达到 41 Mt/a，产量 26.08 Mt，产能利用率 63.6%，同比提高 4.6 个百分点；甲醇产能达到 85 Mt/a 左右，产量 47.56 Mt，产能利用率仅为 56.0%。

（2）现代煤化工发展步伐加快，但还处于示范发展阶段。“十二五”时期，在石油需求快速攀升和国家油价高企的背景下，中国以石油替代产品为主要方向的现代煤化工，随着一批示范工程的建成投产，快速步入产业化轨道，产业规模快速增长；技术创新步伐加快，煤制油、煤制烯烃、煤制天然气、煤制乙二醇等领域关键核心技术获得重大突破，掌握了一批具有世界先进水平的关键核心技术，开发了一大批大型装备；园区化、基地化格局初步形成。但大多示范投产项目仍属于示范运营，没有形成规模效应，“十三五”期间中国将在优化布局、严控规模的前提下，继续推进现代煤化工升级示范。

2）化工行业煤炭消费现状

目前，中国化学工业要耗煤产品大致可分为两类：一类是包括生产合成氨、电石、烧碱、甲醇等在内的传统煤化工，另一类是包括煤制醇醚、煤制烯烃和煤制油等在内的现代煤化工。近年随着现代煤化工技术取得新突破，以及一批示范项目的建设运行，中国煤化工产业规模增长较快，化工用煤整体呈增长态势，占比不断提高。2018 年化工行业用煤量 282 Mt，较 2010 年增长 142 Mt，年均增长 9.1%。

合成氨是化学工业的主要耗煤产品，产量 70%以上以煤为原料，其中无烟块煤约占 96%。近年来，合成氨的产量基本保持稳定，为 50 Mt 左右。2018 年，合成氨产量为 56 Mt，共消费煤炭约 75.6 Mt。

中国是世界上最大的电石生产国和消费国，电石产量近年来基本保持稳定增长，但产量增速低于产能增速，电石产业整体处于产能过剩局面，在化工行业中电石产业所消耗煤炭总量占比较少。2018 年电石产量 26.08 Mt，消耗煤炭 11.21 Mt。

甲醇主要作为中间化学产品，直接消费的甲醇不超过总消费量的 30%。国外通过多种原料生产甲醇，中国煤制甲醇占 90%以上，是化工行业耗煤量较大的产品。“十二五”以来，中国甲醇产量增长较快，由 2010 年的 15.74 Mt 增加到 2017 年的 45.29 Mt。2018 年煤制甲醇产量 47.56 Mt，共消费煤炭 95.12 Mt。

近两年，随着国际油价重返高位，现代煤化工的经济性愈发凸显，行业迎来经济性拐点，部分在建煤化工项目逐步投运，产品产量逐步增长。2018 年煤制油产量 6.32 Mt，煤制天然气产量 2.79×10^9 m^3，煤制烯烃产量 8.0 Mt，分别消费煤炭 30.34 Mt、9.21 Mt 和 49.6 Mt。

5. 其他行业

其他用煤包括生活、采掘业、交通运输仓储和邮政业、农林牧渔水利业、批发、零售业和住宿、餐饮业以及其他行业用煤。随着供给侧结构性改革的深入推进，打赢污染防治攻坚战和蓝天保卫战取得积极成效，推动了用煤方式改变。通过关闭一批污染严重的燃煤锅炉，推动“煤改气”“煤改电”等措施，京津冀等重点地区散煤治理取得成效，全国散煤使用大幅减少，2018 年其他行业用煤为 300 Mt。

2.2 影响煤炭需求的因素

2.2.1 宏观经济走势

宏观经济走势主要表现为两种形式：一是经济社会发展阶段性转变引发的经济增速长期趋势变化，二是在经济社会发展某一阶段内周期性变化引发的经济增速短期波动。从世界各国经济社会发展客观规律可以看出，经济发展不同阶段对能源的依赖程度不同，工业化中期在基础设施建设和工业自身需求的拉动下，化工、冶金、金属制品、电力等以原材料生产和初级加工为特征的工业以前所未有的速度发展，从而带动能源资源的大量消耗。当国民经济发展到一定水平后，经济增速放缓，科技创新成果作用加强，能源消费弹性系数下降。同时，在经济发展某一阶段内，GDP 周期性波动与能源消费变动趋势大体一致，呈明显正相关性，当经济发展加速，能源消费增速加快；反之，当经济发展速度下滑或负增长时，能源消费增速下降甚至呈负增长。如图 2－14、图 2－15 所示分别为美国、日本历年能源消费量增速与 GDP 增速的关系。

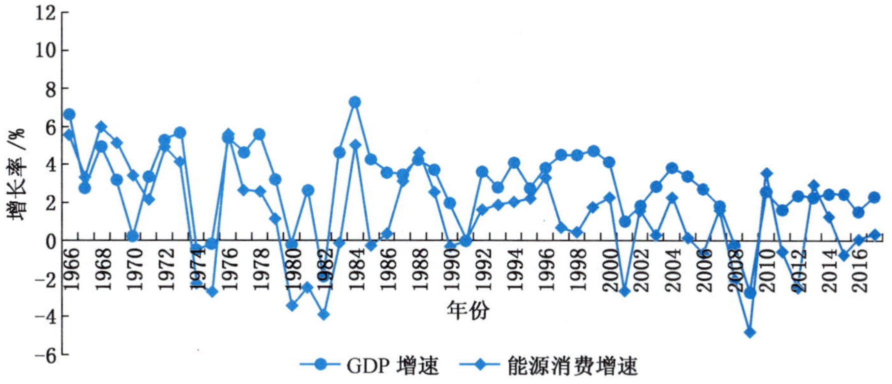

图 2－14　美国历年能源消费量增速与 GDP 增速

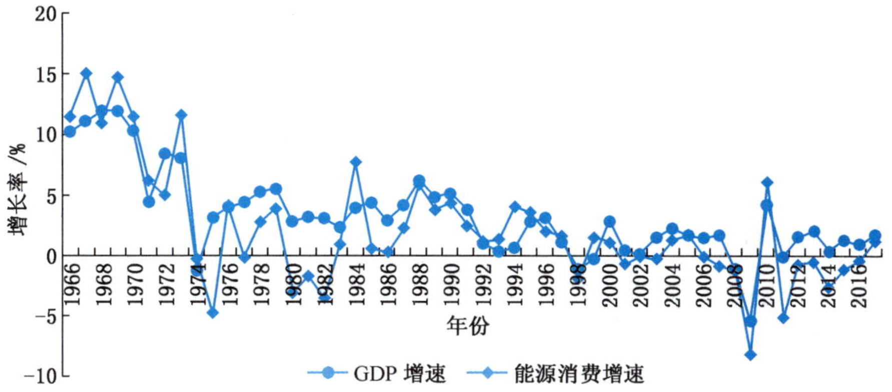

图 2－15　日本历年能源消费量增速与 GDP 增速

煤炭是中国主体能源，其消费变动趋势基本上代表了经济周期性波动对能源消费的影响。从历史数据来看，中国煤炭消费走势与经济波动呈现出高度一致性，当经济高速发展时，煤炭消费增长率较高；当经济增速回落时，煤炭消费增速随之下降甚至负增长。从发展阶段看，中国经济发展已进入新常态，经济增长速度正从高速增长转向中高速增长，能源需求强度和增速明显下降，也符合世界经济发展一般规律。

2.2.2　产业结构调整

经济发展对煤炭需求的影响主要是通过产业结构调整来实现的。产业结构调整对煤炭需求的影响取决于各行业的煤耗水平和其在产业结构中的比重，不同的产业结构煤炭的需求水平是不同的，在产业结构中，如果煤炭需求水平高的产业所占比重大，整个国民经济的煤炭需求量就会增加；反之，则整个国民经济的煤炭需求量就会减少。各项研究表明，煤炭的需求随着产业结构的调整而不断发生变化，产业结构调整与煤炭需求之间存在着很强的关联性。

改革开放以来，中国三次产业特别是第二、三产业得到快速发展，产业结构不断优化。2018 年国内生产总值达到 90.03 万亿元，按照不变价格，与 1978 年相比增加 35 倍，其中第一产业增加 4 倍，第二产业增加 55 倍，第三产业增加 51 倍；第一产业所占比重由 27.7%下降至 7.2%，第二产业所占比重由 47.7%下降至 40.6%，第三产业所占比重由 24.6%上升到 52.2%。从历史统计数据来看，中国第一产业和第三产业煤炭消费甚少，且随着产业规模增长消费量变化不大，占全国煤炭消费总量的比例呈逐步下降趋势；第二产业煤炭消费量大，且对产业规模极为敏感，在全国煤炭消费总量中的比例不断上升。图 2－16 所示为中国三次产业比重及煤炭消费总量。

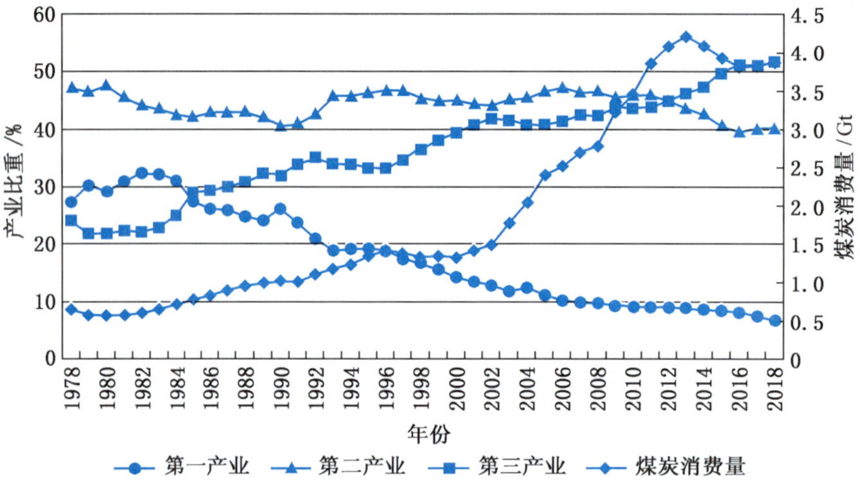

图 2－16 中国三次产业比重及煤炭消费总量

从总体上看，中国产业结构变动符合世界经济发展的一般规律。目前中国正处于工业化发展中期阶段，工业化、城镇化进程继续推进，基础产业和基础设施建设稳步发展，第二产业所占比重依然较大，不会出现明显的下降，但随着工业化、城镇化进一步深化，第二产业已呈现缓慢下降的趋势，煤炭需求增速下降。

2.2.3 能源结构调整

20 世纪 50 年代以来，世界能源消费总量持续增长，但结构发生了显著变化。1950 年，煤炭占全球一次能源消费总量的 57.7%，接下来的 20 年中迅速下降，1970 年仅占 30.5%，此后基本稳定在 30%左右。2017 年，煤炭占全球一次能源消费总量的比重为 27.6%，石油占 34.2%，天然气占 23.4%，核能、水电和其他可再生能源占 14.8%，能源供应的多元化趋势明显。

中国是一个富煤、贫油、少气的国家，煤炭资源丰富，品种齐全，分布广泛，而石油、天然气资源相对匮乏，能源结构一直以煤为主。随着经济社会发展，中国能源消费总量持续较快上升，并已成为世界第一能源消费大国；同时面临的资源、环境压力也越来越突出。近年来，在国家产业政策引导和鼓励下，能源多元化取得显著成效，天然气、核电、水电和其他可再生能源快速发展，已成为能源供应的重要组成部分，对煤炭的替代作用不断显现。2011—2018年，煤炭占一次能源消费总量的比重下降了11.2个百分点，石油所占比重保持基本稳定，天然气上升3.4个百分点，核电、水电和其他可再生能源上升5.7个百分点，相当于累计替代发电用煤约731 Mt。如图2-17所示为1978年以来中国能源消费结构变化。

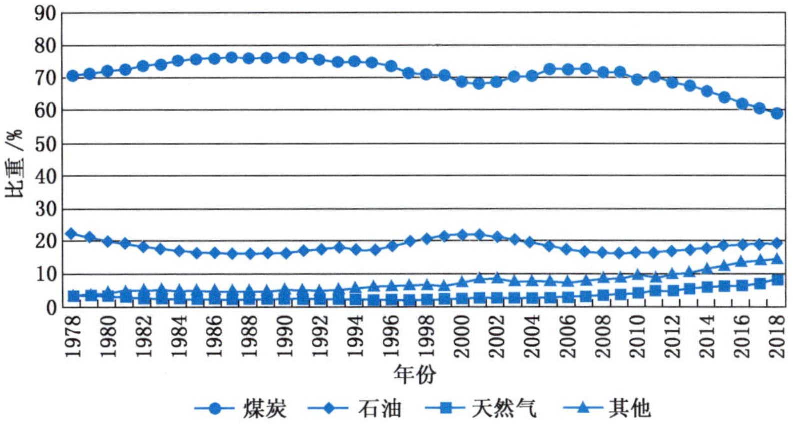

图2-17　1978年以来中国能源消费结构变化

2.2.4　生态环境保护

煤炭开发对生态环境影响较为严重。煤炭开采引起地表沉陷，并诱发大量地质灾害，造成土地挖损和压占，矿区大量耕地损害与配给，植被破坏、水土流失与土地荒漠化加剧，给矿区农业生产、人民生活及社会安定带来一定影响。据初步统计，中国每采万吨煤炭，地表下沉和破坏土地面积为2～5亩(1亩=666.6 m^2)，平均3亩/10^4 t。初步测算“十三五”期间全国新增沉陷土地面积6.56×10^4 hm^2。

煤炭消费是环境污染的重要来源。中国煤炭硫分和灰分含量较大，约85%的CO_2、90%的SO_2和73%的烟尘排放都来自燃煤。每年散烧煤（300～400）Mt，约占煤炭消费总量的10%，1 t散煤燃烧的污染排放量是火电用煤的5～10倍，在极端气候的条件下，使用散煤所产生的污染可以达到污染总量的40%左右，大气污染防治压力巨大。中国单位GDP的CO_2排放量远高于发达国家，排放总量已居世界第一位。中国政府已向国际社会庄严承诺到2030年的碳排放目标和非化石能源发展目标，必将对中国煤炭需求产生重要影响。2018年公布的《中共中央　国务院关于全面加强生态环境保护坚决打好污染防治攻坚战的意见》和《打赢蓝天保卫战三年行动计划》明确提出：大力推进散煤治理和煤炭消费减量替代，重点区域继续实施煤炭消费总量控制，煤炭发展的空间逐步压缩。

2.2.5　煤炭清洁高效利用技术进步

当前，煤炭利用方式粗放、能效低、污染重等问题没有得到根本解决。中国煤炭转化利用主要是通过燃烧，煤炭燃烧存在两个问题：一是排放大量的烟尘、TSP 和 SO_2 等污染物；二是排放大量温室气体 CO_2。其实，燃烧煤炭给环境带来的污染与破坏，根子不在煤炭本身，而在燃烧技术不过关，以及对燃烧过程治理不力。洁净煤技术是高效、洁净的煤炭加工、燃烧、转化和污染控制的技术。通过加工可减少煤的硫分、灰分；通过洁净、高效的燃烧可显著减少 SO_2 和 CO_2 的排放；通过转化可把煤变为清洁的液体和气体燃料，使得煤炭得到清洁的利用。因此，通过洁净煤技术可以实现煤炭的洁净利用，从而对煤炭消费产生影响。

2015 年，国家能源局公布《煤炭清洁高效利用行动计划（2015—2020 年）》，从煤炭提质加工、燃煤发电、煤化工、燃煤锅炉、煤炭分质分级利用、民用散煤治理、减少污染物排放等 7 个方面提出重点工作和到 2020 年的工作目标。2016 年底，国家发展改革委和国家能源局印发《能源生产和消费革命战略（2016—2030）》，提出大力推进煤炭清洁利用。加快推动能源消费革命，进一步提高煤炭清洁高效利用水平，不仅是低碳经济下保持污染减排与环境友好发展的重要途径，也是中国能源发展的战略选择和当前节能减排最重要、最现实的手段，必将会对煤炭消费产生重要影响。

2.3 煤炭需求预测

2.3.1 煤炭需求形势分析

（1）经济基本面对煤炭需求拉动力度略有减弱，但总体上呈现稳健、适中状态。从宏观经济形势来看，中国经济发展已由高速增长阶段转向高质量发展阶段。2018 年，在错综复杂的国际国内环境下，经济运行实现了总体平稳、稳中有进，经济结构不断优化，发展新动能壮大，质量和效益继续提升，宏观调控目标较好实现。根据国家统计局公布数据，2018 年 GDP 增速为 6.6%，经济保持了中高速增长，经济总量再上新台阶。中国经济供求失衡的态势正在缓解，经济增长显现出质量和效益持续改善的趋势。经济增速快落的风险下降，L 型增长正在从原来的“竖”过渡到“横”，转型从降速逐步转向提质。展望 2019 年，中国发展面临严峻的复杂形势，世界经济增速放缓，保护主义、单边主义加剧，但从总体上看中国发展仍处于重要战略机遇期，拥有足够韧性、巨大潜力和不断迸发的创新活力，经济长期向好的趋势没有改变。预计 2019 年国内经济发展进一步向高质量转型，经济韧性将显著增强，GDP 增速保持在 6%～6.5%，对能源需求将继续增加；但增长速度下降，经济增长更注重质量和效益的提升，对能源依赖程度有所降低，对煤炭需求略有减弱。

（2）非化石能源对煤炭的替代作用增强，挤压煤炭需求。从能源结构调整看，中国能源发展正处于油气替代煤炭、非化石能源替代化石能源的双重更替期，在有效利用国际资源，增加石油、天然气供应，保障能源安全的同时，顺应世界能源发展趋势，大力发展水电、核电、风电、太阳能等清洁能源，加快能源结构调整，与世界同步进入低碳能源时代，是中国能源发展的必然方向。在中国经济发展进入高质量发展阶段、经济结构不断调整优化、能源消费增速放缓的大背景下，新能源和可再生能源对化石能源特别是煤炭的增量替代效应将加快显现。近年来，中国积极推动新能源发展，大幅提高非化石能源发电比重。根据《能源发展“十三五”规划》，“十三五”期间，非化石能源消费比重提高到15%以上，天然气消费比重力争达到10%，煤炭消费比重降低到58%以下。因此从“十三五”期间非化石能源及天然气消费增长幅度来看，煤炭增长空间有限；但受国内油气产量不及预期影响，作为兜底能源，预计2019年煤炭消费小幅增长，符合中国的特定国情和发展阶段。

综合来看，展望2019年，经济运行稳中有变、变中有忧，宏观经济形势总体趋于稳定，经济呈现总体平稳、稳中有进的态势，经济基本面对煤炭需求的拉动总体稳健。同时，非化石能源仍将保持较快增长，加之资源、环境约束不断强化，非化石能源对煤炭的替代仍将延续，仍会制约动力煤需求。预计2019年，煤炭需求或将保持小幅度增长，同时受水电和新能源出力、气候变化等因素影响，也存在一定的不确定性。

2.3.2 主要耗煤行业煤炭需求预测

煤炭需求预测方法很多，经过多年实践总结，主要耗煤部门（行业）法更适合中国国情。目前，中国电力、钢铁、建材和化学工业耗煤量约占煤炭消费总量的90%，且其产品产量增长、单位产品煤耗和节能技术进步等趋势比较明确，将其作为煤炭需求预测的主要依据准确性较高，预测过程也比较直观、简明。

1. 电力行业用煤需求预测

（1）全社会用电量将平稳回落。2018年，受宏观经济稳中有进态势持续、电能替代步伐加快、气候等因素影响，全社会用电量较快增长。2019年，经济运行稳中有变、变中有忧，外部环境复杂严峻，经济面临下行压力，用电量增长不确定性增大，提质增效的阶段性变化特征将越发明显，电力消费结构不断调整，电力消费增长主要动力呈现由高耗能向新兴产业、服务业和居民生活用电转换，高技术制造行业用电增速也将进一步加快。综合考虑国际国内形势、产业运行和地方发展等以及2018年高基数影响，预计2019年全社会用电量增速将平稳回落，在平水年、没有大范围极端气温影响情况下，预计全年全社会用电量达到7221 TW·h，同比增长5.5%左右。

（2）煤电装机及发电量继续增长，但增长速度和占全国比重下降。2018年，煤电装机容量1010 GW，发电量4420 TW·h，分别同比增长3.0%、6.8%，分别占全国装机总量和发电总量的53.2%和63.2%。电力结构持续调整，非化石电源发展加快，新增发电装机规模依然较大，非化石能源装机比重进一步上升，煤电装机比重继续下降。预计2019年全国新增发电装机110 GW左右，其中非化石能源发电装机62 GW左右。预计2019年底全国发电装机容量将达到2000 GW，同比增长5.3%左右，其中非化石能源发电840 GW、占总装机比重将上升至41.8%左右，煤电装机1030 GW，同比增长2%，占总装机比重下降至51.5%。考虑全国电力供需总体平衡、局部地区用电高峰时段电力供需偏紧，预计全年全国火电设备利用小时4400 h左右，届时煤电发电量同比增长4%左右，发电量达到4597 TW·h。

(3) 发电用煤和供热用煤平稳增长。目前中国燃煤发电行业在技术和运行经验上都已趋于成熟，节能减排取得一定成效。随着持续推进燃煤机组淘汰落后产能、在役机组技术改造、新建燃煤电厂逐步投产，高效燃煤机组比例进一步提高，单位发电标准煤耗呈继续下降趋势；随着污染防治攻坚战和蓝天保卫战深入推进，散煤治理不断加强，以及中国电气化水平的不断提高，电煤替代散煤作用将逐步增强，电煤消费量将保持增长，预计2019年发电用煤量为2000 Mt。根据中国供热发展趋势，将在符合条件的大中型城市适度建设大型热电机组，在热负荷稳定的工业园区和中小型采暖城市建设背压式热电机组，将拉动供热用煤较快增长，预计2019年供热用煤304 Mt。因此，2019年电力行业煤炭需求量为2304 Mt。电力行业煤炭需求预测见表2-6。

表2-6 电力行业煤炭需求预测

项　目	2019年
煤电装机容量/GW	1030
煤电发电量/TW·h	4597
煤炭需求量/Mt	2304
其中：发电用煤/Mt	2000
供热用煤/Mt	304

2. 钢铁行业用煤需求预测

(1) 钢铁需求呈下降趋势。受益于国内经济平稳增长、稳中有进，取缔“地条钢”后释放的市场需求逐步纳入统计，以及贸易摩擦导致出口抢单，拉动钢材消费量较快增长，2018年中国钢材消费量820 Mt，同比增长12.6%。2019年，钢铁行业运行环境复杂多变，全球经济增长放缓叠加贸易摩擦，钢材出口难有大幅回升，机械、造船、家电、集装箱、铁道等行业钢材需求仍将保持增长，但建筑、能源、汽车等行业用钢需求将出现小幅下降，预计2019年钢材需求增速难以达到2018年水平。根据《钢铁工业调整升级规划（2016—2020年）》，“十三五”中国钢材消费强度和消费总量将呈双下降走势，生产消费将步入峰值弧顶下行期，呈波动缓降趋势。随着工业化和城镇化进程不断深入，城乡基础设施投资增速放缓，且由于产业结构战略性升级的继续进行，个别钢铁下游行业可能进入减量化阶段，钢铁需求增速较快下降甚至负增长；同时由于钢铁行业供给侧结构性改革深入推进，预测2019年钢材需求量800 Mt，粗钢产量900 Mt，分别同比下降2.4%、2.5%。随着钢铁保有量的不断增加，废钢产量会越来越多，汽车等陆续进入报废回收期，铁钢比逐步下降，届时生铁产量为729 Mt。

(2) 钢铁行业能耗指标继续下降，煤炭需求进入峰值平台期。随着技术进步、设备大型化、落后生产能力逐步淘汰、节能技术普及以及铁钢比降低和喷煤比提高，中国钢铁工业能耗指标逐步改善，综合焦比和综合燃料比呈下降趋势。随着钢铁企业对工业锅炉余热利用程度的提高，全行业燃料比也将逐步下降。《钢铁工业调整升级规划（2016—2020年）》提出：坚持绿色发展原则，以降低能源消耗、减少污染物排放为目标，全面实施节能减排升级改造，吨钢综合能耗年均下降0.4%。钢铁行业粗钢、生铁产量保持在相对平稳区间，随着综合能耗指标不断下降，煤炭需求难有增长空间，预测2019年钢铁工业煤炭需求量600 Mt，其中炼焦用煤470 Mt，燃料煤44 Mt，喷吹煤86 Mt。钢铁产量与煤炭消费量预测见表2－7。

表2－7 钢铁产量与煤炭消费量预测 Mt

项 目	2018年	2019年
生铁产量	771	729
粗钢产量	923	900
煤炭消费量	610	600

3. 建材行业用煤需求预测

（1）主要产品产量保持平稳或略有负增长。随着中国城市化进程推进和人民居住条件的改善，中国对住房、基础设施需求将继续增长；但近年由于工业化和城镇化进程的不断深入，中国经济发展由高速增长阶段转为高质量发展阶段，城乡基础设施和房地产投资增速放缓，与建材行业相关的市场需求下降，建材主要产品产量呈现下降趋势。展望2019年，电力、水利、交通等基础设施建设和农村农户建设投资保持平稳增长，而占固定资产投资总额比重较大的房地产投资依然难以恢复高速增长。随着房地产调控政策不断趋紧，房地产及制造业投资难以持续好转，固定资产投资增速仍有回落空间，建材行业去产能形势依然严峻，建材市场需求情况难言乐观。根据《建材工业发展规划（2016—2020年）》预测，随着经济发展方式不断转变，需求结构不断升级，传统建材产品需求量会保持基本平稳或略有下降的态势：其中，水泥需求量会出现下降，绿色建材和先进无机非金属材料、复合材料等需求量继续增长，“十三五”期间水泥熟料、平板玻璃、陶瓷砖年均增长分别为－2%、1%、－1%。综合来看，预计2019年水泥产量与去年持平或略有负增长，保持在2200 Mt左右；平板玻璃产量8.5亿重量箱；陶瓷砖产量91亿m^2。

（2）建材行业单位产品煤耗和耗煤量逐步下降。《国务院办公厅关于促进建材工业稳增长调结构增效益的指导意见》(国办发〔2016〕34号）提出建材行业发展目标任务，要求到2020年再压减一批水泥熟料和平板玻璃产能，进一步提升节能减排和资源综合利用水平。同时，《中共中央关于制定国民经济和社会发展第十三个五年规划的建议》也强调，加强高能耗行业能耗管控，有效控制电力、钢铁、建材、化工等重点行业碳排放。由此可知，“十三五”期间，对于资源消耗型、能源依赖型和环境敏感型的建材行业而言，节能减排仍将是重要任务之一。随着建材工业落后产能不断淘汰和新型干法水泥、浮法玻璃、新型墙体材料比重进一步提高，单位产品综合能耗下降空间较大。预测2019年建材工业煤炭消费量将维持在480 Mt左右。

4. 化工行业用煤需求预测

（1）传统煤化工产品产量增长空间有限。由于目前农作物对氮肥施用量已经处于较高水平，今后氮肥在农业领域消费的增长幅度基本趋于稳定；火电、水泥行业脱硝和柴油车尾气处理等对尿素需求拉动较大的领域，经过近几年快速增长之后，对尿素的需求增速将会明显放缓，预计2019年合成氨产量为55 Mt。电石法聚氯乙烯受国家消除汞污染和节能减排制约，且面临煤制烯烃—乙烯法聚氯乙烯竞争，短期电石市场需求量和消费结构不会发生大的变化，电石产量将保持小幅增长或基本持平，预计2019年产量在26.85 Mt左右。随着下游产业链不断延伸和扩张，甲醇的原料属性越来越强，甲醇未来市场需求仍有一定上升空间，预计2019年产量为49.5 Mt左右。

（2）新型煤化工有较大增长空间。中国部分现代煤化工技术处于世界前列，一批拥有自主知识产权的技术正在产业化示范阶段。2013年9月国务院发布的《大气污染防治行动计划》明确提出，在满足最严格的环保要求和保障水资源供应的前提下，加快煤制天然气产业化和规模化发展步伐。但新型煤化工尚处于大规模发展初期，面临着投资大、耗水多、能效低、排放高等一系列问题，应定位为战略性产业，有控制地发展。综合考虑环境、水资源、能源转化效率、国家相关规划、已审批项目及政策影响等因素，随着新型煤化工关键技术日趋完善，示范工程进展顺利，受高油价的刺激，新型煤化工开工率较高，产量将进一步释放。预计2019年中国煤制天然气产量为2.8×10^9 m^3，煤制油产量为7.1 Mt，煤制烯烃产量为8.9 Mt。

综合以上分析，传统煤化工领域用煤需求已进入相对平稳期，在新型煤化工持续发展的带动下，化工行业耗煤量继续保持稳定增长，预计2019年煤炭需求量在300 Mt左右。化工行业及主要产品煤炭需求量见表2-8。

表2-8　化工行业及主要产品煤炭需求量

指　　标	2018年	2019年
化学工业耗煤量/Mt	282	300
1. 合成氨耗煤量/Mt	75.6	74.25
合成氨产量/Mt	56	55
2. 电石耗煤量/Mt	11.21	11.54
电石产量/Mt	26.08	26.85
3. 甲醇耗煤量/Mt	95.12	99
甲醇产量/Mt	47.56	49.5
4. 煤制油耗煤量/Mt	30.34	34.08
煤制油产量/Mt	6.32	7.1
5. 煤制天然气耗煤量/Mt	9.21	9.24
天然气产量/10^9 m^3	2.79	2.8
6. 煤制烯烃耗煤量/Mt	49.6	55.18
煤制烯烃产量/Mt	8.0	8.9
7. 其他耗煤量/Mt	10.92	16.71

5. 其他行业用煤需求预测

其他行业用煤呈下降趋势。随着城镇燃气用户率、建筑集中供热普及率、用电水平等进一步提高，以及农村节煤灶、沼气池、小水电等加快发展，煤改气、煤改电等工程加速推进，居民生活耗能结构将继续向清洁、高效、优质能源转变，居民生活终端直接用煤量将逐步减少。随着采掘业产量产品增长，煤炭需求也将随之增加，但由于矿山广泛采用电力替代煤炭，增幅不会很大。随着铁路电气化改造不断推进，交通运输、仓储和邮政业煤炭需求将继续下降。随着沼气、液化石油气、电力（含小水电和风电）、太阳能等大力推广以及水泥替代白灰和砖瓦，农林牧渔水利业的煤炭需求也将进一步下降。随着中国产业结构调整步伐加快，轻工、纺织、食品加工以及机械制造等其他行业用煤将逐步下降。综上因素，预测 2019 年其他用煤需求将下降到 266 Mt 左右。

6. 煤炭需求预测结果

通过以上对电力、钢铁、建材、化工四大耗煤行业以及其他用煤需求分析预测，2019 年全国煤炭需求总量为 3950 Mt，较去年略有上升。2019 年煤炭需求预测结果见表 2－9。

表 2－9　2019 年煤炭需求预测结果　　Mt

项　目	2018 年	2019 年
煤炭需求总量	3900	3950
1. 电力行业	2224	2304
2. 钢铁行业	610	600
3. 建材行业	484	480
4. 化工行业	282	300
5. 其他行业	300	266

2.3.3　分地区煤炭需求预测

煤炭消费区域分布与产业布局有着密切关系。当前，国际国内产业分工深刻调整，中国东部沿海地区步入经济转型升级阶段，产业向中西部地区转移步伐加快。随着近年来的区域产业梯度转移，中国中西部地区各省市开始逐步取代传统的东部地区各省市，成为“新常态”下培育中国经济增长的新动力。未来一段时期中国劳动密集型产业、能源矿产开发和加工业、装备制造业等高耗能产业将加速向西部地区转移，对未来煤炭消费区域分布将产生重大影响。

从中国主要耗煤行业来看，电力、钢铁、化工等煤炭需求增量较大的行业在国家宏观产业布局政策导向作用下，其发展布局也将发生较大变化，直接影响中国煤炭需求区域分布。近年，国家陆续出台相关政策，优化调整能源结构，促进煤炭清洁高效利用，对未来煤炭消费分布也产生了较大影响：《大气污染防治行动计划》提出控制煤炭消费总量，京津冀、长三角、珠三角等区域力争实现煤炭消费总量负增长；为落实煤炭消费总量控制目标，出台了《重点地区煤炭消费减量替代管理暂行办法》，对相关重点地区通过淘汰落后产能、压减过剩产能、提高煤炭等能源利用效率直接减少煤炭消费；2018 年发布的《中共中央　国务院关于全面加强生态环境保护坚决打好污染防治攻坚战的意见》和《打赢蓝天保卫战三年行动计划》进一步提出重点地区煤炭消费减量，加大了控制煤炭消费力度。通过近年分地区煤炭消费情况、相关政策要求以及主要耗煤行业布局变化，本书预测分省（区、市）煤炭消费主要依据如下：

（1）电力工业。东部地区煤电装机容量历来占全国装机总量的 50%以上。《大气污染防治行动计划》明确提出京津冀、长三角、珠三角等区域通过逐步提高接受外输电比例、增加天然气供应、加大非化石能源利用强度等措施替代燃煤，除热电联产外，禁止审批新建燃煤发电项目。在煤炭主要产区开发转化政策、东部发达地区减少燃煤发电比重以及东部区域性、时段性供应紧张共同作用下，随着特高压输电技术逐步成熟和电网日趋完善，加之煤电基地建设逐步推进，中西部地区电力需求不断增加，未来煤电建设布局将进一步向西部转移。

（2）钢铁工业。目前，国内内陆地区一半以上的钢产量调往东部地区。受铁矿石进口量增加和运输成本上升的影响，钢铁产能向沿海、沿江转移，已成为钢铁行业和相关政府部门的共识。未来中国 40%以上的钢铁产能将转向沿海、沿江地区。目前钢铁工业正加速推进供给侧结构性改革，着力化解过剩产能，根据《钢铁工业调整升级规划（2016—2020 年）》，沿海地区不再布局新的沿海基地，立足现有沿海基地实施组团发展、提质增效，内陆地区坚决退出缺乏竞争力的企业，立足现有龙头企业实施整合脱困发展。因此，在以化解过剩产能为主攻方向的政策背景下，未来几年钢铁布局向沿海、沿江地区转移有所减缓，但趋势不会改变。

（3）化学工业。煤炭需求增长主要取决于煤制天然气、煤制油、煤制甲醇、煤制二甲醚煤炭转化产品产量，且其增长以煤炭资源富集地区为主，如山西、陕西、内蒙古、宁夏、新疆、黑龙江、云南等省（自治区）。2019 年各地区煤炭需求量见表 2－10。

表 2－10　2019 年各地区煤炭需求量

Mt

项　目	2018 年	2019 年
合计	3900	3950
京津冀	304	300
晋陕蒙宁甘新	1229	1276
东北	351	352
华东	991	984
中南	671	670
云贵	199	205
川渝青藏	155	163

2.3.4 主要结论

在经济增速趋缓、经济转型升级加快、供给侧结构性改革力度加大等因素共同作用下，能源消费强度降低，能源消费增长换挡减速；加之能源结构调整步伐加快，清洁化、低碳化趋势明显：非化石能源对煤炭替代作用增强，煤炭在一次能源消费中的比重呈下降趋势。通过对煤炭需求形势分析及主要耗煤行业法预测，2019 年全国煤炭需求量为 3950 Mt：其中，电力行业电力消费平稳增长，随着电源结构进一步调整，煤电比重逐步下降，随着煤电提效工程进一步实施，高效机组投产，电力行业耗煤 2304 Mt；钢铁、建材行业由于中国目前正处于工业化进程中后期，未来铁路、公路、机场、农田水利、区域治理等重大基础设施和人民生活福利设施投资增速将逐步下降，钢铁和建材产品产量缓慢回落并保持在相对稳定区间，钢铁和建材行业耗煤量分别为 600 Mt、480 Mt，较去年略有下降；化工行业传统煤化工产品产量增长空间有限，产能过剩矛盾较为突出，新型煤化工尚处于大规模发展初期仍有较大增长空间，化工行业耗煤 300 Mt，保持一定增长态势。

3 煤炭供应

改革开放40年来，中国煤炭生产结构实现了由多、小、散、乱向大基地、大集团、大煤矿的历史性转变；煤炭生产方式实现了由手工作业和半机械化为主向机械化、自动化、信息化、智能化为主的历史性转变；煤炭供需关系实现了由供给严重短缺向产能总体富余、供需基本平衡的历史性转变；基本满足了经济社会发展对煤炭的需求。2018年，煤炭供给侧结构性改革取得显著成效。“十三五”煤炭去产能主要目标任务基本完成，年产0.3 Mt以下煤矿产能减少到220 Mt/a以内，煤炭行业由总量性去产能转向系统性去产能、结构性优产能。煤炭生产继续向主产煤区集中。产业结构调整加快，全国煤矿数量大幅减少，平均产能提高到0.92 Mt/a左右。煤炭市场供需实现基本平衡，煤炭价格在合理区间波动，行业效益持续好转，有力地保障了国家能源安全，也为煤炭上下游行业持续健康发展做出了积极贡献。

3.1 改革开放40年煤炭生产开发历史回顾

（1）煤炭生产结构不断优化。改革开放40年来，全国煤矿数量由20世纪80年代最高的8万多处减少到2008年的1.8万处，2018年进一步降低到5800多处。平均单井规模由1988年的0.0152 Mt/a提高到2018年的0.9 Mt/a以上，年产量超过20 Mt的企业由2家发展到28家（其中亿吨级企业7家）。2018年，14个大型煤炭基地产量占全国的近95%；前4家大型煤炭企业产量占全国总产量的27.7%，前8家大型煤炭企业产量占40.4%。

（2）煤炭生产方式跨越式升级。改革开放40年来，中国煤炭开采经历了从炮采、普通机械化采煤到综合机械化采煤的快速转变，大型煤炭企业采煤机械化程度由1978年的32.3%提高到2018年的96.1%，掘进机械化程度由14.5%提高到54.1%，全国煤矿人均生产效率由137 t/a提高到1000 t/a，实现了由粗放向集约高效现代化的转型。

(3) 煤炭供应能力显著提升。改革开放 40 年来，中国累计新增煤炭生产能力 4.44 Gt/a，建成年产 1.2 Mt 及以上大型煤矿 1200 多处，煤炭产量由 1978 年的 0.62 Gt 提高到 1988 年的 0.98 Gt、2008 年的 2.8 Gt、2018 年的 3.68 Gt，40 年累计生产煤炭超过 77 Gt，为国家经济社会发展提供了 70%以上的一次能源，有力地支撑了中国国内生产总值由 1978 年的 3679 亿元到 2018 年的 90.03 万亿元的快速增长。

3.2 2018年煤炭供应概况

3.2.1 煤炭产量保持平稳增长

根据国家统计局发布的《2018 年国民经济和社会发展统计公报》，2018 年中国原煤产量完成 3.68 Gt，同比增长 4.5%，连续两年保持增长，继续位列世界第一位（图 3－1）。其中全国规模以上煤炭企业原煤产量 3.55 Gt，同比增长 5.2%；煤炭开采和洗选业实现主营业务收入 22660.3 亿元，比上年增长 5.5%；实现利润总额 2888.2 亿元，比上年增长 5.2%。全年煤炭采选业固定资产投资 2804.7 亿元，同比增加 5.9%；其中，煤炭民间投资 1688.2 亿元，同比增长 14.8%。

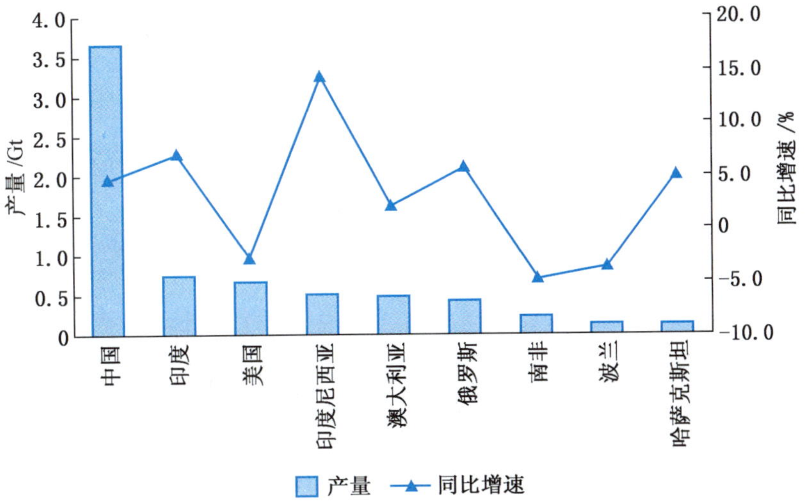

图 3－1 2018 年世界主要产煤国煤炭产量及增速

从月度煤炭产量来看，受春节及消费增长不足预期影响，2018 年上半年煤炭产量同比增速仅 2.1%；三季度开始，上游优质产能加快释放，下游企业补库存需求增加，月度煤炭产量增幅扩大（图 3－2）。

2018 年，煤炭供应受安全检查和环保督查限制，加之储煤场地改造导致储煤能力下降，煤炭生产企业库存全年低位运行。港口库存受铁路运力、进口煤限制等因素影响波动运行，但整体维持较高水平。全国重点电厂库存随季节变化全年呈现较大震荡，整体保持上行的态势（图 3－3）。

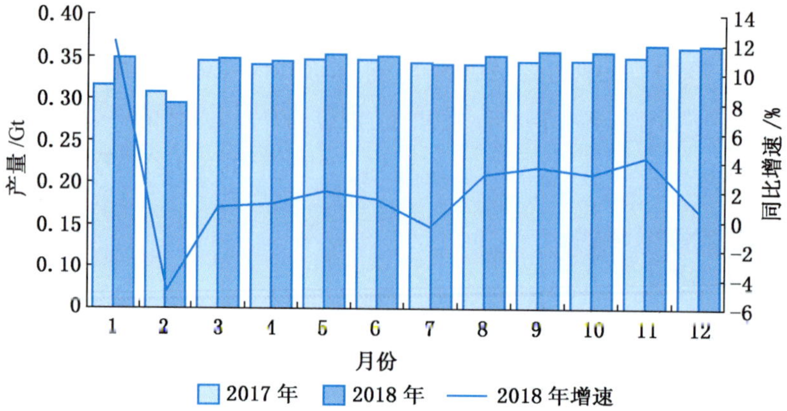

图 3－2 2018 年煤炭月度产量情况

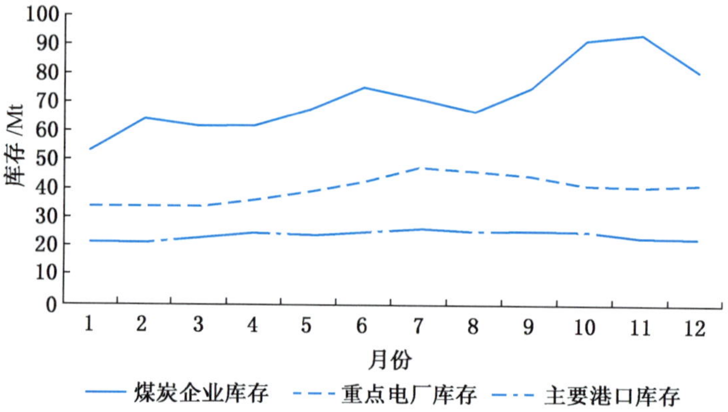

图 3－3 2018 年煤炭企业、重点电厂和港口库存

3.2.2 产业集中度进一步提高

2018 年，煤炭行业去产能工作成效显著，全国共退出煤炭产能约 182 Mt/a。主产煤区先进产能加快释放，全年新投产和核增产能共计 180 Mt/a 左右。全国煤矿数量由 2017 年的 7000 处减少至 5800 多处，全国平均单井规模提高到 0.9 Mt/a 以上。煤炭生产进一步向“三西”地区集中，共有 8 个省（区）原煤产量过亿吨，合计产量 3.18 Gt。其中，内蒙古自治区、山西省、陕西省继续位居全国前三位，煤炭产量约占全国总产量的 70%（图 3－4）。

全国重点煤炭企业生产情况。2018 年，大型煤炭企业原煤产量完成 2.61 Gt，同比增长 3.5%。年产量超过 20 Mt 的企业由 2 家发展到 28 家，亿吨级企业 7 家，产业集中度显著提升。排名前 10 家企业原煤产量合计为 1.65 Gt，其中：国家能源集团、中国中煤能源集团有限公司、兖矿集团、陕西煤业化工集团有限责任公司、山东能源

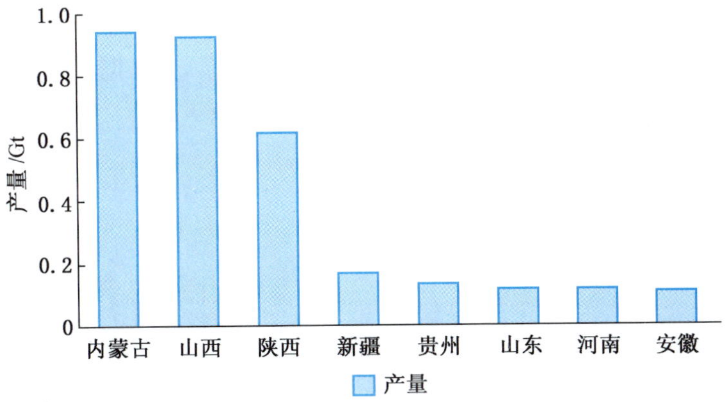

图 3-4　2018 年煤炭产量超亿吨省区产量

集团有限公司、大同煤矿集团有限责任公司和山西焦煤集团有限责任公司产量过亿吨（图 3-5）。从排名来看，国家能源集团产煤 508 Mt、同比下降－0.9%，中国中煤能源集团有限公司产煤 192 Mt、同比增加 0.8%，兖矿集团产煤 161 Mt、同比增加 19.5%，陕西煤业化工集团有限责任公司产煤 160 Mt、同比增加 14.4%，山东能源集团有限公司产煤 145 Mt、同比增加 2.8%，大同煤矿集团有限责任公司产煤 137 Mt、同比增加 8%，山西焦煤集团有限责任公司产煤 100 Mt、同比增加 4.2%，晋能集团有限公司产煤 84 Mt、同比增加 14.7%，阳煤化工集团产煤 82 Mt、同比增加 0.1%，冀中能源集团有限责任公司产煤 81 Mt，同比增加 2.1%。

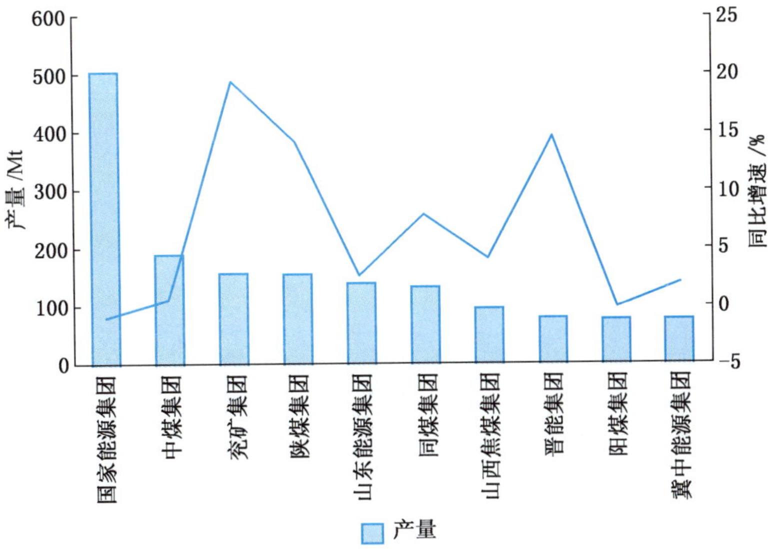

图 3-5　2018 年中国前十位煤炭企业原煤产量

3.2.3 煤炭进口稳中有升

2018 年，国内煤炭消费稳中有升，煤炭价格持续处于高位，进口煤价格优势明显，尽管劣质煤限制政策延续，煤炭进口需求仍然旺盛，根据中国海关公布的数据显示，全年累计进口煤炭 281 Mt，同比增长 3.9%（图 3-6）。

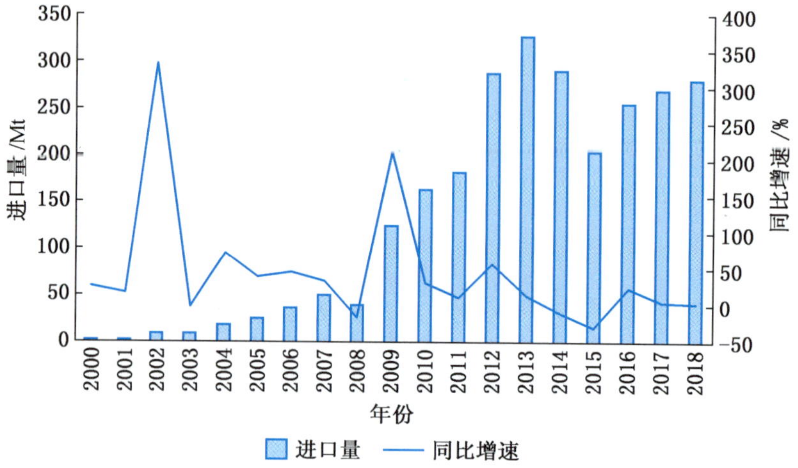

图 3-6 中国历年煤炭进口量及增速

1. 分国别进出口情况

2018 年，来自印尼和澳大利亚的进口煤炭占到同期中国煤炭进口总量的 73.5%。其中，印尼煤炭进口 126 Mt，同比增加 15.3%；澳大利亚煤炭进口 81 Mt，同比增加 1.6%；蒙古煤炭进口 36 Mt，同比增长 6.6%（图 3-7）。

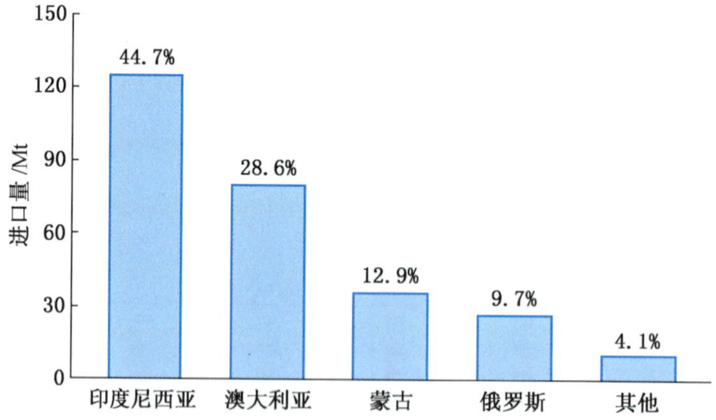

图 3-7 中国进口煤炭主要来源国

2. 分煤种进出口情况

烟煤仍是中国进口量最大的煤种。2018 年共进口 141 Mt，占中国煤炭进口总量的

50.3%（表 3－1）。中国自印尼主要进口褐煤，全年共进口 88.05 Mt；自澳大利亚进口的主要煤种是烟煤，全年共进口 79.52 Mt；自蒙古进口的主要煤种是炼焦煤，进口 27.68 Mt；自俄罗斯进口的主要煤种是其他烟煤，进口 11.84 Mt。

表 3－1　2018 年中国进口煤炭品种　　Mt

进口国别	无烟煤	炼焦煤	其他烟煤	其他煤	褐煤
印度尼西亚	0.2	0.19	8.71	28.46	88.05
澳大利亚	1.34	28.26	51.26	0.08	—
蒙古	0.12	27.68	3.12	4.83	0.5
俄罗斯	7.04	4.43	11.84	2.86	1.19

3.3 煤炭产能现状

根据国家能源局公告，截至 2018 年 6 月底，安全生产许可证等证照齐全的生产煤矿有 3816 处，年产能 3.491 Gt；已核准（审批）开工建设煤矿 1138 处（含生产煤矿同步改建、改造项目 96 处），年产能 976 Mt。其中，已建成进入联合试运转的煤矿 201 处，年产能 335 Mt。此外，未纳入国家能源局公告口径的产能还包括未核准新建（改扩建）矿井产能，以及因各种原因取消公告的生产和在建矿井产能，合计约 500 Mt。

煤炭生产重心向西部地区集中。分省区来看，煤炭产能亿吨以上的省区有 10 个，总产能在全国占比接近 90%：其中，山西产能约 1.45 Gt，内蒙古产能约 1.35 Gt，陕西产能约 0.71 Gt，新疆产能约 0.34 Gt。

3.3.1 煤炭生产结构进一步优化

从国家能源局公告的产能情况来看，产能结构进一步优化，公告煤矿数量 4070 处，总产能 3.491 Gt，单井规模达到 0.858 Mt/a。其中，年产能在 1.2 Mt 以下的煤矿年产能为 943.52 Mt，占生产煤矿产能比重为 27.03%，煤矿数量为 3229 处，占生产煤矿数量的 79%；年产能在（1.2～5）Mt（不含 5 Mt）的煤矿年产能为 1.445 Gt，占生产煤矿产能比重为 41.38%，煤矿数量为 730 处，占生产煤矿数量的 17.94%；年产能在（5～10）Mt（不含 10 Mt）的煤矿年产能为 452.3 Mt，占生产煤矿产能比重为 12.96%，煤矿数量为 71 处，占生产煤矿数量的 1.74%；年产能在 10 Mt 以上煤矿年产能为 650.4 Mt，占生产煤矿产能比重为 18.63%，煤矿数量为 40 处，占生产煤矿数量的 0.98%。

内蒙古产区千万吨级煤矿年产能 322 Mt，煤矿数量为 16 处；山西千万吨级煤矿年产能 105 Mt，煤矿数量为 7 处；陕西千万吨级煤矿年产能 160 Mt，煤矿数量为 11 处。

3.3.2 主要产煤省份生产开发情况

1. 陕西省

陕西煤炭探明储量居全国第 3 位，预测储量居全国第 4 位。陕西拥有神府东胜煤田的南半部和黄陇煤田两大侏罗纪煤基地，两者占陕西煤炭探明储量的 91%。与其他侏罗纪煤田相同，煤种也主要是低变质烟煤，低硫低灰，属优质的动力煤。陕西的炼焦煤资源主要来自陕北石炭二叠纪煤田和渭北石炭二叠纪煤田，在国家规划的 14 个大型煤炭基地中，独占 3 席（陕北、神东、黄陇）。2018 年，陕西以陕北、黄陇大型煤炭基地为重点，有序推进高产高效现代化矿井建设，加快煤炭产业战略北移，着力转变发展方式，不断优化产业结构，煤炭产量得到较快增长，煤炭产业集中度和生产力水平得到了大幅提升，实现了煤炭工业持续健康快速发展。2018 年 1—12 月，全省累计生产原煤 600.23 Mt，同比增加 30.64 Mt，上升 5.38%。其中，央企在陕煤矿原煤产量 86.72 Mt，同比减少 4.91 Mt，下降 5.36%；省属煤矿原煤产量 134.97 Mt，同比增加 5.63 Mt，上升 4.35%；市县属煤矿原煤产量 385.37 Mt，同比增加 60.30 Mt，上升 18.55%。1—12 月累计销售原煤 587.81 Mt，为同期产量的 97.9%；同比增加 48.19 Mt，上升 8.93%。截至 2018 年 12 月底，全省煤矿累计发生事故 17 起，死亡 21 人；同比，事故起数减少 3 起，死亡人数持平；百万吨死亡率 0.035，同比减少 0.002。

2. 山西省

山西煤炭探明储量约占全国的 1/4，居第一位，预测储量居全国第三位。山西是黄河流域石炭二叠纪聚煤区的中心，除晋北有少量侏罗纪煤外，其他皆为石炭二叠纪煤。山西煤种齐全，以炼焦煤和无烟煤优势突出，炼焦煤探明储量约占全国的 50%，无烟煤探明储量约占全国的 40%，具有举足轻重的地位。山西省坚持推动煤炭产业走“减、优、绿”之路，2018 年全省煤炭先进产能占比达到 57%，截至 2018 年底，全省有 164 座生产煤矿达到一级安全生产标准化等级，占到了全国一级标准化煤矿总数的 38%左右。2018 年，全省注销煤矿采矿证 26 个，退出产能 23.3 Mt/a，煤炭供给侧结构性改革扎实推进，圆满完成了年度煤炭去产能任务。全省积极发展煤炭先进产能，7 座煤矿完成采矿登记，释放先进产能 26.04 Mt/a，另有 5 座具备登记条件，产能 27 Mt/a。与此同时，山西加强矿产资源保障，省级财政投入 3.57 亿元，安排地质勘查项目 83 个。验收往年项目 60 个，新增煤炭资源量 2.437 Gt，煤层气推断资源量 3.193×10^{9} m^{3}、潜在资源量 2.334×10^{10} m^{3}。2018 年，山西省煤矿生产安全事故起数和死亡人数同比分别下降 3.45%和 53.13%，百万吨死亡率 0.033，同比下降 60%，未发生较大及以上事故，实现了事故起数、死亡人数、百万吨死亡率、较大事故、重大事故 5 个大幅度下降，创自有统计以来山西煤矿安全生产最好成绩。

3. 内蒙古自治区

内蒙古煤炭探明储量和预测储量均居全国第 2 位。内蒙古的煤炭资源主要分为两大块：鄂尔多斯市的低变质烟煤，东部地区的褐煤。鄂尔多斯市拥有神府东胜煤田的北半部和准格尔煤田，神府东胜煤田的煤种为不黏煤，准格尔煤田的煤种是长焰煤。内蒙古东部地区是中国最大的褐煤带，分布着十几个大型褐煤田以及大量的中小型褐煤田。鄂尔多斯市的不黏煤和长焰煤，以及东部地区的褐煤都属动力煤种。内蒙古的炼焦煤主要分布在桌子山煤田和乌达煤田，探明储量不大，其中桌子山煤田的焦煤预测储量很大，找煤前景广阔。内蒙古煤炭探明储量中，低变质烟煤占53%，褐煤占45%，炼焦煤占2%。2018年内蒙古自治区退出煤炭产能11.1 Mt，3年累计退出煤炭产能24.9 Mt，提前两年超额完成国家下达的“十三五”目标任务（超7.8 Mt）。

2018年，在经济运行总体向好、煤炭新增产能不断释放、市场预期稳定等因素共同作用下，内蒙古自治区煤炭市场供需基本平衡，煤炭生产形势总体稳定。2018年，全区规模以上工业企业生产原煤925.98 Mt，比上年增长8.7%，增速比上年加快1.1个百分点，产量居全国第一，占全国的26.1%。其中12月份，全区规模以上工业企业生产原煤88.48 Mt，同比增长2.7%，月度产量创全年最高水平。分地区看，2018年，全区12个盟市原煤产量排在前3位的是鄂尔多斯市、锡林郭勒盟、呼伦贝尔市。3个盟市的原煤产量分别比上年增长6.7%、13.1%、6.6%。东部5盟市生产原煤265.568 Mt，占全区比重28.7%，同比增长8.5%。2018年，全区规模以上工业企业生产洗煤86.00 Mt，比上年增长41.2%，其中，生产用于炼焦的洗精煤34.23 Mt，比上年增长20.7%。此外，2018年，全区规模以上工业生产焦炭33.74 Mt，比上年增长13.3%，增速较上年加快3.4个百分点。分地区看，乌海市为焦炭主产区，累计生产焦炭12.46 Mt，比上年增长40.0%，产量占全区比重36.9%。

4. 新疆维吾尔自治区

新疆是中国找煤潜力最大的省份，探明储量居全国第4位，预测储量居全国第1位。新疆的煤炭资源主要集中在北部，其中以吐鲁番—哈密盆地、准噶尔盆地、伊犁河谷资源最为密集。新疆煤炭资源99.9%为侏罗纪煤，是中国侏罗纪煤最集中的省区。在煤种方面，新疆的煤炭资源以低变质烟煤和气煤为主，已探明的煤炭储量中，低变质烟煤占91%，气煤占8%，其他占1%。根据新疆维吾尔自治区发展改革委公布该区合法建设煤矿和生产煤矿生产能力最新情况，截至2018年12月底，新疆建设煤矿11处，总建设规模27.35 Mt/a，新增产能27.26 Mt/a；生产煤矿79处，核准（核定）煤矿生产能力162.86 Mt/a。11处建设煤矿中，首次公告建设煤矿6处，新增产能9.25 Mt/a，包括：新疆拜城天辰矿业有限公司苏杭河煤矿，产能0.45 Mt/a；国电青松库车矿业开发有限公司大平滩煤矿，产能2.4 Mt/a；托克逊县博斯坦煤业有限公司煤矿，产能0.6 Mt/a；托克逊县盘吉煤业有限公司盘吉煤矿，产能0.9 Mt/a；吐鲁番市景盛矿业有限公司吐鲁番市塔尔朗沟煤矿，产能0.9 Mt/a；徐矿集团哈密能源有限公司大南湖矿区西区五号煤矿，产能4 Mt/a。转为正式生产煤矿4处，产能7.95 Mt/a，包括：神华新疆能源公司乌东煤矿，产能6 Mt/a；库车县伟晔矿业有限责任公司克孜库坦煤矿，产能 0.6 Mt/a；新疆一成投资有限公司一成煤矿，产能 0.45 Mt/a；新疆普阳矿业开发有限公司和田布雅矿区普阳煤矿，产能 0.9 Mt/a。另外，还有 1 处取消公告建设煤矿，为优派能源（新疆）矿业有限公司阜康小黄山煤矿，取消产能 0.9 Mt/a。截至 2018 年 12 月底，新疆生产煤矿 79 处，核准（核定）煤矿生产能力 162.86 Mt/a，其中，有 14 处生产煤矿生产能力信息发生变化：首次公告煤矿 8 处，产能 21.85 Mt/a；重新公告煤矿 1 处，产能 0.9 Mt/a；取消公告煤矿 5 处，产能共计 25.5 Mt/a。2018 年，新疆全区生产原煤 190.37 Mt，同比增产 11.41 Mt，增长 6.4%。2018 年全年，新疆发生煤矿事故 7 起、死亡 8 人，同比事故减少 1 起、死亡人数减少 1 人，分别下降 12.5%和 11.11%，百万吨死亡率 0.044（全国煤矿百万吨死亡率 0.093），同比减少 0.009，下降 16.98%。

5. 贵州省

贵州煤炭探明储量和预测储量均居全国第 5 位。贵州是中国南方晚二叠纪聚煤区的主体，煤炭探明储量和预测储量均超过其他南方省区的总和。由于晚二叠纪的成煤特点，贵州的煤炭资源以无烟煤居多，在探明储量中，无烟煤占 67%，贫煤占 12%，炼焦煤种占 21%。根据贵州省能源局公告，2018 年贵州省关闭煤矿 74 处，压减产能 10.38 Mt。截至 2018 年 12 月底，贵州全省共有煤矿 420 处，合计产能 155.77 Mt/a。其中，贵阳市 12 处，合计产能 2.16 Mt/a；六盘水市 116 处，合计产能 58.23 Mt/a；遵义市 48 处，合计产能 12.87 Mt/a；安顺市 19 处，合计产能 6 Mt/a；毕节市 155 处，合计产能 56.35 Mt/a；黔西南州 54 处，合计产能 16.26 Mt/a；黔南州 15 处，合计产能 3.75 Mt/a；铜仁市 1 处，合计产能 0.15 Mt/a。

3.4 煤炭行业结构调整

3.4.1 煤炭供给侧结构性改革

1. 供给侧结构性改革政策回顾

（1）2016 年是中国去产能的开局之年，国务院印发《关于煤炭行业化解过剩产能实现脱困发展的意见》(国发〔2016〕7 号)，旨在化解煤炭行业过剩产能，推动煤炭企业实现脱困发展。文件提出煤炭去产能总体目标：未来 3～5 年内，退出产能 0.5 Gt、减量重组 0.5 Gt，以及 276 天工作日减量化生产的相关要求。

（2）国家发改委印发的《煤炭工业发展“十三五”规划》，进一步明确了“十三五”时期淘汰 0.8 Gt 落后产能的 3 年计划，并通过减量置换和优化行业布局新增 0.5 Gt 先进产能。

（3）为了统一和规范煤炭产能减量置换标准，2016 年 8 月国家发展改革委正式下发《关于实施减量置换严控煤炭新增产能有关事项的通知》，出台煤炭产能减量置换实施细则：要求新核准煤矿按照不低于 20%比例核减建设规模。

（4）2017 年 5 月，国家发展改革委印发《2017 年钢铁煤炭行业去产能工作意见》

提出，2017 年煤炭行业缓解过剩产能将达到 0.15 Gt 以上。随后，各产煤省份发布煤炭行业化解过剩产能公示，确定 2017 年去年能目标。

（5）2017 年 1 月，国家发展改革委发布《关于平抑煤炭市场价格异常波动的备忘录的通知》，对煤炭 5500 大卡动力煤 2017 年价格作出规定：绿色区域（价格正常），500～570 元/t，不采取任何措施；蓝色区域（价格轻度上浮或下跌），470～500 元/t 或 570～600 元/t，采取引导措施；红色区域（价格异常上浮或下跌），价格大于 600 元/t 或小于 470 元/t，启动平抑煤炭价格异常波动的响应机制。

（6）2017 年上半年开始，海关总署等部门通过禁止二类口岸经营动力煤进口业务、加强煤质检测等方式加强限制劣质煤炭进口。

（7）2017 年 11 月，国家发展改革委印发《关于推进 2018 年煤炭中长期合同签订履行工作的通知》，要求煤炭中长期合同数量应达到自有资源量或采购量的 75%以上，并严格监督中长期合同的执行情况。

（8）2018 年 2 月，国家发展改革委等发布了《关于进一步完善煤炭产能置换政策加快优质产能释放促进落后产能有序退出的通知》(发改办能源〔2018〕151 号)，提出：要加快退出落后产能，促进煤炭产业结构调整和新旧发展动能转换；明确与自然保护区、风景名胜区、饮用水水源保护区重叠等煤矿、灾害严重煤矿和长期停工停产煤矿，相应产能置换指标折算比例可提高到 200%；支持一级安全标准化煤矿新增产能和新增优质产能所需产能置换指标折算比例可提高为 200%；对煤电联营煤矿增加优质产能，允许产能置换最高比例达到 300%。

（9）2018 年 4 月，国家发展改革委等六部委联合印发《关于做好 2018 年重点领域化解过剩产能工作的通知》(发改运行〔2018〕554 号）强调：进一步优化煤炭存量资源配置，把处置“僵尸企业”作为重要抓手，适当提高南方地区煤矿产能退出标准；进一步扩大煤炭优质增量供给，更多发挥北方优质先进产能作用，增加有效资源供给；努力实现供需动态平衡，合理把握去产能力度和节奏，促进煤炭供需总体平衡和价格基本稳定；完善健全煤炭中长期合同、产能置换指标交易等行业长效机制，促进煤炭行业长期稳定健康发展；煤电方面，要继续严控新增产能规模，推进燃煤电厂超低排放和节能改造工作，提升煤电高效清洁水平；进一步处置“僵尸企业”和去产能企业债务，加快“僵尸企业”出清。

（10）2018 年 11 月 23 日，国家发展改革委、工业和信息化部等 11 部门联合发布《关于进一步做好“僵尸企业”及去产能企业债务处置工作的通知》(发改财金〔2018〕1756 号)，明确了“僵尸企业”的处置原则，强调要坚持市场化法制化，发挥好政府的引导作用，有效防范债务处置中的各类风险。《通知》将企业债务问题划分为直接债务、统借债务及担保债务 3 类，提出分类处置直接债务，清分统借债务并纳入直接债务处置和自主协商处置担保债务等 3 种方式；要求尚未确定过“僵尸企业”和去产能企业债务处置名单的地方各级人民政府、各级相关国有资产管理部门，应在本通知发布后 3 个月内确定首批名单；要合理安排确定后续处置企业名单，原则上应在 2020

年底前完成全部处置工作。

2. 国务院国资委开展“双百行动”、多家煤炭企业入选

2018年3月，国务院国资委发布《关于开展“国企改革双百行动”企业遴选工作的通知》，国务院国有企业改革领导小组办公室决定选取百家中央企业子企业和百家地方国有骨干企业（以下简称“双百企业”），在2018—2020年实施“国企改革双百行动”。2018年8月，国务院国资委下发《国企改革“双百行动”工作方案》，“双百行动”入选企业名单全部确定，有近400家企业入围，其中央企近200家，地方国企200多家。

多家煤炭集团及所属企业入围。煤炭央企入围的有：国家能源集团的神华包神铁路集团等3家，中国中煤能源集团有限公司的中煤装备公司和中煤西安设计工程公司，中国煤炭科工集团的西安院、重庆院，中国煤炭地质总局的长江地质勘探集团、中煤航测遥感集团。地方国有煤炭企业入围的有：北京能源集团有限责任公司、山西焦煤集团有限责任公司、阳煤化工集团、晋能清洁能源科技股份公司、江西能源集团有限公司的中鼎国际建设集团、兖州煤业股份有限公司、郑州煤矿机械集团股份有限公司、中国平煤神马集团开封碳素公司、百色百矿集团有限公司、贵州盘江国有资本运营公司、陕西汇森煤业开发公司、陕西煤业化工集团有限责任公司的陕钢集团和北元化工集团、延长中煤榆林能化公司等。

3. 部分主要产煤省份产业调控政策

（1）内蒙古自治区。2018年4月17日，内蒙古自治区人民政府发布《自治区国家重点生态功能区产业准入负面清单（试行）》，在扎兰屯市国家重点生态功能区、新巴尔虎左旗国家重点生态功能区、新巴尔虎右旗国家重点生态功能区等多个生态功能区内，将新建煤炭项目和煤炭开采和洗选业项目纳入禁止类负面清单。

（2）山西省。2018年1月5日，山西省发展和改革委发布关于延续中国（太原）煤炭交易中心减半收取煤炭交易费政策的通知。7月31日，山西省委省政府印发了《中共山西省委山西省人民政府关于全面加强生态环境保护坚决打好污染防治攻坚战的实施意见》《山西省打赢蓝天保卫战三年行动计划》等政策文件，对燃煤污染控制有一系列的规定，合理控制煤炭消费总量，持续推进清洁取暖工程。山西不断加强煤质管控，严禁洗煤厂、煤泥、中煤进入民用市场，禁止使用硫分高于1%，灰分高于16%的民用散煤，开展燃煤锅炉综合整治，持续加大燃煤小锅炉淘汰力度，不断推进燃煤锅炉超低排放改造，进一步强化散煤管控，逐步将城市近郊区纳入禁煤区管控范围。

（3）陕西省。2018年6月，陕西省发布《煤矿安全攻坚行动方案》，安全攻坚行动将全省煤炭企业分成了7种类型。针对这7种不同类型企业开出不同处方，对症下药，开展分类整治工作。12月6日，陕西省政府网站对今年关闭退出煤矿进行了公告，截至11月，陕西省已提前完成了今年关闭退出煤矿验收工作，共退出煤炭产能5.96 Mt，关闭22处煤矿，累计已完成退出煤炭产能36.26 Mt，关闭煤矿89处，占

2016—2020 年陕西省煤炭化解过剩产能总任务的 77%。

（4）新疆维吾尔自治区。2018 年 1 月 22 日，新疆煤矿安全监察局和自治区煤炭工业管理局联合印发《2018 年自治区煤矿安全生产应急管理工作要点》，提出加强应急救援队伍建设，强化应急预案管理和应急培训工作，提升应对煤矿生产安全事故的综合能力。三季度开始，新疆煤矿安全监察局、新疆煤炭工业管理局采取多项措施提高煤炭供给能力，21 处临时生产矿井中的 18 处证照手续办理齐全，实现了合法合规生产，新增合法产能 87.9 Mt。

（5）贵州省。贵州省加大产能释放力度，全年共建成投产大中型煤矿 24 处，新增优质产能 11.07 Mt/a；同时，完成综合机械化改造验收煤矿 33 处，核定提升产能煤矿 4 处，新增产能 0.75 Mt/a；此外，复产煤矿 24 处，新增产能 4.71 Mt/a。2018 年贵州在籍煤矿 1039 处，年产能达 324.29 Mt，其中正常生产煤矿 349 处，年产能为 135.46 Mt。

3.4.2 去产能政策实施及成效

1. 政策要求

2018 年是煤炭供给侧结构性改革的第 3 年，供给侧结构性改革迎来“升级版”，去产能工作指向更加具体，路径更加清晰。2018 年 4 月，国家发展改革委、工业和信息化部、国家能源局、财政部、人力资源和社会保障部、国务院国资委联合印发《关于做好 2018 年重点领域化解过剩产能工作的通知》，明确 2018 年煤炭行业化解过剩产能目标 0.15 Gt 左右，确保 0.8 Gt 左右煤炭去产能目标实现三年“大头落地”，同时将有序释放优质产能提至更加重要的地位。去产能政策相较过去两年存在较大变化：

（1）产能置换比例提高。2018 年 2 月，国家发展改革委、国家能源局、国家安监总局、国家煤监局 4 部门联合制定的《关于进一步完善煤炭产能置换政策加快优质产能释放促进落后产能有序退出的通知》规定，将支持与自然保护区、风景名胜区、饮用水水源保护区重叠煤矿、灾害严重煤矿、长期停工停产煤矿加快退出。这几类煤矿的相应产能置换指标折算比例可提高为 200%；同时支持一级安全生产标准化煤矿、优化生产系统煤矿、煤电联营煤矿、与煤炭调入地区签订中长期合同煤矿增加优质产能。这些煤矿若符合相应规定，所需产能置换指标折算比例可提高至 130%～300%不等。

（2）提出进一步优化存量资源配置。由总量性去产能为主转向系统性去产能、结构性优产能为主。适当提高南方地区煤矿产能退出标准，将属于开采范围与国家级自然保护区、风景名胜区、饮用水水源保护区重叠的 0.3 Mt/a 以下（不含 0.3 Mt/a）煤矿，以及福建、江西、湖北、湖南、广西、重庆、四川、贵州、云南等南方地区 0.09 Mt/a 及以下（含 0.09 Mt/a）煤矿，纳入 2018 年去产能范围。

（3）提出进一步扩大优质增量供给。更多发挥北方优质先进产能作用，晋陕蒙等主要产煤省区要加快释放优质产能，做好生产组织，不得集中停产，避免影响煤炭稳定供应；在实施产能置换的前提下，重点在北方大型煤炭基地规划建设一批露天煤矿和大型井工煤矿；对已承担产能置换任务、具备安全条件的优质产能建设项目，加快批复相关手续，推动尽快竣工达产。

（4）进一步优化产业布局。鼓励有条件的企业实施跨地区、跨所有制的兼并重组；坚持以北方大型现代化煤矿替代南方中小煤矿的方向，重点建设神东、陕北、晋北、晋东和新疆大型煤炭基地；通过开展跨区域指标交易和产能协作等方式，引导有效产能向优势企业和地区集中。

2. 目标和完成情况

2018 年全国煤炭去产能总目标 153.78 Mt。其中，山西省 25.45 Mt、贵州省 14.04 Mt、河北省 13.24 Mt、黑龙江省 12.42 Mt、内蒙古自治区 11.55 Mt。全年累计关闭退出煤炭产能 182.42 Mt，大部分省份超额完成年度去产能任务，退出产能集中分布在山西、河北、内蒙古、黑龙江和云南（表 3－2）。

表 3－2　2016—2018 年煤炭去产能完成情况

Mt

省份	2016 年完成	2017 年完成	2018 年计划	2018 年完成
合计	340.03	178.44	153.78	182.42
山西	28.80	38.65	25.45	41.25
河北	11.26	11.87	13.24	16.41
内蒙古	20.80	15.79	11.55	12.45
黑龙江	11.60	0.76	12.42	12.42
云南	9.67	1.60	7.41	12.39
河南	22.48	19.69	8.10	9.15
陕西	27.78	0.91	6.32	8.62
安徽	8.64	7.05	5.90	8.20
湖北	9.27	1.74	5.02	7.21
吉林	16.25	2.69	3.89	6.25
贵州	30.85	14.01	14.04	6.15
甘肃	2.19	2.25	5.14	5.29
湖南	20.88	3.29	5.12	5.12
山东	20.07	3.51	4.48	4.63
宁夏	2.97	6.60	4.36	4.36
重庆	22.18	0.15	3.96	3.96
辽宁	13.51	8.71	3.65	3.86
新疆	4.98	13.07	3.79	3.79

表 3-2（续）

Mt

省份	2016 年完成	2017 年完成	2018 年计划	2018 年完成
江西	17.29	3.25	2.55	3.25
北京	1.00	0.50	2.50	2.50
四川	22.30	15.92	1.59	2.28
广西	1.91	1.86	1.47	1.47
福建	2.97	2.38	1.83	1.41
江苏	10.29	0.18	—	—
青海	0.09	2.01	—	—

3. 煤炭企业兼并重组

2017 年 12 月，国家发展改革委、财政部、人力资源和社会保障部、国土资源部等 12 部门联合印发了《关于进一步推进煤炭企业兼并重组转型升级的意见》。意见明确提出支持有条件的煤炭企业之间实施兼并重组，或与产业链相关企业进行兼并重组，使煤炭企业平均规模扩大、产业格局优化，到 2020 年底，争取在全国形成若干个具有较强国际竞争力的亿吨级特大型煤炭企业集团。此举标志着 2018 年煤炭行业兼并重组步伐的进一步加快。煤炭行业全年已实施的重大整合重组如下：

（1）2018 年 1 月 4 日，国家能源集团发布董事会决议，批准国家能源集团与国电集团合并方案及拟签署的《国家能源投资集团有限责任公司与中国国电集团有限公司之合并协议》。

（2）2018 年 5 月 25 日，鄂尔多斯市伊金霍洛旗整合 12 家旗属涉煤国有企业，组建内蒙古圣圆能源集团有限责任公司。

（3）2018 年 7 月 19 日，贵州省政府批复同意《贵州盘江煤电集团有限责任公司组建方案》，公司实控人贵州盘江国有资本运营有限公司拟更名为贵州盘江煤电集团有限责任公司。重组后，盘江煤电集团将打造成为贵州省以煤电为龙头骨干的全产业链集团。

（4）2018 年 8 月 19 日，华润煤业、山西华润联盛能源投资有限公司、山西华润、太原华润 4 家公司持有的股权由国源公司以人民币 1 元进行收购，同时华润电力对华润联盛、山西华润、太原华润 3 家公司的全部股东贷款转由华润煤业承接。

（5）2018 年 11 月 19 日，辽宁省能源产业控股集团有限责任公司正式挂牌成立。该集团由抚顺矿业集团有限责任公司、阜新矿业（集团）有限责任公司、辽宁铁法能源有限责任公司、沈阳煤业（集团）有限责任公司、辽宁能源投资（集团）有限责任公司、辽宁南票电厂、沈煤山西晋辽矿业有限责任公司、辽宁煤机装备制造（集团）有限责任公司、辽宁电机集团有限公司 9 家省属国有企业组建而成。

（6）2018 年 12 月 11 日，江西省能源集团有限公司拟和江西省投资集团有限公司进行战略重组，江西省投资集团作为重组后的母公司，控股合并江能集团，江西省国资委将所持江能集团全部股权无偿划转至省投资集团。

3.4.3 地方煤炭管理部门改革情况

（1）山西省。2018 年 10 月 25 日，山西省应急管理厅挂牌，同时加挂山西省地方煤矿安全监督管理局牌子。山西省应急管理厅将省煤炭工业厅的煤矿安全监督管理职责等整合，作为省政府组成部门。2018 年 10 月 27 日，山西省能源局正式挂牌。新组建的山西省能源局，将省煤炭工业厅的职责和省发展改革委的能源管理职责等整合，作为省政府直属机构。同日，山西省工业和信息化厅挂牌，主要职责包括参与编制能源基地建设规划，分析、监测煤电油气运的供需态势和市场状况，负责产运需平衡衔接和日常调节，统筹协调全省煤电油气运保障工作等。

（2）内蒙古自治区。2018 年 11 月 10 日，内蒙古自治区能源局挂牌。内蒙古自治区能源局作为内蒙古自治区政府直属机构，负责煤炭、电力（含核电）、石油、天然气、新能源和可再生能源开发管理等工作。

（3）陕西省。2018 年 11 月 13 日，新组建的陕西省应急管理厅挂牌。根据《陕西省机构改革方案》，陕西省将省发展改革委的能源管理职责、陕西省安全生产监督管理局的煤炭行业管理职责整合，组建陕西省能源局，作为陕西省发展改革委的部门管理机构。

（4）新疆维吾尔自治区。2018 年 11 月 30 日，新疆维吾尔自治区应急管理厅挂牌。新疆维吾尔自治区煤炭工业管理局所有职能（规划、监管、行业管理）划入新疆维吾尔自治区发展改革委，不再保留新疆维吾尔自治区煤炭工业管理局。

（5）贵州省。2018 年 11 月 20 日，新组建的贵州省应急管理厅挂牌。贵州将省安全生产监督管理局的煤矿安全监督管理职责划入省能源局，不再保留省安全生产监督管理局；将省经济和信息化委员会的煤电油运调度和协调保障职责等划入省能源局。贵州省将省能源局由省发展改革委的部门管理机构调整为省政府的直属机构。

3.5 煤炭产能、产量中长期预测

3.5.1 产能预测

1. 产能变化趋势分析

《煤炭工业“十三五”发展规划》提出“到 2020 年化解淘汰过剩落后产能 0.8 Gt。”2016—2018 年已完成关闭退出产能 0.72 Gt，完成总目标任务的近 90%，实现了去产能任务“大头落地”，“十三五”后两年所剩去产能任务不到 0.1 Gt/a。

从中国煤炭产能结构现状来看，规模小于 1.2 Mt/a 的中小煤矿还有相当数量。从煤炭资源赋存现状来看，西南地区、东北地区有很多存在安全隐患的小煤矿，中西部地区也存在不少开采历史长、资源濒临枯竭的老矿区。后期“去产能”的主要对象仍集中在规模小、安全条件差、资源枯竭、长期亏损的矿井。去产能的重点从总量性去产能转向结构性去产能、系统性优化产能，有序释放优质先进产能，不断增强安全、清洁、高效、稳定的煤炭供给能力，努力实现行业高质量发展。

2. 2019—2020 年产能预测

根据各省（区）公告的“十三五”时期产能计划以及产能年度退出方案，并对各省区煤炭资源赋存状况、煤炭供需变化趋势以及进口煤炭供应走势进行综合分析，预计今后 5 年，具备大规模产能退出条件的省份包括：山西、陕西、河南、黑龙江、贵州以及云南，产能退出空间超过 0.15 Gt。

产能增量方面，新增产能主要分布在山西、内蒙古和陕西。新增煤炭产能包括产能核增和新投产两部分。“三西”地区大量先进产能集中在 2018—2020 年释放，这些矿井均是大型现代化矿井，单井产能高，生产效率高，且大多处于投产、试生产和在建阶段，短期内煤炭供应能力将稳定增长，预计 2019 年煤炭有效产能增长至 4.2 Gt 左右，2020 年增长至 4.3 Gt 左右。但由于在当前市场条件下可供新建的矿井越来越少，加之中东部地区资源枯竭矿井逐年增多，产能退出或将继续提速，预计中远期煤炭总产能将有所下降。

3.5.2 产量预测

1. 产量变化影响因素及趋势分析

从煤炭供应层面来看，2019—2020 年去产能年度力度将有所减弱，产能置换条件将逐步放松，产能释放速度会加快，铁路运输能力逐年提升，运输瓶颈正在得到缓解，整体来看煤炭供给能力和质量稳定提高。

从煤炭需求层面来看，受电力消费增长和基建投资增速回升等因素拉动，2019—2020 年煤炭需求预计将继续保持低速增长，需求的增长带动煤炭产量的增长。

2. 2019—2020 年产量预测

近年来，煤炭产量的释放越来越受安全环保检查、重大会议等因素影响，进口煤调控政策也会对国内煤炭产量产生较大影响，特别是矿难引起的区域性停产整改极大增强了煤炭产量的不确定性。2019—2020 年，煤炭行业保供稳价政策仍将持续推进，东北、西南地区保供问题得到越来越多的关注，大型煤电企业签订的中长期合同占比逐年提高，市场在煤炭产量的决定性因素中作用越来越高。综合考虑这些因素，预计 2019 年原煤产量将增长至 3.75 Gt，2020 年增长至 3.8 Gt，增速分别为 2%和 1.3%。

4 煤炭运输

交通运输是基础性、先导性、战略性产业，是经济社会发展的重要支撑和强力保障。40年来，中国交通运输基础设施建设取得了优异的成绩，有力的保障了煤炭供应能力的显著提升。2018年，煤炭铁路运量远高于货运量的平均增幅，煤炭水路运输也得到快速发展。

4.1 煤炭运输总体情况

改革开放40年，中国交通运输事业实现了跨越式发展，高速铁路、高速公路以及港口万吨级泊位数量等均位居世界第一。全国铁路营业里程从1978年的4.86×10^4 km提高到2018年的13.1×10^4 km，增长170%；铁路货运量从1075 Mt猛增至4025 Mt，增长274%。全国港口拥有生产性码头泊位2.76万个，其中万吨级及以上泊位2366个，分别是1978年的38倍和18倍。全国公路通车总里程达477.35×10^4 km，是1978年的5.4倍，公路货车保有量从1978年的14万辆增长到2017年的1400多万辆，翻了百倍之多。中国交通运输基础设施的建设成就有力的保障了煤炭运输持续快速发展，全国煤炭供应保障能力显著提升。

煤炭铁路运输方面，建成了大秦、朔黄、蒙冀、瓦日、集通等主要煤炭铁路运输线，形成了“三西”、东北、华东、中南、西北、西南六大铁路煤炭外运通道。煤炭运量从1978年的402 Mt增至2018年的2383 Mt，增长493%，远高于货运量的平均增幅，煤炭运量占铁路货运量的比重提高近20个百分点。全国煤炭产运系数从2005年的0.55上升至2018年的0.65，煤炭运输对铁路的依存度较高，煤炭铁路运输在保障国家能源安全和稳定供应方面，发挥了至关重要的作用。

煤炭水路运输方面，建成了秦皇岛、京唐港、曹妃甸、黄骅等一批沿海、沿江煤炭接卸港口码头，其中北通道4港（秦皇岛港、唐山港、黄骅港、天津港）的集中趋势不断加强，煤炭下水量占全国沿海一次下水的比重从 2005 年的 85%上升到 2018 年的 92%左右。进口煤在沿海地区煤炭供应体系中的地位快速提高，进口煤占海运煤炭调入总量从 2005 年的 6%上升到 2018 年的 25%，煤炭水路运输的基本格局由“国内煤炭北煤南运＋外贸出口”转变为“国内煤炭北煤南运＋外贸煤炭进口”。海运煤炭的服务范围由传统的南方七省市扩大到环渤海地区、长江中游四省，海进江煤炭由 2005 年的 20 Mt 增长到 2018 年的 300 Mt，海进江运输发展迅速。

煤炭公路运输作为铁路和水路的重要补充，具有灵活机动、手续简便等特点，在煤炭短途运输、煤炭集散中转、铁路运力紧缺和水运区域受限的情况下，承担了很大的运输量，发挥了重要作用。但随着铁路运能的连续释放、煤炭运输结构的调整，“公转铁”政策的实施，未来三年全国煤炭 75%的产量将由铁路承运，公路煤炭运输会受到很大限制，运量将呈现不断下降趋势。

4.2 煤炭铁路运输

4.2.1 2018 年煤炭铁路运输情况

为落实中央“调整运输结构、减少公路运输量、增加铁路运输量”和坚决打好污染防治攻坚战、打赢蓝天保卫战的指示要求，国家各级主管部门先后制定了《2018—2020 年铁路货运增量行动方案》《关于印发铁路“北煤南运”体系建设实施方案（2018—2020 年）的通知》《关于印发推进运输结构调整三年行动计划（2018—2020 年）的通知》等一系列煤炭运输政策，铁路货运市场份额稳步提升。2018 年，全国铁路煤炭运量延续了 2017 年的上涨势头，实现了快速增长，全年共计完成煤炭运量 2383 Mt，同比增加 228 Mt、增长 10.6%。煤炭占货运量的比重达到 59.3%，接近历史峰值。在全部煤炭运量中，国家铁路完成 1664 Mt，同比增加 173 Mt、增长 11.6%；地方和企业铁路完成 719 Mt，同比增加 55 Mt、增长 9.9%。

2018 年，铁路部门针对运需矛盾最突出、调整结构最迫切、增量效果最显著的重点通道、重点区域和煤炭、矿石、多式联运三大业务板块，强化运力保障，优化运输组织，确保了全年货运增量任务目标的超额完成。

在煤炭运输方面，全路继续按照国家发展改革委推进煤炭中长期合同签订履行的文件精神，组织各铁路局统筹煤炭、电力等重点用户需求，做好全年煤炭中长期合同铁路运力衔接工作。紧紧围绕山西、陕西、内蒙古西部、新疆等煤炭主产区，充分发挥大秦、神朔黄、唐呼、瓦日、侯月、宁西、兰渝等大能力煤炭外运主通道能力，大力组织开行万吨重载列车，坚持铁路直达、铁水联运等多种方式，全面增强“西煤东运、北煤南运”能力。唐呼、瓦日铁路首次实现开行万吨重载列车，大秦、唐呼、瓦日铁路全年运量分别完成 451 Mt、54 Mt 和 34 Mt，同比分别增长 4.3%、491.6%和

75.6%，陕煤外运和疆煤外运同比增长分别达到24.3%和44.9%。承接天津港煤炭中转需求全年完成22 Mt，江煤运量完成54 Mt，同比增长40%。

在煤炭外调需求相对集中的西南、两湖一江和东北地区，铁路运输量实现快速增加。西南地区铁路调入煤炭43 Mt，同比增长37%；两湖一江地区铁路调入105 Mt，同比增长15%；东北三省铁路调入煤炭162 Mt，同比增长80%。

近年来铁路煤炭运量持续增长与煤炭消费的快速增长密切相关。一方面，由于环保原因禁止煤炭汽运，导致汽运煤部分也转至铁路运输，增加了运量需求。另一方面，煤炭生产、消费格局越来越集中，煤炭产能持续向晋陕蒙主产地集中，带来煤炭主产区长距离、跨区域的铁路运输需求大幅增加。

2005—2018年全国煤炭产量及铁路运量变化情况如图4-1所示。

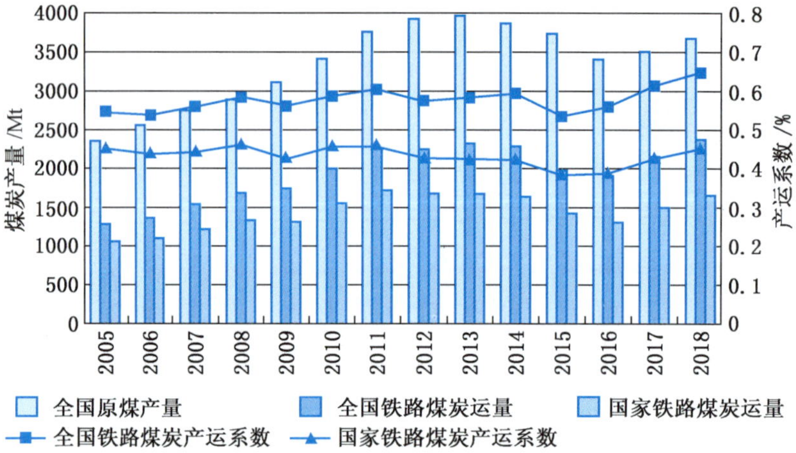

图4-1　2005—2018年全国煤炭产量及铁路运量变化情况

4.2.2　煤炭铁路运输布局

根据2018年铁路煤炭省间交流状况，分析各大区内、外部煤炭调运布局。

从大区内部煤炭调运看，全国六大区内部交流中，华北地区内部交流量最大，为772.68 Mt，比2017年增长13.6%；华东地区次之，为122.11 Mt，与2017年基本持平；其他4个区域内部交流量较少，均在75 Mt以下。其他4个区域中，西北地区74.40 Mt；中南地区65.83 Mt，比2017年略有增加；东北地区62.9 Mt；西南地区32.75 Mt。

从大区之间煤炭调运看，华北地区发往东北地区、华东地区、中南地区的交流量分别为160.82 Mt、152.36 Mt、72.94 Mt，分别比2017年增加9.66 Mt、28.11 Mt、11.30 Mt，实现全面提高；西北地区发往华东地区、中南地区、西南地区的交流量分别为28.57 Mt、38.69 Mt、32.86 Mt，分别比2017年增加5.75 Mt、7.44 Mt、1.61 Mt。华北地区、西北地区和其他大区之间的交流量约占整个大区之间交流量的94%，比2017年提高了4个百分点。

具体到晋陕蒙核心区的情况看，三省区调出量合计达1028.91 Mt，比2017年增长 15.9%。太原局、呼和浩特局和西安局作为承担“三西”地区煤炭外运的主要运输部门，完成煤炭运输量达 851.17 Mt，占国家铁路煤炭总运量的一半以上，比 2017 年分别增长 17.5%、16.7%和 24.1%。煤炭调出区向核心区集中的趋势更加明显。

4.2.3 煤炭铁路运输通道

2018 年，铁路煤运通道建设继续全面有序推进，将为顺利实现《推进运输结构调整三年行动计划（2018—2020 年）》提供更加充足的运力保障。

朔（州）准（格尔）铁路作为大秦铁路新的集运线路于 2018 年底全线铺通，已于 2019 年初正式投产运营。按照中央和国务院有关指示精神，蒙华铁路及其最主要的集运线——靖神铁路，将于 2019 年 10 月开通运营，将为大幅缓解目前“北煤南运”运力紧张的局面，发挥至关重要的作用。张（家口）集（宁）铁路万吨扩能改造、集（宁）通（辽）铁路电气化改造等也相继启动，煤炭生产核心区外运通道能力将不断得到强化。

除上述铁路外，2018 年冯红铁路正式动工兴建，将进一步优化陕北和晋西北地区煤运格局。该线位于陕西省北部及山西省西北部，地处陕西榆林市及山西忻州市境内。西端有神大铁路红柳林站，向东途经陕西省榆林市神木县、府谷县，跨越黄河后折向南进入山西省忻州市保德县境内，终点接轨于在建兴保铁路冯家川站，线路全长 84.35 km，其中，陕西省境内 68.31 km，山西省境内 16.04 km。

本项目的实施将为陕北榆林地区煤炭外运开辟新的通路，通过连接山西中南部铁路，可形成通达河南、华东以及山东沿海港口的煤运通道，同神朔黄铁路共同构筑陕北煤炭东出运输格局。同时项目向西可衔接神延线、包西线，强化了区域路网结构，增强了区域路网的灵活性、机动性，路网意义十分突出。

4.2.4 煤炭铁路运输瓶颈

2018 年，在各种运输政策的有力推动下，铁路煤炭运输量实现快速增长，铁路运力保障进一步提高，但仍存在以下制约因素。

1. 运输能力基本满足，集疏运系统仍待完善

在大秦、朔黄、侯月等传统大能力煤运主干道运力充分发挥、运量不断冲高的同时，新投产运营的瓦日、唐呼等运输通道配套的集运站、专用线等尚未完成，部分区段能力受限导致运输不畅，限制了整个通道运力的发挥。

2. 重点输出区煤炭运输结构不尽合理，“公转铁”压力较大

在陕北榆林、蒙西鄂尔多斯等煤炭主要调出区，仍有大量煤炭经由公路长途外运，煤炭运输“公转铁”压力仍较大。如何制订相应政策和措施，引导公路煤运向铁路进一步回流，解决公路煤运量向铁路转移，需要行业和地方各级主管部门加快研究确定。

3. 煤炭生产消费企业专用线规划建设滞后，干支线运输需加强协调

大型煤矿、火电厂、重点用煤企业、主要工业园区铁路专用线与外部干线接入不完善，亟需加快推进，以适应国家提出的在 2020 年前实现年运输量 1.5 Mt 以上企业

专用线接入比例达到80%的要求。

4. 多种投资主体铁路运营并存，互联互通仍有瓶颈

在榆林、鄂尔多斯、锡林郭勒等重点煤炭调出区，存在国有铁路、企业铁路和地方铁路等多种所有制类型，涉及多个铁路局和伊泰、国电投等运营主体，所属铁路之间在日常运营中无法实现互联互通及区域线路运力资源的充分合理利用。

4.3 煤炭水路运输

近年来，随着煤炭供求格局的变化，中国煤炭水路运输的基本格局由“国内煤炭北煤南运+外贸出口”转变为“国内煤炭北煤南运+外贸煤炭进口”;海运煤炭的服务范围由传统的南方七省市扩大到环渤海地区、长江中游四省,海进江运输发展迅速。

4.3.1 2018 年煤炭水路运输情况

1. 吞吐量概况

近年来，煤炭行业持续去产能加大了南方沿海沿江地区供应缺口，加上治理公路煤炭运输等因素，对海运来煤影响进一步增强。2018 年全国沿海港口完成煤炭吞吐量(大沿海口径，包括长江南京以下港口）约 2.1 Gt，同比增长 3.6%，较上年增加 5.3 个百分点。历年吞吐量及增速情况如图 4-2 所示。

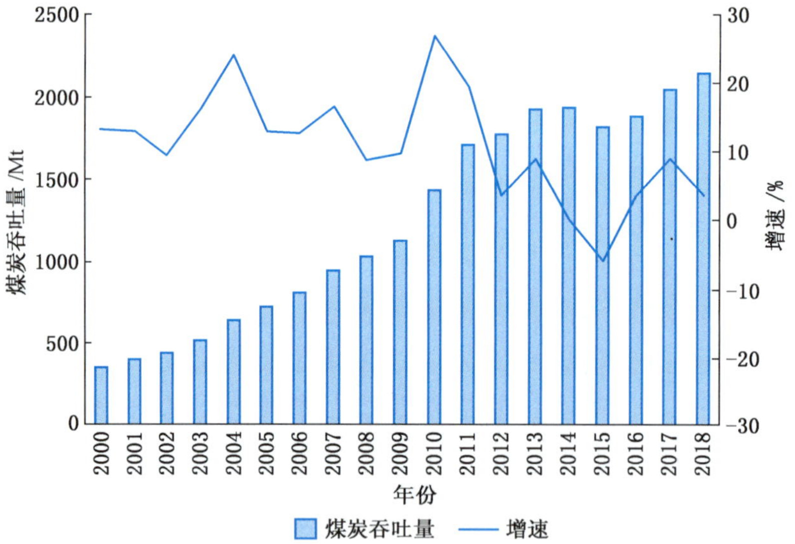

图 4-2　2000—2018 年沿海港口煤炭吞吐量及增速情况

从各区域吞吐量完成情况看，环渤海、长三角和珠三角依然是煤炭运输的重点区域，2018 年三大区域占总量的比重分别为 44%、36%和 12%。从增长速度看，东南沿海、西南沿海、环渤海吞吐量增速均呈现快速增长态势，增速分别为

19.8%、15.2%和11.3%；受中转量下滑的影响，长三角吞吐量同比下降3%；珠三角沿海吞吐量保持稳定，增速为0.5%。分区域港口煤炭吞吐量比重及增速如图4-3所示。

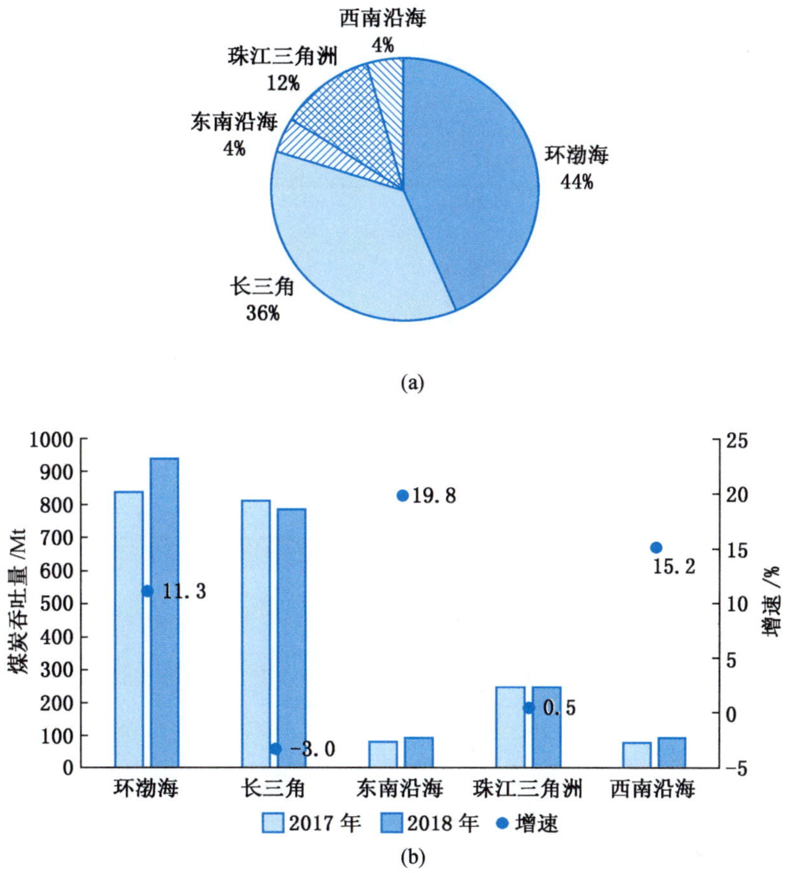

图4-3 分区域港口煤炭吞吐量比重及增速

2. 北煤南运与外贸进口并重的格局基本形成

2013年全国沿海港口完成煤炭外贸进口量达到了历史高点的300 Mt，2018年完成约240 Mt，2005—2018年均增长22%。外贸进口在海运煤炭调入总量（一程接卸）中的比重由2005年的6%上升到2018年的25%，煤炭水运中北煤南运与外贸进口并重的格局基本形成。典型年份煤炭水运发展情况如图4-4所示。

从2018年全年情况看，受国内煤炭需求增长、陆上来煤规模减少等因素影响，沿海外贸煤炭接卸量236 Mt，同比增长5.0%，增速较去年同期提高4.5个百分点。同时，受国家有关部门严格执行煤炭进口调控措施以及部分国家贸易摩擦等因素影响，进口煤炭规模全年受政策影响波动较大。2017年和2018年沿海港口煤炭外贸进口量如图4-5所示。

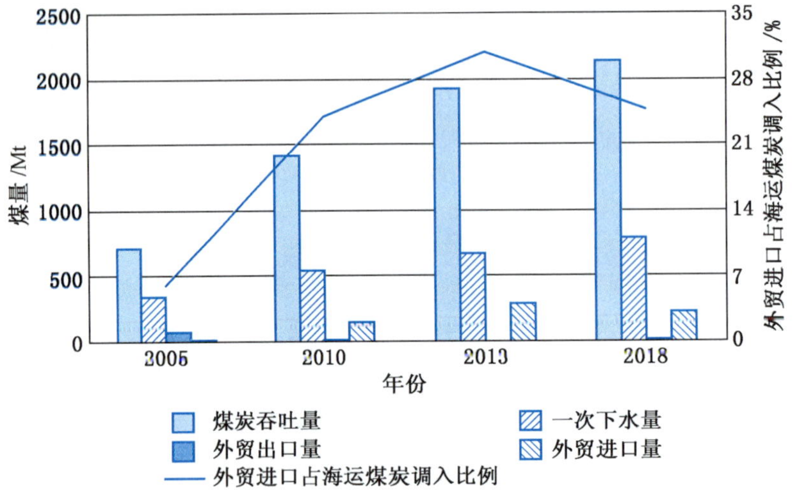

图 4－4　典型年份煤炭水运发展情况

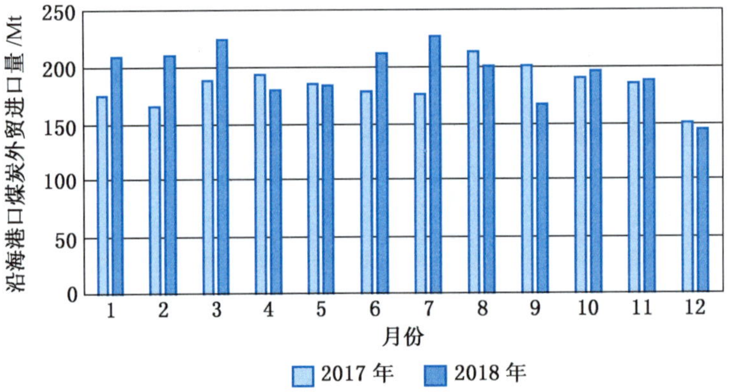

图 4－5　2017 年和 2018 年沿海港口煤炭外贸进口量

3. 煤炭一次下水量发展情况

2018 年，全国沿海港口完成煤炭一次下水量 810 Mt，受煤炭需求整体回升影响，同比增长 9.1%，延续了 2017 年以来的快速增长态势，增速小幅下滑 2.3 个百分点。2000—2018 年沿海港口煤炭一次下水量、增速如图 4－6 所示。

从 2018 年全年情况看，煤炭需求季节波动和外贸进口波动相互影响和作用，煤炭一次下水量月度间相对平稳。2017 年和 2018 年煤炭一次下水量如图 4－7 所示。

煤炭一次下水量继续集中在北方四港。2018 年，秦皇岛港、唐山港、天津港、黄骅港四大装船港共完成煤炭一次下水量 740 Mt，较上年增长 9.0%，占沿海煤炭一次下水总量的 90%以上，见表 4－1。

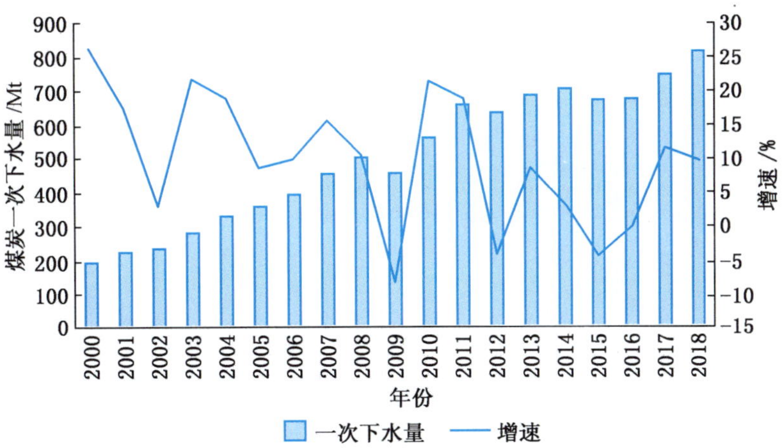

图 4－6　2000—2018 年沿海港口煤炭一次下水量、增速

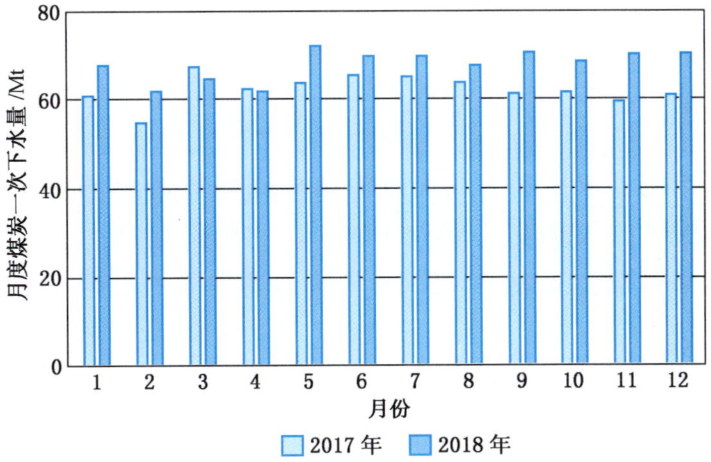

图 4－7　2017 年和 2018 年各月煤炭一次下水量

表 4－1　2018 年北方主要煤炭装船港一次下水量完成情况

港　口	2017 年			2018 年		
	一次下水量/Mt	比重/%	增速/%	一次下水量/Mt	比重/%	增速/%
秦皇岛港	216	29	35.4	204	25.1	−5.6
唐山港	163	22	25.7	247	30.5	52.1
天津港	96	13	−27.0	83	10.3	−13.4
黄骅港	208	28	9.2	210	25.9	0.8

4. 主要装船港发展情况

主要装船港发展态势呈现明显分化，具体如图 4－8 所示。

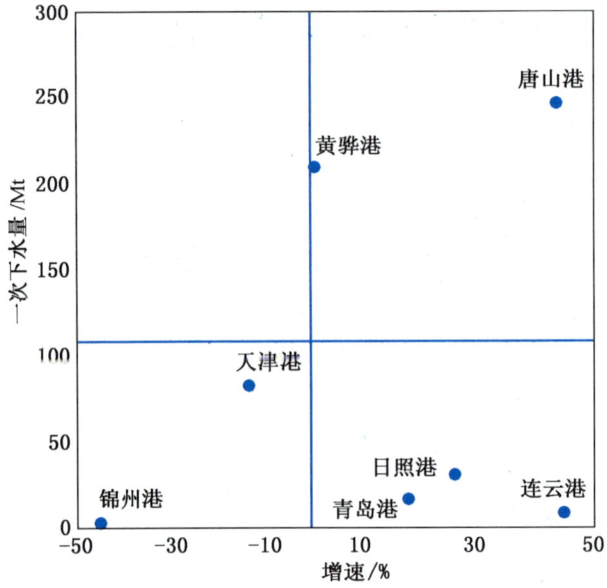

图 4-8　主要煤炭装船港“煤炭一次下水量、增速”矩阵图

唐山港：随着市场需求回暖、煤炭运输结构调整的持续推进及铁路运力的加快释放，唐呼线、大秦线铁路煤炭发送量持续增长，此外秦皇岛港煤炭限运政策对曹妃甸港下水量的增量带来一定拉动效应，2018 年唐山港完成下水量 247 Mt，同比大幅增长 52.1%。

秦皇岛港：受河北省推动港口功能调整等思路及措施的影响，下水量有所下滑，2018 年全年完成 204 Mt，与 2017 年相比下降 5.6%。2017 年和 2018 年秦皇岛港库存情况如图 4-9 所示。

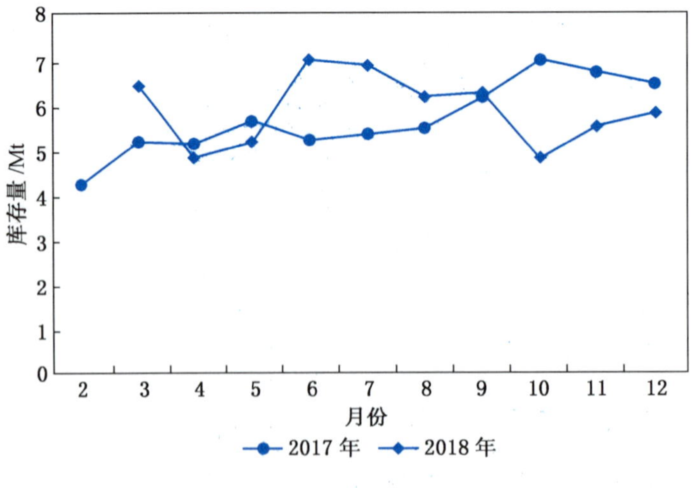

图 4-9　2017 年和 2018 年秦皇岛港库存情况

黄骅港：2018 年高位趋稳，完成 210 Mt，同比微增 0.8%。

天津港：随着 2017 年禁止公路煤炭集港运输政策的全面推行，2018 年天津港煤炭下水基本完全为铁路来煤，全年完成 83 Mt，同比继续下降 13.4%（2017 年第一季度仍有部分公路集港）。

日照港：得益于瓦日铁路万吨重载列车的开行，下水量显著增长，2018 年完成 32 Mt，同比增长 30.3%。

2018 年，受益于国内煤炭需求向好，大秦线煤炭发送量快速增长，秦皇岛港煤炭库存量全年总体处于 5～6 Mt 的较高水平，各月份间差异较小。

5. 运输船型变化情况

北煤南运的煤炭船型稳步发展。目前沿海煤炭南北运输以 5 万至 7 万吨级船舶为主。其中，华东地区以 3.5 万至 7 万吨级船舶为主；华南地区以 5 万至 7 万吨级船舶为主，并有进一步向 7 万至 10 万吨级提升的趋势。以秦皇岛港为例，5 万吨级以上船舶比重不断上升，由 2005 年的 35%上升到当前的近 50%。

外贸煤炭船舶大型化步伐加快。一方面，外贸进口需求增长推动了船舶大型化；另一方面，近年来远洋矿石运输船舶持续快速大型化，使得淘汰运力转入中远洋煤炭运输，从而进一步加速了大型化进程。代表性航线及相应船型情况如下：

（1）澳洲航线以 7 万至 15 万吨级船舶为主，10 万至 15 万吨级船舶增长迅速。

（2）印尼航线以 3 万至 5 万吨级、15 万吨级（在印尼装船时需过泊）船舶为主。

（3）美国、南非等航线以 15 万吨级船舶为主。

（4）越南航线以 3 万吨以下船舶为主。

4.3.2 2018 年煤炭水路多式联运

中国煤炭水路多式联运主要包括两部分：一是传统的“西煤东运、北煤南运”的铁海联运；二是近年来蓬勃发展的煤炭海进江运输。

1. 煤炭海铁联运情况

长期以来，“三西”煤炭铁路外运通道扩能集中在北通道的大秦线、朔黄线，南通道的侯月线，近年来唐呼线投入使用对整体格局有所影响。由于侯月线以直达服务中部省份为主，影响海运的主要是大秦线、朔黄线和唐呼线。2018 年主要线路海铁联运情况如下。

大秦线：全年完成煤炭发运量 451 Mt（同比增长 23%），到达港口 380 Mt（到秦皇岛港约 200 Mt，到唐山港约 180 Mt）。

朔黄线：全年完成煤炭发运量 320 Mt（同比增长 2.7%），到达港口 250 Mt（到黄骅港约 200 Mt，到天津港约 45 Mt）。

唐呼线：全年完成煤炭发运量 54 Mt（同比增长 4.9 倍），主要运往唐山港。

2. 煤炭海进江运输情况

煤炭的海进江运输是指“三西”煤炭经津冀港口下水，由海轮直接进入长江下游港口（即江苏南京以下港口）或由海轮运至长江口各港口再换江轮转运至沿江各地的运输组织方式。长期以来是长江下游地区煤炭调运的主要路径。“十二五”以来，长江中游地区煤炭供应缺口不断扩大，既有铁路及传统的供应途径无法充分满足需求；与此同时，长江 12.5 m 深水航道工程的推进有效地改善了长江航运条件，海进江运输的服务范围由江苏省逐步向皖、赣、湘、鄂等长江中游地区拓展。

2018 年，长江沿线苏、皖、赣、湘、鄂地区海进江调入煤炭约 300 Mt，占沿线总消费比重约 39.6%，海进江运输在区域煤炭调运格局中的地位稳定。近年来，江苏省严格落实大气污染防治行动计划，压缩煤炭消费量，海进江调入规模稳中有降，2018 年完成 160 Mt，与上年同比下降 4.8%。2018 年中游四省完成海进江煤炭运输 140 Mt，与上年同比增长 12.0%，占四省煤炭消费总量比重达到 28%左右（较上年增长 2.4 个百分点）。典型年海进江煤炭运输情况如图 4-10 所示。

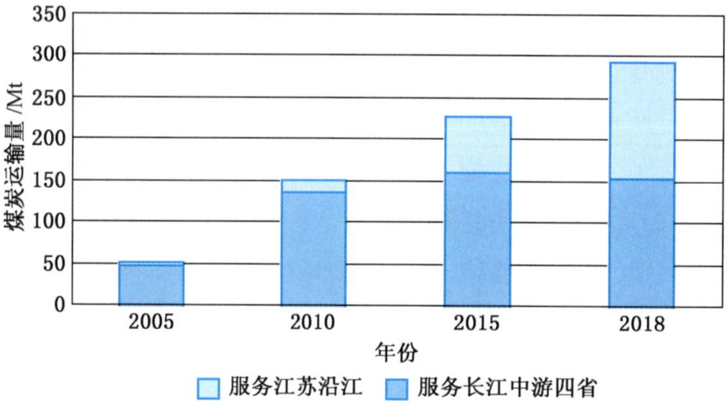

图 4-10 典型年海进江煤炭运输情况

多年来海进江运输需求增长主要来自中游四省，主要原因是：加快淘汰落后产能使本地煤炭持续减产、铁路能力饱和等因素。此外，受水力发电波动影响，两湖一江地区的电煤消耗季节性严重不均衡，每至耗煤高峰时期，需求增量主要依赖海进江调入，甚至出现部分企业不计运输成本的情况。

从未来发展趋势看，中游四省煤炭局部紧张态势还将持续一段时间。预计在蒙华通道通车之前，煤炭供给缺口将主要依靠海进江运输；蒙华通路通车后，考虑到蒙华铁路通道的运价可能偏高、长江航道整治进一步降低船舶成本等不确定因素，海进江煤炭运输仍将长期作为长江中游地区煤炭调入的重要补充方式。

4.4 “十四五”煤炭运输发展趋势分析

4.4.1 煤炭运输趋势分析

中国经济已由“高速”增长转向“高质量”发展阶段，对环境保护、深化交通运输供给侧结构性改革、降低社会物流成本提出了更高要求。近年来，国家出台系列政策，为铁路货运向现代物流转型发展注入强大动力。调整运输结构，增加铁路运量，推动大宗物流由公路运输转向铁路运输，打赢蓝天保卫战等目标取得突破性新进展。国家运输政策变化，公转铁运输结构调整对煤炭铁路运输将产生积极影响。

1. 煤炭产业结构调整优化，大幅提升铁路煤炭运输比例

“十三五”后期，煤炭“去产能”政策的持续推进和产业结构的不断优化，将大幅提升铁路货运特别是煤炭、铁矿石等大宗散货运输比例。到2020年，全国铁路货运量比2017年增长30%，其中，京津冀及周边地区增长40%、长三角地区增长10%、汾渭平原地区增长25%。晋陕蒙疆地区煤炭调出量仍将稳步提高。

2. 北煤南运体系进一步强化，运力瓶颈制约逐步消除

2018年5月，国家发展改革委等六部门联合印发的《关于做好2018年重点领域化解过剩产能工作的通知》及《2018年煤炭化解过剩产能工作要点》提出，加快北煤南运大通道建设。根据煤炭生产开发布局调整、主要运通道新增需求和能力变化，完善铁路网规划，消除煤炭运输瓶颈。在蒙华铁路2019年建成运营后，长期以来湖北、湖南、江西等地煤炭调入难的突出问题将得到有效缓解；国电投集团神朔铁路0.3 Gt扩能、冯红铁路动工新建，可充分解决陕北地区炭调出问题；唐呼、瓦日、兰渝、包西铁路配套专用线、联络线、装卸站、堆场等集疏运系统建设完成后，将全面发挥两大运煤主干道的大能力优势。

3. 铁路专用线建设全面推进，确保煤炭运输实现“公转铁”目标

随着大型工矿企业和物流园区铁路专用线建设加快，煤炭、钢铁、电解铝、电力、焦化、汽车制造等大型工矿企业以及大型物流园区新建或改扩建铁路专用线项目顺利推进。公铁联运、海铁联运深入发展，提升港口集疏运能力，将为煤炭、矿石等大宗货物运输方式调整创造有利环境。

以京津冀及周边地区、长三角地区、汾渭平原为主战场，以推进煤炭等大宗货物运输“公转铁、公转水”为主攻方向。到2020年，全国货物运输结构将得到明显优化，铁路、水路承担的大宗货物运输量显著提高，港口铁路集疏运量和集装箱多式联运量大幅增长，重点区域运输结构调整取得突破性进展。

4.4.2 铁路煤运增量预测

按照相关政策要求及阶段性目标，预计“十四五”期间铁路煤运增量将有明显上升，增量分布相对集中于大能力主干道。预测各主要煤运线路可实现增量目标如下。

“西煤东运”“铁海联运”通道。国铁唐呼180 Mt、瓦日180 Mt、侯月60 Mt、邯长—邯济50 Mt、陇海30 Mt；国电投集团朔黄150 Mt；其他地方铁路50 Mt。合计700 Mt。

“北煤南运”通道。京广20 Mt、京九30 Mt、包西—西康50 Mt、兰新—兰渝

60 Mt；在建蒙华 200 Mt；其他线路 30 Mt。合计约 400 Mt。

从铁路主要运输通道运力发展情况看，到“十三五”末期，铁路通道煤炭总运力可增长约 1.1 Gt，完全可以满足“蓝天保卫战”“公转铁”及“运输结构调整”等一系列新政实施后对铁路运输能力保障的要求。

5 煤炭市场

改革开放40年，中国煤炭行业顺应时代潮流，市场化改革取得实质性进展：“中长期合同”制度和“基价+浮动价”的定价机制为煤炭市场的平稳运行保驾护航；煤炭交易体系、价格指数体系、市场资源配置的作用显著增强，行业经济运行质量不断提升，逐步形成了统一开放、竞争有序的市场体系。2018年，受地区供需水平、季节、市场预期和世界煤炭价格拉动影响，中国煤炭价格在合理区间波动。在煤炭行业供给侧结构性改革以及国内煤炭需求增加的前提下，2018年煤炭进口量继续增长、出口量依旧保持在低位。煤炭市场总体延续上升态势，以高质量的服务促进行业高质量的发展。

5.1 煤炭市场体系的建立与完善

改革开放40年特别是煤炭市场化改革以来，煤炭市场发生深刻变化，煤炭市场和煤炭价格经历了波谷与波峰的快速转换，企业经营形势总体好转。中国煤炭市场化改革自1993年起步，2004年后加快，2013年取得实质进展，经历了整整二十年。

1998年至2003年，中国煤炭订货和市场化改革步入转型探索阶段，这一阶段是中国煤炭市场由萎缩低迷走向繁荣发展的重要转折时期。2004年至2012年，中国煤炭市场化体制机制不断发展完善，市场化改革取得重大阶段性成果。2004年，国家进一步明确加速推进煤炭市场化进程，取消电煤政府指导价，电煤价格逐步放开，建立煤电价格联动机制，形成电煤价格“双轨制”。2005年，将由政府主导的年度煤炭订货制度，改为政府指导煤炭产运需衔接。2009年后，着力促进电煤合同价格向市场价格回归。2012年，国务院印发《关于深化电煤市场化改革的指导意见》(国办发〔2012〕57号)，取消重点电煤合同，实现电煤价格并轨。

2013年以来，中国煤炭市场化改革和煤炭市场体系建设不断向深入发展。在各方积极推动下，煤炭产需双方按照市场化、法制化原则，建立了产运需多方共同参与的全国煤炭交易会制度，2013 年以来每年举办全国煤炭交易会。《全国煤炭交易市场交易规则》和《煤炭购销合同示范文本》相继发布，动力煤、炼焦煤期货合约相继上市；中国煤炭价格指数、CCTD 秦皇岛煤炭价格指数以及一些区域煤炭价格指数陆续发布；秦皇岛、太原、大连东北亚、鄂尔多斯、陕西、华东等多个区域性煤炭交易中心建成，建立了“6＋1”全国煤炭交易市场合作机制。2016 年底，国家确定了煤炭中长期合同制度与“基础价＋浮动价”的定价机制，并明确提出浮动价要结合 CCTD 秦皇岛煤炭价格指数等综合确定。在各方的推行下，煤炭中长期合同制度效果显著，发挥了煤炭市场平稳运行“压舱石和稳定器”的作用。

总体上看，中国煤炭市场化改革取得了显著成效。供需双方自主订货、自主协商价格，市场配置资源的决定性作用得到充分发挥。焦煤动力煤期货合约相继上市，中长期合约与现货交易相互补充，实现了煤炭交易形式多样化。覆盖煤炭主产区、主要消费地和重要中转地的全国煤炭价格指数体系不断完善，市场发现价格作用显著增强。全国煤炭储备体系逐步建立，煤炭应急储备体系建设初具规模。区域交易中心联合与协调发展开始起步，全国煤炭交易市场合作机制不断完善。商品煤质量评价指南、煤炭市场交易规则和煤炭交易标准化合同在规范市场秩序中发挥了积极作用。“中国煤炭大数据平台”建设步伐加快。煤炭交易新理念、新技术、新业态、新模式互动融合。以电子商务为核心，以现代物流为基础，以服务创新为动力，以供应链管理和信息化为支撑，集交易、物流、金融、信息等为一体的煤炭供应链管理服务体系初见雏形。为适应中国经济高质量发展需求，仍需不断推动中国现代煤炭交易市场体系的建设和完善。

5.2 煤炭价格

5.2.1 2018 年煤炭价格整体态势

2018 年，国内煤炭市场运行总体稳定，市场需求保持增长，煤炭供应比较充足，煤炭价格整体以稳为主，小幅波动。2018 年以来中国煤炭价格综合指数如图 5－1 所示。

分煤种看，2018 年动力煤价格整体运行相对平稳，动力煤市场季节性消费特征比较明显，迎峰度夏、度冬期间动力煤价格小幅上涨，如图 5－2 所示。炼焦煤市场价格稳中有涨，其中前三季度炼焦煤价格整体以平稳为主，10 月份以后受产地炼焦煤供应持续偏紧影响，加上下游市场需求支撑，炼焦煤价格出现小幅上涨，如图 5－3 所示。

5.2.2 2018 年区域煤炭价格

2018 年，中国煤炭市场区域表现不均。沿海地区电煤供求略显宽松，动力煤价格呈下跌态势；产地煤矿生产受到安全监管和环保检查制约，部分地区市场供应偏紧，下半年产地煤炭价格有所反弹。2018 年以来部分地区煤炭价格情况如图 5－4 至图 5－11 所示。

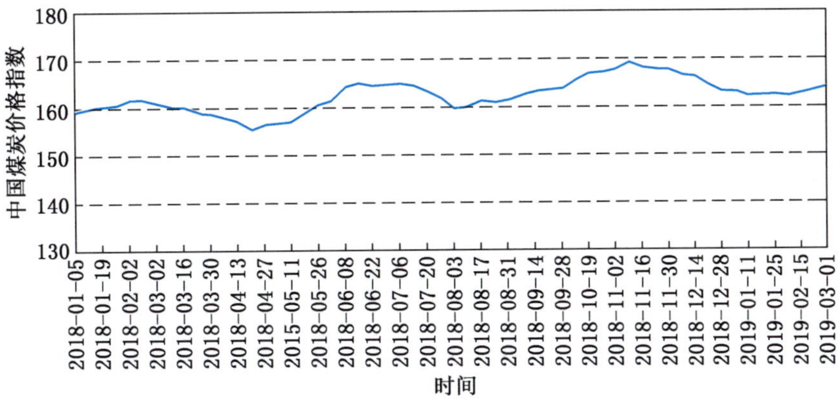

图 5－1　2018 年以来中国煤炭价格综合指数

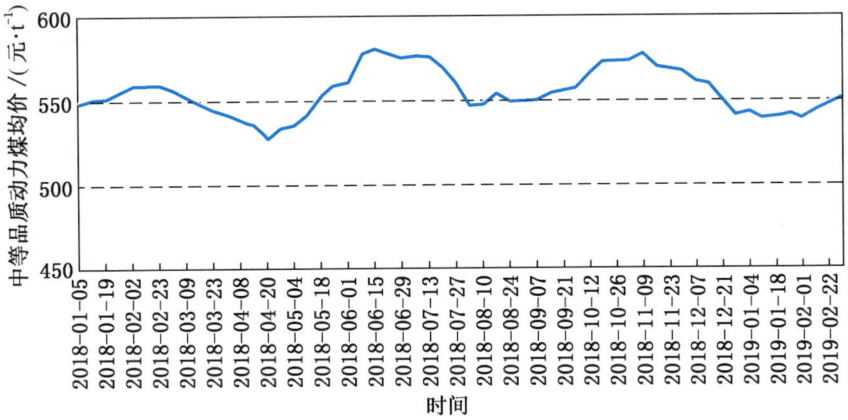

图 5－2　2018 年以来中等品质动力煤平均价格

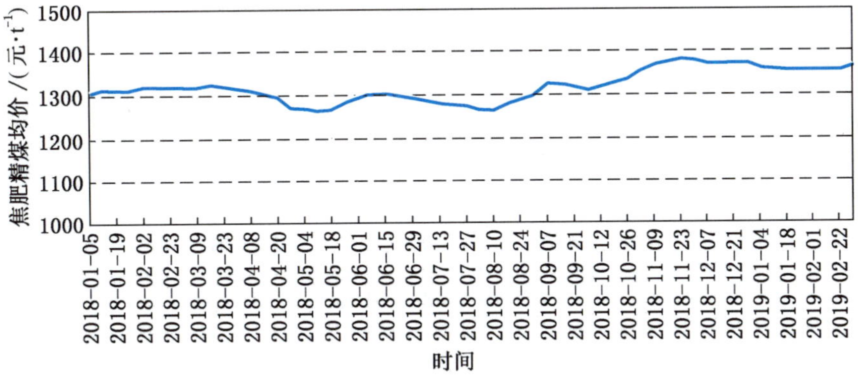

图 5－3　2018 年以来焦肥精煤平均价格

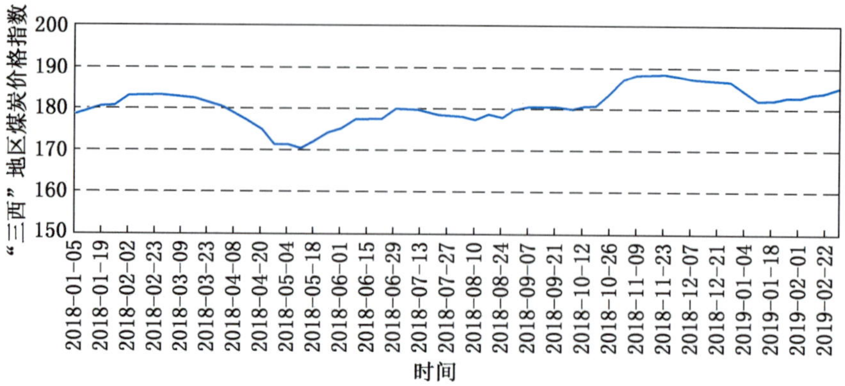

图 5-4　2018 年以来"三西"地区煤炭价格指数

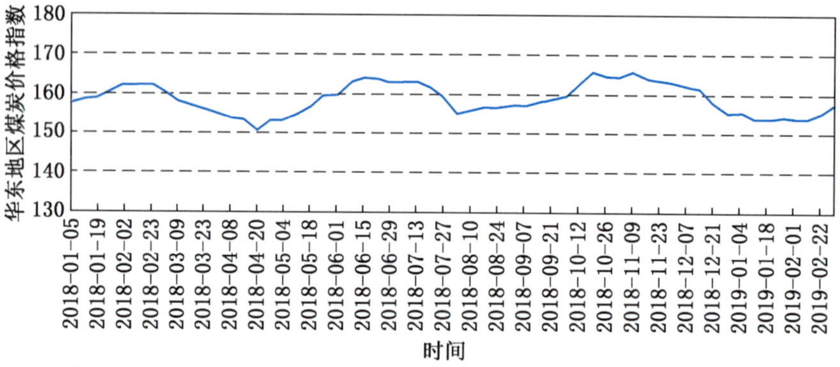

图 5-5　2018 年以来华东地区煤炭价格指数

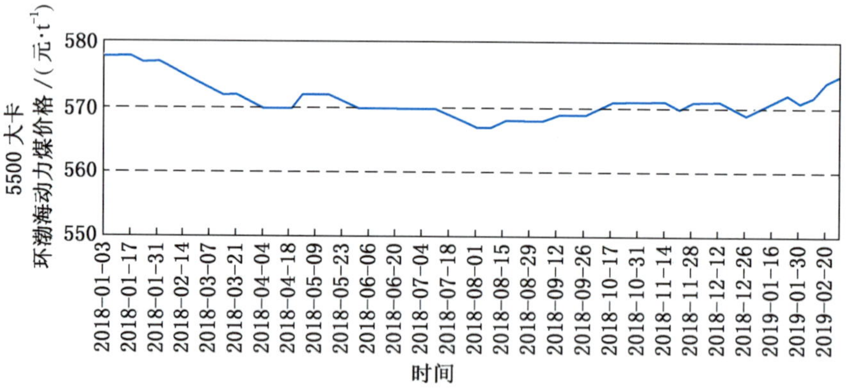

图 5-6　2018 年以来环渤海动力煤价格

5.2.3　2018 年国际煤炭价格

2016 年下半年以来，国际煤炭市场在经历了前几年的全球性深度调整之后出现复苏迹象，全球煤炭贸易逐渐活跃。2017 年煤炭产量首次出现正增长，2018 年世界煤炭市场继续保持了回升态势，由此拉动国际煤炭价格较快上涨。

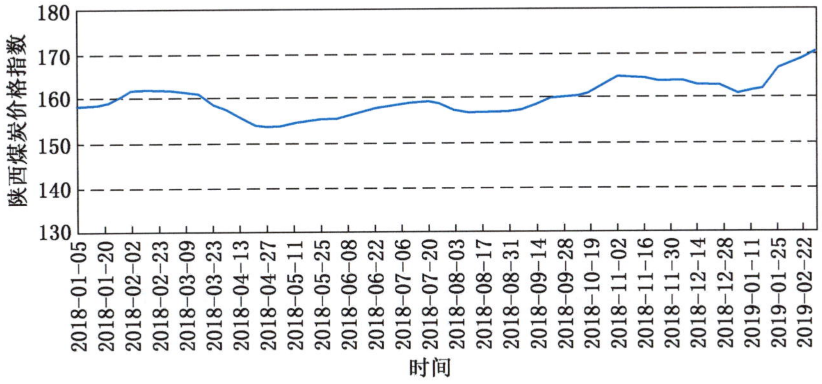

图 5－7 2018 年以来陕西煤炭价格综合指数

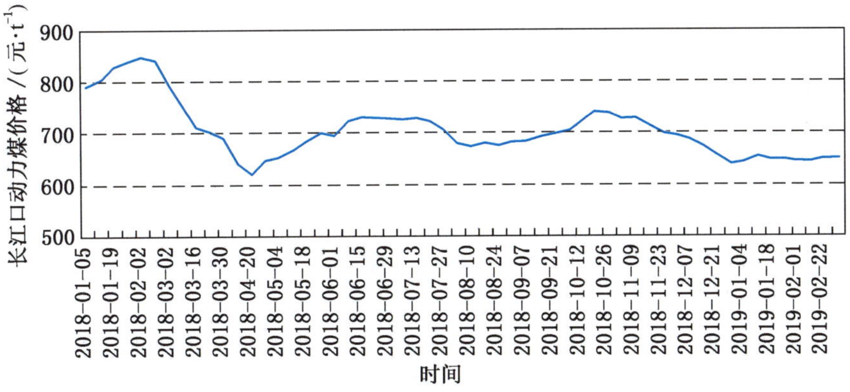

图 5－8 2018 年以来易煤长江口动力煤价格

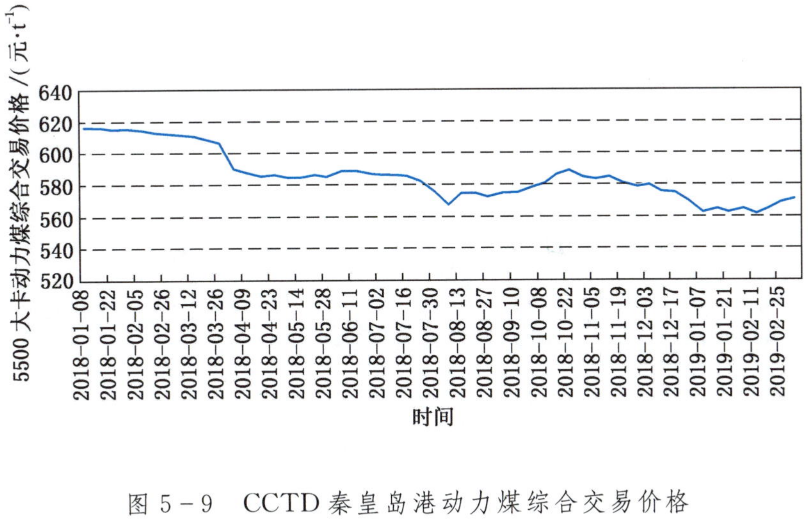

图 5－9 CCTD 秦皇岛港动力煤综合交易价格

国际动力煤价格创出阶段性新高。2018 年，澳大利亚纽卡斯尔港 6000 大卡动力煤现货年度均价 107.5 美元/t，比上年上涨 21.6%，如图 5－12 所示；欧洲三港 6000 大卡动力煤现货年度均价 80.3 美元/t，比上年上涨 16.1%，如图 5－13 所示；南非理

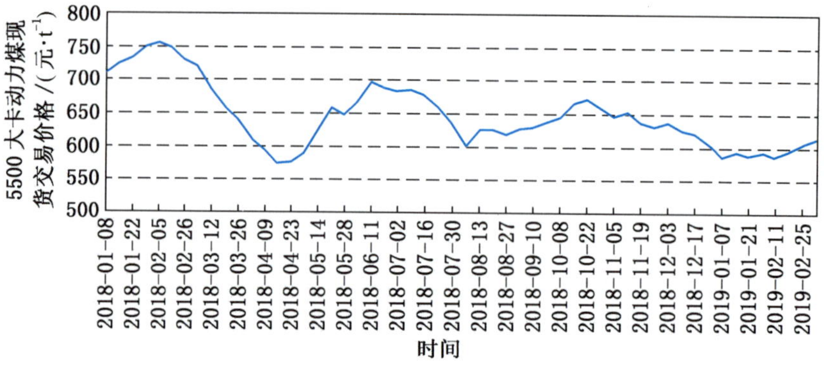

图 5-10 CCTD 秦皇岛港动力煤现货交易价格

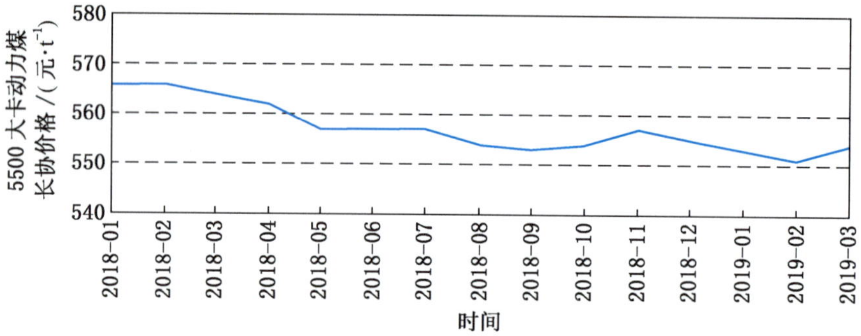

图 5-11 CCTD 秦皇岛港动力煤长协价格

查兹港 5500 大卡动力煤现货年度均价 91.5 美元/t，比上年上涨 9.6%，如图 5-14 所示。印尼动力煤价格（HBA）2017 年以来高位波动，2018 年 8 月份为 107.83 美元/t，创 2012 年 3 月以来新高；2018 年全年平均价格为 98.96 美元/t，比上年均价（85.9 美元）上升 15.2%。

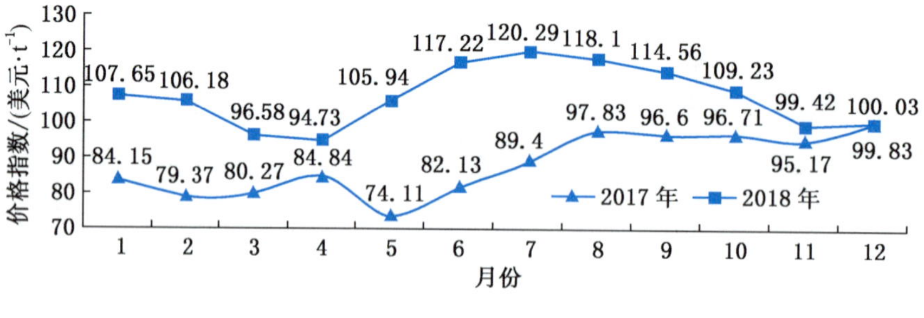

图 5-12 澳大利亚纽卡斯尔港价格指数月度走势

国际炼焦煤价格高位波动。澳大利亚昆士兰州海角港峰景煤矿优质炼焦煤平仓价 2016 年下半年快速上升，年底达到 311.5 美元/t，比年初价格增长 3 倍多。2017 年

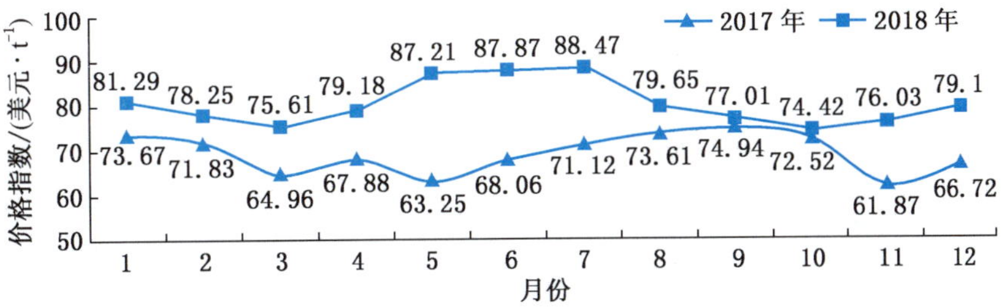

图 5-13 欧洲三港价格指数月度走势

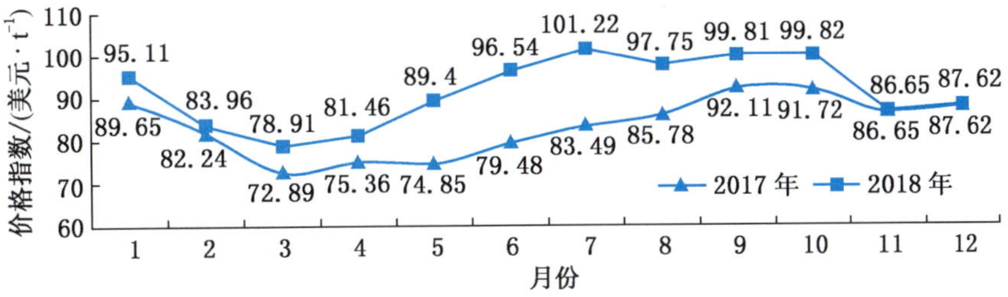

图 5-14 南非理查兹港价格指数月度走势

4 月由于受“黛比”飓风等因素影响，价格也曾出现短期的剧烈振荡，但下半年之后一直呈现高位波动趋稳态势。2018 年以来延续了这种态势，12 月 21 日价格为 227.5 美元/t，全年总体上看基本都在 200 美元/t 上下波动。

5.3 煤炭进出口

5.3.1 2018 年煤炭进出口整体概况

改革开放以来，中国煤炭进出口随着国内经济社会发展变化，经历了几个发展阶段。1978—2001 年，中国煤炭出口呈上升趋势，净出口量持续增加；1998 年，为鼓励煤炭企业出口，中国开始实行煤炭出口退税政策，并于 1998 年、1999 年先后两次大幅上调煤炭出口退税率。2001—2003 年，煤炭出口达到历史高位，2003 年出口量增至 94.03 Mt，同时进口量也逐年增加，很快就突破了 10.00 Mt，2003 年达到 10.76 Mt。2001—2008 年，随着国内经济的快速发展，煤炭需求日益旺盛，煤炭价格持续上涨，由此拉动煤炭进口持续快速增长，而出口则受内需充足、国家限制高载能产品出口、煤炭出口退税政策取消等因素影响转而下降。2009 年中国首次成为煤炭净进口国，当年净进口就超过 100 Mt；2011 年净进口超过 300 Mt，超过日本成为全球最大的煤炭进口国，2013 年净进口超过 300 Mt。之后，随着国内煤炭市场低迷，2014—2015 年煤炭净进口下降，近三年随着国内煤炭行业供给侧结构性改革以及国内煤炭需求有所恢复，煤炭进口又出现增长，出口则维持在相对较低水平。总之，经过

40 年的发展，中国煤炭产量约占全球总产需的 1/2，煤炭进出口贸易量约占国际煤炭贸易量的 1/5，中国煤炭市场对世界煤炭市场的影响力越来越大。改革开放以来中国煤炭进出口量变化情况见表 5－1。

表 5－1　改革开放以来中国煤炭进出口量变化情况 Mt

年份	进口量	出口量	净出口量	年份	进口量	出口量	净出口量
1978	2.44	3.12	0.68	2008	40.40	45.43	5.03
1979	2.15	4.63	2.48	2009	125.83	22.40	−103.43
1980	1.95	5.90	3.95	2010	164.83	19.03	−145.80
1985	2.31	7.77	5.46	2011	222.19	14.66	−207.53
1990	2.00	17.29	15.29	2012	288.51	9.28	−279.23
1995	1.64	28.62	26.98	2013	327.08	7.51	−319.57
1998	1.59	32.30	30.71	2014	291.22	5.74	−285.48
2000	2.18	55.07	52.89	2015	204.18	5.33	−198.85
2005	26.17	71.72	45.55	2016	255.51	8.79	−246.72
2006	38.25	63.30	25.05	2017	270.90	8.17	−262.73
2007	51.02	53.17	2.15	2018	281.23	4.93	−276.30

2018 年，受国内煤炭市场需求回升、价格上涨的影响，中国煤炭进口需求依然较为旺盛，出口则继续呈回落态势。从进口量上看，全年进口 280 Mt，比上年增长 3.9%，仍是世界第一大煤炭进口国，进口量占国内煤炭需求总量的比重在 7%左右；出口则继续呈下降态势。从进口动力煤政策变化来看，国家继续执行严格控制劣质煤进口措施，禁止省级政府批准的二类口岸经营煤炭进口业务，规范煤炭进口秩序。2000—2018 年中国煤炭进口、出口及净进口情况如图 5－15 所示。

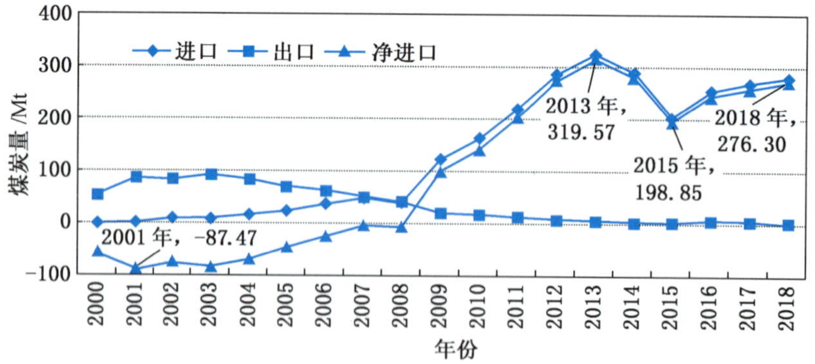

图 5－15　2000—2018 年中国煤炭进口、出口及净进口情况

5.3.2 2018年煤炭出口

2018年，中国煤炭出口大幅下降，炼焦煤、无烟煤、其他烟煤出口量均明显下降。受国内煤炭需求增长、世界主要产煤国煤炭产量增长以及中国煤炭出口竞争力偏弱等因素影响，中国煤炭出口延续了2017年的下降态势，全年出口煤炭4.93 Mt，比上年下降39%，如图5－16所示。分煤种看，其他烟煤出口最多，占全部出口量的42%，比上年下降41.4%；无烟煤占比35%，比上年下降24.1%；炼焦煤占比22%，比上年下降51.2%；褐煤和其他煤炭出口量很少，如图5－17所示。

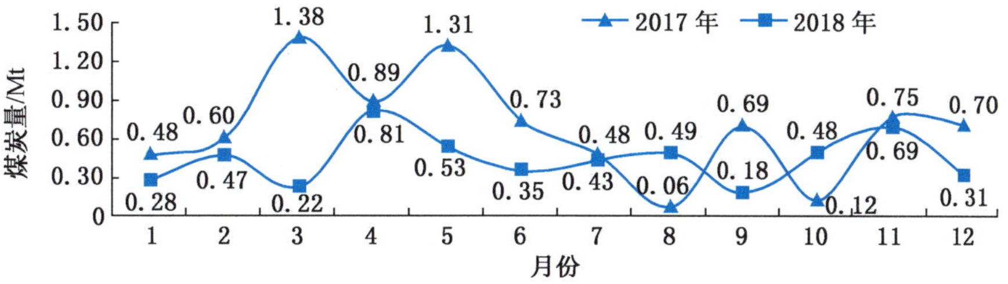

图5－16　2017—2018年煤炭月度出口量

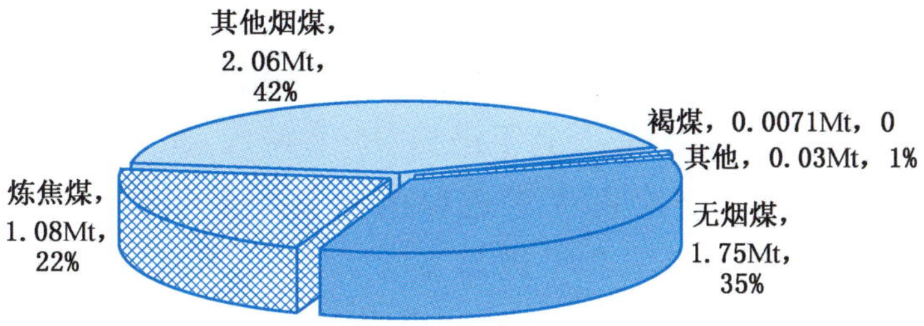

图5－17　2018年分煤种出口量及所占比重

5.3.3 2018年煤炭进口

2018年煤炭进口总体增长。近三年来国内进口煤量的增速较快。2016年起开始执行供给侧改革，国内煤炭供给数量、区域、结构等均面临调整，而国内宏观经济增长所拉动的下游煤炭需求增长超过预期，煤炭行业供需格局发生变化，局部地区、部分煤种出现偏紧状况，进口煤仍然起到重要的补充作用。2017年中国进口煤总量达到271 Mt，比上年增长6.1%，占国内产量的7.9%。2018年一季度煤炭进口环境相对宽松，加之沿海电厂补库提前启动，煤炭进口量屡创新高，前三季度煤炭进口228 Mt，同比增长11.5%；第四季度受进口环境趋紧影响，进口量将大幅回落，如图5－18所示。总体上看，2018年国家继续加强进口煤质量监管，规范煤炭进口秩序，全年进口煤炭280 Mt，比上年增长3.9%。2017—2018年煤炭月度净进口量如图5－19所示。

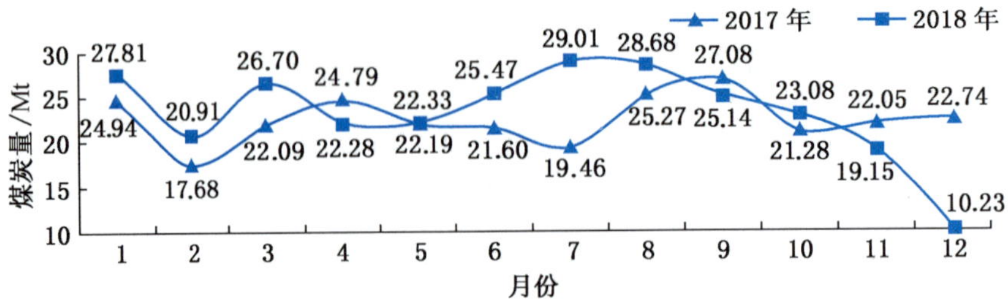

图 5-18　2017—2018 年煤炭月度进口量

图 5-19　2017—2018 年煤炭月度净进口量

无烟煤进口大幅回落，焦煤小幅下降，其他烟煤相对平稳，褐煤增长较快。分煤种看，2018 年无烟煤进口大幅下降，全年进口 9.09 Mt，比上年下降 32.3%，主要是由于朝鲜煤炭出口受到限制，占全部煤炭进口的比重由上年的 5%降至 3%；炼焦煤进口受国内钢铁行业需求增长影响，全年进口 64.10 Mt，比上年下降 8.3%，降幅相对较小，占比由上年的 25%降为 23%；由于电煤需求增长较快，加之动力煤进口环境相对宽松，其他烟煤全年进口 75.34 Mt，仅比上年下降 0.6%；褐煤进口 94.28 Mt，比上年增长 14.2%，所占比重比上年增加 4 个百分点至 34%，如图 5-20 所示。

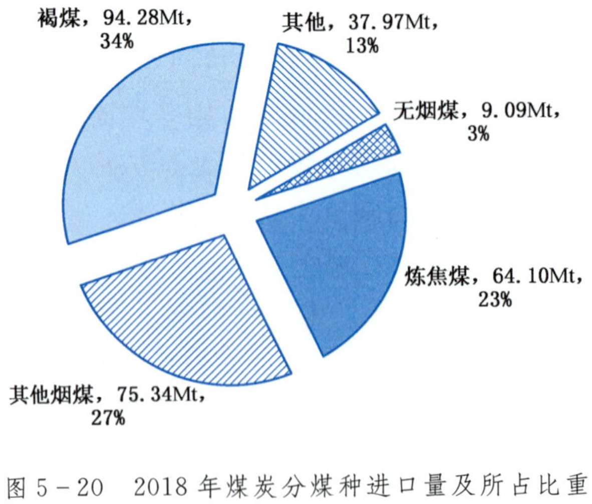

图 5-20　2018 年煤炭分煤种进口量及所占比重

5.3.4 2018年国际煤炭市场

2018年，世界煤炭市场延续了2017年以来的上升态势，不过在第四季度市场供需向上增长的动力明显减弱。

从煤炭生产看，除美国、加拿大、德国、波兰、乌克兰等欧美国家外，世界其余主要产煤国家煤炭产量都保持增长态势。俄罗斯2018年煤炭产量超过了苏联时期的最高产量水平，印度、印尼、蒙古国的煤炭产量创出历史新高。根据现有初步数据推算，2018年全球煤炭产量增长幅度大约在3.8%。不过，德国、西班牙等西欧国家陆续关闭所有本土煤矿。根据欧盟要求，各成员国无盈利的煤矿必须在2019年前关闭。受此影响，2018年12月，西班牙、德国、保加利亚等国纷纷关停各自境内“不具有竞争力”的煤矿。2018年12月28日，西班牙如期关停了26座无盈利的煤矿，矿工人数从1985年的5.1万人降到了2018年底的2046人；德国也积极淘汰煤炭，除还保留煤电一体化的露天褐煤矿外，按计划如期关闭了所有硬煤井工煤矿，鲁尔工业区长达250多年的煤炭开采时代终结。世界主要煤炭生产国产量变化情况见表5－2。

表5－2 世界主要煤炭生产国产量变化情况 Gt

序号	国别	2017年		2018年		备注
		产量	同比增速	产量	同比增速	
	全球	7.549	3.1			国际能源署IEA数据
1	中国	3.520	3.3	3.68	5.2	
2	印度	0.716	3.6	0.745	7.1	
3	美国	0.703	6.3	0.684	－2.7	
4	澳大利亚	0.559	－1.4	0.429	2.3	2018年为前三季度
5	印度尼西亚	0.461	1.3	0.528	14.5	超过年度产量目标
6	俄罗斯	0.408	6.3	0.432	5.9	创历史最高水平
7	南非	0.254	1.0	0.240	－4.8	
8	蒙古国	0.047	32.7	0.050	6.2	创历史最高水平
9	越南	0.038	－0.5	0.042	9.1	

从煤炭消费看，一方面，美国煤炭消费量降至近40年来新低，美国煤炭消费量自2007年达到峰值以来逐年下降，美国能源信息署（EIA）预计2018年美国煤炭消费量可能降至6.91亿短吨（0.627 Gt），比2017年下降4%，创1979年以来的新低。比2007年最高峰时减少4.37亿短吨，下降44%。主要原因是电力行业煤炭消费量大幅下降。另一方面，“一带一路”沿线国家煤炭消费大幅增长。尤其是越南、泰国等东南亚国家和南亚的巴基斯坦、印度等国，近些年来，煤炭消费快速上升，煤炭进口爆发式增长。2018年越南煤炭进口同比增长55.7%，进口量首次突破22 Mt创出历史纪录；巴基斯坦近几年来建设的大型燃煤电厂陆续建成投产，电煤消费大幅度增长，

2017—2018 年巴基斯坦煤炭进口 13.684 Mt，比上年增长 94.9%；印度是仅次于我国的世界第二煤炭进口大国，在本国煤炭产量大幅增长的基础上，煤炭进口也大幅增加，全年煤炭进口接近 230 Mt，创造该国煤炭进口历史新纪录。

从煤炭贸易看，德国、西班牙等西欧国家煤炭进口下降，而东欧波兰、乌克兰煤炭进口增加，东亚的日本、韩国和中国台湾等传统进口大国和地区进口规模基本保持稳定，东南亚的越南、泰国和南亚的印度、巴基斯坦等国家的煤炭进口大幅度增长。根据各主要国家公布的初步数据推测，2018 年全球煤炭贸易量增加约 60 Mt，增长 5%左右。

全球主要煤炭进口国和地区进口情况见表 5－3。

表 5－3　全球主要煤炭进口国和地区进口情况　Gt

序号	国　别	2017 年		2018 年		备　注
		进口量	同比增速	进口量	同比增速	
	世界	1.387	5.2			国际能源署 IEA 数据
1	中国	0.271	6.1	0.281	3.9	
2	印度	0.198	−2.5	0.227	14.7	
3	日本	0.194	1.0	0.191	−1.5	
4	韩国	0.148	10.2	0.149	0.3	
5	中国台湾	0.069	5.7	0.070	0.8	
6	德国	0.051	−10.1	0.045	−13.0	

从煤炭出口看，受欧美煤炭市场需求萎缩影响，哥伦比亚、南非等国煤炭出口由升转降，美国煤炭出口增幅回落，但由于东南亚、南亚和中国煤炭进口需求上升，俄罗斯、蒙古国煤炭出口创出历史新高，印尼、澳大利亚等煤炭出口大国也出现较大幅度增长。全球主要煤炭出口国和地区出口情况见表 5－4。

表 5－4　全球主要煤炭出口国和地区出口情况　Gt

序号	国　别	2017 年		2018 年		备　注
		进口量	同比增速	进口量	同比增速	
	世界	1.370	3.3			国际能源署 IEA 数据
1	印度尼西亚	0.39	5.4	0.429	10.2	
2	澳大利亚	0.373	−4.7	0.383	2.6	澳大利亚工业部预计
3	俄罗斯	0.185	12.4	0.191	3.4	
4	美国	0.088	60.9	0.105	20.0	美国能源信息署 EIA 预计
5	哥伦比亚	0.086	3.4	0.087	−17.4	
6	南非	0.071	1.6	0.078	−3.9	
7	蒙古国	0.033	29.4	0.036	8.6	
8	加拿大	0.030	0.6	0.034	8.8	

总体上，2018年国际煤炭市场保持了复苏上升的态势，全球煤炭产量继续增加，新兴国家煤炭消费增长较快，传统煤炭出口大国印尼、澳大利亚产量及出口量均增长，俄罗斯、蒙古国煤炭产量和出口量双创历史新高，国际贸易量保持增长，国际煤炭价格较快上涨。

6 煤矿安全生产

改革开放40年来，特别是2000年建立国家煤矿安全监察体制后，煤矿安全生产各项工作取得积极进展，全国煤矿安全生产形势持续稳定向好。1978年到2018年，全国煤炭年产量由618 Mt增至3680 Mt、净增长4.9倍，煤矿百万吨死亡率由9.71降至0.093、下降99%，煤矿事故死亡人数由最多时7000人左右降至333人、下降95%左右，特别重大事故由1997年最多的16起降至0起、下降100%。纵观40年来全国煤矿安全生产形势，有三个阶段性明显特征：1978年至2002年，是煤矿事故高位波动阶段，每年死亡人数基本在5000人以上，百万吨死亡率在4.5以上；2003年至2012年（煤炭“黄金十年”期间），是事故快速下降阶段，死亡人数年均减少560人（其中2007年减少近1000人），百万吨死亡率降到1以下；2013年至今，事故稳定下降阶段，死亡人数降到1000人以下，年均减少200人，百万吨死亡率均在0.3以下，逐步接近中等发达国家水平。2018年，在党中央、国务院的坚强领导下，各产煤地区、煤矿安全监管监察部门和广大煤矿企业深入贯彻落实习近平总书记关于安全生产的重要论述，按照应急管理部和国家煤矿安监局的工作部署，紧紧扭住遏制重特大事故这个“牛鼻子”，扎实推进了煤矿安全各项工作措施的制定与落实。经过地方各级党委政府、各级煤矿安全监管监察部门、煤炭行业管理部门和煤矿企业的共同努力，2018年全国煤矿安全生产形势持续稳定向好，煤矿百万吨死亡率降低至0.093，进入“双零”时代，创历史最好水平。不过仍要清醒的看到，虽然经过各方面的共同努力，煤炭行业当前发展较为平稳，但受中美经贸摩擦和世界经济下行风险逐步加大的影响，中国经济下行压力加大，煤炭需求增速可能有所放缓。同时，随着优质产能陆续释放，煤炭需求关系将相对宽松，市场价格有可能回落，会影响煤矿安全投入、采掘接续、队伍稳定等，加剧长期积累的系统性安全风险，因此中国煤矿安全生产依然面临着新情况和新问题，煤矿安全生产形势的严峻性不能低估，仍要时刻紧绷安全生产这根弦，坚守“发展绝不能以牺牲人的生命为代价”这条红线，在抓重点、补短板、强弱项上下功夫，深化标本兼治、强化防范措施、狠抓工作落实，进一步推进全国煤矿安全生产形势持续好转。

6.1 2018年煤矿安全生产概况

据统计，2018 年中国煤矿共发生事故 224 起、死亡 333 人，同比减少 2 起、50 人，分别下降 0.9%、13.1%，其中较大事故 17 起、死亡 69 人，同比减少 9 起、35 人，分别下降 34.6%、33.7%；重大事故 2 起、死亡 34 人，没有发生特别重大事故，重特大事故同比减少 4 起、35 人，分别下降 66.7%和 50.7%；百万吨死亡率 0.093，与上年相比下降 12.3%，首次降至 0.1 以下。大部分地区煤矿安全状况明显好转，北京、河北、山西、内蒙古、辽宁、河南、湖南、广西、甘肃、新疆实现了事故起数和死亡人数同比“双下降”。北京、河北、山西、辽宁、江苏、安徽、广西、甘肃、青海、新疆和新疆生产建设兵团未发生较大以上事故。其中北京实现“零死亡”，河北、江苏、广西、青海、甘肃、新疆生产建设兵团煤矿事故死亡人数在 5 人以下。内蒙古、河北、山西、陕西、新疆等地煤矿百万吨死亡率在 0.05 以下。

一年来，煤矿安全生产治理能力得到显著提升，主要在以下七个方面取得明显成效。

6.1.1 全国煤矿安全生产工作创历年最好水平

2010 年以来，在中国煤炭生产与消费总量波动变化的过程中，煤矿安全生产形势保持了稳定向好态势，如图 6-1 所示，事故起数、死亡人数和百万吨死亡率持续稳定下降，分别从 2010 年的 1403 起、2433 人、0.749 下降到 2018 年的 224 起、333 人、

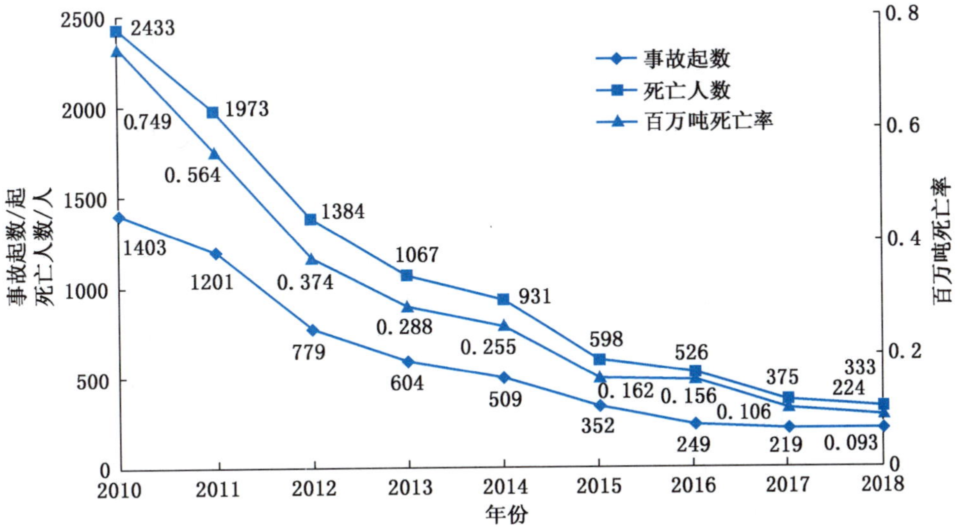

图 6-1 2010—2018 年煤矿安全生产总体情况

0.093，下降幅度分别为84.03%、86.31%、87.58%。随着煤炭供给侧结构性改革的深入推进，落后产能淘汰退出进一步加快，煤炭行业结构将得到明显优化，煤炭行业生产效率和发展质量不断提升，并实现煤矿高质量发展。2018年退出煤矿832处，产能150 Mt。截至2018年底，全国煤矿数量已降至5800处以下。

6.1.2 风险管控和灾害治理得到进一步加强

一是制定颁布《防范煤矿采掘接续紧张暂行办法》(以下简称《办法》)，化解采掘接续紧张。《办法》中明确了煤矿采掘接续紧张的九种情形，严格“三量”（开拓煤量、准备煤量、回采煤量）平衡超前管理。河南省对全省煤矿采掘接续情况进行摸底调查和预防式检查，对34处矿井下调了计划产量8.20 Mt。安徽省对4家矿业集团下调年度煤炭产量计划3.90 Mt，生产接续紧张、采掘不平衡等问题得到了缓解。二是出台了《煤矿瓦斯等级鉴定办法》《防止煤矿冲击地压细则》《煤矿防治水细则》等规范，制定防范遏制煤与瓦斯突出事故“七个一律”措施，督促煤矿对标整改，提高灾害防治能力。河南省制定32条瓦斯治理新标准，取消顺层钻孔作为瓦斯区域治理措施。云南省开展突出煤层始突标高调查，制定灾害治理“十项硬措施”。中国中煤能源集团有限公司、山东能源集团有限公司等企业建立专门的研究机构，加强对冲击地压等重大灾害的科技攻关。

6.1.3 煤矿安全基础工作不断夯实

一是认真贯彻落实国务院领导对煤矿机器人研发应用的重要批示，将煤矿智能化装备纳入安全改造资金补助范围，鼓励支持煤矿企业与科研单位、机器人制造单位跨界合作，在煤炭信息研究院成立机器人协同推进中心，加快研发应用进度，并首次印发了5类38种煤矿机器人重点研发目录。二是大力推进风险分级管控、隐患排查治理和安全质量达标“三位一体”的煤矿安全生产标准化体系建设。实施9项激励政策，通过政策激励、示范引领、严格考评、动态抽查，全国达标煤矿3020余处，其中一级煤矿444处、二级煤矿1533处、三级煤矿1043处，山西一级标准化煤矿172处，占全国的38.7%，煤矿安全生产标准化建设取得明显成效。三是持续推进“一优三减”。出台《煤矿井下单班作业人数限员规定》，督促煤矿完善系统、优化生产组织管理、减少下井人员。全国47处单班下井超过千人矿井已全部降至千人以下，733处煤矿完成安全监控系统升级改造，建成145个智能化采煤工作面。国家能源集团8处矿井、中煤集团4处矿井等取消夜班生产、实施周末休假。四是颁布实施《煤矿安全培训规定》，各地区初步建立了“企业自主培训、部门强化考核、执法与服务并重”的安全培训管理新机制，实现了由政府主导培训向企业自主培训转变，由注重知识考核向注重能力考核转变，由培训资质管理向培训执法转变。组织开展“六查六改”专项整治，责令停产整顿煤矿14处，责令停业整顿的培训机构18个，调整岗位的煤矿矿长181人、安全生产管理人员702人，查处安全培训违法违规行为147022条，行政罚款2394万元，公开曝光了96名违反培训规定的矿领导名单和154处特种作业人员无证上岗、58处从业人员未经培训合格上岗、34处从业人员未脱产再培训的煤矿名单。

山西省煤炭厅出台了《煤矿安全培训监督管理办法》，调整了煤矿企业、行业管理部门、培训机构的职责，规范了培训、考核和监管工作。淮北矿业集团实行党管培训，党委书记是安全培训第一责任人。五是开展科技进矿区（河南）活动，发布了第三批煤矿安全生产先进适用技术推广目录、第四批禁止井工煤矿适用的设备及工艺目录等。

6.1.4 煤矿安全监管监察执法效能不断提升

2018年，通过不断强化安全风险管控和重大灾害防治、加大事前追责问责、严惩违法违规行为、大力推进执法规范化和信息化建设，煤矿安全监管监察执法效能持续提升，煤矿企业安全主体责任进一步落实，安全保障能力不断提升，中国煤矿安全生产形势持续稳定好转。国家煤矿安监局通过听取汇报、异地执法、分析通报、宣传曝光和督查暗访等方式，扎实开展了“依法打击和重点整治煤矿安全生产违法违规行为专项行动”和“一通三防”、水害防治、提升运输、安全培训、超能力生产等专项监察。各地查处“十类”突出问题1822个、典型案例260个，煤矿企业至少开展2轮全面自检自改，形成“两清单两报告”（问题清单、整改清单、自检自改报告、重大风险分析研判报告）。同时，国家煤矿安监局对12个重点产煤省份开展大督查，分片联系指导72次，组织明察暗访组142个，对218个（次）产煤市，536处煤矿进行监察。各地积极落实分片联系指导制度，采区明查暗访等方式，加大执法检查力度。各级煤矿安全监管监察部门通过开展责任监察、问责约谈、纳入联合惩戒和“黑名单”等手段，倒逼企业主体责任落实。共约谈煤矿企业1354次、煤矿企业管理人员5586人次、中介机构59次；通过执法推动煤矿企业开展内部责任追究实施党政纪处理问责1266人次、调整“五职矿长”1055人次、解聘261人次，罚款23686人次、9629.8万元；纳入联合惩戒对象煤矿企业102家、纳入安全生产不良记录“黑名单”管理煤矿企业66家，曝光重大隐患或严重违法违规行为985起。各地监管监察部门落实属地监管责任，全年共检查煤矿15.9万矿次，查处隐患90.9万条，其中：重大隐患1559条，责令停产整顿煤矿1711处，停止作业采掘工作面6210个，停止使用设备6898台（套），行政处罚15360次、行政罚款15.53亿元，注销和暂扣安全生产许可证929个，提请地方政府关闭煤矿169处，并对2000多处长期停产停工矿井紧盯死守，严防违法生产。国家煤矿安监局印发了9个基础性执法制度，推动各地落实执法计划，实施分类监管监察，规范自由裁量基准。此外，各地煤矿安监机构逐步全面使用监察执法系统，制作并入库执法文书50252份，基本做到执法案卷线上制作、执法数据线上统计。河北省煤矿安监局利用安全监控、人员位置监测、水害预警防控等远程监察系统，查处重大隐患4条，比照事故对16名相关责任人给予党纪政务处分，行政罚款268万元。

6.1.5 监管监察机构改革扎实有序推进

2018年是党和国家机构改革之年，3月份党中央批准成立国家煤矿安监局党组，26个省级煤矿安监局由国家煤矿安监局管理，各产煤省份煤矿安全监管部门根据省政府改革方案，陆续进行调整和重组，做到了思想不乱、工作不断、队伍不散、干劲不减。同时，地方安全监管责任落实情况显著改善，2018 年国家煤矿安监局党组成员与地方政府负责人交换意见 41 次，约谈地方政府或监管部门 6 次，以国务院安委办名义向地方政府安委会印发督办函 22 份。各级煤矿安全检查机构对有关地方政府开展监督检查 1009 次，约谈地方政府或监管部门 91 次，有力推动了地方安全监管工作。

6.1.6 煤炭供给侧结构性改革深入推进

2018 年完成了 150 Mt 的去产能目标，同时“十三五”煤炭去产能主要目标任务基本完成。年产 300 kt 以下煤矿产能减少到 220 Mt/a 以内。推动煤矿产业结构持续优化，煤炭行业由总量性去产能转向系统性去产能、结构性优产能。全国煤矿数量大幅减少，1.2 Mt 以上大型现代化煤矿成为煤炭生产主体。2018 年淘汰退出煤矿 832 处，至年底全国煤矿数量减少到 5800 处以下，平均产能提高到 920 kt/a 左右。前 8 家大型企业原煤产量 14.9 Gt，占全国的 40.5%，同比提高 0.2 个百分点。对符合条件的央企煤矿核增优质产能 8.50 Mt/a，核减灾害严重矿井产能 4.90 Mt/a。0.3 Mt/a 以下小煤矿数量占比由 2017 年的 45.6%下降到 39.7%。

6.1.7 不断强化事故查处和应急管理工作

国家煤矿安监局出台煤矿特别重大事故应急响应工作手册等相关制度，完善煤矿应急管理和事故信息报送机制；发布事故警示信息 26 次、汛期预警信息 38 次，在中国煤炭报设立“煤矿事故警示教育”专栏，召开事故警示教育会 4 次。2018 年，全国共查处煤矿事故 226 起，结案事故 187 起，按期结案率 99.4%，建议给予党纪政务处分 1074 人，移交追究刑事责任 92 人。各地严格事故查处，采取多种形式开展警示教育，部分企业设立了事故警示日，以严厉追责和事故教训推动安全生产工作。河北煤矿安监局对 2017 年西涧沟煤矿“11·1”瞒报较大顶板事故提级调查，追究刑责 19 人，党纪政务处分 36 人，推动事故矿井关闭。安徽省出台《煤矿生产安全事故隐患问责暂行办法》，将煤矿企业负责人薪酬与年度安全生产考核挂钩。

6.2 2018年煤矿事故分析

2018 年全国煤矿安全生产形势继续持续稳定向好，并有效遏制了特别重大事故发生，同时，事故总量下降幅度逐渐减小。但是，发生重特大事故的风险依然较大，煤矿安全生产形势依然严峻。

6.2.1 按省（区、市）分析

有 12 个省（区、市）实现事故死亡人数同比减少，包括北京、河北、山西、内蒙古、辽宁、黑龙江、河南、湖南、广西、贵州、甘肃、新疆；4 个省（区、市）事故死亡人数同比持平，包括四川、陕西、青海、新疆兵团；10 个省（区、市）事故死亡人数同比增加，包括吉林、江苏、安徽、福建、江西、山东、湖北、重庆、云南、宁夏。部分省级统计单位事故较为集中，如贵州、四川、山西、山东、黑龙江、陕西 6 个省级统计单位死亡人数为 183 人，占事故总死亡人数的 55%。2018 年各省（区、市）煤矿事故起数和死亡人数如图 6-2、图 6-3 所示。

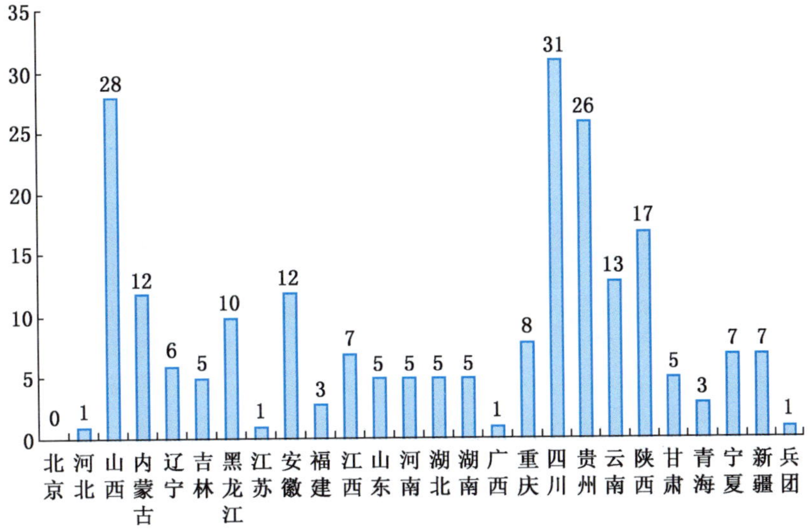

图 6-2　2018 年各省（区、市）煤矿事故起数

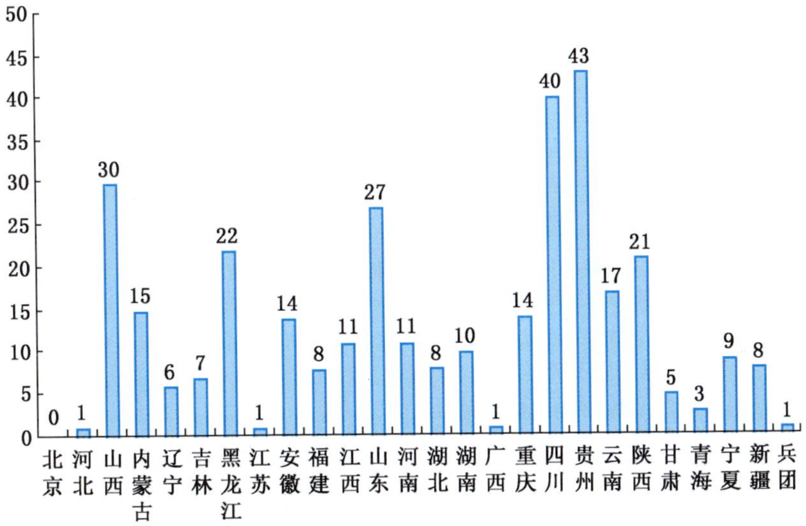

图 6-3　2018 年各省（区、市）煤矿死亡人数

有 12 个省（区、市）未发生较大事故；有 6 个省（区、市）较大事故起数同比下降；有 9 个省（区、市）较大事故起数同比上升；黑龙江发生 4 起较大事故，事故相

对集中，占全国煤矿较大事故起数的23.5%。

各省（区、市）煤矿较大事故起数和死亡人数如图6－4、图6－5所示。

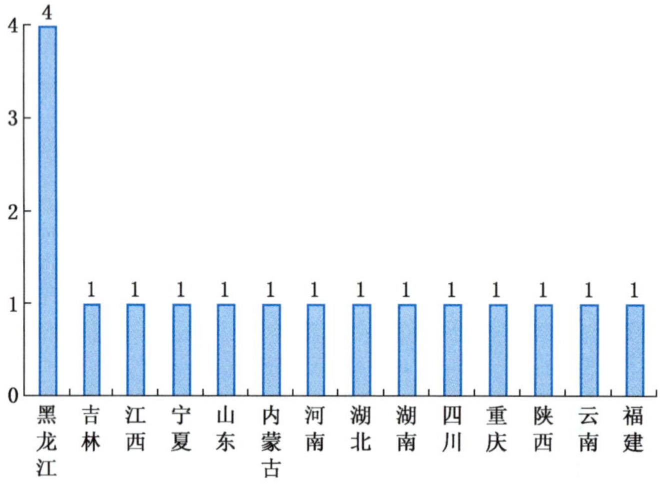

图6－4　2018年各省（区、市）煤矿较大事故起数

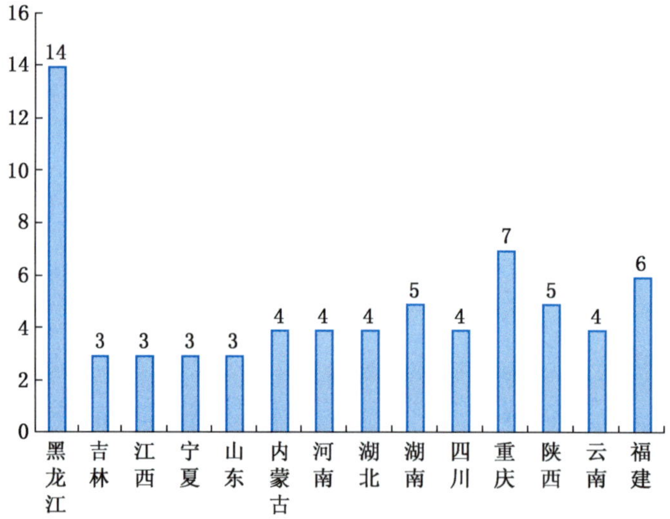

图6－5　2018年各省（区、市）煤矿较大事故死亡人数

有2个省（区、市）发生重大事故。分别是山东（1起、21人）、贵州（1起、13人）。黑龙江在2018年虽遏制住了2010年以来每年煤矿都有重大事故发生的局面，但上半年较大事故仍多发，下半年黑龙江省采取有力措施进行煤矿安全整治，取得了初步成效，但安全基础保障能力总体仍然较弱。

6.2.2　按事故类别分析

从较大及以上事故总量看，2018年发生的各类事故中，瓦斯事故起数和死亡人数最多，其次是顶板事故、运输事故和水害事故。各类事故总量情况如下：

（1）瓦斯事故 9 起、死亡 49 人，同比减少 7 起、37 人，分别下降 43.8%和 43%，分别占全国煤矿较大以上事故起数和死亡人数的 47.4%和 47.6%。

（2）顶板事故 4 起、死亡 30 人，同比减少 1 起、1 人，分别下降 20%和 3.2%，分别占全国煤矿较大以上事故起数和死亡人数的 21%和 29.1%。

（3）运输事故 3 起、死亡 14 人，同比增加 2 起、减少 3 人，事故起数上升 200%、死亡人数下降 17.6%，分别占全国煤矿较大以上事故起数和死亡人数的 15.8%和 13.6%。

（4）水害事故 3 起、死亡 10 人，同比增加 1 起、1 人，分别上升 50%和 11.1%，分别占全国煤矿较大以上事故起数和死亡人数的 15.8%和 9.7%。

（5）未发生较大以上机电事故，同比减少 1 起、9 人。

（6）未发生较大以上爆破事故，同比持平。

（7）未发生较大以上火灾事故，同比减少 1 起、3 人。

（8）未发生较大以上其他事故，同比减少 4 起、18 人。

6.2.3 按事故时间分析

1. 较大事故

除 2 月、6 月、7 月、8 月、11 月份外，各月均有较大事故发生。12 月份较大事故总量最多，发生 4 起、死亡 21 人，同比减少 1 起，死亡人数持平，事故起数下降 20%。1 月、4 月、9 月、10 月各发生较大事故 2 起。5 月份发生较大事故 4 起。3 月份发生较大事故 1 起。

全年有 7 个月份较大事故同比减少，其中 8 月份同比分别减少 4 起、21 人，2 月、3 月、11 月份同比各减少 2 起，7 月、10 月、12 月份同比各减少 1 起。有 4 个月份较大事故同比增加，其中 9 月份同比增加 2 起、8 人，1 月份同比增加 2 起、6 人，4 月份同比增加 1 起、6 人，5 月份同比增加 1 起、3 人。

2. 重大以上事故

2018 年未发生特别重大事故。全年只有 8 月、10 月份各发生 1 起重大事故，分别死亡 13 人、21 人，其他月份未发生重大事故，其中从 2017 年 11 月 12 日至 2018 年 8 月 5 日，近 9 个月没有发生重大事故，为近年来最长周期。8 月、10 月份重大事故各增加 1 起，1 月份减少 2 起，2 月、3 月、9 月、11 月份各减少 1 起。

春节前后大量煤矿停产停工，安全生产形势比较稳定；第二季度乡镇煤矿逐渐复工复产，事故相对多发；第四季度冬季煤炭需求增加，一些煤矿企业抢产量、抢进尺，容易发生群死群伤事故。

6.2.4 按煤矿所有制形式分析

2018 年，乡镇煤矿仍然是较大以上事故的重灾区，乡镇煤矿较大以上事故起数和死亡人数分别占全国煤矿较大以上事故起数和死亡人数的 63.1%和 54.4%，发生重大事故 1 起、死亡 13 人。国有地方煤矿发生较大事故 1 起，死亡 3 人，同比持平，分别占全国煤矿较大及以上事故起数和死亡人数的5.3%和2.9%。国有重点煤矿发生较大及以上事故6起、死亡44人，分别占全国较大及以上事故起数和死亡人数的31.6%和42.7%。其中较大事故5起、死亡23人，同比减少8起、25人，分别下降61.5%和52.1%，分别占全国煤矿较大事故起数和死亡人数的29.4%和33.3%。全国不同所有制煤矿事故起数和死亡人数比例如图6-6和图6-7所示。全国不同所有制煤矿较大事故起数和死亡人数比例如图6-8所示。全国不同所有制煤矿重大以上事故起数和死亡人数比例如图6-9所示。

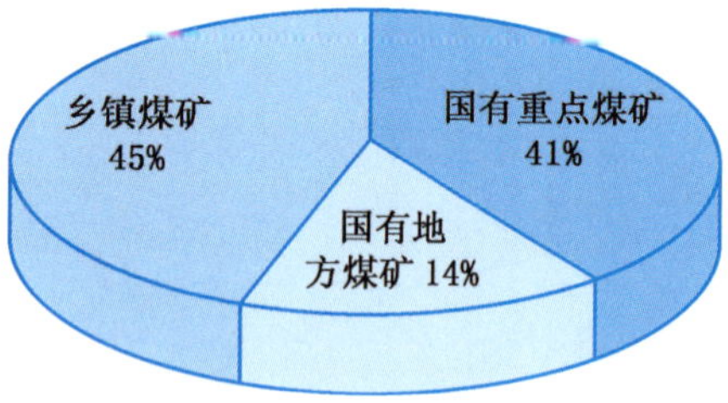

图6-6　全国不同所有制煤矿事故起数比例

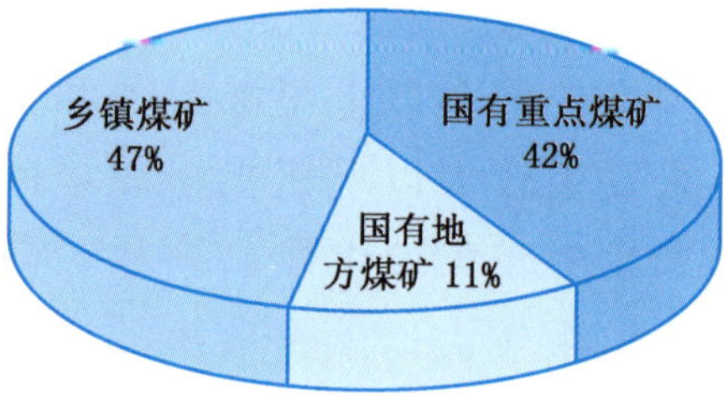

图6-7　全国不同所有制煤矿事故死亡人数比例

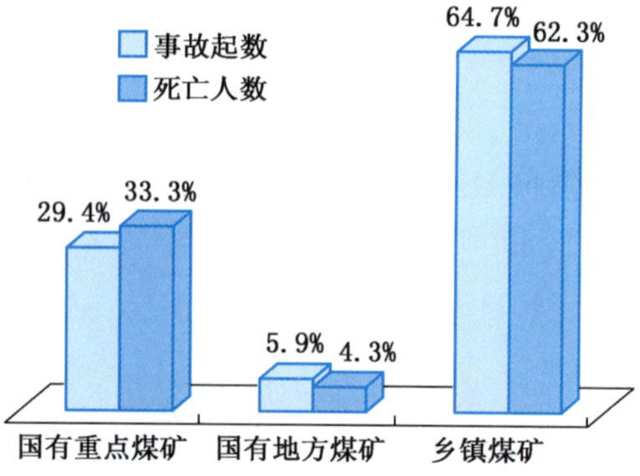

图6-8　全国不同所有制煤矿较大事故起数和死亡人数比例

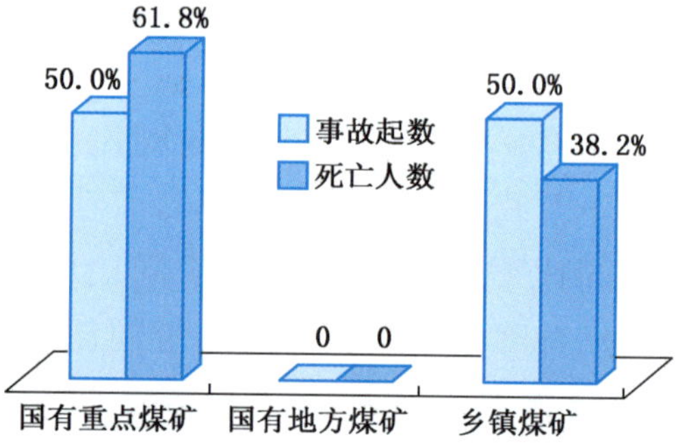

图6-9　全国不同所有制煤矿重大以上事故起数和死亡人数比例

非生产矿井因生产系统等没有形成，极易发生事故。2018年，从较大及以上事故看，建设、停产、列为关闭矿井等非生产矿井事故仍时有发生。私挖乱采、无证生产等非法开采得到遏制；但超层越界、拒不执行停产指令等违法生产行为是引发较大及以上事故的重要原因，分别占36.8%和29.1%。17起较大事故中，生产矿井发生11起、死亡41人；停产整顿矿井3起、死亡15人；建设矿井2起、死亡10人；列为关闭矿井1起、死亡3人。2起重大事故（死亡34人）均发生在生产矿井。

6.3 2018年煤矿安全生产有关政策法规和重要活动

6.3.1 2018 年煤矿安全生产重要法规标准

1.《煤矿安全培训规定》

《煤矿安全培训规定》(安全监管总局令第 92 号)(以下简称《规定》) 自 2018 年 3 月 1 日起施行。《规定》由原七章四十六条调整为八章五十条，重点对以下几个方面的内容进行了修订：

一是理顺了煤矿安全培训管理体制。目前部分省份煤矿企业“三项岗位人员”安全培训工作分别由两个部门负责，给煤矿企业造成了负担，为落实国务院行政审批制度改革精神，理顺煤矿安全培训管理体制，《规定》中明确：省、自治区、直辖市人民政府负责煤矿安全培训的部门负责指导、管理和监督本行政区域内煤矿企业从业人员的安全培训工作，煤矿安全监察机构对本行政区域内安全培训工作实施监察。

二是突出了煤矿企业安全培训主体责任。《规定》增加了“安全培训的组织与管理”章节，明确了煤矿企业应当明确安全培训工作的机构、配备安全培训管理人员、建立培训制度、制定培训计划、保障培训经费、具备培训条件、建立健全培训档案等安全培训主体责任，规范煤矿企业安全培训行为。

三是提高了煤矿企业从业人员准入条件。一是将煤矿矿长、副矿长、总工程师、副总工程师以及安全生产管理机构负责人任职条件，实行统一标准，不再按煤矿生产能力进行划分。二是自 2018 年 6 月 1 日起新上岗的煤矿特种作业人员应当具备高中及以上文化程度。

四是改进了煤矿主要负责人和安全生产管理人员培训考核工作。《安全生产法》第二十四条规定：高危企业主要负责人和安全生产管理人员，应当由有关主管部门对其安全生产知识和管理能力考核合格。为落实上述规定，《规定》中细化了煤矿企业主要负责人和安全生产管理人员的考核对象、考核内容、考核程序等内容。同时，《规定》在保留每 3 年考核一次的基础上，取消了必须经过培训方可参加考核的强制性要求。

五是规范了特种作业人员的考核发证工作。《特种作业人员安全技术培训考核管理规定》(总局令第 30 号) 规定：特种作业操作证有效期为 6 年，每 3 年复审 1 次。为了规范行政许可工作，减轻企业负担，《规定》中取消了对煤矿特种作业人员每 3 年复审 1 次的要求。

六是强化了安全培训事中事后监管。在主要负责人和安全生产管理人员资格认定、培训机构资格认可行政审批取消的情况下，为保证培训效果，在监督管理章节中增加了煤矿安全培训主管部门和煤矿安全监察机构的监督管理职责相关内容，加强对煤矿企业落实安全培训主体责任的监督检查，增强对煤矿安全培训工作的事中事后监管力度，促进煤矿企业安全培训主体责任的落实。

七是取消了从业人员年龄和健康规定的相关条款。从业人员年龄和健康条件在《劳动法》中有较为系统的规定和要求，因此，在此不再重复规定。

2.《煤矿瓦斯等级鉴定办法》

矿井瓦斯等级鉴定是划分矿井瓦斯等级的依据，是煤矿瓦斯防治的重要基础工作，鉴定结果的准确性直接影响煤矿瓦斯防治成效。2011年，原国家安全监管总局、国家发展改革委、国家煤矿安监局、国家能源局颁布实施的《煤矿瓦斯等级鉴定暂行办法》(以下简称《暂行办法》)，有力地促进、强化、规范了煤矿瓦斯等级鉴定工作。2017年启动了对《暂行办法》进行系统性修订完善工作。《煤矿瓦斯等级鉴定办法》(煤安监技装〔2018〕9号)(以下简称《办法》)的出台，对进一步严格规范煤矿企业和鉴定机构（单位）开展煤矿瓦斯等级鉴定工作，提升煤矿瓦斯防治水平，有效防范和遏制煤矿瓦斯事故具有重要意义。

《办法》于2018年4月27日正式施行。《办法》共分七章和附录，条款由原来的46条减少到45条，对原办法中的29条进行了修订，修改和增加了4个名词解释，对附录进行局部调整等，并主要规范新建矿井在可研阶段、建井期间矿井瓦斯等级鉴定工作、规范按突出煤层管理的完成突出鉴定时限等要求、规范鉴定机构（单位）内部管理工作、规范突出鉴定人员的资质及注意事项等要求四个方面对相关内容作了修订。

3.《防范煤矿采掘接续紧张暂行办法》

《防范煤矿采掘接续紧张暂行办法》(煤安监技装〔2018〕23号)(以下简称《暂行办法》)共分为9条，明确了采掘接续紧张的9种情形，并作为煤矿重大隐患进行监管，目的是为了有效管控煤矿采掘接续紧张引发重特大事故风险，该《暂行办法》自2018年11月1日起施行。

《暂行办法》是在原煤炭工业部颁发的《关于矿井和露天矿开拓煤量、准备煤量和回采煤量划分范围、计算方法及矿井巷道划分范围的规定》的基础上，充分考虑煤矿灾害防治工程等因素，修改“三量”的定义和计算方法，并根据不同灾害条件细化“三量”可采期规定，新的“三量”规定能更好地反映矿井采掘平衡关系。《暂行办法》的出台树立了煤矿采掘平衡超前管理理念，明确煤矿应当按照新的“三量”计算方法和可采期规定进行采掘平衡管理，应当根据采掘接续紧张的严重程度，调减相应计划产量或减少同时作业的采煤工作面个数。

《暂行办法》对煤矿企业采掘管理制度方面提出了具体要求，特别是明确煤矿上级公司的监督管理职责，煤矿上级公司应当按照“三量”平衡管理要求，下达产量考核指标和相对应的经营考核指标。煤矿安全监管监察部门应当对煤矿企业和煤矿的违规行为进行处罚和问责。

4.《煤矿井下单班作业人数限员规定》

为提高煤矿安全保障能力和生产效率，引导推动煤矿企业加强机械化、自动化、信息化、智能化建设，研发应用煤矿机器人，简化生产系统，优化劳动组织，减小井下作业人数，从源头上防控群死群伤事故风险，结合煤矿安全生产情况，2018 年 12 月 25 日国家煤矿安全监察局制定下发了《煤矿井下单班作业人数限员规定（试行）》（煤安监行管〔2018〕38 号）（以下简称《规定》）。

《规定》共计十二条，按照煤矿生产能力大小、灾害严重程度、机械化等不同情况，对煤矿井下采煤、掘进工作面单班作业人数均作了限员规定，并要求地方煤矿安全监管部门和驻地煤矿安全监察机构要将煤矿执行限员规定作为检查的重点内容，强化监督检查，督促煤矿企业认真落实煤矿限员规定。根据规定，将矿井按生产能力区分为 7 档，规定了各档次的矿井单班作业人数，其中高瓦斯、煤（岩）与瓦斯（二氧化碳）突出、水文地质复杂及极复杂、冲击地压等灾害严重矿井最多不超过 850 人，其他矿井最多不超过 450 人。对灾害严重矿井，机械化采煤工作面生产班最多不超过 25 人、检修班不超过 40 人，炮采工作面最多不超过 25 人；机械化掘进工作面最多不超过 18 人，炮掘工作面最多不超过 15 人。

6.3.2 2018 年煤矿安全生产政策措施

1. 国务院安委会办公室关于开展依法打击和重点整治煤矿安全生产违法违规行为专项行动的通知（安委办〔2018〕5 号）

按照全国安全生产电视电话会议和全国安全生产工作会议部署要求，国务院安委会办公室决定 2018 年组织开展依法打击和重点整治煤矿安全生产违法违规行为专项行动（以下简称“专项行动”）。打击和整治的重点内容包括煤矿上级公司、正常生产建设煤矿、责令停产停工整改煤矿、列入当年化解过剩产能退出计划煤矿、托管煤矿、长期停产停工或“僵尸”煤矿等六大部分：

（1）煤矿上级公司。是否按规定为所属煤矿设置安全生产管理机构、配齐安全生产管理人员；是否落实对所属煤矿的安全监督检查责任，督促落实监管监察指令；是否下达超能力生产计划；是否保证所属煤矿的安全投入，特别是重大灾害治理和重大隐患整改的资金保证。

（2）正常生产建设煤矿。是否按照《安全生产法》规定，建立涵盖所有管理层级和岗位的安全生产责任制，安全管理制度、作业规程、操作规程是否符合法律法规要求和企业自身实际，是否得到有效落实。矿井采掘接续、生产布局（水平、采区、工作面个数）、主要生产系统、生产计划、安全设施设备等是否符合规程、标准和设计；安全监控、人员位置监测系统功能是否健全、运行是否正常；瓦斯、水害、火等重大灾害治理措施是否落实。建设矿井是否不按设计施工、边建设边生产，甚至只生产不建设。

（3）责令停产停工整改煤矿。是否存在未经验收批准擅自复工复产、拒不执行监管监察指令继续生产建设、停而不整、明停暗开、借整改之名违规生产建设等违法违规行为。

（4）列入当年化解过剩产能退出计划煤矿。是否明确每个采掘工作面、每个采区、每个水平以及全矿井的封闭时间；是否制定回撤设备的具体方案和安全技术措施；是否存在以回撤设备名义违规组织生产行为。

(5) 托管煤矿。承托方安全资质是否符合规定；是否明确并落实承托方、委托方安全生产责任；是否存在非整体托管、违规转包分包情况。

(6) 长期停产停工或“僵尸”煤矿。要逐矿落实盯守或巡查责任；采取停止或限制供电、停止供应火工品等强制性措施；未经批准不得擅自恢复维修、生产、建设。经批准隐患整改的煤矿，要制定整改方案，明确整改内容、时限、标准和入井人数。

通知强调，对发现事故隐患的煤矿，要依法责令立即排除，对重大隐患排除前或排除过程中无法保证安全的，责令从危险区域内撤出作业人员并暂时停止作业或者停止使用相关设施、设备，整改完成必须经复查同意后，方可恢复生产或建设；一经发现超能力生产、非正规开采、超层越界开采、以掘代采、未经验收批准擅自复工复产等重大隐患的，立即责令停工停产整顿，及时移交地方人民政府挂牌督办；对安全管理制度不完善不落实、安全生产责任制不健全不明确、主要生产安全系统不合理不可靠、重大灾害防治不认真不到位等问题的，依法进行责任倒查，追究企业主要负责人及相关管理人员责任；发现各类违法违规行为，当场予以纠正或要求限期改正，依法应当给予行政处罚的，依法实施行政处罚；发现违法违规生产建设行为经停产整顿仍不具备法律、行政法规和国家标准或者行业标准规定的安全生产条件的，一律提请地方政府依法关闭取缔。

专项行动历时 10 个月，涉及 26 个产煤地区，各地按照安排部署，成立领导机构，制定方案，细化措施，督促煤矿企业开展自查自改和安全风险研判，共检查煤矿 6405 处、煤矿上级公司 787 家，查处一般隐患 59.4 万项，重大隐患 759 项，下达各类执法文书 9.1 万份，累计罚款 8.59 亿元。通过聚焦突出问题，严查违法违规行为，督促主体责任落实，消除事故隐患，推动全国煤矿安全生产形势持续稳定好转。此次专项行动，共排查整治人员素质不达标、监控系统运行不正常、通风系统不完善、采掘失调、“五假五超”行为等“十类”突出问题 1827 起。共查处证照不齐、拒不执行停产指令擅自组织生产，未经验收批准擅自复工复产，超能力生产，采用假图纸、假密闭隐瞒采掘工作面，违规转包井下采掘作业等违法违规典型案件 341 起。累计责令 1622 处矿井停产整顿，责令 4454 个采掘工作面停止作业，责令 5126 台（套）设备停止使用，暂扣、吊销 621 处煤矿安全生产许可证，提请地方政府依法淘汰退出煤矿 70 处。督促煤矿企业累计对安全管理人员问责 2528 人次。在中国煤炭报、政府网站对 65 起典型案例进行公开曝光。组织正常生产建设煤矿开展了 2 轮自检自改。自 2017 年以来经过多轮集中组织开展系统性列表式自检自改，煤矿企业自检自改的主动性、针对性不断增强，安全主体责任得到进一步落实。

2. 国务院安委会办公室关于吸取近期事故教训切实做好岁末年初煤矿安全生产工作的通知（安委办〔2018〕24 号）

根据我国煤矿生产实际经验，第四季度历来是煤矿安全生产关键期，也是事故易发期。四季度煤炭市场产销两旺，局部地区供应趋紧，一些企业抢工期、抢生产、赶进度、赶指标意愿强烈，超能力超强度超定员等违法违规行为抬头。为深刻汲取事故教训，切实做好岁末年初煤矿安全生产工作，有效防范和坚决遏制煤矿重特大事故，全力保障职工群众生命财产安全和社会稳定，国务院安委办下发了《关于吸取近期事故教训　切实做好岁末年初煤矿安全生产工作的通知》(以下简称《通知》)。

《通知》要求，一是严厉打击违法违规生产建设行为，加强打击煤矿超层越界行为的联合执法工作。切实加强对长期停产停工矿井的安全监管，明确监管人员，实行"一对一"盯守，同时要求严格复产复工验收，坚持"谁验收、谁签字、谁负责"。二是切实加强煤矿"一通三防"工作。严格落实两个"四位一体"防突措施和"七个一律"要求，严防煤与瓦斯突出事故，督促煤矿企业规范采掘部署和加强通风管理，进一步实施瓦斯"零超限"目标管理，督促煤矿企业严格落实井下防灭火综合措施，要加大设备的安全投入，确保安全设施、机电设备运行正常。同时还要求驻地煤矿安全监察机构做好会诊工作，防止走过场。三是强化冲击地压防治。要提高对冲击地压防治的思想认识，对冲击地压灾害严重矿井，一律不得扩储、一律不得提能。督促煤矿企业严格落实《防治煤矿冲击地压细则》，严格规范冲击倾向性鉴定和冲击危险性评价，健全完善冲击地压防治工作体系，积极开展冲击地压防治培训工作。四是严防超能力组织生产。督促企业严格执行《国家煤矿安全监察局关于印发〈防范煤矿采掘接续紧张暂行办法〉的通知》(煤安监技装〔2018〕23号)要求，同时各地煤矿生产能力主管部门立即对冲击地压、煤与瓦斯突出矿井生产能力核定工作进行全面清查，并要求驻地煤矿安全监察机构要加大国家监察力度，督促指导地方做好煤矿安全监管工作。五是落实属地安全责任。包括落实属地监管责任，各地各有关部门要坚持"谁主管、谁负责""谁发证、谁负责"和"管行业必须管安全、管业务必须管安全、管生产经营必须管安全"原则，认真履行职责，加大执法检查，同时要求各地要依法加大对违法违规行为的追究力度，对典型企业要公开曝光，对发生事故、有失诚信、拒不改正的企业和有关责任人员要纳入联合惩戒对象和"黑名单"。

3.《关于开展煤与瓦斯突出矿井安全"会诊"工作的通知》(煤安监监察〔2018〕29号)

为坚决遏制煤与瓦斯突出事故发生，立足于查大系统、治大灾害、控大风险、除大隐患、防大事故，强力推进瓦斯"零超限"，以落实两个"四位一体"综合防突措施为主要内容，对煤与瓦斯突出矿井开展一次安全"会诊"。集中整治煤与瓦斯突出防治工作中存在的问题，防止不具备防治能力的煤矿冒险组织生产，推动不具备防治能力的煤与瓦斯突出矿井淘汰退出，督促煤矿企业进一步提高煤与瓦斯突出防治能力。

文件要求对全国所有正常生产和建设的煤与瓦斯突出矿井和符合《煤矿安全规程》第189条规定情形，应当进行煤层突出危险性鉴定而未进行鉴定、鉴定未完成或鉴定为非突出矿井的其他正常生产、建设矿井进行安全"会诊"。"会诊"工作由各省级煤矿安监局牵头组织，地方各级煤矿安全监管部门参加，各单位主要领导同志要提高认识，加强领导和组织协调，充分利用2017年全面安全“体检”工作成果，确定“会诊”煤矿名单，坚持问题导向，细化工作方案。

文件要求对存在瓦斯突出重大风险的矿井，各级煤矿安全监管监察部门要将其列入重点监管监察范围，加大执法检查频次。对符合《对安全生产领域失信行为开展联合惩戒的实施办法》条件的煤矿企业要及时开展联合惩戒，纳入“黑名单”管理，并进行曝光。

4.《关于开展煤矿安全生产督查的通知》(煤安监办〔2018〕20号)

2018年8月，国家煤矿安全监察局下发了《国家煤矿安监局关于开展煤矿安全生产督查的通知》，文件强调认真贯彻落实国务院安委会全体会议、全国安全生产电视电话会议精神，有效防范煤矿系统性安全风险，坚决遏制重特大事故。

此次督查范围为山西、内蒙古、云南、四川、安徽、江西、陕西、重庆、贵州、河北、湖南、河南等12个产煤省（区）各级人民政府煤矿安全监管部门和部分重点地区、重点煤矿企业，其他省份将按联系指导和明查暗访计划开展。

督查内容涵盖以下方面内容：一是煤矿企业安全生产主体责任落实情况，包括安全风险分析研判情况、隐患排查治理情况、安全生产责任制建立健全和贯彻执行情况；二是地方煤矿安全监管工作情况，包括国家有关会议和重要文件落实情况、分级属地监管责任落实情况、开展煤矿系统性安全风险分析研判情况、对深化专项行动开展督导检查情况、煤炭落后产能淘汰退出工作落实情况；三是煤矿安全监察执法工作情况，包括规范监察执法行为情况、严格监察执法处罚情况、煤矿分类监察落实情况、监察执法信息化工作开展情况、通过执法倒逼煤炭落后产能淘汰退出情况。

5.《关于开展煤矿安全培训整治推进煤矿从业人员素质提升的通知》(煤安监行管〔2018〕6号)

煤矿从业人员素质是影响煤矿安全生产的重要因素。近年来，各地煤矿安全培训主管部门、各煤矿企业不断加强煤矿安全培训工作，从业人员素质得到较大提升，但仍存在不持证上岗、假培训、不培训、乱培训、培训质量低下、培训方式陈旧、创新意识不强等突出问题。为进一步规范煤矿安全培训工作，推进煤矿从业人员素质提升，国家煤矿安全监察局决定2018年开展煤矿安全培训整治工作。

检查整改涵盖内容有：一是煤矿企业认真开展自查自改，包括从业人员准入是否符合要求、从业人员是否考核合格、是否存在违法违规培训行为、安全培训档案是否造假、培训机构是否具备条件、安全培训组织与管理是否完善；二是煤矿安全培训主管部门强化安全培训监督管理，包括组织开展监督检查、建立抽考制度随机抽考；三是煤矿安全监察机构要严格专项监察，包括要结合辖区内煤矿安全实际，落实工作措施，细化工作方案，结合企业自查内容组织开展专项监察，以及发现安全培训违法违规行为要依法严格处罚，对煤矿企业从业人员未培训合格下井作业、特种作业人员无证上岗未进行整改的，要依法依规给予处罚。

6.《关于进一步深化依法打击和重点整治煤矿安全生产违法违规行为专项行动的通知》(煤安监监察〔2018〕16号)

以防范遏制煤矿重特大事故为目标，深化专项行动，坚持查大系统、控大风险、治大灾害、除大隐患、防大事故，聚焦重特大事故风险和重大隐患，进一步细化工作措施、狠抓责任落实，于2018年7—9月组织开展一次煤矿系统性安全风险排查和隐患治理活动，进一步推动全国煤矿安全生产形势持续稳定好转。

本次检查要牢牢扭住防范重特大事故和防控重特大风险这个“牛鼻子”，强化煤矿重特大事故风险意识，从源头上深入系统地排查治理重大隐患，在2017年全面安全“体检”和今年专项行动基础上，重点排查以下8个方面的突出问题。一是采掘接替失调组织生产；二是主要生产安全系统不完善、不可靠；三是安全监控系统运行不正常；四是重大灾害治理不到位；五是安全生产主体责任不落实；六是蓄意违法违规生产建设；七是建设项目不按规定组织施工；八是列入当年化解过剩产能退出计划煤矿。

文件要求各类煤矿要切实落实安全风险管控责任，结合实际对照八个方面突出问题，开展安全风险分析研判。要立足矿井各大生产安全系统，结合《煤矿安全生产标准化基本要求及评分方法》有关安全风险分级管控的工作要求，认真分析面临的主要安全风险；对存在上述八个方面的突出问题，要列出清单，落实整改措施、责任和时限，形成本矿井《重大风险分析研判报告》，于7月底前报送相关煤矿安全监管监察部门。同时还要求各省级煤矿安监局要针对以上八个方面的突出问题开展重点监察。各省级煤矿安全监管监察部门领导班子成员要明确各自分工，各负其责，结合重点联系和明察暗访等工作，带队深入实地、深入煤矿生产一线。突出工作重点，对事故频发多发、灾害严重、小煤矿多的地区，先行安排督查，9月底前对全部产煤市、县至少开展一次督查。督查中发现企业风险分析和隐患排查不认真、相关部门工作不落实的，要及时予以纠正，并通报地方政府。督查结束后，形成报告上报省级人民政府和国家煤矿安监局。

7.《关于煤矿分类监管监察工作的指导意见》(煤安监监察〔2018〕15号)

为强化煤矿分类监管监察执法工作，切实提高执法计划编制的针对性和实效性，突出执法重点，提升执法效能，根据《安全生产法》《国务院安委会办公室关于切实落实安全生产责任坚决防范遏制煤矿重特大事故的通知》(安委办〔2017〕28号）要求，对规范和推进煤矿分类监管监察工作提出《国家煤矿安监局关于煤矿分类监管监察工作的指导意见》(以下简称《指导意见》)。

《指导意见》以安全风险管控为主线，综合考虑煤矿安全管理、灾害程度、生产布局、装备工艺、安全诚信、安全生产标准化建设、人员素质及生产建设状态等因素，将井工煤矿按安全保障程度从高到低确定为A、B、C、D四类。其中：A类煤矿为安全保障程度较高的煤矿，B类煤矿为安全保障程度一般的煤矿，C类煤矿为安全保障程度较低的煤矿，D类煤矿为长期停工停产煤矿。

《指导意见》要求要根据分类情况，确定检查重点，精准检查，严格执法，严格处理。对检查中发现的安全生产违法行为，要当场予以纠正或者要求限期改正；对发现的隐患，要责令煤矿立即排除；重大隐患排除前或排除过程中无法保证安全的，要责令煤矿从危险区域内撤出作业人员，责令停止作业；对依法应当给予行政处罚的行为，要依法作出行政处罚决定；对重大隐患或严重违法违规行为，要依法严肃查处并曝光公示。

6.3.3 2018年煤矿安全生产重要会议

1. 全国安全生产工作会议

2018年1月29日，全国安全生产工作会议在北京召开。国家安全监管总局和国家煤矿安监局领导，机关各司局，驻总局纪检组，应急指挥中心，直属事业单位，各省级安监局、煤矿安监局，部分产煤省煤矿安全监管部门、煤炭行业管理部门，副省级城市安监局，以及部分中央企业相关负责人在主会场参加会议。此次会议以视频形式开到省、市、县级安监部门，省级煤矿安监局、驻地煤监分局。

会议指出，在习近平新时代中国特色社会主义思想指引下，在以习近平同志为核心的党中央坚强领导下，在各级党委政府和各有关部门、各单位的大力支持下，全系统广大干部职工认真履行安全监管监察职责，推动安全生产实现明显成效。

会议强调，新时代要有新气象，更要有新作为。我们要高举习近平新时代中国特色社会主义思想伟大旗帜，深入贯彻落实党的十九大精神，不忘初心、牢记使命，全面贯彻落实习近平总书记关于安全生产的重要思想，坚持以人民为中心，以真抓的实劲、敢抓的狠劲、善抓的巧劲、常抓的韧劲，奋发有为、扎实工作，切实担负起党和人民赋予我们维护人民群众生命财产安全的神圣职责。并要求2018年要做好责任落实、依法治安、改革创新、事故预防、基础建设、队伍建设等六项重点工作，并对这六项工作做了细致的安排和部署。

会议还总结了2017年煤矿安全生产工作，分析了存在的问题，从整治违法违规行为、强化重大风险管控和灾害治理、推进煤矿安全基础建设、推进和支持煤炭行业供给侧结构性改革、推进煤矿安全科技进步、强化事故查处和警示教育、加强煤矿安全监管监察执法等七个方面，对2018年煤矿安全工作做了专题部署。

2. 煤矿安全重点工作座谈会

2018年4月13日、17日，国家煤矿安监局在北京召开依法打击和重点整治煤矿安全生产违法违规行为专项行动和“一通三防”专项监察座谈会。

会议指出，这次专项行动和专项监察自2月份开展以来，各产煤地区和煤矿企业分别成立专门领导小组，结合实际细化工作方案，开展隐患自检自改，严格监管监察执法，创新工作方式方法，加强督导检查，取得了积极进展。但是，还存在思想不重视、进展不平衡、安排不具体、组织不得力、执法不严格、氛围不浓厚等问题。

会议强调，打击整治违法违规行为专项行动和开展“一通三防”专项监察是贯彻落实全国安全生产电视电话会议和全国安全生产工作会议部署要求的重要举措，是遏制重特大事故的重要抓手，各级煤矿安全监管监察部门思想上要高度重视，做到认识到位、责任到位、引导到位；组织上要统筹协调，坚持领导带头，建立协调联络机制；检查上要突出重点，坚持问题导向，重点检查大系统、重大灾害，大型设备、人员素质和制度落实；执法上要加大力度，严格现场处置处罚，严肃追责问责；要严把煤矿复工复产验收关，统筹推进煤炭行业结构性改革、煤矿安全基础建设等重点工作，为机构改革创造良好的安全生产环境。

3. 煤矿安全生产专题视频会

2018 年 4 月 27 日，国家煤矿安监局召开煤矿安全生产专题视频会，传达学习习近平总书记等中央领导同志关于机构改革期间加强安全生产工作的重要指示精神，落实应急管理部安全生产决策部署，对打击整治煤矿安全生产违法违规行为专项行动和“一通三防”专项监察等重点工作进行总结并提出明确要求，坚决防范遏制重特大事故，为机构改革创造良好的煤矿安全生产环境。

会议指出，煤矿安全生产各项工作取得积极进展，安全生产形势总体稳定。但是部分时期煤矿事故有所反弹，安全生产形势依然严峻复杂。

会议强调，要扎实开展专项行动和专项监察，深入开展隐患自检自改；要严格规范监管监察，提高执法质量和水平；要强化风险管控和重大灾害治理，加强应急管理，严防瓦斯、水害和冲击地压等重特大事故；要推进安全基础建设，强化安全培训、标准化、“四化”和“一优三减”等工作措施落实；要加大淘汰退出力度，有序释放优质产能，严把复工复产验收关；要抓好党的建设，夯实管党治党政治责任，确保机构改革期间队伍稳定。

4. 全国煤矿安全基础建设推进大会

2018 年 7 月 12 日至 13 日，全国煤矿安全基础建设推进大会在山西省潞安矿业集团公司召开。全国煤矿安全基础建设推进大会提出，要坚持“管理、装备、素质、系统”并重，抓关键、补短板、强弱项，大力推进煤矿安全基础建设，坚决防范遏制煤矿重特大事故，努力实现煤矿安全生产形势根本好转。

会议指出，煤矿安全生产关系煤炭工业持续发展和国家能源安全，关系数百万矿工生命财产安全，加强煤矿安全基础建设，对于提升煤矿安全保障能力至关重要。会议强调，煤矿安全监管监察系统广大干部职工要认真学习贯彻习近平总书记关于安全生产重要指示要求，牢固树立安全发展理念，大力推动煤矿企业全面落实安全生产主体责任，广泛开展安全生产标准化建设，大力研发应用井下机器人，不断提高从业人员素质，提高煤矿本质安全水平，以新时代新担当新作为促进煤矿安全生产形势持续稳定好转。煤矿企业和监管监察部门要深入分析事故发生原因，深化警示教育，用事故教训推动安全工作。要坚守底线，做好去产能期间安全生产。各地要加快淘汰退出落后产能步伐，特别是 9×10^4 t/a 及以下矿井今明两年要全部退出。做好符合条件的优质产能煤矿能力核定工作，严格核定程序和标准，严格落实核定责任，防止不具备安全条件的煤矿搭便车，防止一哄而上、无序扩能增产。强化列入去产能煤矿安全监管监察，加强对煤矿监督检查，有效防止企业自行扩大产能或超能力超强度组织生产。

会议强调，各级煤矿安全监管监察部门要狠抓落实，坚决遏制重特大事故。深入开展煤矿全面安全“体检”，严厉打击超层越界违法行为，进一步加大重大灾害治理，狠抓煤矿安全基础管理，推进煤矿安全生产标准化建设，加大《煤矿安全规程》宣贯和对标整改力度，切实做好汛期煤矿安全生产，确保煤矿安全生产形势持续稳定好转。

会议要求，各地区、各部门、各煤矿企业要坚持“管理、装备、素质、系统”并重，抓关键、补短板、强弱项，大力推进煤矿安全生产标准化建设，大力推进机械化自动化信息化智能化建设及机器人研发应用建设，大力推进人员素质提升，大力推进“一优三减”，统筹做好下半年重点工作，坚决防范遏制煤矿重特大事故，努力实现煤矿安全生产形势根本好转。

5. 全国安全生产电视电话会议

2018 年 7 月 27 日，全国安全生产电视电话会议在北京召开。中共中央政治局常委、国务院总理李克强作出重要批示。批示指出：今年以来，经过各方共同努力，全国安全生产形势总体稳定，成绩来之不易。同时，要清醒看到当前形势依然严峻，重特大事故时有发生，必须警钟长鸣，安全生产工作不能有一丝松懈。各地区、各部门要以习近平新时代中国特色社会主义思想为指导，认真贯彻党中央、国务院决策部署，牢固树立安全发展理念，坚持生命至上、安全第一，深化改革创新，进一步健全应急管理体制机制，严格落实安全生产责任制，严格安全监管执法，强化安全风险防控和隐患排查治理，加强安全基础能力建设，依法严惩违法违规和失职渎职行为，坚决防范遏制重特大安全事故。当前正值主汛期和旅游旺季，要坚持守土有责、履职尽责，加强安全风险提示、预警预报和应急处置，认真落实相关领域安全防范措施，切实维护人民群众生命财产安全。

会议要求，深入学习贯彻习近平总书记关于加强安全生产的重要指示精神，按照李克强总理重要批示要求，毫不放松抓好安全生产工作，全力维护人民群众生命财产安全。

会议指出，各地区、各部门坚决贯彻落实党中央、国务院决策部署，实现事故总量、较大事故、重特大事故“三下降”，大部分地区、大部分行业“两稳定”，全国安全生产形势稳定向好，但各种矛盾问题和风险隐患仍然突出，务必保持高度警醒。

会议强调，要以习近平新时代中国特色社会主义思想为指导，提高政治站位，牢固树立安全发展理念和大安全观，严格落实责任，深入开展重点行业领域专项治理，深挖严查风险隐患，坚决防范遏制重特大事故发生；强化依法治安、铁腕执法，夯实安全生产基础。要高度重视暑期汛期生产安全，落实防范应对措施，严防自然灾害引发安全事故。

6. 全国煤矿安全监管监察执法工作座谈会

2018年10月31日至11月1日，2018年全国煤矿安全监管监察执法工作座谈会在云南昆明召开。会议总结交流煤矿企业防治水工作典型经验，深刻剖析近年来煤矿水害事故原因及教训，部署进一步加强煤矿防治水工作以有效防范和坚决遏制煤矿水害事故。

会议指出，要深入学习习近平总书记关于应急管理和安全生产重要论述，进一步增强做好监管监察执法工作的政治自觉、思想自觉和行动自觉。要依法履职尽责，坚持严格执法，实施精准执法，创新方式方法，健全执法工作机制，强化执法监督，推进执法信息化建设。要打造高素质专业化执法队伍，着力解决执法不够严、不够实、不够深、不够准等宽松软问题。

会议强调，要清醒认识当前煤矿安全生产严峻形势，切实做好岁末年初煤矿安全生产工作。要持续深化打击整治违法违规行为专项行动，深入开展建设项目和超能力生产专项监察和煤与瓦斯突出矿井安全“会诊”、冲击地压矿井、千米矿井安全“体检”等工作，严防各类事故反弹回潮。同时，要及早谋划明年煤矿安全生产工作，抓住遏制重特大事故这个“牛鼻子”，开展落实煤矿企业主体责任专项监察，推动落后产能淘汰退出和井下机器人研发应用治本攻坚，加强安全基础建设，严肃事故查处和责任追究，推进煤矿安全生产形势持续稳定向好。

7. 全国煤矿安全监控系统升级改造推进会

2018年11月15日至16日，全国煤矿安全监控系统升级改造推进会在山东兖矿集团召开。会议指出，自升级改造工作提出以来，国家煤矿安监局深入调研，成立升级改造工作领导小组，推进试点建设，开展产品检验认证研究，带动一批相关技术创新应用。从前期试点建设的情况看，已完成升级改造的矿井，监控系统的技术性能得到显著提升，存在问题得到显著改善，升级改造工作取得了阶段性成果。

会议强调，同时也要充分认识到升级改造工作中存在的不平衡问题。据了解，2018年底前计划完成升级改造任务的1247处煤矿中，截至10月底已完成431处。其中，山东、重庆和贵州等省市完成率较高。部分地区和煤矿企业对升级改造工作存在观望情绪、畏难情绪、等靠思想，对升级改造工作不积极、不投入。部分生产厂家存在不当竞争现象，煤矿企业专业技术力量不足。

会议要求，煤矿企业要进一步提升对煤矿安全监控系统改造工作的重视，监管监察部门要加强对辖区内升级改造工作的督促和指导，产品制造企业必须强化责任意识，提供满足升级改造要求的合格产品，及时解决煤矿企业在升级改造中遇到的技术问题。做好修订后的《煤矿安全监控系统通用技术要求》(AQ 6201) 和《煤矿安全监控系统及检测仪器使用管理规范》(AQ 1029) 两个标准宣贯，确保“十三五”末全面完成监控系统升级改造任务。

6.3.4 2018年专项监察和检查活动

1. 国家煤矿安监局部署开展“一通三防”专项监察

为深入贯彻落实全国安全生产电视电话会议和全国安全生产工作会议精神，推进

2018年煤矿安全监察执法工作，国家煤矿安监局在全国开展煤矿“一通三防”专项监察，主要内容是落实矿井通风管理规定、落实瓦斯防治制度、落实防突规定、安全监控系统运行、落实瓦斯等级鉴定办法、落实矿井防灭火措施、落实煤尘防治措施等情况。此次煤矿“一通三防”专项监察从2018年2月持续到5月，监察对象为煤与瓦斯突出矿井、高瓦斯矿井、复产复工矿井，以及近三年发生过瓦斯事故的矿井。

至5月底，全国共开展监察2975矿次、监察矿井2814处，占全国矿井总数的41.2%，完成了突出矿井、复产复工矿井及3年内发生事故矿井全覆盖。查处一般隐患3.2万条、重大隐患219条，其中移送地方督办166条，实施行政处罚1622次、罚款18723.79万元，责令停产整顿矿井122矿次，停止采掘作业工作面984个，停止使用相关设施设备1792个（台），暂扣安全生产许可证158处，下达执法文书14924份，提请关闭矿井4处。

此次专项监察由各省级煤矿安监局组织驻地监察分局对所有正常生产建设和复工复产的突出矿井进行监察，对其他矿井进行抽查。在贵州等12个瓦斯灾害较为严重的省（市）之间开展异地交流执法。12个开展异地交流执法的省局共监察矿井61处，查处一般隐患989条、重大隐患6条，实施行政处罚70次、罚款664.1万元，责令停产整顿矿井5处，停止采掘作业面31个，停止使用设备设施13个（台），暂扣安全生产许可证3处，下达执法文书146份。国家煤矿安监局将组织对部分省（区、市）进行抽查。

通过专项监察，深入查找煤矿安全生产存在的深层次、规律性问题，提出有针对性措施，进一步改进煤矿安全监察执法工作，促进全国煤矿安全生产形势持续稳定好转。

2. 国家煤矿安监局部署开展煤矿水害防治专项监察

2018年5—7月，全国煤矿水害防治专项监察共监察煤矿2326处，查处一般隐患1.9万条、重大隐患44条，罚款9193.92万元，责令局部停止作业727处，停产停工、停产整顿120处，暂扣安全生产许可证64处。通过水害防治专项监察发现，煤矿水害防治工作基础仍较薄弱，部分煤矿存在水害普查工作不规范，“三专两探一撤”措施仍不落实，雨季前防治水准备工作不充分，排水系统不完善，应急管理松懈等问题。

国家煤矿安监局要求，各级煤矿安全监察机构要用好专项监察成果，督促煤矿企业加强问题隐患整改落实；要结合辖区实际，确定重点煤矿、重点时段以及水患类型，对煤矿水害实施精准监察；要继续做好汛期应急值守、安全风险防控工作，建立灾害性天气预测预警长效机制；要督促煤矿企业开展水害致灾因素普查工作，超前查明矿井水文地质条件；要检查指导煤矿企业组织《煤矿防治水细则》宣贯和对标整改，落实“三专两探一撤”措施，着力解决煤矿水患未查清或者未消除而冒险作业，严防煤矿水害事故。

3. 高风险煤矿安全“体检”

2018年12月7日，国家煤矿安监局制定印发了《高风险煤矿安全“体检”指导意见》(煤安监监察〔2018〕34号)(以下简称《意见》)。《意见》指出，要深刻认识抓好高风险煤矿安全“体检”的重要性，煤矿安全生产关系到几百万矿工的生命安全健康，事关社会稳定。各省级安委会要清醒认识当前煤矿安全生产面临的严峻形势，进一步增强紧迫感责任感使命感，从牢固树立“四个意识”和坚决做到“两个维护”的政治高度，深刻认识煤矿安全生产工作的重要性。始终坚持以人民为中心的发展思想，把人的生命安全放在首位，时刻绷紧安全生产这根弦，层层压实安全责任，落实针对性安全管控措施。当前，要聚焦重大安全风险和重大事故隐患，对正常生产建设的煤与瓦斯突出、冲击地压、高瓦斯、水文地质类型复杂和极复杂、采深超千米、单班下井人数多等6类高风险煤矿（以下简称“6类高风险煤矿”），立即组织开展安全“体检”。对安全没有保障的煤矿，无论是国有大矿还是民营煤矿，该限产的要限产，该停产的要停产，该退出的要退出，不得以任何形式、任何理由“带病”组织生产。要把对高风险煤矿安全“体检”作为防控重大安全风险，整治消除重大隐患，淘汰退出落后产能，有效防范遏制重特大事故的重要手段，抓实抓细抓好。

《意见》要求，要逐矿开展安全“体检”式重点监察，停关一批高风险煤矿。各省级煤矿安全监察局要牵头立即组织对6类高风险煤矿逐矿开展安全“体检”式重点监察，首先对灾害严重且采深超千米、单班入井人数较多等风险交叉叠加的煤矿开展“体检”。对每个矿“体检”结束后，及时形成“体检”报告，列出问题清单，提出限产、停产、关闭煤矿的处置意见，并将“体检”报告及处置意见通报地方政府及属地煤矿安全监管部门。

6.3.5 2018年煤矿安全生产国际交流

1. 第九届中国国际安全生产论坛

2018年10月16日至17日，由应急管理部、国际劳工组织、浙江省人民政府共同主办的第九届中国国际安全生产论坛在浙江杭州市举行。本届论坛以“强化事故预防，促进安全发展”为主题，宣传和展示党的十八大以来我国安全生产事业取得的新成就，进一步促进国际交流合作，推动我国安全生产领域改革发展。来自国家安全生产监督管理总局、中国安全生产协会、世界卫生组织、国际职业卫生委员会、美国国家职业安全健康研究院等机构的近100名国内外知名专家作现场报告。国内外30余家知名企业的近百名展商代表集中展示了国内外最新的劳动防护产品、职业病危害因素检测装备及职业病防治和诊疗技术。来自中、美、英、加、德、日、韩等几十个国家和地区的职业健康和工业卫生领域的政府部门、行业组织、高等院校、科研机构、专业技术服务公司等单位的400余名代表参加了此次论坛。

2. 第六届中俄安全生产高层对话在京举行

2018年10月16日，第六届中俄安全生产高层对话在杭州举行。中华人民共和国应急管理部领导，俄罗斯联邦环境、技术与原子能监察署领导等出席对话活动并分别致辞。俄方重点介绍了俄罗斯近年来完善安全生产法律法规和加强监督检查、行政执法等重点工作及取得的成效，介绍了推广远程控制系统、改进法律法规、加强运营单位责任、提高公众安全意识等下一步工作安排。希望中俄双方继续深化安全生产交流合作，不断丰富合作内容，共同提高安全监管监察能力和水平。中方表示自2013年中俄安全生产高层对话建立以来，双方在安全法规、安全科技、事故预防等方面开展了一系列富有成效的交流合作，取得了丰硕成果，中方愿与俄方一道进一步扩大交流合作，完善高层对话机制，为推动中俄两国安全生产事业发展作出更大贡献。

3. 第十八届国际煤层气暨页岩气研讨会

2018年12月13日，第十八届国际煤层气暨页岩气研讨会在河南省平顶山市举行。会议旨在加强煤矿安全生产、推动瓦斯（煤层气）科学化利用，促进全球生态环境的改善。此次会议由国家煤矿安监局科技装备司、美国环保局煤层气办公室主办，信息研究院承办。来自美国、加拿大和澳大利亚等驻华使馆、国内外科研机构、高等院校、企业的专家和代表共100多人参加了会议。与会代表围绕地面煤层气、页岩气、关闭矿井残存煤层气开发技术以及煤矿瓦斯防治和抽采利用技术进行专题交流和研讨。

4. 中日煤矿安全技术培训合作项目成果交流会

2018年11月15日，应急管理部国际交流合作中心（以下简称中心）和日本石油天然气·金属矿物资源机构（以下简称JOGMEC）共同举办的“中日煤矿安全技术培训合作项目成果交流会”在云南昆明顺利召开。国家煤矿安全监察局、应急管理部国际交流合作中心、中国煤矿工人昆明疗养院等部门和机构领导和JOGMEC石油开发部、JOGMEC煤炭开发部、钏路煤矿等机构派出的日方代表出席此次会议。共有来自27家各省市煤监系统和煤炭企业以及日方代表共58名代表参会，黑龙江煤矿安监局鹤滨监察分局等7家发言单位的代表在会上进行经验交流，重点介绍了本单位推广和应用日本煤矿安全理念、管理和技术情况以及取得的重要成果。

6.4 各地煤矿安全生产工作管理制度

6.4.1 煤矿安全监管监察先进经验

1. 山西省煤矿安监局采取“六种战术”保障煤矿安全生产

山西煤矿安监局采取“六种战术”，因时施策、因企施策、因变施策，不断加大监察执法力度，促进全省煤矿安全生产形势持续稳定好转。2018年，全省煤矿共发生死亡事故28起，死亡30人，同比减少1起、34人，分别下降3.45%和53.13%，未发生较大及以上事故。煤矿百万吨死亡率0.033。

(1) 抓重点，集中优势力量打“歼灭战”。采取“点”上抓典型、“线”上保高压、“面”上求覆盖的“三维共治”执法方式，紧盯薄弱环节，解决突出问题，强化集中执法。

(2) 抓防范，实施各个击破打“攻坚战”。①靶向执法。针对煤矿重大灾害和薄弱环节，确定“十个专项监察”；②精准监察。根据煤矿安全体检和日常监察掌握的情况，综合考虑煤矿各种因素，不同的矿井采取不同的监察方法，“一矿一策、因矿施策”；③综合施策。实施与矿长谈心、举办培训班、“三进”、宣传教育等活动多方面综合发力、多管齐下。

（3）抓联动，形成强大合力打“大会战”。①对国家局检查发现的安全隐患，及时在一定范围内召开通报会，做到“查处一矿、警示一片”；②与安全监管部门联合开展安全生产大检查、打非治违专项行动，与国土、税务等部门联合开展了为期一月的“一保三防”专项行动；③组织国有大型煤矿集团公司开展了安全交叉互检活动。

（4）抓问责，强化震慑作用打“心理战”。针对煤矿企业落实安全生产主体责任讲在嘴上、写在纸上、落实不到现场上的问题，我们坚持“教育千遍，不如问责一次”的要求，抓住不落实的事、追究不落实的人。

（5）抓创新，提升监察执法效能打“运动战”。针对现阶段煤矿安全生产特点，坚持“抓早、抓前、抓主动、治未病”的原则，持续在创新执法方式、提升监察效能上下功夫，有效防范各类事故的发生。

（6）抓基础，提高安全保障能力打“持久战”。针对当前煤矿安全基础薄弱，尤其是一些老矿井和资源整合矿井，点多面广战线长、股多人杂管理差的现状，我们坚持“管理、装备、素质、系统”并重的原则，大力推动煤矿加强安全基础工作，提升煤矿安全保障能力。

2. 河南省煤矿安监局通过编制手册规范执法行为

河南省煤矿安监局、河南省煤炭工业管理办公室通力协作，历时一年多，于2018年4月编制完成了《河南省煤矿安全监管执法手册》，并在全省推广应用，收到良好效果。手册分为上下两册。上册内容主要由执法检查程序和执法文书制作两大部分组成。下册内容为煤矿安全监管现场检查表，共20个专业（系统）84个检查表。

2018年1月至9月，河南省煤矿安全监管部门共立案查处案件56起，问责企业管理人员169人次，且未出现一例行政争议、行政复议和行政诉讼案件。

通过培训和使用《手册》，河南省提升了执法能力，规范了执法行为，提高了执法效能，强化了监管责任。

3. 河北省积极探索创新应用远程监察执法

河北省煤矿安监局创新思路、主动作为、积极探索，充分利用大数据、物联网等信息化手段开展远程监察，擦亮了监察执法的“千里眼”，取得了良好成效。

2017年7月以来，河北省煤矿安监局通过远程监察系统实施精准执法，相继印发远程监察通报14份，查处瓦斯高值超限重大隐患2条，责令停产整顿矿井1次、停止采掘工作面作业5次。

（1）精准研判事故隐患。该局开展了全员培训，着力提升监察员对瓦斯、一氧化碳浓度超限等情况的研判能力。

（2）精准制定监察方案。每次监察前，分局和主办监察员一起利用远程监察系统分析安全隐患。根据研究结果，确定监察方案。

(3) 精准出击查处隐患。对发现的一般隐患，适时提醒提示。凡发现3%以上的瓦斯高值超限重大隐患，分局立即赶到现场核查。

6.4.2 煤矿企业安全管理制度经验

1. 淮北矿业（集团）有限责任公司实施四化培训促进四个转变

安徽淮北矿业（集团）有限责任公司始终把教育培训作为推动企业高质量发展的软实力和硬基础，深入推进安全培训教育科学化、市场化、信息化、品牌化，实现员工从“多数学”向“全员学”、“要我学”向“我要学”、“枯燥学”向“兴趣学”、“需求学”向“成长学”转变。

淮北矿业（集团）有限责任公司实行党管培训，集团公司党委书记对员工教育培训负总责，明确纪委书记主管；建立完善了集团、业务部室、矿（厂、公司）、科区、班组的“五级”教育培训管理架构，形成集团统筹规划，业务处室协调配合，基层单位扎实推进的闭环管理机制；制定实施了培训规划等制度文件，集团每半年召开一次培训工作推进会，基层各单位每季度召开一次培训工作会议；推进安全培训市场化，创新实施“2＋4”培训市场化运作模式，开展矿厂对科区、科区对一线两级市场考核，建立执行针对技能水平、技术能力、培训工资和学历教育等指标的“收购”制度；利用数据平台、网络互动、仿真培训等方式，构建员工安全培训信息化平台，提升安全培训的效率和员工的学习兴趣；打造品牌实训基地、品牌教师课程、品牌员工，发挥品牌化培训的辐射力、吸引力和引领力。

2. 兖矿集团有限公司创新实施“三减三提”打造本质安全型企业

山东兖矿集团有限公司以最精简的系统、最先进的设备、最高效的管理、最精干的人员，创造性实施“三减三提”，加快推进自动化、信息化、智能化建设攻坚行动，推动煤炭生产向“减头减面减系统、提速提质提效”转变。

兖矿集团有限公司优化采区布局“减头面”，创新实施“一井二面”“一主一备”方式，推动现有生产布局双面合一、新生产布局宽度大幅增加，优化采区及工作面巷道布置；自主开发建设安全生产实时数据联网系统、安全生产调度指挥系统等30余套安全生产信息化管理系统；研发突破多项国内一流、国际领先的安全高效开采技术，升级一批液压支架、采煤机、掘进机等关键设备；构建以公司战略为导向的煤矿安全信息化系统，加快推进机器人科研项目和智能化示范矿山建设，构建智能集成管理体系；制定实施定编定员、定岗定责、定额定标“六定”活动方案和减员增效工作意见，推行大区队、大工种改革；组建专业队伍，打造精品团队；紧盯前沿领域，开发研制矿用高精度惯导定位装置、智能视觉机器人。

3. 冀中能源集团有限责任公司强力建设“三位一体”安全生产标准化体系

冀中能源集团有限责任公司积极探索安全生产标准化新模式，用八个安全一切理念统领思想，用三个安全管理模式管控行为，用四个安全专项工程做实业务，用一个安全综合智库正确决策，提出了“心里想着风险、眼里查着隐患、手里干着标准化”的安全“行为准则”，贯穿到安全生产体系之中。

冀中能源集团有限责任公司明确了安全行为准则的战略思维和工作定位，建立健全安全“行为准则”执行标准和管理制度，强化“行为准则”落实，搞好“行为准则”培训，把“行为准则”推进作为夯实标准化基础的重要工作；时刻把存在的安全风险、风险危害和防控措施装在心里；建立岗位风险预控手册，开展风险辨识评估，实行重大风险点重点监控；发挥好每个员工眼睛查隐患的作用，及时防治隐患、排查隐患、治理隐患，推行隐患排查岗位达标，实行矿级隐患排查周循环制、隐患排查日分析处理制和领导带班、跟班、盯班隐患排查班处理制，实行隐患对号实名制，建立瓦斯超限动态电子台账；按标准施工，上标准岗干标准活，把安全工程质量做优做好；建立了以总工程师为首的技术保障体系，以安全副职为主的安全监督检查体系，强化灾害治理工程质量，提高装备水平，保证基础质量。

4. 山西潞安矿业（集团）有限责任公司树立安全系统管理理念构建“特色基础建设体系”

山西潞安矿业（集团）有限责任公司树立安全系统管理理念，着力构建具有潞安特色的“人机环管”安全基础建设体系，为企业高质量安全发展提供了坚实保障。潞安矿业（集团）有限责任公司以安全系统管理理念引领安全发展，实施“三大六超前”管理，即大布局、大衔接、大系统，地质超前、设计超前、抽采超前、设备超前、措施超前、监察超前，确保系统最优、环节最简、抽掘采平衡、矿井布局合理。

潞安矿业（集团）有限责任公司实施“变化预测—变化分级分类—变化汇报—变化控制—变化检查—变化考核”的变化管理，推动“三位一体”安全生产标准化体系的有效落实，通过控制变化、管控风险，管理变化、消除隐患，变化达标、动态达标，全时段、多周期、全过程地实现风险的即时辨识管控、隐患的重点排查治理和标准化的动态达标；突出关键少数—矿长书记的带头示范，和兵头将尾—班组区队的现场执行，全面提高全员安全素质和能力；推广先进适用新技术，实施设备自动化控制技术，提升关键装备技术水平，实现井下少人、无人。

7 煤炭与环境

煤炭是中国的主体能源，长期以来，煤炭占中国一次能源生产和消费的比重均保持在60%以上。近几年，随着天然气、水电、核电、风电以及太阳能等新能源、可再生能源规模的不断扩大，中国能源结构不断优化，煤炭消费占比逐步降低，但煤炭消费规模仍然保持在3900 Mt左右，体量依然巨大。大规模的煤炭生产开发、运输和消费，带来资源、环境等一系列的问题。改革开放以来，国家、地方和企业多方联动，从法律法规、产业政策、技术研发应用、模式创新推广等多个层面，推动煤炭生产、加工、转化和终端消费环节的清洁化，加强矿区环境保护、推动资源综合利用，提升煤炭清洁转化技术水平和规模，提高煤炭清洁燃烧利用水平，取得了积极进展。

7.1 煤炭行业环境保护政策

改革开放40年以来，煤炭工业环境保护主要经历了起步时期（1978—1985年）、建设时期（1986—2000年）、转折时期（2001—2012年）、提升时期（2013年至今）4个时期，国家和地方出台了一系列环境保护政策，为煤炭工业环境保护指明了方向。

7.1.1 大气污染防治政策

2018年是“大气十条”实施5周年,“五大目标”全部实现，而且超额完成。2018年又是中央环保督查整改情况“回头看”的第一年，全面启动打赢蓝天保卫战三年行动计划，出台了一系列相关政策。

1.《中共中央　国务院关于全面加强生态环境保护　坚决打好污染防治攻坚战的意见》

为全面加强生态环境保护，打好污染防治攻坚战，2018年6月16日中共中央　国务院发布了《关于全面加强生态环境保护　坚决打好污染防治攻坚战的意见》，提出了总体目标，到2020年，生态环境质量总体改善，主要污染物排放总量大幅减少，环境风险得到有效管控，生态环境保护水平同全面建成小康社会目标相适应。

2.《打赢蓝天保卫战三年行动计划》

为加快改善环境空气质量，打赢蓝天保卫战，2018年7月国务院印发了《打赢蓝天保卫战三年行动计划》(以下简称《行动计划》)，这是继“大气十条”之后第二个国家级的大气污染防治行动计划。《行动计划》提出有效推进北方地区清洁取暖，集中资源推进京津冀及周边地区、汾渭平原等区域散煤治理，优先以乡镇或区县为单元整体推进；对重点区域继续实施煤炭消费总量控制，到2020年，全国煤炭占能源消费总量比重下降到58%以下；重点削减非电力用煤，提高电力用煤比例，2020年全国电力用煤占煤炭消费总量比重达到55%以上。

3.《京津冀及周边地区2018—2019年秋冬季大气污染综合治理攻坚行动方案》

为贯彻党中央、国务院关于打赢蓝天保卫战决策部署，落实《打赢蓝天保卫战三年行动计划》，全力做好2018—2019年秋冬季大气污染防治工作，生态环境部、国家发展改革委、工业和信息化部等部委印发《京津冀及周边地区2018—2019年秋冬季大气污染综合治理攻坚行动方案》(环大气〔2018〕100号)，提出集中资源大力推进散煤治理，2018年12月底前，天津港、唐山港、黄骅港等环渤海及山东省域港口的集港煤炭全部改由铁路运输；推进露天矿山综合整治，原则上禁止新建露天矿山项目；加强修复绿化、减尘抑尘，全面加强矸石山综合治理，消除自燃和冒烟现象。

以上环境保护政策的实施对煤炭产业产生了一定影响。一是环保要求越发严格，加快了煤炭向清洁高效能源的转变。2018年8月20日，第二轮环保督查启动，在中央主导、查企督政并举、督政为主的态势下，煤炭企业越发重视环境保护和经济发展的关系，加快了全行业产业结构优化升级，推动了煤炭由传统能源向清洁高效能源的转变。二是加大煤炭清洁高效利用关键技术和成果的转化。《打赢蓝天保卫战三年行动计划》提出“到2020年，二氧化硫、氮氧化物排放总量分别比2015年下降15%以上；PM2.5未达标地级及以上城市浓度比2015年下降18%以上”。鉴于当前以煤为主的能源结构，二氧化硫、氮氧化物等指标的减排，离不开煤炭的清洁高效利用，在现有技术和研发力量的基础上，煤炭科研院校需组织开展煤炭清洁高效利用技术攻关，争取支持先进技术的推广应用和产业化的财税政策，与企业积极配合，建立产学研一体的技术研发和推广平台，引导企业加快应用相关技术。

7.1.2 绿色矿山政策

在2017年《关于加快建设绿色矿山的实施意见》和《固体矿产绿色矿山建设指南(试行)》(T/CMAS)等文件的基础上，2018年6月自然资源部颁布了《煤炭行业绿色矿山建设规范》(DZ/T 0315—2018)，该规范从矿区环境、资源开发方式、回采率、生态环境保护、资源综合利用、节能减排、科技创新和数字化矿山、企业管理和企业形象等方面，对煤矿环境保护提出了有关要求，并针对矿井水、煤泥水、大气环境等污染源的常规污染因子和特征污染物，提出了量化排放标准。该规范涵盖了煤矿绿色矿山建设的基本内涵，是生态优先战略在煤炭行业的具体体现，对引导煤矿建设绿色矿山具有重要的意义。

7.1.3 燃煤发电政策

2018 年，涉及燃煤发电政策的文件主要有以下 4 项。

1.《关于发布 2021 年煤电规划建设风险预警的通知》

2018 年 5 月，国家能源局印发《关于发布 2021 年煤电规划建设风险预警的通知》(国能发电力〔2018〕44 号)，通知中对全国各省区 2021 年的煤电机组建设经济性情况进行了预测，并对 2021 年煤电装机充裕度情况进行了预警。

2.《关于做好 2018 年迎峰度夏期间煤电油气运保障工作的通知》

为统筹做好煤电油气运保障工作，确保 2018 年迎峰度夏形势平稳，促进经济高质量发展，国家发展改革委印发《关于做好 2018 年迎峰度夏期间煤电油气运保障工作的通知》(发改运行〔2018〕855 号)，通知要求认真落实增减挂钩减量置换要求，加快优质产能煤矿建设进度和手续办理，有序实施技术改造和减量重组，尽快实现建设煤矿依法依规投产达产。鼓励赋存条件好、安全有保障、机械化水平高的煤矿，通过产能置换重新核定生产能力，持续增加有效供给，尽可能多提供电煤中长期合同资源。

3.《关于印发 2018 年各省（区、市）煤电超低排放和节能改造目标任务的通知》

2018 年 8 月，国家能源局、生态环境部联合印发《关于印发 2018 年各省（区、市）煤电超低排放和节能改造目标任务的通知》(国能发电力〔2018〕65 号)，明确提出 2018 年全国各省（区、市）煤电超低排放改造和节能改造任务指标。2018 年，全国煤电机组超低排放改造任务为 48.68 GW，节能改造任务为 53.90 GW，并要求中部地区力争在 2018 年底前基本完成，西部地区在 2020 年完成。

4.《关于深入推进煤电联营促进产业升级的补充通知》

2018 年 9 月，国家发展改革委、国家能源局联合印发《关于深入推进煤电联营促进产业升级的补充通知》(发改能源〔2018〕1322 号)，该指导意见在《关于发展煤电联营的指导意见》(发改能源〔2016〕857 号）的基础上，进一步明确了推动煤电联营发展的目标，明确优先将煤电联营项目纳入发展规划，优先对实施煤电联营的项目办理核准手续，优先释放煤电联营企业优质产能，优先安排煤电联营企业运力，优先对煤电联营提供投融资支持，要求认真落实已出台的支持政策。

7.1.4 资源综合利用政策

2018 年，涉及资源综合利用政策的文件主要有以下 3 项。

1.《中华人民共和国环境保护税法》

2016 年 12 月 25 日正式发布的《中华人民共和国环境保护税法》自 2018 年 1 月 1 日正式实施。在这部法规中，明确了企业在固体废弃物排放与处置上的纳税标准，煤矸石适用税额为 5 元/t，粉煤灰为 25 元/t。

2.《工业固体废物资源综合利用评价管理暂行办法》和《国家工业固体废物资源综合利用产品目录》

2018 年 5 月 15 日，工业和信息化部制定发布了《工业固体废物资源综合利用评价管理暂行办法》和《国家工业固体废物资源综合利用产品目录》。在《工业固体废物资源综合利用评价管理暂行办法》中，对开展工业固体废物资源综合利用的企业所利用的工业固体废物种类、数量进行核定，对综合利用的技术条件和要求进行符合性判定的活动的管理机制和评价程序进行了规定。在《国家工业固体废物资源综合利用产品目录》中，明确了煤矸石、粉煤灰等工业固体废物的综合利用产品种类，以及综合利用技术条件和要求。

3. GB/T 1596—2017《用于水泥和混凝土中的粉煤灰》

GB/T 1596—2017《用于水泥和混凝土中的粉煤灰》于 2017 年 7 月正式发布，2018 年 6 月 1 日正式实施。标准中明确对适用于拌制砂浆和混凝土中的粉煤灰的各项重要参数和相关检验规则等内容进行了描述。

7.2 矿区环境保护

改革开放以来，生态文明矿区建设取得显著成效。全国原煤入选率由 1978 年的 16.7%提高到 2018 年的 71.8%，提高了 55.1 个百分点；煤矸石综合利用率由 27%提高到 70%，提高了 43 个百分点；目前，矿井水利用率和土地复垦率分别达到 73.6%和 49.5%。保水开采、充填开采、无煤柱开采等绿色开采技术得到普遍推广，煤炭深加工示范、燃煤电厂超低排放、高效煤粉型工业锅炉技术示范取得成功，煤炭清洁高效集约化利用水平大幅提升。特别是党的十八大以来，煤炭行业积极落实生态文明建设战略部署，大力推进生态矿山、绿色矿山建设，建成了一大批“花园式”绿色矿山，建成了以同煤塔山、神华宁东为代表的一批循环经济产业园区，和以开滦国家矿山公园、徐州贾汪区潘安湖为代表的国家近代工业博览园和生态旅游示范区，促进了矿区资源开发与生态环境协调发展。

7.2.1 矿区环境保护现状

矿井水、煤矸石是煤炭开采的共伴生资源，具有资源性和废弃性双重特点，其综合利用不仅节约资源，更能避免对区域生态的破坏。相关数据显示，目前煤矸石、矿井水和瓦斯等矿区废弃物的综合利用率较“十一五”初有了大幅增长，煤矸石及低热值煤综合发电、矿井水处理、瓦斯抽采利用等技术装备水平也大幅提升，原煤生产综合能耗得到有效控制。2018 年，煤矸石综合利用较 2006 年提高了 17 个百分点，矿井水综合利用率较 2016 年提高 29 个百分点，瓦斯抽采利用量较 2010 年增加了 $6.6\times10^9\ m^3$，大中型煤矿原煤生产综合能耗为 11.78 kgce/t，生产电耗为 21.9 kWh/t。资源综合利用水平逐步提高，利用价值日益凸显。

近年来，在污染治理、生态修复、节能降耗、资源综合利用等领域涌现一批具有企业自主知识产权的新技术、新装备，如煤矿矿井水超磁分离井下处理技术、环保节能型全粒级干法选煤技术、洗浴清洁能源利用技术、燃煤机组超低排放技术等；建立了新的研发平台和重点实验室，如土地复垦与生态修复重点实验室、煤矸石井下充填重点实验室、选煤干法中心重点实验室等。

党的十八大提出生态文明建设战略思想，《煤炭工业发展“十三五”规划》提出“研究制定矿区生态文明建设指导意见，建立清洁生产评价体系，建设一批生态文明示范矿区”，将生态文明建设理念融入煤矿现代化建设之中，在煤炭行业树立一批生态文明矿区，对推进全行业生态文明建设进程具有重要意义。自2013年以来，煤炭行业共有7家单位被授予“生态文明煤矿”荣誉称号。

打好蓝天保卫战，综合整治大气环境，是国家全面推进的重点任务，2013年以来，国家发展改革委启动煤炭行业低碳技术创新及产业化示范项目，包括采用煤矿矿井水源、乏风源余热供热供暖、煤矿中低浓度瓦斯利用与销毁两类节能和碳减排示范项目。几年来，项目承担单位开展了相关示范项目建设工作。在此基础上，总结采用煤矿矿井水源、乏风源余热替代燃煤小锅炉实现供热供暖技术和工程实践。

7.2.2 矿区土地复垦

中国开采煤炭已有几千年历史，土地塌陷等破坏相当严重。据不完全统计，近几年来，中国土地沉陷面积变化明显，由2010年的648 km^2，增加至2018年的710 km^2，增加了62 km^2；土地复垦率由38%增加到49.5%，同比增加11.5个百分点。2010—2018年中国土地复垦情况如图7-1所示。

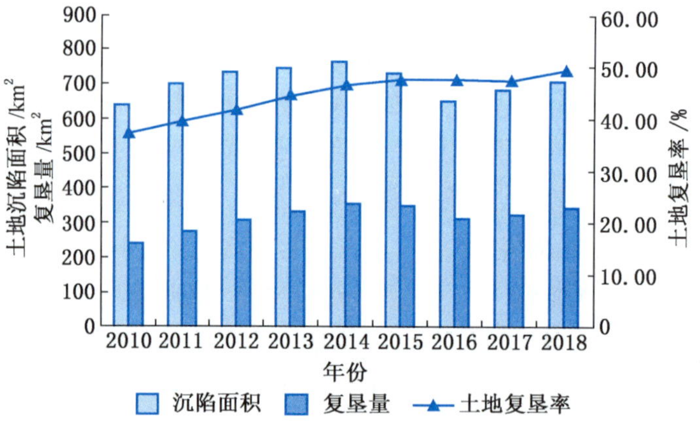

图7-1 2010—2018年中国土地复垦情况

“十三五”以来，通过严格项目核准和开采准入条件，推广充填开采、保水开采、煤与瓦斯共采、井下排矸、采空区地下水库等源头减损、减沉绿色开采技术；拓宽煤矸石、粉煤灰综合利用方式；土地复垦费计入生产成本，实施土地复垦专款专用资金等措施，矿区土地复垦深入推进。开滦国家矿山公园将唐山特有的煤文化、安全文化等有机融合，利用矿业遗产弘扬开滦悠久的矿业历史和灿烂文化，极大地提升了煤炭企业形象；南湖矿区修复示范区将一个杂草丛生、垃圾如山的采煤塌陷区变成风景秀丽、满眼绿色的怡人风景区，点亮了矿山的生态建设；淮南矿区“中医调理式”治理采煤沉陷区，建成了谢桥矿采煤沉陷区、迪沟生态园、老龙眼水库、大通湿地、煤矿生态环境保护国家工程实验室；兖矿集团有限公司借鉴国内外先进的治理技术和经验，探索城市建设规划用地、交通干线周边及一般农田3种塌陷地的治理方法和模式，形成综合治理、产业治理到实现盈利的良性循环，建成了济宁三号煤矿和动态预复垦项目示范区、沉陷地湿地复垦项目示范区、引黄河泥沙充填复垦项目示范区和煤矸石山生态修复示范区等。煤炭行业矿区土地复垦呈现百花齐放、百家争鸣景象，沉陷土地治理率不断提高，生态环境显著改善。

7.2.3 绿色矿山建设实践

2008年12月，国土资源部发布了《全国矿产资源规划（2008—2015年）》，确定了“2020年绿色矿山基本建立的战略目标”；2010年8月，《国土资源部关于贯彻落实全国矿产资源规划发展绿色矿业建设绿色矿山工作的指导意见》发布，同时出台了国家级绿色矿山的基本条件；2012—2014年，国土资源部先后公布第二批、第三批、第四批国家级绿色矿山试点名单；2016年，国土资源部、国家发展改革委等部门发布了《全国矿产资源规划（2016—2020年）》，指出“规划期末，全国拟建设绿色矿山的数量约1.3万个”；2017年5月，国土资源部等六部委联合发布《关于加快建设绿色矿山的实施意见》，明确指出要基本形成绿色矿山建设新格局，力争到2020年，形成符合生态文明建设要求的矿业发展新模式。2018年已是绿色矿山理念提出的第10年，目前全国31个省（区、市），除天津、河北、上海外，已有28个省（区、市）制定绿色矿山建设方案。

7.3 资源综合利用

改革开放以来，中国煤炭资源综合利用事业从无到有、从弱到强，经过多年的发展，煤矸石、矿井水、瓦斯等矿区废弃物综合利用途径不断拓展、技术水平大幅提升，矿区综合利用的总体规模不断壮大，为保护矿区环境、降低废弃物污染、节约资源、延伸煤炭产业链、推动矿区循环经济发展、推进生态文明矿区建设发挥了重要作用。粉煤灰作为煤炭燃烧利用后的固体废弃物，综合利用技术、装备研发与应用也取得积极进展，粉煤灰综合利用水平和规模伴随中国电力工业的发展不断进步。

7.3.1 煤矸石综合利用

煤矸石根据其来源，主要分为掘进矸石和洗选矸石两部分。近年来，受煤炭产能快速扩张影响，中国原煤品质下降、原煤灰分不断上升，与此同时，采煤机械化程度日益提高，原煤洗选规模逐步扩大。在上述多因素的叠加影响下，中国煤矸石的产排量呈快速增长趋势，由2006年的378 Mt，增长到2013年的740 Mt左右。随着煤炭产量的下滑，2018年我国煤矸石产生量约700 Mt，占全国大宗工业固体废弃物的比重接近20%。2006—2018年中国煤矸石产生情况如图7-2所示（根据国家统计局、行业协会数据整理)。

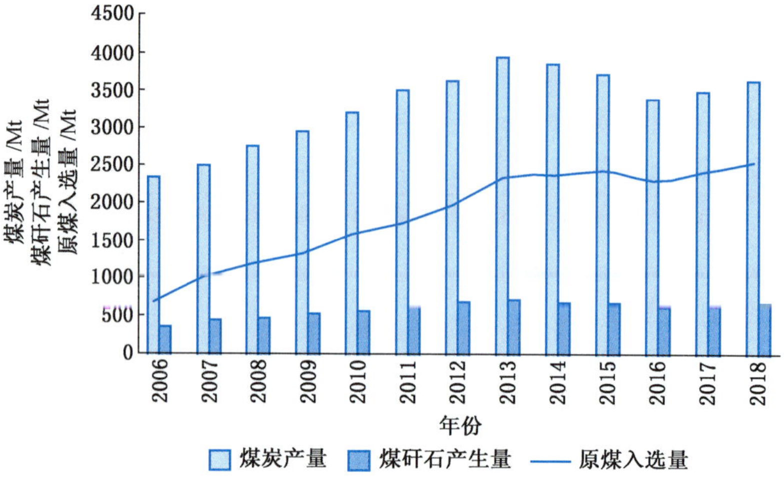

图 7-2　2006—2018 年中国煤矸石产生情况

改革开放以来，中国的煤矸石综合利用工作取得积极进展，利用方式和途径逐步拓宽。目前，主要的煤矸石综合利用方式包括煤矸石综合利用发电、煤矸石利废建材、土地复垦、井下充填、采空区充填、筑基修路和填坑造地等。煤矸石综合利用具有较强的区域特征。随着 2018 年 1 月 1 日《中华人民共和国环境环护税法》全面实施，华东、华中、东北等煤炭消费中心的煤矸石综合利用率进一步提升，如山东、安徽、江西等地区煤矸石综合利用都接近 100%或达到 100%以上；西南、西北等主要产煤省份虽然受煤矸石产生量、地理位置、综合利用产品市场需求等因素影响，利用率不及东部地区，但也有一定幅度的提高。华北、华东、华中、东北地区煤矸石综合利用发电、煤矸石建材、土地复垦等利用方式发展较好；西南、西北地区以煤矸石发电、填坑筑路、填沟造地和采空区回填等方式为主。据不完全统计，2018 年全国煤矸石综合利用率接近 70%，年综合利用煤矸石量 490 Mt。2006—2018 年中国煤矸石利用情况如图 7-3 所示。

2018 年，煤矸石、煤泥及低热值煤发电总装机规模达到 37 GW，在 2017 年的基础上，部分 350 MW 等级超临界低热值煤发电机组在 2018 年投产。2018 年，在部分省（区、市）推动煤矸石、低热值煤发电机组完成超低排放改造的基础上，煤矸石、煤泥及低热值煤发电行业全面推进超低排放改造。

7.3.2　矿井水综合利用

矿井水是在煤矿建设和煤炭开采过程中产生并从井下抽排到地面的水，包括井下涌水、井下生产过程中产生的废水。矿井水涌水量与矿井水充水水源及矿井所处的地理位置、气候条件、地质构造、开采深度和开采方法等有关。不同区域产生量变化规律，一般是东南部地区产生量大，西北部地区产生量少；总体而言，中部、东部、西

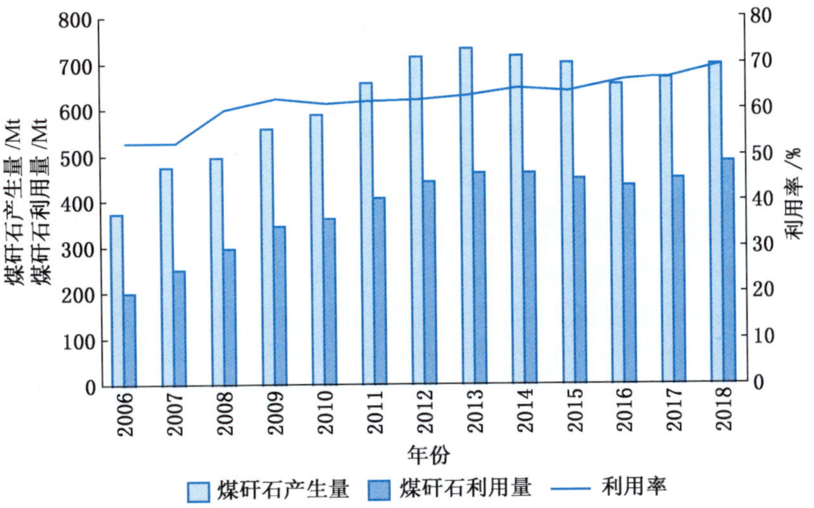

图 7-3 2006—2018 年中国煤矸石利用情况

南地区的矿井水吨煤涌水量要远高于北部、西北部矿区。与煤矸石产生总量变化趋势类似,"十一五"和"十二五"期间,中国矿井水涌水量变化趋势与煤炭产量变化趋势基本一致。"十三五"以来,随着煤炭产能区域转移趋势日趋明显,矿井水涌水量情况和区域分布也产生了较大变化,矿井水高涌水量地区煤炭产量逐步下降,西部、西北部缺水矿区矿井水涌水量小幅增长,矿井水涌水总量逐步回落。

近年来,矿井水处理技术工艺进步显著,综合利用途径多样化,除传统的井下和煤场降尘、厂区绿化、洗选煤厂补水、综合利用电厂补水和生活用水等利用途径外,部分矿区还将净化后富余的矿井水输送至周边的化工、钢铁和电厂等企业作为补充水源,拓展了矿井水的综合利用方式。2018 年,中国矿井水涌水量约为 5.48×10^9 m^3,综合利用量 4.04×10^9 m^3,综合利用率达到 73.6%。2005—2018 年中国矿井水综合利用情况如图 7-4 所示。

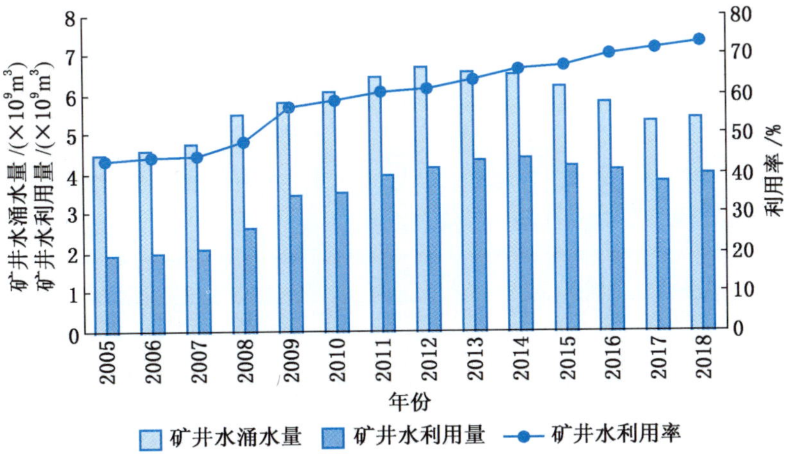

图 7-4 2005—2018 年中国矿井水综合利用情况

7.3.3 煤层气（瓦斯）开发与综合利用

近年来，中国煤层气（瓦斯）综合利用规模逐年扩大。相关统计数据显示，全国煤层气(瓦斯)抽采量从 2010 年底的 0.88×10^{10} m^3 逐步提升至 2018 年的 1.84×10^{10} m^3，其中地面煤层气抽采量 5.4×10^9 m^3，综合利用量 4.9×10^9 m^3，综合利用率 90.7%；井下瓦斯抽采量 1.3×10^{10} m^3，综合利用量 5.3×10^9 m^3，综合利用率 40.8%。抽采瓦斯提纯制 LNG 和 CNG、中低浓度瓦斯发电及提纯制 LNG、乏风瓦斯氧化销毁等技术应用得到进一步推广，瓦斯发电规模进一步扩大。2010—2018 年中国地面煤层气及井下瓦斯抽采利用情况如图 7-5 和图 7-6 所示。

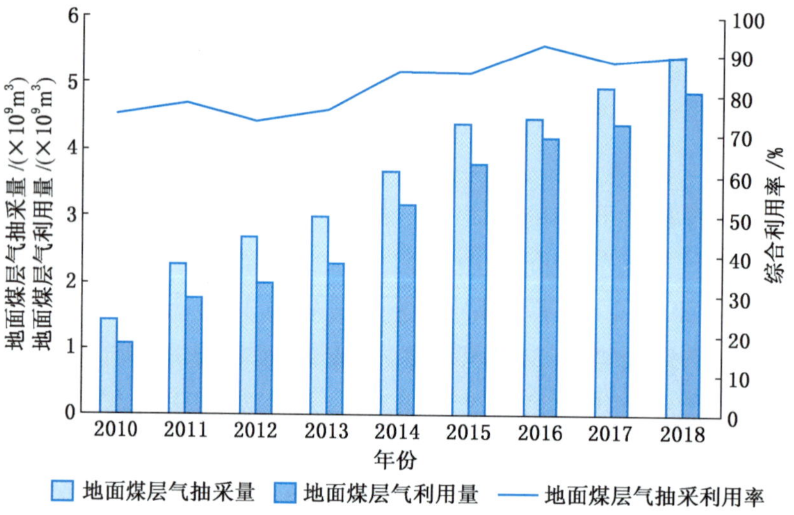

图 7-5 2010—2018 年中国地面煤层气抽采利用情况

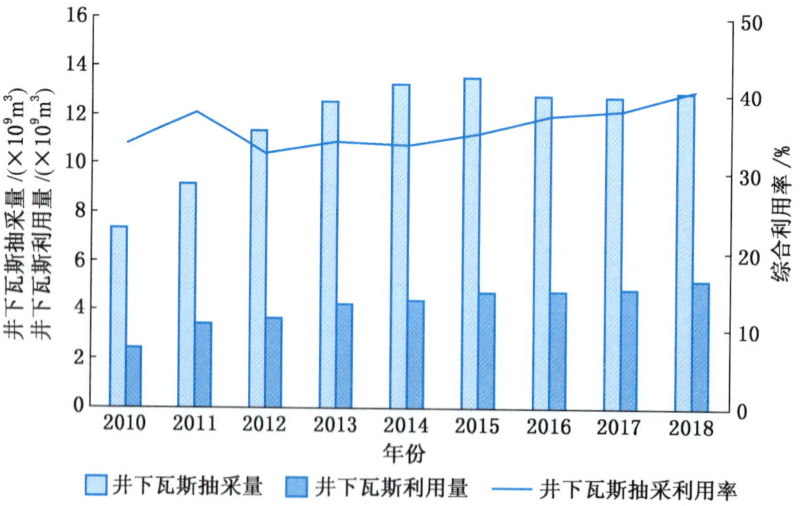

图 7-6 2010—2018 年中国井下瓦斯抽采利用情况

7.3.4 粉煤灰综合利用

燃煤发电是煤炭消费的最主要方向，燃煤发电消耗煤炭量近年来保持在 2000 Mt 上下，而大规模的电煤消费，产生了大量的粉煤灰。影响粉煤灰产生量的主要因素是煤电耗煤量、燃煤灰分情况和除尘效率等。目前，国内粉煤灰已广泛应用于水泥、加气混凝土、陶粒、砂浆等生产建筑材料，路面基层、水泥混凝土路面等生产筑路材料，回填矿坑、农业利用，以及提取漂珠等高附价值利用方面。影响粉煤灰利用量的因素主要是基础设施建设情况，其受下游产业需求影响较大。2017 年，全国燃煤电厂产生粉煤灰约 510 Mt，综合利用率约 72%；2018 年，粉煤灰产生量约 520 Mt。总体而言，湖南、广东、广西、海南、重庆、天津、湖北、上海等东、中部省（区、市）粉煤灰综合利用较高，基本达到 100%，西部、西北部省（区、市）受粉煤灰综合利用产品下游市场的需求影响，粉煤灰综合利用低于全国平均水平。2009—2018 年中国粉煤灰综合利用情况如图 7－7 所示。

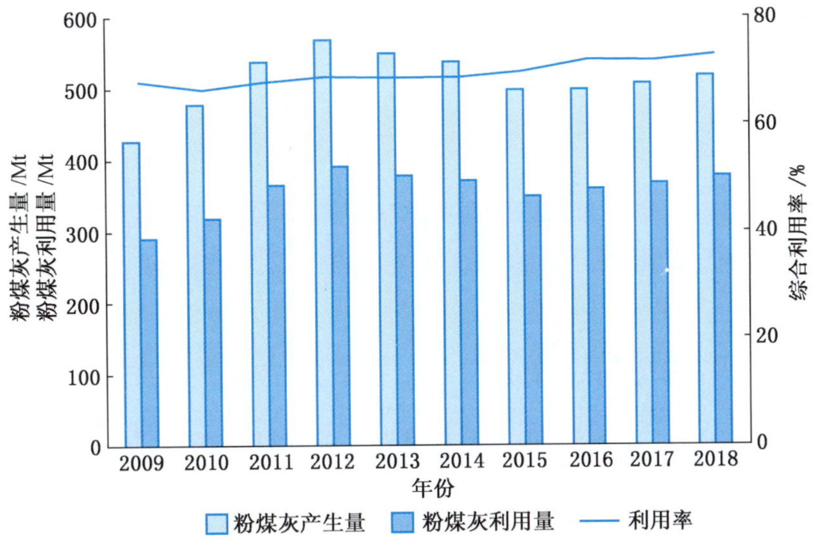

图 7－7　2009—2018 年中国粉煤灰综合利用情况

7.4 煤炭清洁燃烧利用

煤炭作为中国主要的一次能源，最直接也是最重要的用途就是燃烧制造热能。如何提高燃烧的热效率、减少燃烧的废气排放，是煤炭清洁燃烧的关键。随着大气污染物的排放标准愈加严格，全国电厂都在积极开展环保减排改造，主要发电集团在超低排放和节能改造方面也取得积极进展。改革开放以来，中国的电力能源供给能力实现跨越式发展。1978 年底，全国电力装机容量为 57.12 GW，发电量为 256.55 TW・h，发电装机容量和发电量居世界第八位和第七位。2018 年底，全国电力装机容量达到

1899 GW，发电量 6994 TW·h，燃煤发电装机规模达到 1010 GW，大容量、高参数高效环保机组逐步成为我国燃煤发电机组的主力。

7.4.1 清洁高效燃煤发电

近年来，中国的燃煤发电技术快速发展。300 MW、600 MW 及 1000 MW 等级燃煤发电机组数量大幅增长，截至 2018 年底，全国燃煤发电总装机容量达到 1010 GW，占电力装机的比重为 53%，居世界第一位。2009—2018 年中国燃煤发电装机情况如图 7-8 所示，2010—2017 年中国大型燃煤发电机组的装机容量情况如图 7-9 所示。根据中电联发布的数据显示，2017 年全国燃煤发电机组中 300 MW、600 MW 和 1000 MW 等级机组分别占火电总装机容量的 34.7%、34.5% 和 10.2%。世界首台 600 MW、1000 MW 级超超临界二次再热机组，及 600 MW 级超临界循环流化床机组均已在我国投入商业化运行，1000 MW 等级超超临界机组超过 100 台套。2010—2017 年中国大型燃煤发电机组占火电装机的比重情况如图 7-10 所示。

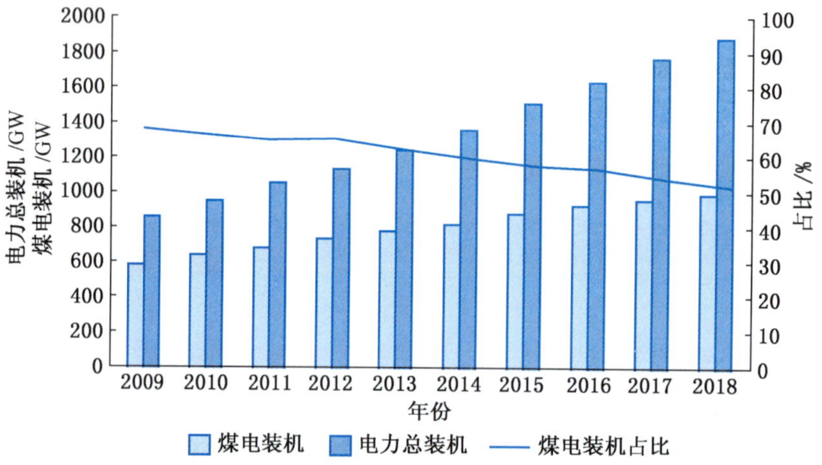

图 7-8 2009—2018 年中国燃煤发电装机情况

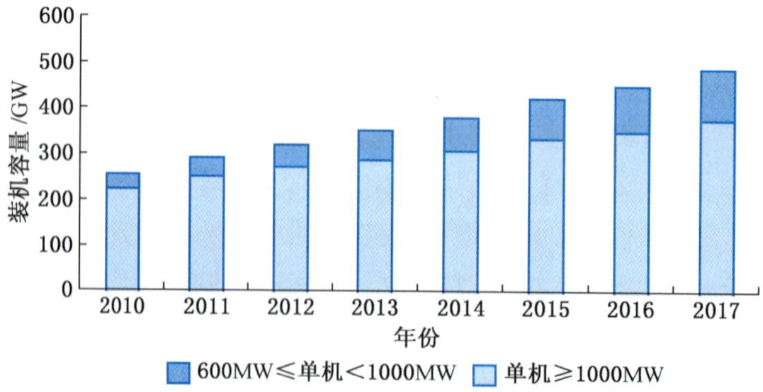

图 7-9 2010—2017 年中国大型燃煤发电机组的装机容量情况

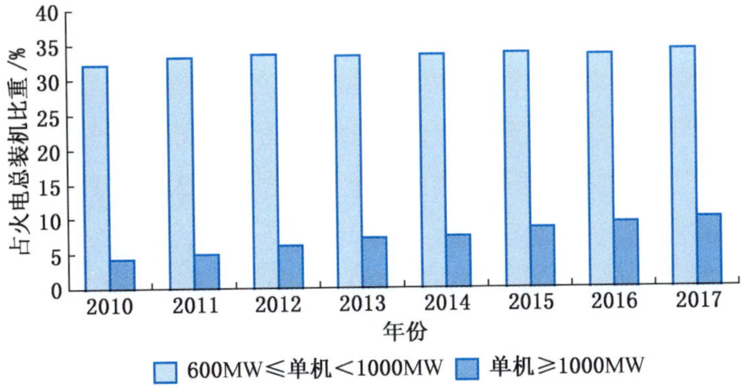

图 7-10 2010—2017 年中国大型燃煤发电机组占火电装机的比重情况

燃煤发电用煤是煤炭终端消费的主要方式之一，近年来燃煤发电耗煤量占煤炭消费总量的比重一直保持在 50%以上。2009—2018 年中国燃煤发电用煤情况如图 7-11 所示。

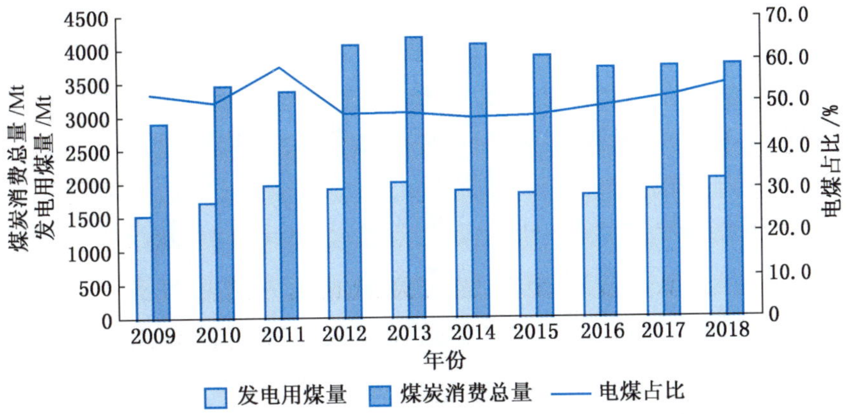

图 7-11 2009—2018 年中国燃煤发电用煤情况

近年来，随着煤电节能改造、大型高效煤电机组建设，以及煤电去产能措施的持续推进，全国火电行业供电煤耗指标持续改善，2018 年全国火电机组平均供电煤耗为 308 gce/kWh，较上一年度降低 0.7%。2009—2018 年中国火电机组平均供电煤耗情况如图 7-12 所示。

2016 年以来，中国燃煤发电机组开展超低排放改造的进程大大加快，截至 2018 年底，全国累计完成燃煤发电机组超低排放改造 810 GW，占煤电机组装机总量的 80%，下一阶段，我国将继续推进煤电行业超低排放和节能升级改造，进一步降低燃煤发电机组污染物排放量和供电煤耗。

7.4.2 散煤燃烧利用

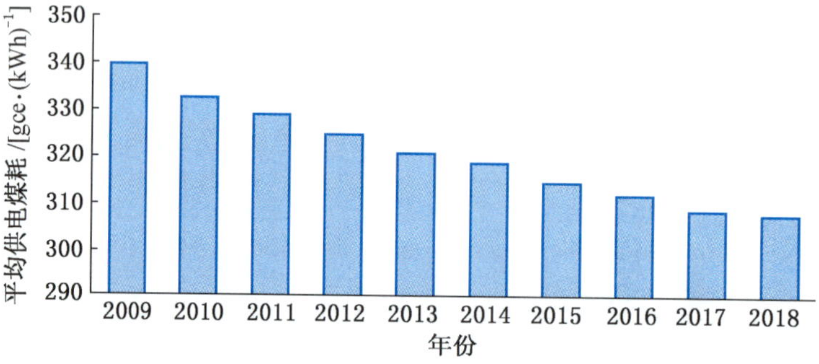

图 7-12　2009—2018 年中国火电机组平均供电煤耗情况

关于散煤，目前并无权威机构发布明确的边界和统一的定义。一般认为除了发电、炼焦和工业集中燃烧以外，包括中小锅炉和中小窑炉燃煤，以及居民生活和服务业分散使用的未经脱硫、脱销、除尘处理的煤统称散煤。散煤具有点多面广、直燃直排、污染严重的特点。

1. 散煤治理现状

自 2013 年向污染宣战以来，中国大气质量浓度改善成效显著，PM2.5 浓度下降明显，有力保障了《大气污染防治行动计划》(《大气十条》) 的圆满收官。特别是 2016 年以来的治霾治理中，散煤治理在秋冬季大气污染防治中精准发力。一方面，北方地区京津冀大气污染传输通道“2+26”城市和汾渭平原地区大规模推进散烧煤的清洁能源替代和散乱污企业的整治工作；另一方面，史上最大规模的环保督查进一步压实了地方政府责任；再加上“禁煤区”或“禁燃区”建设，散烧煤消费量的下降是比较明显的。

与前几年相比，重点污染控制地域“一刀切”的政策得到了一定程度的矫正，强调“因地制宜，宜电则电、宜气则气、宜煤则煤、宜热则热”。农村清洁取暖破题，但经济性难点尚未解决，清洁能源的冬季供应短缺问题突出。散乱污企业整治和工业小锅炉淘汰工作初见成效，但仍须加大力度，扩大范围，从重点区域推广至全国。“煤改气”和“煤改电”在北方地区清洁取暖顺利推进，试点城市由 12 个增加到 35 个，在前一年完成将近 400 万户的基础上，2018 年又完成了 480 余万户。2018 年，全国 338 个地级及以上城市优良天数比例提高了 1.3 个百分点，达到了 79.3%；PM2.5 浓度同比下降了 9.3%，其中三个重点区域改善得更多一些，京津冀及周边地区同比下降了 11.8%，长三角同比下降了 10.2%，汾渭平原同比下降了 10.8%，北京同比下降了 12.1%。

在工业中小锅炉治理方面，2018 年京津冀及周边地区全面淘汰 10 T/h（1 T/h=0.7 MW）及以下燃煤小锅炉，“2+26”城市中 14 个城市要求淘汰 20 T/h 及以下燃煤小锅炉，9 个城市要求建成区内淘汰 35 T/h 及以下燃煤锅炉。

汾渭平原主要包括山西省晋中、运城、临汾、吕梁市，河南省洛阳、三门峡市，陕西省西安、铜川、宝鸡、咸阳、渭南市以及杨凌示范区等。该区域处于煤炭产区，产业结构严重依赖煤炭，散烧煤问题突出，特别是2017年，汾渭平原大气污染不降反升。2018年7月，国务院印发的《打赢蓝天保卫战三年行动计划》对重点区域的划分有了新的调整，珠三角退出，汾渭平原进入，成为“十三五”中后期散煤综合治理的主战场之一。

在过去治理工作的基础上，2018年作为《打赢蓝天保卫战三年行动计划》的开局之年，散煤治理主要战区扩围，政策目标再加码。根据两大主战区的行动计划，京津冀及周边城市要完成散煤替代362万户，汾渭平原要完成散煤替代161万户，合计替代523万户。此外，散乱污企业整治、小锅炉淘汰及落后产能淘汰工作仍是重中之重。

2. 散煤清洁治理技术

当前煤炭仍然是中国的基础能源系统的核心，煤炭的未来取决于对其清洁利用的程度。中国地域广阔，南北方和东西部气候差异性较大，在高原、山区及北方地区，煤改气、煤改电不能完全适应实际情况。洁净煤作为兜底性能源，不仅是其他清洁能源的有益补充，更是偏远地区和北方广大农村最经济的刚性需求。

针对散煤的主要使用方法，目前采用的主要治理方式包括“煤改电”和“煤改气”，建筑保温、清洁能源替代、优质煤替代等技术，节能环保型燃煤采暖炉具的推广，集中供热等。

为了做好散煤治理，京津冀地区采取了三类措施。一是以热电联产和集中供暖替代散煤燃烧，也就是把煤炭的使用从小的污染设备逼到大的、但易于治理的设备中；二是把煤炭改为气、电等清洁能源，包括煤改气和煤改电，目前这一做法在京津冀尤其是北京的南部和廊坊、保定等地正积极推进；三是改善煤质，在集中供暖到不了，或者改气、改电存在设施受限和实施困难的情况下，采取的主要做法就是改善煤质，不仅改善煤质本身，同时也包括改善适合比较好的煤质的燃烧设备、炉具等。

1）“电代煤”和“气代煤”

“电代煤”和“气代煤”是散煤替代的重要方式。“电代煤”是指以电能为能源，发热电缆或电热膜等设备为发热体，将电能转变为热能来满足供暖需要的采暖方式或设备。“气代煤”是指以燃气为燃料，经燃烧器燃烧由热交换器或采暖系统中的循环水等载体经过反复加热，从而不断将热量输出，提供热源。“电代煤”主要有电采暖炉、发热电缆、电热膜、碳纤维电热板以及热泵技术等，与其他能源利用方式相比，具有清洁、安全、环保、方便、热效率高等优点，其热效率可达到92.81%。“气代煤”是促进中国能源消费结构向低碳、清洁、高效转型升级的重要途径，除了加热速率和操作简单之外，基本能够做到了“零污染”。

但目前国家推行“电代煤”和“气代煤”过程中，也存在政府财政补贴压力，居民对未来补贴不到位、运行费用高存在顾虑，经历“气代煤”或“电代煤”的企业，产品生产成本增加，运行压力较大。

2）洁净煤

洁净煤主要包括高热值、低污染的民用优质洗选原煤和民用改质半焦类燃料等，具体包括无烟煤、兰炭、型煤、民用焦炭等。在过去几年散煤清洁化治理过程中，洁净煤在政策上被定位为“过渡性”措施，为地方政府实施“宜煤则煤”提供了依据，是过渡性、兜底性的措施。

3）“好煤配好炉”

结合当前农村及边远地区的经济形势，鼓励居民燃用洁净煤和节能环保型燃煤采暖炉具，是实现我国农村散煤燃烧污染综合治理最经济、最便捷、最有效的措施之一。如兖矿集团有限公司的解耦炉，是其与中国科学院过程工程研究所合作开发的一款新型节能环保炉具，具有高效、低排放的特点，在实现烟煤无烟燃烧的同时，有效降低一氧化氮等排放35%～50%、降低二氧化硫排放60%～90%、降低粉尘排放90%以上。通过调查，与传统民用燃煤炉具相比，解耦燃煤炉具节煤量可达20%～30%。

4）集中供暖（集中供热）

城市集中供暖和集中供热是由集中热源所产生的蒸汽、热水通过管网供给一个城市或部分地区生产和生活使用的供暖、供热方式。与分散供热相比，集中供暖和集中供热具有良好的经济、环保和社会效益。目前，作为未来城镇化发展的方向之一，在工业园区、城乡结合部以及相关城镇也得到了迅速发展。高效煤粉锅炉、煤粉气化、水煤浆锅炉等煤炭清洁利用方式得到地方政府和居民的认可，可以实现超低排放。在寒冷的北方地区，优先规划建设以采暖为主的热电联产项目与燃煤锅炉治理同步推进，是替代分散燃煤锅炉和落后小热电机组，改善污染物排放的有效途径。

5）可再生能源

利用可再生能源供热，主要包括地热能供热、生物质能供热、太阳能热利用、清洁电力供热等，其中风电清洁供暖为间接热能利用，其余为直接热能利用。

6）建筑保温

中国北方农村地区的农村住房的墙体基本没有保温措施，门窗密封性差，导致取暖过程中热量损耗较大，房屋保温是决定取暖效果和室内温度的关键因素。应在推进北方清洁供暖的过程中，结合新农村建设，提高农村居民房屋保温性能。

7.5 煤炭清洁高效转化

新型煤化工，又称煤炭深加工，是指以煤为主要原料，生产多种清洁燃料和基础化工原料的煤炭加工转化产业，主要包括煤制油、煤制天然气、低阶煤分质利用、煤制化学品、油煤共炼等模式，但不包括传统煤化工产业。经过长期攻关，中国新型煤化工在科技装备、工程设计、建设运营和产业示范等多方面取得显著进步，总体达到国际领先水平，为推广产业发展、保障国家能源安全奠定了坚实基础。

7.5.1 “十三五”中期现代煤化工取得的成就

“十三五”期间，通过示范项目的不断攻关，进一步优化完善了大型煤气化、加氢液化、低温费托合成和甲醇制烯烃等工艺技术，中国煤制油、煤制天然气、低阶煤分质利用、煤制化学品等新型煤化工产业在“十三五”以来进步显著，技术和工程化水平领先国际，规划科学规范，定位清晰准确，园区化、基地化格局基本形成，产业规模整体居世界首位，示范项目实现安稳运行，环保水平不断提高。新型煤化工是中国几代人反复探索、具有民族特色的产业，具备发展成为战略性新兴产业的基础优势，对保障国家能源安全具有重大意义。

1. 项目总体安稳运行

神华宁夏煤业集团有限责任公司煤制油项目油品 A、B 线于 2017 年 12 月 17 日达到满负荷运行，最高负荷 106%。神华鄂尔多斯煤制油分公司项目生产负荷保持在 80%以上，煤液化装置最长单周期运行达到 420 天，远超设计值（310 天）。煤制天然气项目运行水平企稳向好，内蒙古大唐国际克什克腾煤制天然气有限责任公司项目在去冬今春平均负荷超过 80%，2018 年 3 月负荷超过 90%，创历史最好水平。

2. 运行指标不断优化

煤间接液化综合能源利用效率最高上升至 45.9%；神华鄂尔多斯煤制油分公司煤直接液化项目单位产品水耗降低至 5.82 m^3/t，神华宁夏煤业集团有限责任公司煤制油示范项目单位产品水消耗降至 6.1 m^3/t；内蒙古大唐国际克什克腾煤制天然气有限责任公司、神华宁夏煤业集团有限责任公司等示范项目可实现污水近“零排放”，环保水平不断提高。

3. 装备国产化率提升

神华鄂尔多斯煤制油分公司项目装备国产化率已达到 98.39%，实现了世界上直径和重量最大的高温高压临氢反应器、世界上容量最大的增安型无刷励磁同步电机、高差压减压阀等关键设备的自主化。神华宁夏煤业集团有限责任公司项目成功开展了核心煤间接液化技术和大型费托反应器等 37 项技术装备国产化任务，国产化率达 98.5%。依托煤炭深加工项目，国内技术、装备、材料等迅速发展，总体达到国际领先水平。具有自主知识产权的“神宁炉”大型煤气化技术已向美国顶峰集团等国内外企业技术许可 23 台，神华鄂尔多斯煤制油分公司项目联合开发的高差压减压阀可在 420 ℃高温高含固介质等苛刻条件下承受 16 MPa 的压差，最长使用寿命达 3000 小时，远超德、日等外资品牌。杭州制氧机集团有限公司、沈阳鼓风机集团股份有限公司等本土企业具备了自主制造大型空分（制氧量 $\geqslant 10^5\ m^3/h$）、压缩机组等重大装备的能力，倒逼国外同行大幅下调竞标报价。

4. 培养了一批优势企业和人才队伍

国家能源投资集团有限责任公司、兖矿集团有限公司、内蒙古伊泰集团有限公司等企业成为推动产业发展的重要力量，国家能源煤基液体燃料研发中心、低碳催化与工程研发中心、煤气化技术研发中心、煤炭分质清洁转化重点实验室等成为产业技术创新中心，中国石油化工集团有限公司、中国化学工程集团有限公司、大连金州重型机器集团有限公司、沈阳鼓风机集团股份有限公司等企业成为工程设计和装备制造的重要支撑力量，煤炭深加工产业从业人员超过10万人，逐步建立起有效的人才培养机制，基本形成了专业全面、结构合理的人才队伍。

5. 产品具有明显优势

煤制油品适用于生产超清洁柴油、军用特种油品以及高附加值化学品，对保障国家能源安全和国防战略安全具有重大意义。神华宁夏煤业集团有限责任公司煤间接液化油品可用于生产航空航天燃料、高端润滑油和高附加值化学品，可缓解我国航空航天燃料供应紧张局势，打破国外高端润滑油和化学品垄断。神华鄂尔多斯煤制油分公司煤制油品具有比重大、高体积热值、高体积比热容、高热安定性和低硫、低氮、低芳烃、低凝点的优点，用其生产的军用、航天类特种燃料已完成试用，显示出优良性能。

7.5.2 煤制天然气

煤制天然气是以煤为原料，生产天然气的工艺技术。以煤炭为原料生产合成气，经净化和转化以后，在催化剂的作用下发生甲烷化反应，生产热值符合规定的替代天然气，是国内外工业化煤制天然气的主流工艺。

2015年底，中国煤制天然气产能为3.1×10^9 m^3/a，2015年产量1.88×10^9 m^3。“十三五”期间，相对于煤制油产业，中国煤制天然气产业进展相对滞后。截至目前，中国已核准煤制天然气规模2.51×10^{10} m^3/a，但仅建成煤制天然气项目4个、产能合计约5.11×10^9 m^3/a，2017年合计产量2.63×10^9 m^3；《煤炭深加工产业示范“十三五”规划》中已核准的项目3个、核准规模1.20×10^{10} m^3，除伊犁新天煤化工有限责任公司2.0×10^9 m^3/a煤制天然气项目已建成投产外，苏新能源和丰有限公司4.0×10^9 m^3/a、内蒙古北控京泰能源发展有限公司2.0×10^9 m^3/a煤制天然气项目尚未有实质建设进展。见表7-1。

表7-1 中国煤制天然气示范项目统计

序号	项目	建成规模/(10^8 m^3·a^{-1})	2017年产量/10^8 m^3
1	内蒙古大唐国际克什克腾煤制天然气有限责任公司4.0×10^9 m^3/a煤制天然气项目	13.3	10.1
2	内蒙古汇能煤电集团有限公司1.6×10^9 m^3/a煤制天然气项目	4.0	4.1
3	新疆庆华能源集团有限公司5.5×10^9 m^3/a煤制天然气项目	13.75	8.5
4	伊犁新天煤化工有限责任公司2.0×10^9 m^3/a煤制天然气示范项目	20	3.6
5	辽宁大唐国际阜新煤制天然气有限责任公司4.0×10^9 m^3/a煤制天然气项目	0	0

表 7－1（续）

序号	项　　目	建成规模/(10^8 m^3·a^{-1})	2017 年产量/10^8 m^3
6	苏新能源和丰有限公司 4.0×10^9 m^3/a 煤制天然气示范项目	0	0
7	内蒙古北控京泰能源发展有限公司 4.0×10^9 m^3/a 年煤制天然气示范项目	0	0
合　　计		51.1	26.3

已批复项目中，除内蒙古汇能煤电集团有限公司因一期 4.0×10^8 m^3/a 煤制天然气工程生产具有市场竞争力的 LNG，有意愿继续建设二期 1.2×10^9 m^3/a 煤制天然气工程外，内蒙古大唐国际克什克腾煤制天然气有限责任公司项目二三期、辽宁大唐国际阜新煤化工有限责任公司项目、新疆庆华能源集团有限公司项目二三期和“十三五”期间已核准未建的苏新能源和丰有限公司项目，均有可能调整产品方案，改产烯烃、甲醇、乙二醇等较具市场竞争性的产品。虽然已建成项目生产运行水平不断提高，但受天然气长输管道接收的压制，导致企业普遍亏损，新建示范项目前期工作推进缓慢，项目基本处于停滞状态。

煤制天然气直接生产成本约 1.6～1.9 元/m^3，低于进口管道气和进口 LNG 价格，但大于国内气田气开采成本。煤制天然气企业受制于天然气管网价格，均存在成本与售价倒挂问题；且淡季国内天然气消费量大减，企业被迫承担调峰任务，严重制约生产能力发挥，导致成本进一步上升。以新疆庆华能源集团有限公司煤制天然气为例，该项目煤制天然气生产成本约 1.9 元/m^3，但管网方给予的结算价仅为 1.13 元/m^3，导致企业长期亏损，现金流不足，人员流失严重。

值得强调的是，2017 年供暖季期间，4 家已建成投产的煤制天然气企业合计供应天然气 1.14×10^9 m^3/a，为北方地区天然气增供、冬季清洁取暖作出了一定贡献。

7.5.3　煤制油

煤制油是以煤为原料，通过化学方法将其转化为液体油品的工艺技术，是缓解中国石油供需矛盾、保障能源安全的重要战略举措。该技术有直接液化和间接液化两种，直接液化技术是将固体煤制成油煤浆，在高温高压下，通过催化剂加氢裂化，将煤降解和加氢转化为液体烃类，然后通过稳定加氢及加氢提质等过程脱除煤中氮、氧、硫等杂原子的技术；间接液化是将煤气化生产粗合成气，然后通过费托合成生产出馏程不同的液态，再经提质加氢处理得到柴油、LPG、石脑油等成品油。

2015 年底，中国煤制油产能为 2.54 Mt/a，产量为 1.15 Mt。“十三五”以来，中国煤制油产能规模显著扩大，居世界首位。截至目前，中国已建成煤制油项目 8 个，产能规模约 9.06 Mt/a，2017 年合计产量 3.23 Mt；在建项目 2 个，产能规模 3.0 Mt/a。建成项目中，煤直接液化项目 1 个，产能 1.08 Mt/a，2017 年产量 0.85 Mt；煤间接液化项目 7 个，产能合计 7.98 Mt，2017 年产 2.38 Mt，见表 7－2。

表 7-2　中国煤制油示范项目统计

序号	项　　目	建成规模/ (Mt·a⁻¹)	2017 年产量/ Mt
1	神华鄂尔多斯煤制油分公司煤直接液化项目	1.08	0.85
2	神华鄂尔多斯煤制油分公司煤间接液化项目	0.18	0
3	山西潞安矿业（集团）有限责任公司煤间接液化项目	0.16	0.16
4	内蒙古伊泰集团有限公司鄂尔多斯煤间接液化项目	0.16	0.19
5	神华宁夏煤业集团有限责任公司煤炭间接液化示范项目	4.05	0.77
6	陕西未来能源化工有限公司榆林煤间接液化项目	1.15	0.81
7	内蒙古伊泰化工有限责任公司精细化学品商业化示范项目	1.20	0.45
8	山西潞安矿业（集团）有限责任公司高硫煤清洁利用油化电热一体化项目	1.08	0
9	内蒙古伊泰集团有限公司煤间接液化示范项目	0	0
10	伊泰伊犁能源有限公司煤制油项目	0	0
合　计		9.06	3.23

目前，煤制油新建项目共 4 个，产能合计 6.80 Mt/a，已核准 3 个，贵州毕节煤制油项目正处于核准评估阶段；储备项目 3 个，产能 10 Mt/a。“十三五”示范的新建项目中，山西潞安矿业（集团）有限责任公司长治项目一期工程 1.0 Mt/a 于 2017 年底建成投产，完成了两项示范任务；内蒙古伊泰集团有限公司鄂尔多斯项目于 2016 年 12 月获得核准，继续优化设计；内蒙古伊泰集团有限公司伊犁项目于 2017 年 7 月获得核准，仍未重新开工；贵州渝富能源开发股份有限公司毕节项目于 2017 年底上报核准，环评即将上报，仍需落实煤炭资源、环境指标等问题。

从项目核准和建设情况预测，煤制油已建成项目 8 个，产能规模约 9.06 Mt/a；在建项目 2 个，产能规模 3.0 Mt/a，即内蒙古伊泰集团有限公司鄂尔多斯 2.0 Mt/a、内蒙古伊泰集团有限公司伊犁 1.0 Mt/a 煤制油项目，这两个项目有望在 2020 年底建成，届时将形成煤制油产能 12.06 Mt/a，略低于《煤炭深加工产业示范“十三五”规划》原计划的 13 Mt/a。这主要是因为 2014—2017 年，国际油价低迷，且煤制油品税负过重，企业投资积极性不高、进度放缓。随着当前国际油价恢复性上涨，企业加快建设进度，煤制油产能有可能趋近《煤炭深加工产业示范“十三五”规划》预计值。

2018 年 5 月以来，中国煤炭加工利用协会对全国煤化工开展专项调研，以实地考察神华宁夏煤业集团有限责任公司间接液化项目为例，设计规模为 4.05 Mt 合成油品，年转化煤炭 20.46 Mt，即油品煤耗 5.05 t/t。实际受项目开工率影响，吨油品原料煤消耗约 4.83 t/t，燃料煤消耗 1.88 t/t，总煤耗 6.71 t/t，油品水耗约 9.38 t/t，CO_2 排放量 6.8 t/t。神华宁夏煤业集团有限责任公司间接液化项目与陕西未来能源化工有限公司榆林 1.0 Mt 煤间接液化项目煤耗及水耗类似。而神华鄂尔多斯煤制油分公司直接液化，吨产品原料煤耗 3.6 t/t，燃料煤耗 1.4 t/t，总煤耗 5.00 t/t，吨油品水耗约 6.7 t，CO_2 排放量 5.6 t/t。

目前面临的最大问题是，自 2014 年 11 月 28 日以来，财政部、国家税务总局连续三次提高成品油消费税标准，将柴油、石脑油消费税分别提高到 1.20 元/L（1411.2 元/t）、1.52 元/L（2105.2 元/t），导致煤制油生产企业不堪重负，面临巨大的经营压力。

7.5.4 煤制烯烃

煤制烯烃技术是以煤为原料，通过煤气化、甲醇合成、甲醇制烯烃、烯烃聚合等单元工艺技术耦合生成以聚乙烯、聚丙烯为主要产品的生产工艺。按照目标产物不同，分为甲醇制乙烯、丙烯（MTO）和甲醇制丙烯（MTP）。

2015 年底，中国煤制烯烃（包括甲醇制烯烃）产能为 8.62 Mt/a，2015 年产量 6.48 Mt/a。2017 年底，中国煤（甲醇）制烯烃产能达到 12.42 Mt/a，2017 年产量 6.35 Mt。煤制烯烃投产项目共 19 个，产能合计 11.72 Mt，见表 7－3。

表 7－3 中国煤制烯烃投产企业项目统计

序号	项 目 名 称	地 点	产能/($Mt \cdot a^{-1}$)
1	神华包头煤化工有限公司煤制烯烃	内蒙古包头	0.60
2	大唐内蒙古多伦煤化工有限公司煤制烯烃	内蒙古多伦	0.46
3	神华宁夏煤业集团有限责任公司煤制烯烃	宁夏银川	0.50
4	中国石化中原石油化工有限责任公司甲醇制烯烃	河南濮阳	0.20
5	宁波禾元化学有限公司甲醇制烯烃	浙江宁波	0.60
6	惠生（南京）清洁能源股份有限公司甲醇制烯烃	江苏南京	0.30
7	中煤陕西榆林能源化工有限公司综合利用项目	陕西榆林	0.60
8	靖边县能源化工综合利用产业园综合利用项目	陕西榆林	0.60
9	神华宁夏煤业集团有限责任公司甲醇制烯烃	宁夏银川	0.50
10	宁夏宝丰能源集团有限公司焦炉煤气制烯烃	宁夏银川	0.60
11	山东神达化工有限公司甲醇制烯烃	山东滕州	1.00
12	陕西清洁能源化工有限公司甲醇制烯烃	陕西蒲城	0.70
13	内蒙古中煤蒙大新能源化工有限公司工程塑料	内蒙古鄂尔多斯	0.50
14	神华榆林能源化工有限公司甲醇制烯烃	陕西榆林	0.68
15	神华新疆能源有限责任公司煤基新材料	新疆乌鲁木齐	0.68
16	青海盐湖工业股份有限公司煤制烯烃	青海格尔木	1.00
17	中天合创能源有限责任公司鄂尔多斯煤制烯烃	内蒙古鄂尔多斯	1.30
18	山东阳煤恒通化工股份有限公司甲醇制烯烃	山东临沂	0.30
19	吉林康奈尔化学工业股份有限公司 60 万吨甲醇制烯烃	吉林吉林	0.60

煤制烯烃建成工厂大多实现了满负荷运行，效益较好，例如陕西延长中煤榆林能源化工有限公司煤制烯烃项目 2017 年平均负荷达 108%以上，产销两旺，利润达 13 亿元。在建的煤制烯烃项目有序推进，中安联合煤化有限责任公司、久泰能源（鄂尔多斯）有限公司、延长延安能源化工（集团）有限责任公司等项目预计于 2018—2019 年建成投产，延长中煤榆林能源化工有限公司一期启动项目填平补齐工程计划于 2019 年建成投产。甲醇制烯烃项目由于 2017 年甲醇价格高位运行，多数经营惨淡，仅个别项目实现了盈利。从应用技术看，中国科学院大连物理化学所 DMTO 技术、UOP 公司 MTO 技术、中国石油化工集团有限公司 SMTO 技术得到了较多应用。

相关研究表明，当煤炭价格为 220 元/t，按项目 100%生产负荷计算（考虑目前最严格的环保要求和 20 元/t 的碳交易价格），煤制烯烃在 40～45 美元/桶，具有较强的经济生命力。如 2016 年国际平均油价为 43 美元/桶，较 2014 年下跌了 55%，在该油价下，中煤榆林能源化工有限公司煤制烯烃项目聚烯烃通过降本增效，实现产量 68 万吨，实现利润总额 12 亿元，税收 14 亿元。

7.5.5 煤制乙二醇

煤制乙二醇是以煤炭为原料，通过气化生成合成气后再制得乙二醇的工艺技术。乙二醇是重要的化工原料和战略物资，用于制造聚酯（可进一步生产涤纶、饮料瓶、薄膜）、炸药、乙二醛，并可作防冻剂、增塑剂、水力流体和溶剂等。目前国内采用以煤为原料制备乙二醇，以煤气化制取合成气（$CO+H_2$），通过气化、变换、净化及分离提纯后，CO 通过催化偶联合成及精制生产草酸酯，再经与 H_2 进行加氢反应并通过精制后获得聚酯级乙二醇的过程。该工艺流程短，成本低，是目前国内最受关注的煤制乙二醇技术，此技术的关键是催化剂的选择。

近些年，煤制乙二醇投资相对降低，且经受住了低油价考验，表现出较强的竞争力，项目投资热度相对较高。2015 年底，中国煤制乙二醇产能约为 2.16 Mt/a。截至 2017 年底，中国已建成煤制乙二醇项目 15 套，总产能 2.85 Mt/a，2017 年总产量约 1.54 Mt；在建项目 15 套，总规模 3.53 Mt，见表 7－4。

表 7－4　中国煤制乙二醇投产企业项目统计

序号	项 目 名 称	地 点	生产规模/Mt
1	通辽金煤化工有限公司	内蒙古通辽	0.20
2	安徽淮化集团有限公司	安徽淮南	0.10
3	河南煤业化工集团有限责任公司	河南新乡	0.20
4	河南煤业化工集团有限责任公司	河南安阳	0.20
5	河南煤业化工集团有限责任公司	河南濮阳	0.20
6	河南煤业化工集团有限责任公司	河南永城	0.20
7	河南煤业化工集团有限责任公司	河南洛阳	0.20
8	山东华鲁恒升化工股份有限公司	山东德州	0.05

表 7-4（续）

序号	项 目 名 称	地 点	生产规模/Mt
9	新疆天业（集团）有限公司	新疆库尔勒	0.25
10	中国石油化工股份有限公司湖北化肥分公司	湖北枝江	0.20
11	鹤壁宝马科技集团有限公司（一期）	河南鹤壁	0.05
12	阳煤集团深州化工有限公司	河北深州	0.20
13	鄂尔多斯新杭能源有限公司	内蒙古鄂尔多斯	0.30
14	阳泉煤业（集团）有限责任公司	山西平定	2×0.20
15	久泰能源科技有限公司	内蒙古鄂尔多斯	0.10

目前研究的煤经合成气制乙二醇技术路线主要有直接合成、甲醇甲醛合成和草酸酯合成 3 种技术路线，其中草酸酯合成路线，工艺要求不高，反应条件温和。

根据中国煤炭加工利用协会对山西晋城无烟煤矿业集团有限责任公司和兖矿集团内蒙古荣信化工有限公司煤制乙二醇项目进展的调研了解，煤制乙二醇项目原料煤设计消耗 1.65 t/t 产品，燃料煤消耗 1.35 t/t 产品，吨产品水耗约 10 t，吨产品 CO_2 排放量 5.6 t，即单位产品煤耗 3.0 t/t，水耗 10 t/t。2017 年，我国煤制乙二醇项目发展迅速，签约开工数达到 10 多家，实际生产乙二醇 1.54 Mt，煤炭转化能力 7.89 Mt，实际转化煤炭 4.63 Mt；水资源需求量 26.30 Mt，实际耗水 15.42 Mt；CO_2 排放量 14.73 Mt。从经济性方面考虑，以河南能源化工集团有限公司为例，该公司 3 套煤制乙二醇装置完全成本小于 4500 元/t，与石油路线 6000 元/t 相比优势明显。

7.5.6 半焦（兰炭）

兰炭是以不黏或弱黏煤为原料，利用内热式直立炭化炉，在 750 ℃左右中低温干馏工艺生产的一种高固定碳含量、高热值的固体物质，同时伴生副产品煤焦油和焦炉气。

我国兰炭产业始于榆林神木，从最初土法烧制、小型机械化生产到 0.6 Mt 以上规模化生产，历经数次升级改造。2008 年工业和信息化部将兰炭（半焦）纳入《焦化行业准入条件（2008 年修订）》；2010 年国家质量监督检验检疫总局与国家标准化管理委员会联合发布兰炭国家标准；2012 年国家工商行政管理总局商标局颁发了“神木兰炭”地理标志证明商标；特别是 2016 年以来，国家发展改革委、环境保护部以及国务院办公厅等将兰炭确定为洁净煤予以发展和推广。这是兰炭发展历史中几个极为重要的节点，兰炭发展趋势、优势越来越凸显。

目前，我国兰炭产区主要集中在陕西榆林、内蒙古鄂尔多斯、新疆哈密和宁夏 4 个地区，榆林市神木和府谷县兰炭产量占到全国总产量的 56%以上。全国兰炭产能情况如图 7-13 所示。

兰炭以固定炭高、比电阻高、化学活性高和低灰、低铝、低硫、低磷的特性，广泛运用于电石、铁合金、冶金、化肥等产品生产，是优质的民用清洁燃料。截至 2015

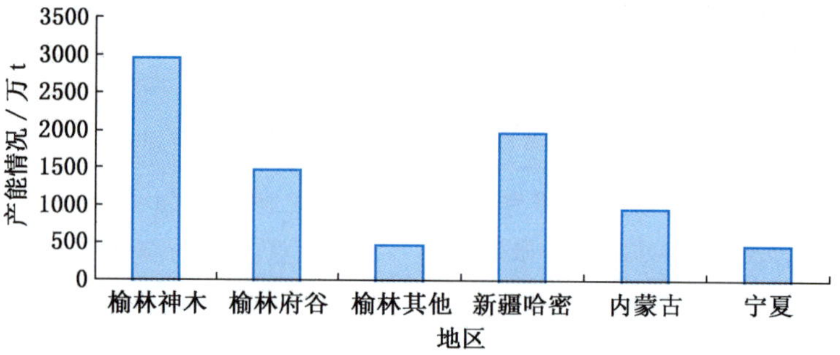

图 7-13　全国兰炭产能情况

年底，榆林市共有兰炭生产企业 89 家，建成产能约 50 Mt；神木地区产能最大，50 多家兰炭企业，总产能约 30 Mt；府谷地区 30 多家兰炭企业，产能约 15 Mt；其他地区如佳县、靖边、横山、榆阳共有 6 家左右，产能不到 5 Mt。另外，新疆地区有 20 Mt 产能，内蒙古地区 10 Mt 产能，宁夏地区约 5 Mt 产能，全国的兰炭总产量在 90 Mt 左右。

根据神木煤热解产率推算，1 t 块煤大致可生产 0.62～0.68 t 兰炭，按 0.65 t/t 计算，兰炭企业全年开工率在 60%左右，因此 2015 年兰炭行业块煤消耗量约 100 Mt。“十三五”期间，北京及山东先后出台兰炭代替散煤政策，加上兰炭在工业领域的增长，预计“十三五”末期，兰炭市场仍会保持 65 Mt 左右产量，对烟块煤的需求也依然维持在 100 Mt 左右。

作为全国最大的兰炭主产区，截至 2017 年，榆林市已建成兰炭产能 51.53 Mt，实际年生产兰炭 31.43 Mt，榆林市工业总产值 4234.64 亿元，其中兰炭产业总产值约 400 亿元（其中神木约 265 亿元）。兰炭产品主要销往内蒙古、宁夏、青海、山西等周边地区、京津冀鲁豫苏等地，以及中国东北、西南等地，部分出口日本、韩国、印尼、印度、马来西亚、斯里兰卡等国，作炭质还原剂、高炉喷吹、锅炉气化、民用散烧等。兰炭副产品煤气和煤焦油全部综合利用，其中干馏煤气目前主要用于发电、煅烧金属镁和白灰，以及合成氨、制氢等，煤焦油目前主要采用加氢技术加工柴油馏分和石脑油组分。榆林地区 2017 年就地转化原煤 51.85 Mt，兰炭产业已成为榆林最大的煤化工产业。

8 煤炭科技

2018年是改革开放40周年，是决胜全面建成小康社会、实施“十三五”规划承上启下的关键一年。当前，我国煤炭工业已转向高质量发展阶段，现代化煤炭经济体系建设成为煤炭工业的主要发展目标。煤炭科技创新是建设现代化煤炭经济体系的战略支撑，在基础研究、关键共性技术突破、创新示范工程建设、科技成果推广应用等方面取得了长足进步，成为推动煤炭由传统能源向清洁能源转变的核心动力。

8.1 改革开放煤炭科技发展

1978年3月，党中央召开了具有深远历史意义的全国科学大会，确立了科技工作的正确指导思想，邓小平同志在这次大会上作出“科学技术是生产力”的重要论断，我国迎来“科学的春天”。40年来，煤炭行业取得了举世瞩目的历史性成就，行业面貌发生了巨大变化。作为煤炭工业快速发展的核心动力，煤炭科技基础不断夯实、关键技术难题获得突破，科技供给能力持续增强，煤炭科技进步有力推动了煤炭工业从劳动密集型向技术密集型转变，实现了跨越式发展。

8.1.1 八次全国煤炭科技大会

1979年7月24日至8月4日，煤炭工业部在北京召开第一次全国煤炭科技工作会议。会议研究讨论了《煤炭工业若干技术政策》《矿务局总工程师责任制》《煤炭科技发展规划》《煤炭教育事业及技工培训规划》《煤炭科技情报及出版规划》以及《煤炭工业部关于加强科技、教育工作的决定》等6个规范性文件。此次会议开启了煤炭科技引领煤炭工业发展的新征程。

1983年7月8—16日，煤炭工业部在山东烟台召开第二次全国煤炭科学技术大会。会议讨论了《煤炭工业技术政策》《煤炭科学技术发展规划》《关于煤炭系统进一步落实知识分子政策的若干规定》

等文件，确定了煤炭工业发展的战略方针：煤炭生产建设必须依靠科学技术进步，科学技术工作必须面向生产建设。此次会议是煤炭工业依靠科学技术进步求得大发展的一个新起点，是煤矿井下作业从劳动密集型走向技术密集型的转折点。

1985 年 5 月 25—30 日，第三次全国煤炭科学技术大会在北京召开。会议重点研究讨论了“七五”期间煤炭科技发展规划以及推动企业技术进步和煤炭科研体制改革等，同时举办技术市场，表彰了第二次全国煤炭科技大会以来的先进典型。

1995 年 6 月 26 日，第四次全国煤炭科技教育大会在北京召开。会议要求采取有力措施推进煤炭科技经济一体化，坚持教育为本培养德才兼备科技人才，健全以总工程师为首的技术管理体系，开创了煤炭科技、教育发展的新局面。

2001 年 12 月 20—22 日，第五次全国煤炭科学技术大会在北京召开。会议总结了第四次全国煤炭科技教育大会以来煤炭行业科技工作的进展，展示了近年来煤炭科技工作的重大成果，启动了“中国煤炭工业科学技术进步奖”。

2005 年 11 月，第六次全国煤炭工业科技大会在北京召开。会议形成转变发展观念，创新发展模式，提高发展质量，实现煤炭工业可持续发展的共识，规划了“十一五”煤炭科技发展蓝图。

2012 年 7 月 14 日，第七次全国煤炭工业科学技术大会在北京召开。会议动员全行业坚持“科教兴煤”战略，提出坚持以科学发展为主题，以转变经济发展方式为主线，提高自主创新能力，着力提升煤炭工业发展的科学化水平。

2016 年 4 月 25 日，第八次全国煤炭工业科技大会在北京召开。会议动员全行业深入实施创新驱动发展战略，以科技创新带动全面创新，推动煤炭供给侧结构性改革，全面推进煤炭行业转型升级和持续健康发展。

8.1.2 行业重大科技奖励

改革开放以来，煤炭行业荣获国家科技进步特等奖 1 项，国家科技进步一等奖 12 项，见表 8-1。其中，“兖州矿区工程建设施工新技术”于 1992 年荣获国家科技进步特等奖。2000 年以来，煤炭行业共获国家科学技术奖 117 项，其中国家科技进步一等奖 3 项。“煤炭清洁高效利用核心技术和工业示范”入选改革开放 40 年 40 项标志性重大科技成果。

表 8-1 40 年来煤炭行业荣获国家科技进步特等奖和一等奖目录

序号	获奖名称	获奖等级	获奖时间
1	兖州矿区工程建设施工新技术	特等奖	1992
2	开滦矿务局特大透水灾害治理的新技术	一等奖	1985
3	光爆锚喷新技术在矿井支护及引滦工程中的应用	一等奖	1985
4	煤矿许用乳化炸药	一等奖	1985
5	3.5 m 厚煤层一次采全高成套综采设备	一等奖	1985
6	钻井法凿井技术	一等奖	1987

表 8－1（续）

序　号	获　奖　名　称	获奖等级	获奖时间
7	煤矿井下千伏级供电系统研究	一等奖	1989
8	厚煤层分层自动铺联网液压支架及配套设备	一等奖	1993
9	水煤浆加压气化及气体净化制合成氨新工艺	一等奖	1995
10	兖州矿业煤炭综合生产技术与开发	一等奖	1998
11	神东现代化矿区建设与生产技术	一等奖	2003
12	特厚煤层大采高综放开采关键技术及装备	一等奖	2014
13	煤制油品/烯烃大型现代煤化工成套技术开发及应用	一等奖	2017

2002 年以来，中国煤炭工业协会科学技术奖共评出获奖项目 3751 项，其中，特等奖 24 项，一等奖 383 项，二等奖 1386 项，三等奖 1958 项。中国煤炭工业协会科学技术奖已成为我国煤炭行业影响力最大、凝聚力最强的科技奖项，为推动我国煤炭产业的科技进步、科技人才培养、提升科学化发展水平、保障能源供给安全做出了重要贡献。

中国专利奖设立以来，煤炭行业共获得中国专利奖 75 项，其中，金奖 5 项（表 8－2），银奖 1 项，优秀奖 69 项。煤炭行业专利创造、保护与运用水平不断提高，在专利授权量不断提升的基础上，行业重点领域高质量高价值专利培育成为自主创新发展的重点方向。

表 8－2　煤炭行业荣获中国专利金奖目录

序　号	获　奖　名　称	届　数
1	一种煤炭直接液化的方法	十四届
2	沿空留巷 Y 型通风采空区顶板卸压瓦斯抽采的方法	十五届
3	一种矿井地下水的分布式利用方法	十七届
4	一种旋流干粉煤气化炉	十九届
5	采集时间控制模式下的多线程数据采集系统同步控制方法	二十届

8.1.3　行业科技人才培养

40 年来，煤炭行业共培养院士 30 名，包括中国科学院院士 2 名，中国工程院院士 28 名。

其中，宋振骐（1991）、何满潮（2013）为中国科学院院士。范维唐（1994）、刘天泉（1994）、戚颖敏（1995）、陈清如（1995）、汤德全（1995）、韩德馨（1995）、钱鸣高（1995）、洪伯潜（1997）、鲜学福（1999）、周世宁（1999）、谢和平（2001）、张铁岗（2003）、谢克昌（2003）、彭苏萍（2007）、王安（2009）、刘炯天（2009）、袁亮（2009）、李晓红（2011）、张玉卓（2011）、蔡美峰（2013）、康红普（2015）、

金智新（2015）、顾大钊（2015）、武强（2015）、凌文（2015）、王双明（2017）、陈湘生（2017）、王国法（2017）为中国工程院院士。

1998年，教育部和李嘉诚基金会共同启动"长江学者奖励计划"。煤炭行业共入选教育部长江学者20人，包括孙恒虎、赵阳升、陶东平、赵坚、彭苏萍、余海岁、刘恩儒、徐精彩、吴立新、刘炯天、代世峰、卢义玉、周宏伟、韩敏芳、鞠杨、邓军、来兴平、曹亦俊、周福宝、胡振琪。

2014年，中华国际科学交流基金会设立"杰出工程师奖"。煤炭行业荣获"杰出工程师奖"7人，杰出工程师鼓励奖11人，青年杰出工程师奖2人。其中，郭昭华、王国法、祁和刚、舒歌平、于斌、文光才、胡长华荣获杰出工程师奖；刘建功、祁和刚、康红普、游浩、王宏、文光才、曲思建、刘志强、孟祥军、席启明、唐永志荣获杰出工程师鼓励奖；王冬宝、潘俊峰荣获青年杰出工程师奖。

2013年，科技部启动"创新人才推进计划"。全行业共入选科技部创新人才推进计划33人，其中中青年科技创新领军人才15人，科技创新创业人才18人。其中，代世峰、卢义玉、张农、周福宝、房倚天、梁运涛、张吉雄、姚宁平、聂百胜、曹亦俊、樊卫斌、邓军、李德宝、秦波涛、黄炳香为中青年科技创新领军人才；王建学、王洪英、史丽萍、付超、杨陆武、吴道洪、周满山、卢明立、兰治淮、杜长龙、周官群、赵树彦、戴云峰、刘建华、钱建生、谭国俊、赵彤宇、毛善君为科技创新创业人才。

8.1.4 煤炭科技重大成效

1. 煤炭地质勘查

煤田地质学发展为煤炭地质学，建立了具有中国特色的煤炭地质综合勘查理论与技术体系。全国煤炭查明资源储量从1978年的596 Gt增加到2017年的1670 Gt。

经广泛调研及深入细致的研究，提出我国煤炭分区"井"字形架构与"九宫格"资源分布，我国煤炭地质基本特征与资源分布明显受控于由天山—阴山—燕山、昆仑—秦岭—大别山两条纬向造山带和兴蒙—太行—雪峰山、贺兰—六盘—龙门山两条经向造山带组成的井字形构造格局控制。

发展出适合中国煤炭资源分布特点的煤炭资源综合勘查技术体系，将"煤田地质勘探"发展为涵盖煤炭勘查、矿井建设、安全生产、环境保护等内容的"煤炭资源综合勘查"；将煤炭资源勘查逐步发展为以煤为主的多能源矿产协同勘查，包含了煤层气、页岩气、致密砂岩气以及高岭土、铝土矿、"三稀（稀有、稀土、稀散金属）"矿产等煤系其他矿产的勘查与评价。

2. 矿井建设

矿井建设形成了以综合机械化开采为核心，集中生产、合理开拓为关键，先进技术装备为保障的现代化矿井设计理念，建立了以冻结、钻井、注浆为主的建井理论与技术体系。改革开放初期最大的井工矿韩城桑树坪煤矿井型3 Mt/a，目前世界上单井生产能力最大的井工煤矿补连塔矿，井型28 Mt/a，是前者的9倍。

发展了斜井沿轴线冻结理论、深井控制冻结理论、地层注浆改性理论。研发了“一扩成井”钻井技术，反井钻井技术，深井冻结、斜井冻结、“钻注平行作业”凿井技术，超大直径深立井建井技术。冻结、钻井、注浆等特殊凿井技术达到国际领先水平。注浆与冻结、凿井平行作业“三同时”快速建井新技术极大缩短了建井周期，建设工期提前1年以上。冻结法凿井技术穿过冲积层厚度726.42 m，西部软岩立井冻结如核桃峪副井冻结深度达955 m，净直径9 m。钻井法最大钻凿成井深度达660 m，最大钻井直径为10.3 m。成功研制出超大直径深立井凿井大型成套装备，国内施工井筒最大荒径15.5 m，最大井深1341.6 m。

世界首套煤矿斜井盾构施工成套装备，集斜井施工开挖、衬砌、出渣、运输、通风、排水等功能于一体，在神东矿区补连塔矿成功投用，斜井最大埋深280 m，坡度5.5°连续下坡，斜长2745 m，连续4个月平均月进尺546.4 m，创最高月进尺639 m的掘进纪录，实现了安全、高效建井目标。2017年9月8日，我国首台直径为2.8 m的矿用全断面硬岩快速掘进机（矿用TBM）在辽宁铁法能源通用重机公司正式下线。目前，这台矿用TBM正在重庆能源集团松藻煤矿试用。“掘、支、运”三位一体快速掘进系统，具备智能远程操控功能，适于顶板中等稳定的近水平、缓倾斜煤层，2014年8月在神东大柳塔矿投入使用，掘进巷道2.8×10^4 m，平均月进尺2400 m，最高月进尺3088 m。

3. 煤炭开采

煤矿开采形成了较为完善的采场岩层控制理论，建立了以液压支架与围岩“三耦合”原理为基础的综采理论与技术体系。以引进100套综采设备为起点，通过引进、消化、吸收、再创新，实现了煤机装备国产化，建成了智能化采煤工作面，煤机装备制造水平位于世界先列，引领了国际煤炭智能化开采发展方向，煤炭生产方式正在由粗放向集约高效现代化方向转变。大型煤炭企业（原国有重点煤矿）的采煤机械化程度由1978年的32.5%提高到2018年的97.9%。

我国综采技术与装备自主研制始于20世纪80年代初，从研制4.5 m一次采全高综采成套装备，发展到神东大柳塔煤矿7 m大采高工作面，再到兖矿金鸡滩煤矿8.2 m超大采高工作面。2018年3月，8.8 m超大采高综采装备在神东煤炭集团上湾煤矿正式投运。薄煤层、倾斜急倾斜煤层、破碎顶板等复杂地质条件煤层综采取得明显成效。

完善了顶煤放出的散体介质流理论，发展出先进的放顶煤技术。2001年研发出世界首套两柱掩护式放顶煤液压支架及电液控制自动化综放成套技术，在兴隆庄矿成功应用，2004年向澳大利亚实现技术输出。14～20 m特厚煤层大采高综放开采成套技术与装备在大同、平朔、新疆等矿区成功应用，工作面年产量10 Mt以上。

建立了包含保水开采、充填开采、煤与瓦斯共采、无煤柱开采的绿色开采技术体系。建立了切顶短臂梁理论，形成切顶卸压无煤柱自成巷开采技术。以超高水、膏体、固体为充填物的井下充填开采技术成功应用。

4. 煤炭加工

形成了包含煤炭加工、利用、转化与污染物控制的洁净煤技术体系。全国原煤入洗率由1978年的16.7%提高到2018年的71.8%。炼焦用煤100%洗选，动力用煤的50%以上进行了洗选提质。

成功研制出具有自主知识产权的无压给料三产品重介质旋流器、机械搅拌式和喷射式浮选机、带有特殊结构中矿箱的“3+2”浮选机、自动快开隔膜压滤机、高效磁选机、选择性破碎机等大型设备，新一代空气重介干法选煤和大型全粒度级复合式干法分选成套技术与装备相继研发成功，大型旋流化解聚煤泥干燥技术解决了长期困扰选煤厂的煤泥同步干燥提质问题。开发了世界上首套模块式高效干法选煤工艺系统，解决了煤炭高效干法分选的世界性难题，为干旱缺水地区及易泥化煤炭的分选提质提供了新途径。

具有我国自主知识产权的大容量高效煤粉工业锅炉在全国应用推广，燃料燃烬率达98%，比普通燃煤锅炉提高28个百分点，排放烟尘$\leqslant$30 mg/m^3，$NO_x\leqslant$310 mg/m^3，相当于天然气排放标准。以国家能源集团、浙能集团为代表的燃煤电厂超低排放技术成功改造，排放指标优于天然气发电排放指标，启动了全国燃煤电厂超低排放改造工程。

5. 煤炭转化

形成了包括煤制气、煤制油和煤制化工品的现代煤化工技术体系。我国现代煤化工从“九五”起步，目前无论产业关键技术还是核心装备自主化研制都取得了重大突破，以煤制油、煤制烯烃、煤制乙二醇、煤制气为主的现代煤化工技术均打通了工艺流程，并形成规模。

开发了“多喷嘴对置式水煤浆气化”“航天粉煤加压气化”等先进技术。成功研发出“航天炉”“神宁炉”“晋华炉”“神宁炉”，破解了全球单套规模最大的4 Mt煤制油项目核心技术难题，并通过专利许可向国外技术转让；“晋华炉”有效解决了“三高煤”的气化难题。

国家能源集团首创了现代高效煤直接液化工艺、催化剂及工程化技术，突破超大超厚装备设计及制造技术，成功实现了系统集成和工业化运行。中温浆态床F-T合成煤间接液化技术，实现了世界单体规模最大的4 Mt煤间接液化项目运行。兖矿集团自主研发了低温浆态床F-T合成煤炭间接液化技术。具有我国自主知识产权的甲醇制烯烃技术成功研发并实现了产业化，截至2018年，DMTO及DMTO-II已签订技术许可22套，成功投产13套。

6. 煤矿信息化

1984年煤炭工业部成立计算中心，拉开了煤炭信息化发展的大幕，经历了“八五”巩固、“九五”调整以及“十五”以来的快速发展，目前已进入两化深度融合发展阶段。1989年全国煤炭第一条光通信线路在北京矿务局开通。1990年实现了带式输送机运输、排水泵房、通风机监控等单系统自动化。2005年，兴隆庄矿建立了采用千兆工业以太环网实现三网合一的综合自动化系统。2014 年，神东锦界煤矿建成了国内首个数字化矿井。

国家能源集团神东煤炭集团公司建成了国内首个数字矿山示范矿井和世界首个智能煤矿地面区域控制指挥中心，实现了亿吨级智能大型矿井群资源的智能配置，百万吨死亡率控制在 0.003 以下。

创建了“有人巡视、无人操作”的智能采煤工作面，成功应用在薄煤层、中厚煤层和厚煤层开采。目前国内已建成 145 个智能化采煤工作面。其中，黄陵二号煤矿智能化综采工作面，平均采高 5.6 m，实现了地面一键启动、井下记忆割煤、自动跟架推溜等功能，累计运行 12 个月，工效可达 247.97 t/工，累计生产煤炭 560×10^4 t，最高月产 50.5×10^4 t，开启了国产成套大采高装备智能化开采示范。

7. 煤矿安全

全国煤炭百万吨死亡率由 1978 年的 9.713 下降到 2018 年的 0.093，煤矿安全生产状况明显好转。

创建了“煤层瓦斯流动理论”“煤与瓦斯共采理论”，形成了瓦斯综合治理技术体系。高瓦斯突出煤层强化卸压增透技术广泛应用，实现了我国井下瓦斯高效抽采技术的重大突破。瓦斯抽采钻孔装备由小能力的分体式爬履结构发展到大功率的履带式结构，钻进能力已由几十米发展到 2000 m 以上，国产千米定向钻机在神东保德矿成功施工主孔深度达 2311 m 的超长钻孔。

建立了矿井复杂地质构造与灾害源探测技术体系。“地震主导、多手段联合、采前采中配合”的矿井地质保障技术成熟应用，目前可查明 1000 m 深度以内落差 3～5 m 以上的断层和直径 20 m 以上的陷落柱，解释落差 3～5 m 的断点以及波幅 10 m 以上的褶皱。矿井灾害源超深探测地质雷达装备及技术，实现了 80 m 范围内的地质构造和灾害源的精细超前预报，以及透射法 300 m 跨度工作面地质构造和灾害源的精细探测，为解决煤矿开采过程中的涌水掩井、瓦斯突出及爆炸、顶板冒顶和侧帮垮塌等灾难性事故提供了有效支持。

建立了深部开采突水动力灾害防治技术体系。矿井重大水害隐患精细探测、煤层底板灰岩含水层高效超前区域治理、地面快速抢险封堵过水通道等关键技术，为矿区水害治理提供了有效手段。

8. 煤层气开发

形成了晋城、两淮、松藻 3 种典型地质条件下煤与煤层气协调开发模式，建立了“三区联动井上下立体抽采煤与煤层气协调开发技术体系”“保护层卸压强化立体抽采煤与煤层气协调开发技术体系”和“三区配套三超前增透抽采煤与煤层气协调开发技术体系”。

在晋城矿区创立了煤矿区煤层气工厂化开发模式，实现钻井、压裂、排采和集输等多工艺流程一体化开发。研制出煤层气水平井钻进与压裂技术，单井平均产气量稳定在 8000 m^3/d 以上。攻克了煤矿采动区地面井抽采难题，地面井完好率达 93%以上。成功研制煤层气地面车载钻机及配套装备，可用于煤层气竖直井、水平对接井、多分支水平井施工及大口径救援孔、电缆孔、通风井等施工。

成功研制出低浓度煤层气变压吸附除氧浓缩成套技术装备，可实现一次压缩多次浓缩，将体积分数10%以上的煤层气浓缩提高至90%以上，同时将氧气体积分数降低至0.5%以下，甲烷总体回收率达到85%以上。研制出含氧煤层气深冷液化的本质安全工艺技术，采用级联式与自复叠式循环相结合的制冷工艺，甲烷回收率不小于98%。研制出浓度低于1%的乏风氧化技术，在潞安集团高河煤矿建立了全球最大乏风氧化发电机组——30 MW 乏风氧化发电示范项目。

9. 矿山生态

建立了煤矿区生态修复与水资源保护技术体系。2018年，煤矸石综合利用率达到70%，比1979年提高43.3个百分点；矿井水利用率、土地复垦率分别达到72.8%和49.5%，矿区生态环境质量明显改善。

针对鄂尔多斯盆地生态脆弱矿区煤层埋藏浅、厚度大、含水层位于煤层之上的特点，发现了煤炭开采引起的地下水位下降是导致生态环境破坏的主要因素，提出采煤区地质环境保护的核心就是保护地下水位的新理念，提出不同分区可保护水位的开采方法，编制了我国第一幅基于生态水位保护的采煤方法规划图。

基于综合利用“3S”技术开拓出煤矿区土地生态环境损害的宏观监测技术，将开采沉陷观测方法与农业土壤监测方法相结合，实现煤矿区土地生态环境损害的微观监测，实施以构造适宜土壤介质和迅速恢复植被与生产力为核心的综合复垦技术体系，革新若干复垦技术，解决困难条件下的采煤塌陷地复垦和煤矸石山绿化问题。徐州采煤塌陷区经过生态修复，蝶变成湖阔景美的国家湿地公园，拓展了城市生态空间，成为矿区生态治理的样板。

针对我国西部干旱半干旱煤矿区土地与生态破坏严重情况，从矿山开采产生的损伤类型、地质环境变异、土壤性状特点、生物反应周期、生态演替规律等进行研究，长期定位监测采区生态环境的演变规律、揭示其水土协调利用机制、从而获得生物修复长期生态效应，建立起一套西部煤矿区采煤塌陷地和矸石山微生物修复技术与方法，极大改善了西部矿区的生态环境。面对西部矿区煤炭开发与水资源保护相协调的难题，建成了以“导储用”为特征的地下水库，开发了涵盖煤矿地下水库设计、建设、运行和安全监控等方面的关键技术，在神东矿区已建成35座地下水库（储水量 2700×10^4 m^3），年供水量近 7000×10^4 m^3，使矿区由耗水大户转变为供水基地，实现了煤炭开采水资源的有效保护和高效利用。

8.2 2018年煤炭科技发展状况

2018年，在国家创新驱动发展战略的指引下，全行业改革科技管理体制，加快实施科教兴煤战略，以企业为主体、以市场为导向产学研相结合的科技创新体系不断完善，自主创新能力稳步提升，创新基础条件建设逐渐加强。煤炭科技取得多项重大进展，获批 3 个国家地方联合工程研究中心，5 人荣获第二届杰出工程师奖励表彰，2 人获孙越崎能源大奖，10 人获孙越崎青年科技奖，2 人入选国家科技部创新人才推进计划，33 人获中国煤炭学会煤炭青年科技奖。

2018 年，煤炭行业共 4 项成果获国家科学技术奖励，其中 1 项成果获国家技术发明二等奖，3 项成果获国家科技进步二等奖。13 项发明成果在第二十届中国专利奖评选中获奖，其中 1 项成果获得中国专利金奖，1 项成果获得中国专利银奖，11 项成果获得中国专利优秀奖。中国煤炭工业协会科技奖励共 322 项，其中特等奖 1 项，一等奖 33 项，二等奖 126 项，三等奖 162 项。

8.2.1 煤炭科技重大进展

1. 地下煤火防治难题获得新突破

中国矿业大学周福宝教授团队从地下火热能利用的视角，将煤火防治与资源化利用协同考虑。研究团队研发了分布式煤田火区热能提取温差发电新技术，利用新型热提取技术和热电材料，将地下煤火的热能直接转换为清洁电能。

地下煤火是煤田火和矿井火总称。全世界每年约有 10×10^8 t 煤炭被地下煤火烧毁。在浪费能源的同时，煤火燃烧也释放大量有毒气体和烟尘。每年仅地下煤火产生的温室气体二氧化碳，就占世界二氧化碳排放量的十分之一。地下煤火防治技术已在新疆乌鲁木齐大泉湖煤田火区实现工程应用，单个钻孔发电功率超过 2 kW。据统计，以 100 个钻孔核算，每年可产生电能 140×10^4 kW·h 以上。同时，热能利用可降低火区温度，进而减少灭火用水，可节约水资源 35.8×10^4 t。英国皇家工程院院士、国际火灾安全科学学会副主席卡伦将这项新技术评价为“全球原创性技术”，是世界煤火防治利用领域的突破。

2. 首套煤基固体氧化物燃料电池系统示范运行

2018 年 8 月，我国首套以煤为原料的 15 kW 固体氧化物燃料电池（SOFC）发电系统在晋煤集团天溪煤制油分公司打通全流程，实现了以气化煤气（合成气）为燃料的 SOFC 发电系统的示范运行。该项目由晋煤集团联合清华大学、中国矿业大学（北京）、苏州华清共同开发，由晋煤集团天溪煤制油分公司负责具体实施，最终目标是建立一个以煤为原料的 SOFC 整体示范工程。

燃料电池是一种将储存在燃料与氧化剂中的化学能直接转化为电能的发电装置。相比传统发电由化学能——内能——机械能——电能的转换，能量转换效率可高达 60%～80%，实际使用效率则是普通内燃机的 2～3 倍；另外，还具有燃料多样化、排气干净、噪声低、对环境污染少、可靠性好等优点。该项目完成了从粉体材料——单电池——电堆——发电系统集成研究，利用天溪公司的合成气成功实现了 SOFC 高效、清洁发电，技术水平处于国内领先，在坑口电站、瓦斯气发电以及煤层气发电等方面有着很好的应用前景。

3. 世界单炉最大规模水煤浆气化炉亮相

2018年12月，两台单炉日处理煤4000 t级多喷嘴对置式水煤浆气化炉在兖州煤业鄂尔多斯能化荣信化工有限公司二期现场开始安装，这两台气化炉为目前世界单炉日处理煤量最大的水煤浆气化炉。

日处理煤4000 t级多喷嘴对置式水煤浆气化炉，炉高25 m，内径4 m，重400 t。该技术由华东理工大学洁净煤技术研究所和兖矿集团共同研发，保持了该项技术的国际引领地位。荣信化工有限公司40×10^4 t乙二醇及30×10^4 t聚甲氧基二甲醚项目以煤为原料，采用华东理工四喷嘴气化技术，生产乙二醇所需的CO和H_2，及甲醇合成所需的合成气，通过间接法合成乙二醇，甲醇间接法合成聚甲氧基二甲醚。

4. 中荷研究人员取得煤间接液化技术新突破

2018年10月，国家能源集团北京低碳清洁能源研究院与荷兰埃因霍芬理工大学的研究人员合作开发出一种新型催化剂，可大幅降低煤间接液化成本，为捕集与利用煤液化过程中产生的二氧化碳打开了新的大门。

煤间接液化是先把煤炭在高温下与氧气和水蒸气反应，使煤炭全部气化，转化为合成气，再以水煤气变换反应调整合成气的成分，随后在催化剂的作用下发生“费托合成”，使合成气液化为烃类，进一步加工后可获得汽油、醇类燃料及化学品等。“费托合成”是煤间接液化的核心技术之一，一般采用铁基催化剂。传统铁基催化剂在这一阶段会将约30%的一氧化碳转化为二氧化碳，不仅难以捕获利用，还会消耗大量能源。这种新型铁基催化剂物质纯度为100%、工业合成条件下可稳定催化400 h以上，使煤炭液化在“费托合成”步骤中几乎不产生二氧化碳，二氧化碳全部在水煤气变换反应中产生，便于一次性集中捕集利用，大大减少温室气体排放。

5. 煤炭地下气化技术取得阶段性成果

2018年10月25日，由中国矿业大学教授王作棠主持的煤炭地下气化重大科技专项取得阶段性成果，示范工程首次实现点火成功。

改变传统的井巷采煤方式，将地下的煤炭进行有效燃烧，使之转化为可燃气体，不用开挖就可以直接把地下煤层中的含能成分提取出来，使得采煤就像开采石油和天然气一样。针对部分矿区煤与瓦斯突出，采用传统采煤方法技术难度大、成本高、产量低且存在极大安全隐患的情况，贵州盘江精煤股份有限公司联合中国矿业大学开展了煤层地下气采技术攻关。王作棠教授领衔的科研团队，先后攻克了地下气化炉的新型结构和导向钻孔建炉新工艺、火焰工作面的定向推进燃烧导控新工艺及其组合装置、井上下多目标追踪远程集中监控系统及装置、防火隔离密闭结构、充填气化开采新工艺及新材料等五大项重大关键技术难题，变物理采煤为化学开采，突破了煤层地下气采产业化的诸多技术瓶颈，为实现我国煤层地下气采产业化提供了技术支撑。

6. 8.8 m超大采高煤矿综采智能装备投入运行

2018年3月2日，8.8 m超大采高综采智能装备在国家能源神东煤炭集团上湾煤矿投入运行。这是高端采煤装备国产化进程中的一项重要突破，填补了国内乃至世界特厚煤层综采工作面一次采全高技术装备的空白。

该智能装备采用天地科技上海分公司研制的首台 8.8 m 超大采高特厚煤层 MG1100/2925 - WD 型交流电牵引采煤机，整机重约 220 t，滚筒直径 4.3 m，同时配套江苏天明机械集团生产的 SGZ1388/4800 型刮板机、SZZ1588/700 转载机和 PLM7000 破碎机，总功率 6200 kW。该智能装备液压支架由郑煤机集团研制，总重量 100 t，采高可达 8.8 m，支护高度、工作阻力、支护中心距均为世界之最。该智能装备具备单井单面 16 Mt/a 的生产能力。

7. 世界首例井下 TDS 智能干选系统试车成功

2018 年 12 月 2 日，世界首例井下 TDS 智能干选系统在山东能源临矿集团王楼煤矿井下一次试车成功。TDS 智能干选机是干法高精度智能煤矸分选设备，由天津美腾科技有限公司自主研发，其分选精度接近浅槽，高于动筛、跳汰及其他干选设备，处理粒级 300～50 mm 和 100～25 mm 原煤，矸石带煤率为 1%～3%，煤中带矸率为 3%～5%，处理能力最大能达到 145 t/h，可大幅度减少地面洗选系统的无效洗选量。

TDS 智能干选系统由给料、识别、执行、供风、除尘、配电、控制等七大辅助部分组成。选矸前，干选系统先将原煤在皮带上进行排队处理，然后采用大数据计算和智能识别技术，利用 X 射线源的穿透力原理，对煤与矸石进行数字化识别，把密度不同的物质区分开来，并建立相适应的分析模型，最终通过高压风将矸石排出。该系统能改善工人作业环境，有效改善和稳定原煤质量，具有显著的经济和社会效益。

8. 世界首套纯水支架工业性试验成功

2018 年 12 月 8 日，世界首套纯水支架上市发布会在陕西榆林召开，标志着世界首套纯水支架在国家能源神东煤炭集团锦界煤矿工业性试验成功。该纯水支架由三一重装和神东煤炭集团共同研制，历时 3 年多，攻克密封、耐磨、润滑、腐蚀、气蚀等难题，研发了纯水支架、纯水自移机尾、纯水高压泵站、纯水制备系统等技术装备，开创了用纯水代替乳化液的行业先河。

神东煤炭集团锦界煤矿一工作面配备 152 架纯水支架，2018 年 8 月 24 日正式运行，截至 2018 年 12 月 6 日，累计推进 1628 m。从试验效果看，该纯水支架系统运行稳定，安全可靠，收到了良好的经济效益和社会效益。这一重大科研成果，对推动煤炭行业实现绿色开采具有重要意义。

9. 700 t 液压挖掘机下线

2018 年 4 月 2 日，徐工集团“神州第一挖”——700 t 液压挖掘机正式下线，打破了外资品牌在大型成套矿业机械领域的垄断，标志着我国成为世界上继德国、日本、美国后，第 4 个具备 700 t 级以上液压挖掘机研发制造能力的国家。

该挖掘机机身长 23.5 m，斗宽 5 m，斗容 34 m^3，一铲斗能挖煤约 60 t，铲斗最大推压力达 243 t、斗杆力达 230 t，由两台 1700 马力的电动机驱动。它采用双动力组件耦合控制系统、高压系统智能监控及故障自诊断技术、模块化双动力液压驱动系统、自补油自适应底盘涨紧系统等诸多独有技术，拥有自主专利 52 项。700 t 液压挖掘机可与徐工 240 t 或 300 t 矿用自卸车配套使用，8 h 便可完成 3 万多吨煤的装载和运输任务，在中国超大型液压挖掘机领域首次实现了关键核心技术的集中应用突破。

8.2.2 科研平台建设

2018 年，煤炭行业 3 个单位获批国家地方联合工程研究中心，他们分别是：太原理工大学的“新型煤焦化产业技术国家地方联合工程研究中心”，山西阳煤化工机械（集团）有限公司的“煤气化技术与装备国家地方联合工程研究中心”，安徽理工大学的“煤炭安全精准开采国家地方联合工程研究中心”。

煤炭行业共获批 7 家国家应急管理部安全科技支撑平台，他们分别是：安徽理工大学的“煤矿深井开采灾害防治技术科技研发平台”，河南理工大学的“深井岩层控制与瓦斯抽采技术科技研发平台”，黑龙江科技大学的“煤矿瓦斯分离与综合利用技术创新中心”，陕煤化黄陵矿业集团有限责任公司的“煤矿智能化开采技术创新中心”，百色百矿集团有限公司的“中小煤矿机械化开采技术创新中心”，山东精诚电子科技有限公司的“煤矿安全管理云服务技术创新中心”，湖南科技大学的“南方煤矿瓦斯与顶板灾害预防控制安全生产重点实验室”。

8.2.3 科技人才培养

2018 年，煤炭行业 5 人受到第三届杰出工程师奖励表彰。其中，大同煤矿集团有限责任公司的于斌、中煤科工集团重庆研究院有限公司的文光才、徐州煤矿安全设备制造有限公司的胡长华等 3 人荣获杰出工程师奖；国家能源集团北京低碳清洁能源研究所的王冬宝、中国煤炭科工集团有限公司的潘俊峰荣获青年杰出工程师奖。

2 人荣获孙越崎能源大奖，他们分别是北京科技大学的杨仁树和国家能源集团神东煤炭集团的杨俊哲。10 人获孙越崎青年科技奖，他们分别是史翊翔、朱磊、张浪、张立辉、周刚、段宏飞、夏永学、高富强、王和堂、张永将。

33 人荣获中国煤炭学会煤炭青年科技奖，他们分别是中煤科工集团西安研究院有限公司的凡东，中煤科工集团沈阳设计研究院有限公司的王忠鑫，冀中能源集团有限责任公司的王金宝，天地科技股份有限公司的尹希文、任艳芳、张德生，西安科技大学的刘超，中国矿业大学的刘送永、胡国忠、姚强岭，河南理工大学的李振华，山东东山新驿煤矿有限公司的步长存，开滦（集团）有限责任公司的何莉（女），中联煤层气有限责任公司的张兵，大同煤矿集团有限责任公司的张小荣，淮北矿业（集团）有限责任公司的张世泰，神华神东煤炭集团有限责任公司的张立辉，兖矿集团有限公司的张照允、曹怀轩，煤炭工业合肥设计研究院有限责任公司的陈龙生，山东科技大学的陈连军，中煤科工集团重庆研究院有限公司的陈金华，重庆市能源投资集团科技有限责任公司的周东平，中国矿业大学（北京）的周爱桃、郑晶（女），国家安全生产监督管理总局通信信息中心的房玉东，中国煤炭地质总局的赵欣（女），煤炭科学技术研究院有限公司的赵善坤，北京中煤矿山工程有限公司的贺超，安徽理工大学的聂士斌，贵州理工学院的徐佑林，神华新疆能源有限责任公司的常博，辽宁工程技术大学的韩军。

此外，中国矿业大学的黄炳香教授荣获国家科技部创新人才推进计划中青年领军人才称号。北京龙软科技股份有限公司的毛善君教授获国家科技部创新人才推进计划科技创新创业人才称号。

8.2.4 科技奖励及专利

1. 国家科技奖励

2018年，煤炭行业共4项成果获国家科学技术奖励，1项成果获国家技术发明奖二等奖，3项成果获国家科技进步奖二等奖。其中，中国矿业大学（北京）和江西蓝翔重工有限公司联合完成的“煤矿岩石井巷安全高效精细化爆破技术及装备”获得国家技术发明奖二等奖；西安科技大学、神华神东煤炭集团有限责任公司、山西潞安矿业（集团）有限责任公司等单位联合完成的“煤矿柔模复合材料支护安全高回收开采成套技术与装备”，中国矿业大学、唐山市神州机械有限公司、神华新疆能源有限责任公司联合完成的“煤炭高效干法分选关键技术及应用”，中国煤炭地质总局、神华新疆能源有限责任公司、新疆维吾尔自治区煤田地质局等单位联合完成的“西北地区煤与煤层气协同勘查与开发的地质关键技术及应用”获得国家科学技术进步奖二等奖。

2. 中国煤炭工业科技奖励

2018年，中国煤炭工业协会科技奖励共322项，其中特等奖1项，一等奖33项，二等奖126项，三等奖162项。其中，山西阳煤化工机械（集团）有限公司、清华大学山西清洁能源研究院、阳煤丰喜肥业（集团）有限责任公司、北京清创晋华科技有限公司共同完成的“水煤浆水冷壁废锅气化炉（晋华炉）”项目荣获特等奖。一等奖获奖项目见表8－3。

表8－3　2018年中国煤炭工业协会一等奖获奖项目

序号	项目名称	全部完成单位
1	陕蒙能源基地矿井水害模式及防治关键技术	兖矿集团有限公司 中国矿业大学 兖州煤业鄂尔多斯能化有限公司 陕西未来能源化工有限公司
2	复杂顶板岩层大直径高位定向钻孔成孔技术与配套机具	中煤科工集团西安研究院有限公司 淮南矿业（集团）有限责任公司 山西晋城无烟煤矿业集团有限责任公司寺河煤矿
3	基于径向射流造孔的隐伏构造治理与灰岩含水层改造技术研究	中煤科工集团西安研究院有限公司 冀中能源股份有限公司 冀中能源峰峰集团有限公司

表 8－3（续）

序号	项　目　名　称	全　部　完　成　单　位
4	盾构法建设煤矿长距离斜井成套技术、装备及示范	国家能源投资集团有限责任公司 神华神东煤炭集团有限责任公司 神华新街能源有限责任公司 中国铁建股份有限公司 中铁十一局集团有限公司 中国铁建大桥工程局集团有限公司 中国铁建重工集团有限公司 中铁第四勘察设计院集团有限公司 西南交通大学 北京交通大学
5	义马矿区特厚煤层特大断面强动压巷道围岩控制技术及应用	义马煤业集团股份有限公司 天地科技股份有限公司 河南大有能源股份有限公司 安阳龙腾热处理材料有限公司 河南能源化工集团研究总院有限公司
6	长斜大直径定向反井钻井工艺与装备研究	北京中煤矿山工程有限公司 宁夏天地奔牛实业集团有限公司 煤矿深井建设技术国家工程实验室 江苏和信石油机械有限公司
7	富水浅覆土层大断面隧道微扰动冻结关键技术与示范应用	天地科技股份有限公司 北京中煤矿山工程有限公司 广州地铁集团有限公司 上海申通地铁集团有限公司
8	深厚富水软岩大直径立井及毗邻硐室冻结法开凿关键技术	兖州煤业鄂尔多斯能化有限公司 中国矿业大学 兖矿集团有限公司 兖州煤业股份有限公司 煤炭工业济南设计研究院有限公司 中煤科工集团南京设计研究院有限公司 兖矿新陆建设发展有限公司 江苏中特矿山工程科技有限公司
9	厚松散层薄基岩千米深井软岩巷道锚架充耦合协同支护理论与成套技术研究	中煤新集能源股份有限公司 天地科技股份有限公司
10	利用热管技术提升矿井回风低温热能交换技术的研究与应用	阳泉煤业（集团）股份有限公司 中国矿业大学（北京） 北京中矿赛力贝特节能科技有限公司

表 8-3（续）

序号	项 目 名 称	全 部 完 成 单 位
11	准格尔特大型露天矿区绿色开采关键技术及应用	神华准格尔能源有限责任公司 中国矿业大学（北京） 中煤科工集团沈阳设计研究院有限公司 中国煤炭工业协会生产力促进中心 北京中矿华沃科技股份有限公司 内蒙古农业大学 内蒙古自治区水利科学研究院
12	复杂条件下遗弃煤炭资源开采岩层控制基础理论与关键技术研究	太原理工大学 山西焦煤集团有限责任公司 西山煤电（集团）有限责任公司 同煤大唐塔山煤矿有限公司
13	大同矿区煤层群组不对称开发理论与关键技术	大同煤矿集团有限责任公司 辽宁工程技术大学 太原理工大学
14	煤矿坚硬顶板地面压裂控制技术	大同煤矿集团有限责任公司 重庆大学
15	浅埋煤层岩层控制理论与技术	西安科技大学 神华神东大柳塔煤矿 陕西煤业化工集团有限责任公司
16	淮南矿区巨厚坚硬顶板松动预裂控制爆破关键技术研究	中国矿业大学（北京） 淮南矿业（集团）有限责任公司 北方工业大学
17	3～4 m 煤层千万吨级智能化综采装备关键技术研究	兖州煤业股份有限公司 天地科技股份有限公司 澳大利亚联邦科学与工业研究组织 兖州煤业鄂尔多斯能化有限公司 北京天地玛珂电液控制系统有限公司 兖矿东华重工有限公司 天地科技股份有限公司上海分公司 鄂尔多斯市转龙湾煤炭有限公司 宁夏天地奔牛实业集团有限公司
18	主要部件整体铸造重型刮板输送机研究与制造	冀凯河北机电科技有限公司 中国矿业大学（北京）
19	6000 m 超长运距低阻智能机头集中驱动矿用顺槽胶带机研究与应用	神华神东煤炭集团有限责任公司 神华神东皮带机公司 中国矿业大学（北京）

表 8-3（续）

序号	项 目 名 称	全部完成单位
20	煤矿综采成套装备绿色再制造设计、关键技术及产业化应用	山东能源重型装备制造集团有限责任公司 山东科技大学 中国人民解放军陆军装甲兵学院 天地科技股份有限公司
21	千万吨级综采工作面高压型大流量乳化液泵站系统	浙江中煤机械科技有限公司 神东煤炭集团补连塔矿 中国矿业大学（北京）
22	煤矿大功率永磁直驱芳纶胶带输送系统研究与应用	平顶山天安煤业股份有限公司 中平能化集团机械制造有限公司 力博重工科技股份有限公司 山东欧瑞安电气有限公司 无锡宝通科技股份有限公司 青岛橡六输送带有限公司
23	煤矿空间信息服务与管理关键技术研究及产业化应用	阳泉煤业（集团）有限责任公司 北京龙软科技股份有限公司 北京大学
24	矿井动目标精确定位关键技术研究与应用	山西高河能源有限公司 北京永安信通科技股份有限公司
25	易自燃煤层群开采矿井火灾防控关键技术研究	国家能源投资集团有限责任公司 煤科集团沈阳研究院有限公司
26	矿井一氧化碳溯源定量分析及分源治理关键技术与装备	中国矿业大学（北京） 开滦（集团）有限责任公司 煤炭科学技术研究院有限公司 国家能源投资集团有限责任公司
27	巷道防冲液压支架	辽宁工程技术大学 辽宁大学 北京诚田恒业煤矿设备有限公司 沈阳天安科技股份有限公司 义马煤业集团股份有限公司
28	黄陵矿区煤油气共生矿井油型气（瓦斯）防治技术研究	陕西陕煤黄陵矿业有限公司 中煤科工集团西安研究院有限公司 煤矿瓦斯治理国家工程研究中心 西安科技大学 煤炭绿色安全高效开采国家地方联合工程研究中心黄陵中心
29	防治煤炭自燃的绿色高效防灭火材料的研发与工程应用	山东科技大学 中煤科工集团重庆研究院有限公司

表 8-3（续）

序号	项目名称	全部完成单位
30	高压旋转射流钻扩造穴卸压增透机制及在瓦斯高效抽采中的应用	阳泉煤业（集团）有限责任公司 中国矿业大学 河南铁福来装备制造股份有限公司
31	煤矿瓦斯高效抽采精细地质与缝网改造技术及应用	河南能源化工集团研究总院有限公司 河南工程学院 重庆大学
32	千万吨级露天破碎系统关键技术研究	天地（唐山）矿业科技有限公司 中煤科工集团唐山研究院有限公司
33	煤基能源产业规模化碳减排关键技术开发	北京低碳清洁能源研究所 中国神华煤制油化工有限公司鄂尔多斯煤制油分公司 中国科学院武汉岩土力学研究所 北京国电龙源环保工程有限公司 清华大学 北京师范大学 中国矿业大学

3. 中国专利奖

2018 年，煤炭行业在第二十届中国专利奖评选中共获奖 13 项，见表 8-4。其中，中国矿业大学（北京）申报的“采集时间控制模式下的多线程数据采集系统同步控制方法”获得中国专利金奖；上海兖矿能源科技研发有限公司申报的“一种连续操作的气液固三相浆态床工业反应器”获得中国专利银奖；天地科技股份有限公司申报的“一种超大采高液压支架”等 11 项专利获得中国专利优秀奖。

表 8-4　2018 年煤炭行业中国专利奖获奖情况表

序号	专利号	专利名称	专利权人	类别
1	ZL201310178987.1	采集时间控制模式下的多线程数据采集系统同步控制方法	中国矿业大学（北京），彭苏萍，许献磊，杨峰，杜翠，彭猛	中国专利金奖
2	ZL03151109.0	一种连续操作的气液固三相浆态床工业反应器	上海兖矿能源科技研发有限公司	中国专利银奖
3	ZL200810106373.1	一种超大采高液压支架	天地科技股份有限公司	中国专利优秀奖
4	ZL201210096577.8	煤矿巷道卸压水力压裂方法及装置	天地科技股份有限公司	中国专利优秀奖
5	ZL201310701594.4	无底柱分段崩落法采矿中段平稳转换方法	中国华冶科工集团有限公司	中国专利优秀奖

表 8-4（续）

序号	专利号	专利名称	专利权人	类别
6	ZL201410051006.1	瓦斯预抽钻孔煤屑回填封孔方法	河南理工大学	中国专利优秀奖
7	ZL201410334414.8	一种高瓦斯煤层冲割压抽一体化的卸压增透瓦斯抽采方法	中国矿业大学	中国专利优秀奖
8	ZL201410784028.9	一种基于地基合成孔径雷达的边坡安全监测预警方法	中国安全生产科学研究院	中国专利优秀奖
9	ZL201510812138.6	雾化喷嘴及固定床	国家能源投资集团有限责任公司，神华宁夏煤业集团有限责任公司，中国船舶重工集团公司第七一一研究所	中国专利优秀奖
10	ZL201310158624.1	煤层气专用的基于甲醇气态回收的恒温露点控制橇装装置	中国石油天然气股份有限公司，中石油煤层气有限责任公司，北京迪威尔石油天然气技术开发有限公司	中国专利优秀奖
11	ZL201410252808.9	一种以炼焦用煤镜质组反射率为主要指标的煤岩配煤方法	鞍钢股份有限公司	中国专利优秀奖
12	ZL201410294510.4	掘采设备	三一重型装备有限公司	中国专利优秀奖
13	ZL201510124952.9	活性焦/炭烟气脱硫及解吸集成系统	中冶华天工程技术有限公司，中冶华天（安徽）节能环保研究院有限公司	中国专利优秀奖

8.3 煤炭科技成果

2018 年，煤炭行业科技发展成果丰硕，在煤矿重大灾害防治、煤炭资源开发、煤炭清洁高效利用等方面取得突破。目前，大型矿井建设、特厚煤层综放开采、燃煤超低排放、新型煤化工技术达到国际领先水平，特厚煤层大采高综放开采关键技术及装备、年产 20 Mt 级大型露天矿成套设备、生态脆弱区煤炭现代开采地下水和地表生态保护关键技术、超大直径深立井建井关键技术及成套装备等攻关取得重大突破，井下智能开采技术达到国际先进水平。

1. 煤矿岩石井巷安全高效精细化爆破技术及装备

该研究成果由中国矿业大学（北京）和江西蓝翔重工有限公司联合完成，项目属于煤矿井巷工程领域。

我国煤矿岩石井巷掘进工程量巨大。90%以上的岩石井巷采用钻爆法施工，岩石井巷高效掘进是世界性难题。针对岩石井巷钻爆法施工中存在“周边成型差、炮孔利用率低、围岩损伤严重”等关键难题，研究了如何合理利用炸药能量和有效控制爆生裂纹扩展等问题，发明了井巷掘进爆破新技术，开发了井巷爆破掘进智能设计系统，开发出钻装锚一体机，实现了“精准、高效和安全”的精细化控制爆破，保障了煤矿岩石井巷安全快速掘进。

该研究成果主要发明点如下：

(1) 发明了切缝药包定向断裂控制爆破技术，确定了切缝药包结构参数；研制了一种可伸缩的定位装填聚能药卷的工具，用于切缝药包的现场深孔装填，保证了切缝方向的精准定位，实现了对爆生裂纹扩展的精准控制。该成果增大了井巷轮廓炮孔间距 50%，减少了 1/4～1/3 轮廓炮孔数量；中硬岩井巷周边半眼痕率由 30%提高到 80%，降低了超挖，保障了井巷成型质量。

(2) 发明了岩巷大直径空孔直眼掏槽爆破技术和立井孔内分段深孔掏槽爆破技术，实现了对爆破能量的高效利用，为矿井安全高效建设提供了技术支撑。发明的硬岩巷道超深大直径空孔直眼掏槽爆破技术充分利用了大直径空孔的空间补偿与自由面作用，提高了煤矿硬岩巷道深孔掏槽效率，炮孔利用率由 80%提高到 95%。发明的西部白垩系软岩大直径冻结井筒深孔掏槽爆破方法，优化了立井“孔内分段”孔掏槽爆破参数，炮孔利用率由 80%提高到了 90.5%以上，实现了 5 m 深孔爆破大循环作业。

(3) 发明了预裂爆破减振技术，控制了爆破对围岩和支护结构体的振动破坏，保障了施工安全。发明了立井周边切缝药包梯度预裂爆破技术，设计了立井周边炮孔孔内及孔间的“分阶分段”装药结构，优化了爆破参数，削弱了爆破振动对围岩和井壁的破坏效应。发明了掏槽预裂爆破减振技术，有效控制了浅埋隧道爆破振动效应，解决了邻近建（构）筑物隧道爆破振动危害等技术难题。

(4) 研发出井巷爆破智能设计和质量信息监控系统，提升了井巷施工智能化水平。将人工智能技术与爆破专家知识相结合，开发出井巷爆破参数优化和立井爆破质量科学评价专家系统，解决了井巷施工爆破参数合理确定与爆破质量有效控制等技术难题，保障了井巷安全高效施工。

(5) 发明出自移式钻、装、锚一体机，构建了岩巷钻孔、爆破、排矸、支护综合机械化施工工艺，实现了岩巷钻爆法全断面一次成巷安全快速施工。

项目成果在我国 30 多个矿区井巷工程得到广泛应用，岩巷掘进速度提高了 1～3 倍，煤矿建设工期由原来 8～10 年缩短到 3～5 年。项目研究成果荣获 2018 年国家技术发明奖二等奖。

2. 煤矿柔模复合材料支护安全高回收开采成套技术与装备

该研究成果由西安科技大学、神华神东煤炭集团有限责任公司、山西潞安矿业

（集团）有限责任公司等单位联合完成，项目属于矿山工程技术领域，主要应用于煤矿开采和巷道支护。

资源损失、开采安全和环境损伤是煤炭开采领域长期未得到解决的重大问题。在煤炭开采过程中，仅因留设区段煤柱造成的资源损失就高达10%左右。中国“三下”（建筑物下、水体下和铁路下）压煤数量大，潞安集团仅“三下”压煤就占总储量的50%以上。据统计，91.25%的煤矿安全事故都发生在掘进巷道，其中瓦斯和冒顶事故占60%以上。因此，要实现煤矿安全高回收开采，就必须进行无煤柱开采和充填开采，降低巷道掘进率，并对巷道进行可靠支护。国内外经过半个多世纪的探索，上述技术未能取得实质性突破。主要原因是无煤柱开采的巷旁支护、充填开采的充填空间封闭及充填材料脱水、复杂环境下巷道支护等技术难题未能从根本上得到解决。

该研究成果取得如下重大创新：

（1）发明了混凝土纺织结构柔性模板，开发了纺织结构混凝土复合材料及制备装备纺织结构柔性模板，重量仅为刚模板的1/50，同时具有自成形、透水不透浆等特性；纺织结构柔性模板中注入自密实混凝土后形成了纺织结构混凝土复合材料，具有接顶效果好、即时承载等特性；研制出自行走全液压柔模混凝土制备装备，为构造新型支护结构奠定了基础。

（2）创建了沿空巷道“承载梁”理论，发明了柔模支护无煤柱开采技术，研发出世界首套沿空留巷自动化遥控围护装备。采用柔模混凝土连续墙作为无煤柱开采的巷旁支护，研发出端头铺网支架和采空区挡矸支架，解决了传统巷旁支护存在的施工速度慢、接顶效果差等问题；开发出“Y型通风＋高抽巷”相结合的综放沿空留巷瓦斯综合治理技术，实现了无煤柱安全高效开采。

（3）研制了柔模充填支架，开发了柔模支护充填开采技术。采用两层相连柔模布封闭充填空间，并对充填材料脱水，实现了回采与充填平行作业，解决了采空区流体充填封闭与脱水难题，充填材料固化时间缩短了25%～40%，地表下沉系数降至0.015，实现了煤炭绿色开采。

（4）创新开发出巷道柔模锚碹支护技术。创造性地通过锚杆将柔模混凝土碹与围岩组合为整体，锚杆与混凝土碹联合支护，同等支护强度条件下碹体厚度可降低15%～20%，解决了复杂环境下巷道支护技术难题，实现了掘进与支护平行作业，巷道掘进速度提高了3倍，同时保障了巷道安全。

研究成果在神华集团等单位的41座矿井应用，回采率提高了7%～17%，回采巷道减少了20%～45%。项目在无煤柱开采、充填开采和巷道支护领域取得重大突破，总体达到国际领先水平。该项目研究成果荣获2018年国家科技进步奖二等奖。

3．煤炭高效干法分选关键技术及应用

该研究成果由中国矿业大学、唐山市神州机械有限公司、神华新疆能源有限责任公司联合完成，项目属选矿工程学科。

我国原煤质量差、加工利用程度低，造成严重的资源浪费和环境污染。选煤是洁净煤的源头技术，长期以来，选煤以湿法为主，我国2/3以上的煤炭分布在西部干旱缺水地区，难以采用湿法选煤技术，褐煤等遇水易泥化的低阶煤不宜采用湿法分选。传统干法分选技术存在分选效率低、适应性差等问题，迫切需要高效干法选煤技术。

该研究成果主要创新有：

（1）创立了气固流态化干法分选理论。揭示了浓相高密度气固分选流态化的形成与调控机理，提出了大压降低流化数稳压布风方法和分选流态化质量的压降准数判别准则，建立了床层密度的定量调控模型。揭示了煤炭在振动与气流复合力场中的分选机制，建立了分选流态化中多组分、多尺度颗粒的动力学模型。为煤炭高效干法分选关键技术与装备提供了理论支撑。

（2）研发了大型复合式干法分选技术。提出了大型复合式干法分选床的梯级布风方法，解决了不规则大床面和大处理能力的稳定布风问题；优化了床面格条拓扑结构，提高了分选精度；提出了大型复合式干法分选机不规则床体的结构设计，提高了分选机床体可靠性；开发了细粒煤的复合式干法分选技术，实现了小于6 mm细粒煤的干法分选；研制了大型复合式干法分选机，处理能力达480 t/h。

（3）发明了干法重介质流化床分选技术。提出装配式耐磨抗堵布风技术，解决了长期以来布风板堵塞的技术难题；开发了宽粒级二元加重质的级配技术，主导粒级拓宽2.5倍；发明了加重质内循环技术，分选机外加重质循环量减少80%；研制了独立双驱动产品输送装置，单位面积处理能力提高70%。研制了干法重介质流化床分选系统，分选精度E值为0.05～0.08，吨煤介耗小于0.5 kg。

（4）开发了模块式高效干法选煤工艺与装备。由原煤准备、水分控制、粗选和精选模块组成煤炭高效干法分选工艺，粗选模块采用大型复合式干法分选技术，精选模块采用干法重介质流化床分选技术；研发了模块式高效干法分选装备和专用辅助设备，将筛分、干燥、分选、介质回收、产品输送、供风和除尘等优化集成。具有不用水、工艺简单、适应性强、分选精度高、成本低等特点，分选效率大于90%，分选密度1.3～2.2 g/cm^3，吨煤加工成本降低50%。

该研究成果为我国西部干旱缺水地区煤炭分选提质开辟了一条有效新途径，对节约能源、减轻环境污染、实现煤炭清洁利用具有重大意义。已在全国29个省（市）、自治区推广应用，年分选煤炭近2×10^8 t，并出口美国等21个国家。经专家鉴定，技术水平居国际领先，是世界选煤技术的重大突破。项目研究成果荣获2018年国家科技进步奖二等奖。

4. 西北地区煤与煤层气协同勘查与开发的地质关键技术及应用

该研究成果由中国煤炭地质总局、神华新疆能源有限责任公司、新疆维吾尔自治区煤田地质局等单位联合完成。

我国西北地区煤炭资源丰富。2008年以前，煤炭开发主要集中于浅部地带，地质条件复杂，深部隐伏区未做深入研究，对煤层气也未做相应的研究，且认为地下水资源极为贫乏。本项目针对上述问题，研究发现西北地区主要含煤盆地盆缘地质条件复杂而盆内地质条件简单，煤炭资源量巨大，适宜建设大型整装煤炭基地，取得了煤炭、煤层气及地下水资源与煤矿开发的隐蔽致灾因素精细勘查的重要突破，建成了煤层气开发示范工程，有力支撑了国家第十四个大型煤炭基地建设。

该研究成果取得的主要创新如下：

（1）首创了陆相层序地层格架下的聚煤作用理论，揭示了富煤带、含水层的展布规律。重新认识了煤田构造条件复杂程度，构建了典型构造样式的控煤控气控水模式。为煤、气、水资源评价技术创新和快速勘查、精准开发提供了理论支撑。

（2）创建了煤、气、水资源与矿井隐蔽地质致灾因素的绿色协同勘查与评价技术体系，研发了针对戈壁沙漠及雪域冻土地区，包括遥感地质填图、高精度地震勘探、精准钻探、小口径数控测井等系列技术，实现了复杂条件下煤、气、水资源与隐蔽致灾地质因素的快速精准勘查评价。

（3）创立了低煤阶储层吸附气、游离气、水溶气三相态含气量预测理论与富集区预测优选技术，构建了煤储层三元结构和三相介质组成的系统地质模型，实现了我国低煤阶煤层气勘查技术突破与富集开发区块精准优选。

（4）建立了以浅埋松散砂砾层和高孔隙度砂岩两种典型含水结构模式，概化了含水层和煤与煤层气的赋存关系。发现侏罗系弱胶结含水层对地下水的赋存及运移有重要的控制作用。在干旱缺水矿区发现了具有开发潜力的水源地。

（5）研发了针对急倾斜、多煤层、厚煤层高效低成本钻完井和储层改造、采气关键技术，率先突破了低煤阶煤层气的开发难题。成功建设了煤层气开发示范工程。构建了构造与地下水相互作用条件下的5类9型煤与煤层气资源开发模式。建立了煤矿区勘查与开发的地质环境评价技术。

本研究成果创新了西北地区煤与煤层气协同勘查开发的地质关键技术，科技攻关与工程实施同步进行，在西北地区煤炭勘查、煤炭开发生产单位得到广泛应用。评价2000 m以浅煤炭资源 17840×10^{8} t，煤层气的资源总量为 78012.4×10^{8} m^{3}；1000 m以浅新发现并探明煤炭资源 1325×10^{8} t；建成了年产能 3000×10^{4} m^{3} 的煤层气开发示范区，取得了低阶煤层气开发突破；发现了多处可供开发的地下水源地；对于保障我国煤炭能源安全，推动西部经济和社会发展具有重要意义。项目研究成果荣获2018年国家科技进步奖二等奖。

5. 水煤浆水冷壁废锅气化炉（晋华炉）

晋华炉由山西阳煤化工机械（集团）有限公司、清华大学山西清洁能源研究院、阳煤丰喜肥业（集团）有限责任公司、北京清创晋华科技有限公司共同完成，是在岳光溪院士的带领下，通过热能工程、煤化工技术、装备制造和智能控制技术的跨学科结合，创新使用“水煤浆＋膜式水冷壁＋辐射式蒸汽发生器＋激冷”流程气化工艺，为全国“三高”煤综合利用找到了途径，为煤气化技术走出国门、服务世界提供了中国方案。

晋华炉是为洁净化开发利用劣质煤资源，解决“三高”（高灰、高灰熔点、高硫）

煤的气化难题和合成气显热回收利用副产高温、高压蒸汽，提高煤炭资源能源转换效率而研发的世界首台套具有完全自主知识产权的第三代气化炉。主要创新点包括：①气化炉气化室、辐射废锅、激冷室采用直连的方式，共用一个整体外壳，结构简单；②气化室采用水冷壁结构，可以使用高灰熔点、高灰分、高硫、高碱金属、低挥发分煤以及半焦、石油焦作为气化原料，拓宽了气化用原料范围；③采用辐射废锅回收热量，提高了煤的能量利用率，为高灰熔点煤和褐煤的洁净利用提供了一种解决方案；④气化炉气化室和激冷室之间取消了激冷环，结构简单、故障率低、维修费用低；⑤废锅副产的高品质蒸汽可以作为工艺和动力用汽，可以实现化工、电力、燃气、供热综合利用；⑥采用废锅回收热量后进入激冷室的粗煤气温度大幅降低，激冷水冷减少，灰水循环量减少，灰水处理系统投资减少，能耗降低。

晋华炉是我国煤化工技术领域的重大科技创新成果，为以煤为原料生产化工产品、液体燃料、城市燃气、供热及多联产领域提供了技术支撑，可广泛应用于改造我国传统煤化工和发展煤制甲醇、煤制乙二醇、煤制天然气、煤制油、煤制合成氨及煤制烯烃等现代煤化工产业。自 2016 年 4 月 1 日在阳煤丰喜肥业（集团）一次开车成功以来，晋华炉综合性能达到国际领先水平。

晋华炉 3.0 技术荣获 2017 年度中国氮肥、甲醇行业技术进步特等奖，荣获 2018 年度中国煤炭工业协会科技进步特等奖。

6. 煤矿空间信息服务与管理关键技术研究及产业化应用

该研究成果由阳泉煤业（集团）有限责任公司、北京龙软科股份有限公司联合完成。项目通过研究煤矿空间信息服务与管理关键技术，建成国内第一个基于空间信息技术（如分布式协同“一张图”、透明化地球）的高度透明化展示和一体化管控的智慧、高科技矿区，实现了对煤矿安全生产运营情况的“看得见、管得了、控得住”和“一盘棋、一张网、一张图、一个库”的高科技矿山的管理目标。

该研究成果取得的主要创新如下：

（1）提出了灰色地理信息系统的理论。基于井工开采空间数据的特点和安全生产全业务流程数据处理的需求，提出了完整的灰色地理信息系统的理论及应用，研究了与此相应的数据模型、数据结构和系列化核心技术方法，克服了现有地理信息系统理论不能很好地处理地下空间数据的缺点，为煤矿空间信息的动态修正和智能开采奠定了坚实的基础。

（2）在国内外首次构建了基于空间信息技术的智慧矿区标准规范体系。完整地建立了指导安全生产运营管理平台建设和应用的企业标准规范体系，实现了煤矿地理信息获取、处理、存储、分析、访问和表达的标准化以及不同用户和系统之间的数据共享和服务。

（3）在国内外首次实现了工业级别的多级架构分布式协同 GIS“一张图”（包括移动 GIS）图形处理和服务技术以及软件系统。基于协同化、流程化、一体化的思路，研发了与“采、掘、机、运、通”和“水、火、瓦斯、顶板”相关的图形处理与分析技术，构建了煤矿协同图形处理的网络数据传输通信机制与协同作业体系结构，解决了煤矿地理信息的共享性、一致性、完整性和现势性问题。

（4）在国内外首次全面研究并实现了透明化矿山构建的核心技术。通过二三维一体化机制建立了可动态构建、更新、连接煤矿三维地质模型、巷道模型和机电设备模型以及监测监控数据的算法，实现多部门、多专业、多层面空间业务数据集成与应用，使远程井下实时巡查成为现实。

（5）研发了基于集团级的煤矿大数据可视化分析技术和系统。结合“人、机、环、管”和综合自动化、在线监测等静态、动态数据，构建了模型库和知识库，实现了对各类信息的展示、分析、推理，诊断并概括现势安全状态，预测未来安全形势，为煤矿安全生产保驾护航。

（6）在国内外首次研发了基于“一张图”和云服务的大型煤矿企业集团安全生产系统集成技术和具有自主知识产权的软件系统。基于地理信息服务与云服务架构技术，在“一张图”框架下，研发了具有插件式接入、弹性计算、服务自适应伸缩扩展、海量空间数据存储和管理能力的大型煤矿企业集团安全生产系统集成技术，可以有效支撑安全生产运营平台面向企业集团级的全面业务管控及深度分析挖掘需求。

该项目在阳煤集团及其下属煤矿获得成功应用。项目研究成果荣获2018年度中国煤炭工业协会科学技术奖一等奖。

7. 6000 m超长运距低阻智能机头集中驱动矿用工作面巷道带式输送机

该研究成果由神华神东煤炭集团有限公司完成，主要针对神东矿区综采工作面顺槽带式输送机采用“两部搭接”或“加中间驱动”的传统方式实现6000 m煤炭超长距离运输，在矿务工程、安装与回撤、岗位巡视与维护等方面存在劳动强度大、成本高的问题，研发了国内外首台6000 m超长运距、低阻节能、智能变频、机头集中驱动矿用顺槽带式输送机，满足工作面安全、高效、绿色开采的需求，成为高端煤机装备“中国智造”的又一成功示范。

该研究成果的主要技术创新如下：

（1）发明了整机降阻技术。发明了轻型低阻长寿命托辊，选用了PVC带面，提高带速至4.5 m/s，使得理论计算运行阻力下降了24.1%、模拟摩擦系数降低至0.0195，较ACE标准0.022降低了11.2%。实测数据表明，随着运量和带速的提高，实际模拟摩擦系数能降低至0.0173，整机降阻效果显著，节能作用明显。

（2）发明了负载感知自适应电磁张紧系统。以电磁制动张紧绞车、四象限变频器、断电张力保护和完全自动张紧控制等技术为核心，提出了“张紧服从驱动”控制理念，发明了负载感知自适应电磁张紧系统，有效提高了张紧控制能力，实现了系统张力柔性控制，使输送带运行张力降低了15%、停机张力下降40%左右（较液压张紧，停机时最大张力从140 kN下降至87 kN）。

（3）开发了智能变频驱动控制系统。研发了软启动、高精度功率平衡、智能调速、自动脱机、远程数据传输等技术，以PLC为核心，开发了智能变频控制系统，提高了驱动控制能力，实现了根据负载变化智能加载，及时提供所需驱动转矩，实现“驱动服从加载，加载服从运量”的控制理念。

（4）研发了整机轻型化和模块设计技术。采用 Q460 代替原 Q235，开发了冷弯工艺代替热轧，研制了标准段结构件；结合轻型低阻长寿命托辊，机身标准段重量降低了 40%，实现了整机轻型化。整机轻型化和模块设计使得加工制造、安装、回撤更方便，维护更容易，维护人员减少了 3 人/班，工人劳动强度降低 40%。

（5）研制了防跑偏鼓形滚筒。防跑偏鼓形滚筒调偏效果明显，消除了输送带边缘严重磨损问题，减少了卡阻接头断扣频繁现象，延长了滚筒和输送带的寿命。

项目研究成果在神东矿区成功应用，荣获 2018 年度中国煤炭工业协会科学技术奖一等奖。

8. 复杂顶板岩层大直径高位定向钻孔成孔技术

该研究成果由中煤科工集团西安研究院有限公司、淮南矿业（集团）有限责任公司、山西晋城无烟煤矿业集团有限责任公司共同完成。针对我国大部分矿区煤层赋存地质条件复杂、顶板稳定性差，导致顶板高位定向钻孔成孔困难、钻具安全性差、钻进效率低的问题，开发了满足井下复杂顶板岩层大直径高位定向钻孔施工的成套技术及配套机具，提高钻孔成孔率和钻进效率，为煤矿井下工作面采动卸压瓦斯治理提供技术支持和装备保障。

该研究成果主要技术创新如下：

（1）创新开发了顶板大直径高位定向钻孔先导孔高效定向钻进技术及配套机具。开发了井下钻机与孔底螺杆马达双动力复合驱动高效定向钻进技术，研制了高强度螺旋无磁钢钻具，解决了单一孔底动力碎岩能力不足的难题，顶板高位定向钻孔先导孔综合钻进效率提高 20%以上。提出了煤矿井下定向钻进复合轨迹控制模式，解决了复合状态下轨迹控制难题，提高了定向孔动力传递效率。

（2）创新开发了复杂顶板岩层高位定向钻孔成孔技术及配套机具。创新开发了异形钻杆与水力复合强排渣定向钻进技术、顶板穿层孔段强造斜钻进主动防塌工艺、复杂顶板局部孔段扩孔防堵工艺、孔组联合注浆与分级注浆加固技术，研制了高强度整体式宽翼片螺旋钻杆、外螺旋螺杆马达等配套机具，提高了复杂顶板岩层中孔壁稳定性、排渣效率和钻孔成孔率。

（3）创新开发了顶板岩层高位定向钻孔大直径高效扩孔技术及配套机具。开发了多动力扩孔技术，研制了小直径扭冲工具和高韧性高强度扩孔钻杆，解决了孔口动力在定向钻孔中扩孔传递效果差的难题，钻具抗扭能力较常规钻杆提高 28%，最大扩孔直径达到 ϕ220 mm，综合扩孔效率提高 30%。

项目研究成果有效解决了复杂顶板岩层大直径高位定向钻孔安全、高效成孔问题，在全国 20 多个煤矿推广应用，最大成孔深度达到 1026 m，经中国煤炭工业协会鉴定整体达到国际领先水平。2018 年荣获中国煤炭工业科学技术一等奖。

9. 易自燃煤层群开采矿井火灾防控关键技术

该研究成果由国家能源投资集团有限责任公司、煤科集团沈阳研究院有限公司共同完成。西北地区是我国重要的煤炭生产基地，仅新疆、内蒙古、山西和陕西4省（区）储量就占全国煤炭资源总量的81.3%。针对西北地区煤层浅埋深、近距离、易自燃的特点，井上下漏风规律复杂、自然发火地点隐蔽、火灾防控难度大的问题，提出超前采矿工程控氧化、超前综合预防不自燃、准确探测易治理的矿井火灾超前协同防控新理念，对于提升西北地区矿井多层超大复合采空区的火灾防治技术水平，保障煤炭资源安全可靠供给具有重要意义。

该研究成果具有以下主要技术创新：

（1）首次基于矿井火灾防治原则提出了多尺度采矿工程优化方法及其内涵，分别在矿区尺度、矿井尺度和工作面尺度优化了采掘部署。

（2）确定了神东矿区主采煤层自然发火标志气体临界值，开发了井下原位光谱在线监测技术，提出了复杂灾变地质体影响下自燃火灾威胁程度评估方法，集成创新了气体流场动态平衡多点调控技术，提出了井上下联合区域性注浆技术，建立了超前综合预防不自燃技术体系。

（3）首次提出了煤自燃隐蔽火区电磁多元探测技术，研制了隐蔽火区电磁探测专用装备，开发了电磁探测数据解释系统，初步建立了电磁探火技术方法。

该研究成果已应用于神华神东煤炭集团有限责任公司、榆林神华能源有限责任公司、神华乌海能源有限责任公司、神华宁夏煤业集团有限责任公司以及陕西煤业化工集团有限责任公司、黑龙江龙煤矿业控股集团有限责任公司、山东能源集团有限责任公司等30余个煤矿，取得了显著的经济和社会效益，荣获2018年中国煤炭工业科学技术一等奖。

10. 长斜大直径定向反井钻井工艺与装备

该研究成果由北京中煤矿山工程有限公司、宁夏天地奔牛实业集团有限公司、江苏和信石油机械有限公司等单位联合完成。针对抽水蓄能电站、矿物开采及地下工程建设斜井施工技术难题，研制专用定向钻机、研究定向钻进工艺，形成高精度超前定向孔，解决了反井钻机导孔偏斜问题；创新反井钻机超前孔扩大钻具及扩大工艺，实现了钻具顺利下放；研制专用斜井反井钻机和防卡钻扩孔钻头结构，形成大直径导井，满足了斜井一次扩挖条件。

该研究成果的主要技术创新点如下：

（1）提出并实现了长斜大直径定向反井钻井工艺，形成定向钻机钻进超前孔并实现导孔轨迹控制，反井钻机扩大超前导孔、扩孔钻进一次形成高精度大直径斜井。

（2）研制出首台适合隧道（巷道）工程条件的斜井专用定向钻机，框架结构、整体移动、长钻杆高效安装拆卸、钻进自动控制，满足深度800 m，直径190 mm反井超前导孔钻进要求。

（3）研制出首台斜井专用反井钻机，实现了斜井钻进状态动力头的防渗、钻机快速安装、固定支撑传递反力和反扭矩、满足深度500 m，直径2.5 m斜井反井钻进要求。

（4）发明了斜井钻头防坠装置。在中心管发生断裂时，钻头能够在该装置的保护下不发生掉落和卡钻。发明了斜井锥形滚刀布置扩孔钻头结构，实现钻头在斜井状态下的平稳运转，减少了边刀磨损，提高了滚刀寿命。

（5）通过实验揭示了镶齿滚刀破碎坚硬岩石机理，取得了正压力与滚动力、破岩能量消耗、破碎岩石体积及比能耗的关系。

（6）首次在斜井导孔钻进中实现了定向钻进，采用MWD系统、螺杆钻具及合理钻具布置，地面实时掌控钻孔轨迹，控制导孔偏斜。

（7）首次完成了长斜井定向反井施工试验，验证了斜井施工中，定向测斜、纠偏，超前导孔扩大、坚硬岩层大直径扩孔等工艺，钻机适用性、钻具布置合理性及硬岩滚刀寿命。在丰宁抽水蓄能电站完成倾角53°、直径2.25～2.5 m、深度302 m的工业性试验斜井，偏斜率小于0.45%。

项目研究成果达到斜井导井偏斜要求，形成高精度大直径导井，达到安全、高效、环保建井，满足压力管道一次扩挖需要，突破制约抽水蓄能电站压力管道建设瓶颈，同时也为矿物开采、水力发电站、铁路公路隧道和其他地下工程建设提供新的建设方法。项目研究成果荣获2018年中国煤炭工业科学技术一等奖。

11. 煤矿瓦斯爆炸抑爆减灾关键技术与装备

该研究成果由河南理工大学、重庆大学、西山煤电（集团）有限责任公司等单位共同完成。瓦斯爆炸的快速探测、抑爆和减灾等问题一直是国内外亟待解决的技术难题，尤其针对抽采管网量多面广、结构复杂、瓦斯波动异常等极复杂条件发生的爆炸，爆炸动态演变规律不清、探测、减灾技术滞后，对安全生产威胁巨大。项目基于多尺度强湍流瓦斯爆炸动态传播理论与高效精确预测技术的研究，研发出适用不同场所的高效抑爆介质，开发出面向抽采管网、输送管道、采面和矿井灾变的抑爆减灾技术和装备，形成了多点—线—面一体化的瓦斯爆炸抑爆减灾技术体系。

该研究成果的主要技术创新如下：

（1）创建了多尺度强湍流瓦斯爆炸动态传播理论与高效精确预测技术。建立了多尺度强湍流瓦斯爆炸动态传播理论，以及瓦斯爆炸火焰锋面反应变量计算方法，基于湍流—火焰—超压多场耦合理论，揭示了火焰与湍流、超压的相互微扰机制，获得了瓦斯爆炸燃烧波、冲击波在传播过程中温度场、压力场、流场的时空演变规律。

（2）开发出点—线—面不同场所的高效抑爆介质、隔爆技术及成套装备。研发出高效铁基化合物超细复合抑爆粉体，获得含添加剂细水雾技术指标及制备工艺，揭示了含添加剂细水雾的异相化学和均相化学共同抑爆减灾机制，研发出高效抑爆装备、水位自控式阻火泄爆和液压驱动蝶阀阻爆装置。

（3）建立了瓦斯爆炸火焰双紫外高速探测技术及研制了主动式抑爆系统。基于对传感器阴极材料的研制及设计参数的优化，首创了瓦斯爆炸火焰高速探测的可靠性控制技术；构建出瓦斯爆炸火焰双紫外高速脉冲信号处理算法，解决了瓦斯爆炸高速、高可靠性自动监测技术难题，实现了瓦斯爆炸抑爆减灾的“早探测早抑爆”技术和装备。

(4) 研发了矿井瓦斯爆炸灾变时期的有效控风及快速泄压技术体系。研发了矿井瓦斯爆炸灾变时期的有效控风技术，以及多次爆炸的快速泄压技术和装备；与采区、抽采输送管网和矿井形成了灾变快速探测、瞬时抑爆、泄压控爆和减灾防爆的系统与工艺，构建了矿井多点一线一面一体化的瓦斯爆炸抑爆减灾体系。

项目研究成果以多尺度强湍流瓦斯爆炸动态传播理论为核心，形成了自主知识产权的瓦斯抑爆减灾技术体系及装备，整体达到国际领先水平，荣获2018年中国煤炭工业科学技术一等奖。

12. 急倾斜薄煤层综合机械化、自动化安全高效开采关键技术与装备

该研究成果由重庆能投渝新能源有限公司、重庆市能源投资集团科技有限责任公司、山东矿机集团股份有限公司等单位共同完成。针对急倾斜薄煤层仍采用传统的风镐落煤、爆破落煤、人工支护等非机械化采煤方法开采，劳动强度大、安全性差、资源采出率低等难题，开展了急倾斜薄煤层综合机械化开采涉及的岩层控制理论、开采技术和工艺、安全防控、关键设备等研究工作，研发了急倾斜薄煤层综合机械化、自动化安全高效开采关键技术与装备。

该项目研究取得以下创新成果：

(1) 首次采用数值模拟方法分析了45°～75°急倾斜薄煤层长壁工作面采场围岩应力-应变场特征和矿山压力显现规律，提出了俯伪斜综合机械化采煤方法和采煤机双向割煤、整体推溜及单架单向自下往上顺序移架的综合机械化回采工艺，建立了急倾斜薄煤层俯伪斜综合机械化安全高效开采技术体系。

(2) 研究分析了急倾斜煤层状态下长壁工作面采煤设备、支护设备、导向运输设备的空间受力状态，建立了设备空间位态监控、人员和设备安全防护3个层次的安全防控体系，实现了综采工作面设备防滑、防倒、防飞矸和人员安全的主动防护，保障了生产安全。

(3) 研制了急倾斜薄煤层综采工作面关键技术装备，包括：①急倾斜俯伪斜综采工作面特殊型掩护式液压支架，支架顶梁、底座前端与工作面推进方向采用斜交方式，适应了综采工作面急倾斜伪俯斜布置和生产工艺要求；②大功率、大牵引力、结构紧凑型以及装备了大扭矩液压防滑制动器的薄煤层交流变频电牵引采煤机，总功率达到468 kW，牵引力达到450 kN；③急倾斜俯伪斜工作面高强度、高适应性的导向连接与自溜煤运输装置，设计采用优质合金钢和耐磨铸钢材料的封底中部槽和整体化机头机尾结构；④研制了急倾斜综采工作面矿用电缆自动卷缆机和安全牵引绞车，保证了采煤机供电和安全运行要求。

(4) 研发了急倾斜薄煤层俯伪斜综合机械化工作面设备和生产流程自动控制系统，具有采煤机自动监控、液压支架自动控制和运输导向装置自动控制等功能，并将综采设备26种单独功能组合为向下割煤、机头进刀、整体推移导向连接装置和移设液

压支架、向上割煤、机尾进刀等5个自动控制工艺流程，采用了zigbee无线组网技术和顺槽集控中心远程监控技术，实现了综采工作面生产过程自动化。

项目研究成果2014—2015年首次在重庆能源集团逢春煤矿应用，综采工作面月产达到12190 t，单产和工效提高3倍以上；近年来已在重庆、云南、四川、贵州、新疆、江西等省区急倾斜薄煤层开采条件矿井推广应用，对提升煤炭资源紧缺的西南地区能源就近供应能力、节约利用资源、延长矿井服务年限、保障区域经济社会发展和推动煤炭行业技术进步发挥了重要作用。

8.4 煤炭领域标准制定

煤炭领域一直积极开展相关标准的制修订工作。2018年，国家标准委批准发布煤炭领域的国家标准44项（表8－5）。国家能源局批准发布煤炭领域的标准23项(表8－6)。应急管理部批准发布煤炭领域的安全标准4项（表8－7)。国家煤矿安全监察局批准发布煤炭标准12项（表8－8)。

表8－5　2018年批准发布的煤炭领域的国家标准（GB)

序号	标准编号	标准名称	代替标准号	实施日期
1	GB/T 220—2018	煤对二氧化碳化学反应性的测定方法		2018－09－01
2	GB/T 1572—2018	煤的结渣性测定方法		2018－09－01
3	GB/T 1573—2018	煤的热稳定性测定方法		2018－09－01
4	GB/T 1575—2018	褐煤的苯萃取物产率测定方法		2018－09－01
5	GB/T 35983—2018	煤样制备除尘系统通用技术条件		2018－09－01
6	GB/T 35984—2018	煤和焦炭的固体残余物中全碳、可燃碳和碳酸盐碳的测定方法		2018－09－01
7	GB/T 35985—2018	煤炭分析结果基的换算		2018－09－01
8	GB/T 35986—2018	煤矸石烧失量的测定		2018－09－01
9	GB/T 2285—2018	焦化二甲苯		2018－12－01
10	GB/T 2292—2018	焦化产品甲苯不溶物含量的测定		2018－12－01
11	GB/T 7562—2018	商品煤质量　发电煤粉锅炉用煤		2018－12－01
12	GB/T 7563—2018	商品煤质量　水泥回转窑用煤		2018－12－01
13	GB/T 15224.1—2018	煤炭质量分级　第1部分：灰分		2018－09－01
14	GB/T 18342—2018	商品煤质量　链条炉用煤		2018－12－01
15	GB/T 18916.33—2018	取水定额　第33部分：煤间接液化		2018－12－01
16	GB/T 18916.34—2018	取水定额　第34部分：煤炭直接液化		2018－12－01
17	GB/T 18916.35—2018	取水定额　第35部分：煤制甲醇		2018－12－01

表 8－5（续）

序号	标准编号	标准名称	代替标准号	实施日期
18	GB/T 18916.36—2018	取水定额　第 36 部分：煤制乙二醇		2018－12－01
19	GB/T 35051—2018	选煤厂洗水闭路循环等级		2018－09－01
20	GB/T 35052—2018	选煤厂重介质旋流器悬浮液中磁性物含量的测定方法		2018－09－01
21	GB/T 35053—2018	煤层气含量测定用密闭取心方法		2018－09－01
22	GB/T 35054—2018	选煤用重介质旋流器工艺性能试验方法及判定规则		2018－09－01
23	GB/T 35055—2018	卧式刮刀卸料煤泥离心机		2018－09－01
24	GB/T 35056—2018	煤矿巷道锚杆支护技术规范		2018－12－01
25	GB/T 35057—2018	煤矸石烧结砖隧道窑余热利用技术规范		2018－09－01
26	GB/T 35058—2018	提质煤煤质特征评价技术指南		2018－09－01
27	GB/T 35059—2018	提质煤复吸水分测定方法		2018－09－01
28	GB/T 35060.1—2018	滚筒采煤机通用技术条件　第 1 部分：整机		2018－09－01
29	GB/T 35060.2—2018	滚筒采煤机通用技术条件　第 2 部分：截割传动装置		2018－09－01
30	GB/T 35060.3—2018	滚筒采煤机通用技术条件　第 3 部分：行走驱动装置		2018－09－01
31	GB/T 35061—2018	高频煤泥回收筛		2018－09－01
32	GB/T 35062—2018	低阶煤提质技术术语		2018－09－01
33	GB/T 35063—2018	煤基伴生油页岩油		2018－09－01
34	GB/T 35064—2018	煤油共炼原料技术条件		2018－09－01
35	GB/T 35066—2018	干扰床分选机		2018－09－01
36	GB/T 35069—2018	焦炭　磷含量的测定　还原磷钼酸盐分光光度法		2018－12－01
37	GB/T 35074—2018	焦化浸渍剂沥青		2018－12－01
38	GB/T 36167—2018	选煤实验室分步释放浮选试验方法		2018－09－01
39	GB/T 36562—2018	煤直接液化制混合芳烃		2019－02－01
40	GB/T 36563—2018	甲醇制汽油组分油		2019－02－01
41	GB/T 36564—2018	煤基费托合成　汽油组分油		2019－02－01
42	GB/T 36565—2018	煤基费托合成　石脑油		2019－02－01
43	GB/T 36566—2018	煤直接液化　石脑油		2019－02－01
44	GB/T 36715—2018	节能评估技术导则　煤炭矿井及选煤厂项目		2019－04－01

表 8－6　2018 年批准发布的煤炭领域的能源标准（NB）

序号	标准编号	标准名称	代替标准号	实施日期
1	NB/T 10042—2018	煤层气定向井井身质量控制要求		2018－10－01
2	NB/T 10043—2018	煤层气管理信息化数据结构规范		2018－10－01
3	NB/T 10044—2018	煤层气井举升工艺设计规范		2018－10－01
4	NB/T 10045—2018	煤层气田地面工程设计防火规范		2018－10－01
5	NB/T 10046—2018	矿用风冷调速型磁力偶合器		2019－03－01
6	NB/T 10047—2018	煤矿井下作业劳保服安全技术规范		2019－03－01
7	NB/T 10048—2018	煤矿在用滚筒驱动带式输送机安全运行规范		2019－03－01
8	NB/T 10049—2018	煤矿在用电机车检测检验规范		2019－03－01
9	NB/T 10050—2018	煤矿在用竖井提升系统防坠器检测检验规范		2019－03－01
10	NB/T 10051—2018	煤矿供电防越级跳闸系统		2019－03－01
11	NB/T 10052—2018	煤矿矿井水净化处理超磁分离工艺操作指南		2019－03－01
12	NB/T 10053—2018	煤矿斜井冻结施工技术规范		2019－03－01
13	NB/T 10054—2018	油页岩的常规分析方法		2019－03－01
14	NB/T 10055—2018	采煤工程师岗位能力评价要求		2019－03－01
15	NB/T 10056—2018	低透气性煤层穿层钻孔液态二氧化碳相变致裂工艺技术要求		2019－03－01
16	NB/T 10057—2018	低透气性突出煤层钻割一体化工艺技术要求		2019－03－01
17	NB/T 10058—2018	煤矿机电工程师岗位能力评价要求		2019－03－01
18	NB/T 10059—2018	煤矿掘进工程师岗位能力评价要求		2019－03－01
19	NB/T 10060—2018	煤矿通风工程师岗位能力评价要求		2019－03－01
20	NB/T 10123—2018	煤矿瓦斯抽采钻孔“两堵一注”封孔工艺技术条件		2019－05－01
21	NB/T 10124—2018	煤储层含气量与瓦斯压力测算及评价方法		2019－05－01
22	NB/T 10125—2018	井巷揭煤技术规范		2019－05－01
23	NB/T 10126—2018	矿井瞬变电磁超前勘探技术方法		2019－05－01

表 8-7　2018 年批准发布的煤炭领域的安全标准（AQ）

序号	标准编号	标准名称	代替标准号	实施日期
1	AQ 2062—2018	超深竖井施工安全技术规范		2018-12-01
2	AQ 1049—2018	煤矿建设项目安全审核基本要求	AQ 1049—2008	2018-12-01
3	AQ 1055—2018	煤矿建设项目安全设施设计审查和竣工验收规范	AQ 1055—2008	2018-12-01
4	AQ 1115—2018	煤层气地面开发建设项目安全设施设计审查和竣工验收规范		2018-12-01

表 8-8　2018 年批准发布的煤炭标准（MT）

序号	标准编号	标准名称	代替标准号	实施日期
1	MT/T 249—2019	YBSD 系列矿用隔爆型双速三相异步电机	MT/T 249—1997	2019-07-01
2	MT/T 411—2019	YBI 系列装岩机用隔爆型三相异步电动机	MT/T 411—1995	2019-07-01
3	MT/T 503—2019	光控自动喷雾降尘装置通用技术条件	MT/T 503—1996	2019-07-01
4	MT/T 507—2019	煤岩分析方法一般规定	MT/T 507—1995	2019-07-01
5	MT/T 634—2019	煤矿矿井风量计算方法	MT/T 634—1996	2019-07-01
6	MT/T 716—2019	煤矿重要用途钢丝绳验收技术条件	MT/T 716—2005	2019-07-01
7	MT/T 1166—2019	可伸缩带式输送机自移机尾		2019-07-01
8	MT/T 1167—2019	安全高效现代化矿井技术规范		2019-07-01
9	MT/T 1168—2019	刨煤机检验规范		2019-07-01
10	MT/T 1169—2019	矿井感应通信系统通用技术条件		2019-07-01
11	MT/T 1170—2019	煤矿带式输送监控系统通用技术条件		2019-07-01
12	MT/T 1171—2019	煤矿井下浮游粉尘浓度检测技术规范		2019-07-01

8.5　煤炭科技创新发展路径

煤炭高质量发展的目标是建立现代化煤炭经济体系，推动煤炭由传统能源向清洁能源战略转型。煤炭科技创新是推动煤炭向清洁能源转变的核心动力，新一轮科技革命和产业变革为煤炭科技创新发展开辟了广阔空间。

（1）坚持开放合作的科技创新理念。40 年煤炭行业改革开放实践证明，新时代煤炭行业要实现高质量发展，关键在改革开放。煤炭科技创新也必须坚持开放和合作，要主动融入全球科技创新网络，构建领先的产业标准体系，提升创新规则制定中的话语权；要积极创建平等互利、合作共赢的科技创新共同体，来共同解决行业发展面临的重大科学与技术问题。

（2）坚持安全绿色智能化开采和清洁高效低碳化利用的技术发展方向。围绕国家能源战略需求和行业关键共性难题，聚焦深部煤炭安全高效开采技术，西部煤炭大规模绿色开发技术，煤炭智能化开采技术，煤炭高效精细化加工技术，多资源共采和综合利用技术等。

（3）坚持技术升级改造推动煤炭供给侧改革。培育释放先进产能、淘汰落后产能是煤炭产业持续健康发展的基础。大力推动煤矿企业实施机械化、自动化技术升级改造，提高清洁集约绿色化利用水平，增强有效科技供给能力。

（4）坚持与新兴技术的融合应用。信息技术、智能技术、生物技术、新材料技术的融合应用，为煤炭新旧动能转换提供了动力。面对未来更激励的全球竞争，应实现煤炭装备关键零部件、核心控制器、原材料的自主化，牢牢掌握技术主动。

（5）坚持开发高端、高附加值的煤炭产品。大力发展煤炭分级提质利用技术，拓展煤炭深加工，发展煤基化工新材料和高端化学品，优化煤基产业链，实现产业链中的“吃干榨尽”。

9 专家视角

专家视角邀请的专家以从事战略研究、市场分析、煤矿安全和科技创新的专家为主，通过各位专家对世界和中国煤炭行业、企业的热点问题及发展趋势进行分析和预测，为有关政府部门和煤炭企业的读者提供深入的思考。

对未来几年中国煤炭市场走势的判断

朱吉茂　神华科学技术研究院有限责任公司
李瑞峰　神华科学技术研究院有限责任公司

从近几年中国煤炭市场的运行看，供需关系是决定煤炭市场走势的关键因素，供需由煤炭生产能力、煤炭进出口、煤炭需求等构成。煤炭产业集中度和生产集中度、煤炭调控政策、安全生产、环境保护、淘汰落后产能等对煤炭生产也有较大影响，是影响煤炭市场的重要因素。本文通过对以上几个方面分析，初步判断未来几年中国煤炭市场走势。

一、煤炭市场走势回顾

煤炭价格反映煤炭市场的最显著特征，以秦皇岛 5500 大卡动力煤平仓价为例，能够将 2000 年以来煤炭价格走势划分为 7 个阶段，依次是合理回归、继续回升、高位震荡、上升、大幅下跌、上升、波动走稳（图 9－1）。很显然，煤炭价格大部分时间处于波动中，比较平稳的时间不多，主要是 2001 年 1 月至 2004 年 10 月和 2004 年 11 月至 2007 年 11 月，入世带来新一轮经济增长能源需求增加，带动煤价合理回归，经历短期上涨后继续缓慢回升。

之后，进入剧烈波动期，在奥运经济支撑下，首先是急速上涨，2008 年 7 月 21 日达到历史高点 965 元/t；然后是受美国次贷危机影响煤价大幅度下跌；价格震荡中走稳后，在 4 万亿刺激政策推动下煤炭需求旺盛，价格持续长达两年的上升期；前期高额投入产能惯性快速增长，而煤炭需求增速放缓甚至下滑，煤炭市场严重过剩，2011 年底开始第二轮长时间大跌，持续到 2015 年底 365 元/t，只有 2008 年高点的 37.8%。

在全行业亏损、部分大型煤炭企业现金流即将断裂的关键时刻，国家出台宏观调控政策控产量、去产能，加上煤炭需求回升，从 2016 年初煤价开始新一轮恢复性上涨，10 月达到 700 元/t，为促进煤价合理回归，国家加快了先进产能释放，2017 年 6 月回落到 560 元/t，煤价进入波动走稳期，至 2019 年 3 月末，煤价长时间保持在 600 元/t 上下波动，煤炭市场呈现比较平稳的趋势。

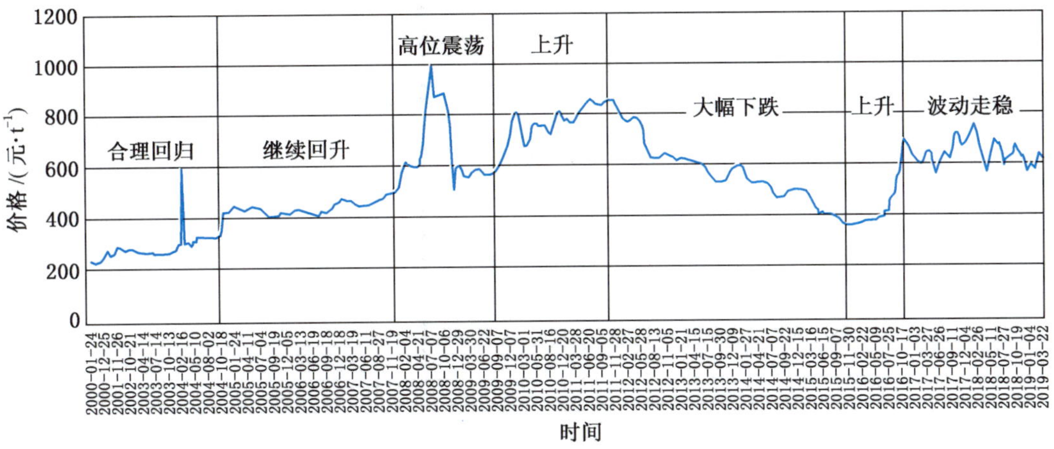

图 9-1　中国煤炭价格变化图

二、主要影响因素分析

(一) 煤炭供给

从数字上看总产能很大。公告的煤矿生产能力，是经煤矿管理部门核准或核定的法定生产能力。为了安全生产，煤矿全年原煤产量不能超过这个能力。截至 2018 年底，国家公告生产煤矿 3373 处、公告产能 3.53 Gt/a，公告在建煤矿 1010 处、产能 1.03 Gt/a（其中进入联合试运转的煤矿产能 0.37 Gt/a），这些均是手续齐全的合法煤矿。中国煤炭工业协会发布的《2018 煤炭行业发展年度报告》指出，2018 年底全国煤矿数量减少到 5800 处左右，平均产能提高到 0.92 Mt/a。按协会年度报告，全国生产和在建的煤矿总规模约 5.34 Gt/a，减去公告的合法生产和在建煤矿，推测手续不全煤矿产能约 0.8 Gt/a。

目前有效产能低于公告产能。在现实中，有效产能更有实际意义，是判断煤炭供应能力的基础。2018 年全国煤炭产量 3.68 Gt，与生产煤矿和联合试运转煤矿产能之和 3.9 Gt/a（联合试运转煤矿产能利用仅能发挥一部分）基本匹配，与 2018 年煤炭供需基本平衡的实际情况吻合。然而，不同区域煤炭产能利用率差别很大。

有的煤矿受煤炭市场、运输能力制约，产能不能有效发挥；有的煤矿受资源枯竭、开采条件变差等影响，长期不能达产，核定能力又没有及时下调；有的煤矿达不到安全生产、环保要求，经常处于停产或半停产状态；有的煤矿为了逃避关闭政策的要求，存在产能虚报。以上诸多因素，使得一些煤矿的有效产能比公告产能小。这种情况在中国东部、中部和西南地区比较突出。例如东部地区的北京、河北、辽宁、吉林、黑龙江、江苏、福建、山东，公告的生产煤矿产能为 383 Mt/a，当年生产煤炭约 307 Mt，产能利用率 80.2%。中部地区的安徽、江西、河南、湖北、湖南，2018 年公告的生产煤矿产能 305 Mt/a，当年生产煤炭 252 Mt，产能利用率 82.6%。西南地区的四川、重庆，2018 年公告的生产煤矿产能 78 Mt/a，当年生产煤炭 48 Mt，产能利用率 61.5%。

煤炭资源开采条件好的西北地区，煤矿产能利用率高。例如，内蒙古、陕西、宁夏、甘肃、青海、新疆，2018 年公告的生产煤矿产能 1.59 Gt/a，当年生产煤炭 1.93 Gt，比公告产能多 0.34 Gt。主要原因是，除了绝大部分生产煤矿产能利用率高外，联合试运转的煤矿贡献部分产量（联合试运转的煤矿大部分集中在这一地区），也有一些煤矿超能力生产，以及一些手续不全的煤矿生产煤炭。

通过对 2017 年全国煤矿的产能利用率进行分析，发现情况大致和 2018 年相似。这两年全国煤炭市场均处于紧平衡的状态，东部、中部、西南地区煤矿产能利用率偏低，同样说明有效产能低于公告产能。

未来几年有效产能判断。本文仅考虑生产煤矿、在建煤矿（含手续不全在建煤矿），对未来几年有效产能做一判断。在建煤矿主要分布在山西、内蒙古、陕西、甘肃、宁夏、青海、新疆、贵州，大部分将在未来几年陆续投产，少部分由于资源条件或市场竞争力等条件变化处于停建状态。即便这些地区的大部分在建煤矿投产，其有效产能也要打折扣。例如，山西生产和在建总规模约 1.4 Gt/a，其中在建规模约 0.4 Gt/a，山西省煤炭管理部门为了可持续发展，拟将产量控制在 1 Gt 以内。此外，部分整合煤矿有效产能不足，主要是有的煤矿资源枯竭，有的煤矿成本高，有的煤矿运输不畅通等。内蒙古生产和在建总规模超过 1.3 Gt/a，管理部门也将控制煤炭开发强度，产量要低于这个数。新疆生产和在建总规模超过 0.3 Gt/a，但由于市场受限，有效产能要小于这个量。宁夏生产和在建总规模超过 135 Mt/a，但受开采条件限制，有效产能低于 100 Mt/a。甘肃、青海、贵州也类似。

综上，随着在建煤矿的逐步投产，未来几年中国煤矿产能逐年增长，但有效产能要远低于这个规模。

进出口基本保持稳定。与澳大利亚、印尼等主要煤炭出口国相比，中国煤矿以井工开采为主，生产成本偏高，加上过高的物流成本，进口煤在中国东南沿海地区有较强的竞争优势。

IEA 全球煤炭市场报告（2018—2023）认为，近年来澳大利亚、印尼等主要煤炭出口国对煤炭开采和相应基础设施投资减小，未来几年印尼出口量会下滑，澳大利亚、美国基本保持稳定，俄罗斯会增加。而印度和东南亚煤炭需求增加，需要加大进口量，在一定程度上会削弱印尼、澳大利亚对中国煤炭市场的压力。

中国优质炼焦煤不能满足需求，每年需要进口 60 Mt 左右；印尼廉价的低热值煤、澳大利亚高热值煤在东南沿海有一定市场，是中国煤炭市场的重要补充。中国净进口可能长期维持在 0.2～0.3 Gt。未来几年中国煤炭出口变化不大。

（二）煤炭需求

全球煤炭需求基本保持稳定。国际能源署（IEA）2014 年预测 2040 年前长期保持缓慢增长，2018 年预测未来 5 年全球煤炭市场将保持稳定；美国能源信息署（EIA）2017 年预测 2040 年前全球煤炭需求先升后降；中石油技术经济研究院 2018 年预测煤炭需求进入缓慢下降通道，上述预测结果虽不尽相同，但具有共同特征：2040 年前全球煤炭需求变化缓慢，预计将在 8 Gt 左右范围内小幅波动。

发展阶段与煤炭需求密切相关。西欧正加速煤炭退出，如法国宣布 2023 年关闭所有燃煤电厂，英国宣布 2025 年全面禁煤，芬兰计划 2030 年全面禁煤，德国计划 2038 年关闭所有燃煤电厂；美国丰富且廉价的天然气和可再生能源扩张将继续挤压煤炭发电，煤炭需求下降趋势显著。相反的是，印尼、巴基斯坦、孟加拉国、菲律宾和越南人口 8 亿，人均用电量 800 kW·h，仅为欧盟 28 国的 1/7，发电用煤增长强劲，印度经济增长和基础设施发展导致煤炭需求旺盛，总体上亚太地区煤炭消费会继续增加。

中国煤炭需求进入峰值平台期。参考华北电力大学电煤预测、中国钢铁协会生铁产量预测、中国建材协会建材产量预测和中国煤炭加工利用协会煤化工产品产量预测，充分考虑技术进步单位产品耗煤量下降等因素，结合相关部委、专业机构等预测结果，预计 2025 年前中国煤炭消费处于峰值平台期，维持在 4 Gt 左右，之后开始缓慢下降。

（三）产业集中度和生产集中度

产业集中度稳步提高。从图 9－2 可以看出，中国煤炭产业集中度上升趋势非常明显。2001 年产量最大的四家企业（大同煤矿集团有限责任公司、山西焦煤集团有限责任公司、兖矿集团有限公司、神华集团有限责任公司）共 110 Mt，占全国的 8.1%；之后集中度长期保持上升趋势，持续到 2013 年；由于煤炭市场过于疲软，国家提倡限产，大型煤炭企业产量下降，2014 年、2015 年集中度连续走低；2016 年初，国家采取去产能、控产量、治理违规和超能力生产后，加上需求回升拉动下，煤炭市场开始好转，2018 年前四家（中国国能集团有限公司、中国中煤能源集团有限公司、陕西煤业化工集团有限责任公司、山东能源集团有限公司）产量比重上升到 27.4%，是 2001 年的 3.4 倍。

产业集中度继续提高对形成理性煤炭市场有利。2016 年 6 月，国资委召开中央企业化解钢铁煤炭过剩产能工作会议，提出专业钢铁煤炭企业做强做优做大，其他涉煤中央企业原则上退出煤炭行业；之后，保利能源公司煤炭相关资产划转中国中煤能源

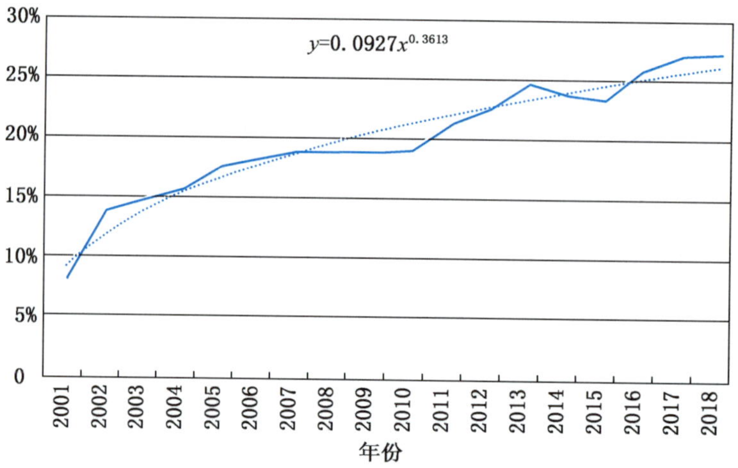

图 9－2　全国煤炭产业集中度 CR4

集团有限公司，国家电力投资集团有限公司、华润（集团）有限公司、中国电力建设集团有限公司、中铁工煤炭资产移交国源公司。2017 年 12 月国家发展改革委等 12 部委联合发布了《关于推进煤炭企业兼并重组转型升级的意见》，意味着未来几年煤炭行业供给侧改革的重点将向推进兼并重组转移，提高产业集中度有利于减少市场竞争主体，减少企业之间恶性竞争，促进煤炭市场平稳。北京交通大学王炳文通过比较研究美国和澳大利亚等世界煤炭大国的产业集中度，认为 50%～60%的集中度是一个比较有效的水平，考虑到中国煤炭产业目前的状况，建议先把 CR8 提高到 50%，再把 CR4 提高 50%左右，形成一批具有全球竞争力的企业集团，促进煤炭市场有序竞争格局形成，增强煤炭供给市场的稳定性。从国家政策和专家观点看，中国煤炭产业集中度还有很大提升空间，逐步形成有序、良性竞争格局和稳定的煤炭市场是可期的。

生产集中度向晋陕蒙集中煤炭供给调节能力增强。山西、陕西、内蒙古一直是中国煤炭主产区，2018 年内蒙古产量 0.98 Gt，占全国 26.6%，山西 0.89 Gt，占 24.2%，这两个省煤炭产量占全国半壁江山，加上陕西 0.62 Gt，共占全国 67.7%。2000 年以来晋陕蒙与全国煤炭生产趋势一致性很明显，均经历快速上涨—下跌—回升过程，但涨幅更大、跌幅低些；从图 9－3 可以看出，晋陕蒙煤炭占全国的比重一直在提升，接近 70%，对市场供给有较强调节能力，未来煤炭生产继续加速向晋陕蒙集中，有利于形成一个相对稳定的煤炭市场。

（四）调控政策

对煤炭市场进行调控是必要的。1992 年十四大提出发展社会主义市场经济以来，市场在资源配置中的作用明显增强，但离完全市场经济仍有不小的距离。煤炭市场自我调节失灵时，为保证能源安全，政府运用有形之手调节市场是理所当然的。

一系列调控政策效果显著。最近一轮煤炭市场下行始于 2012 年下半年，至 2015

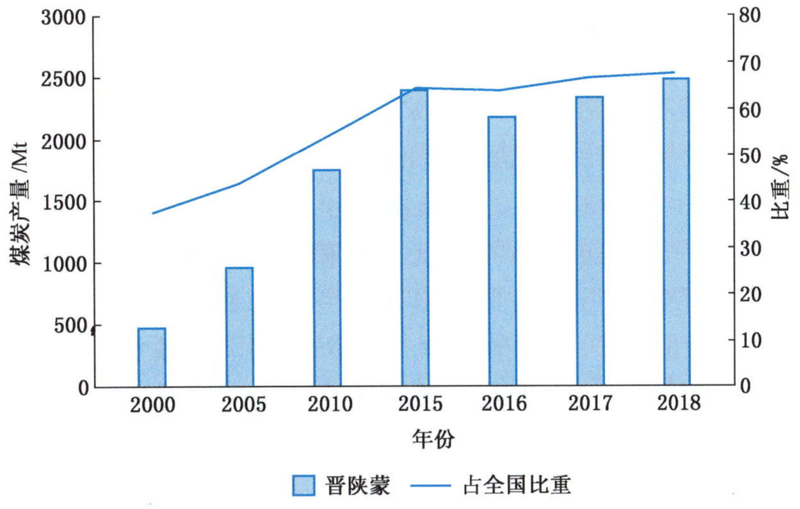

图 9－3　晋陕蒙煤炭产量及占全国比重

年底全行业亏损，在一批大型煤炭企业资金链即将断裂的关键时刻，2016 年 2 月出台《国务院关于煤炭行业化解过剩产能实现脱困发展的意见》（国发〔2016〕7 号），对控产量、去产能提出明确规定并严格执行，及时改变了供求关系严重失衡局面，煤价迅速合理回归。为缓解煤价过快上涨势头，2016 年 8 月，国家发展改革委制定《关于稳定煤炭供应、抑制煤价过快上涨工作预案（讨论稿）》，加快先进产能释放，煤炭价格开始回落，呈现高位震荡态势。2017 年初，为促进煤炭上下游行业平稳运行和持续健康发展，国家发展改革委等四部门联合签署《关于平抑煤炭市场价格异常波动的备忘录》，划定煤价绿色区间。为推动长协，相关部门先后印发了《关于加强市场监管和公共服务保障煤炭中长期合同履行的意见》（发改运行〔2016〕2502 号）、《关于加快签订和严格履行煤炭中长期合同的通知》（发改电〔2017〕230 号）、《关于推进 2018 年煤炭中长期合同签订履行工作的通知》（发改办运行〔2017〕1843 号），“煤炭中长期合同”制度和“基础价＋浮动价”定价机制落到实处，至 2018 年底，长期合同平均价格运行在绿色区间。现有煤炭市场调控政策已基本形成体系，保障全国煤炭市场平稳运行的能力越来越强。

（五）安全生产

煤矿安全生产水平显著提高。煤炭行业不断加强煤矿安全基础建设，推进安全生产标准化，发展机械化、自动化、信息化、智能化，提升从业人员素质，落实优化系统、减水平、减头面、减人员等措施，煤矿安全生产形势持续稳定好转。2018 年全国煤矿共发生事故 224 起、死亡 333 人，约是 1994 年历史峰值 7014 人的 4.7%。

与澳大利亚、美国先进水平仍有较大差距。中国煤矿 2018 年百万吨死亡率 0.09，与采煤发达国家澳大利亚近几年 0.01、美国 0.04 左右仍有较大差距，尽管有资源赋存条件的因素，但距离少死人、甚至基本不死人、由高危行业转向安全行业的目标还有很大距离。当前，一些地区和煤矿企业没有正确认识经济发展和安全生产的关系，安全发展意识不够强，煤炭形势好转后落后产能淘汰态度不坚决，重大灾害治理不到位，技术装备水平整体不高，从业人员素质比较低等，反映了煤矿安全基础工作薄弱，与煤炭行业高质量发展不相适应。

安全生产成为一些煤矿的紧箍咒。截至2018年底，一、二级安全标准化煤矿数量不到煤矿总数的50%，国家明确加大对一、二级安全标准化煤矿支持力度，规定在全国性或区域性调整、实施减量化生产措施时一级标准化煤矿原则上不纳入减量化生产煤矿范围，在地方政府因其他煤矿发生事故采取区域政策性停产措施时，一级、二级标准化煤矿原则上不纳入停产范围。各级煤矿安全监管监察部门适当减少检查频次，也可能受到其他煤矿事故影响导致停产，安全成为它们的紧箍咒是必然也是必要的。对不具备安全条件的煤矿实行“限产、停产、关闭”，对安全没有保障的煤矿，无论是国有大矿还是民营煤矿，该限产的要限产，该停产的要停产，该退出的要退出，安全保障程度低的煤矿产量将持续受到影响。

（六）环境保护

矿区环境保护面临压力。经过40年快速发展，中国生态环境面临巨大压力，已接近环境容量极限，煤炭作为规模化开发资源行业，不可避免地带来一定环境负效应，固体废弃物治理、塌陷土地复垦等欠账较多。

国家对环境保护的重视前所未有。党的十九大报告把能源放在生态文明篇章中，提出推进能源生产和消费革命，构建清洁低碳、安全高效的能源体系；提出必须树立和践行绿水青山就是金山银山的理念，坚持节约资源和保护环境的基本国策，实行最严格的生态环境保护制度。2019年两会期间，习近平在参加内蒙古代表团审议时，就生态文明建设首次提出“四个一”：在“五位一体”总体布局中生态文明建设是其中一位，在新时代坚持和发展中国特色社会主义基本方略中坚持人与自然和谐共生是其中一条基本方略，在新发展理念中绿色是其中一大理念，在三大攻坚战中污染防治是其中一大攻坚战。

环境保护对煤炭行业影响深远。随着环保要求日益严格，需要煤炭行业更加重视，煤矿设计之初在技术工艺方案选择上就开始关注煤炭开采对生态环境的影响；需要投入更多精力和资金，用于土地复垦和采空区治理，采取措施以减少对原生态的扰动；废水零排放已经在内蒙古、宁夏等煤炭主产地开始实施，需要寻找矿井水的用途。由于环境保护要求提高，过去部分煤矿粗放式开采方式受到制约，需要根据实际情况，重新调整生产安排，降低开采强度，环保减产也会对部分环保重视不够的煤矿的生产带来一定影响。

（七）淘汰落后产能

淘汰落后产能取得重大进展。“十一五”期间淘汰落后产能0.54 Gt/a，“十二五”0.55 Gt/a，煤炭工业发展“十三五”规划提出化解淘汰过剩落后产能0.8 Gt/a左右。

2016—2018 年退出煤炭落后产能 0.81 Gt，提前两年完成“十三五”目标任务。

淘汰落后产能工作不会停步。随社会进步和技术水平提高，落后产能的定义是需要不断完善的，继续推进煤炭行业供给侧结构性改革，把提高供给体系质量作为主攻方向，从总量性去产能转向结构性去产能，努力实现行业高质量发展，需要将前一阶段淘汰小型煤矿为主向大中型煤矿为主转移，比如自然灾害严重、资源趋于枯竭、扭亏无望、采深超千米安全没有保障等矿井。2018 年，山东龙郓煤业发生冲击地压事故后，国家加大了对千米深井治理力度，会减少东部开采深度大的煤矿供应能力；山东能源局已发布通知，将 19 处采深超千米冲击地压生产矿井核定能力由 42.60 Mt/a 调整为 34.02 Mt/a，核减 8.58 Mt/a，压减 20.14%。

三、市场走势判断

上述影响未来几年煤炭市场走势的关键或重要因素中，煤炭供给充足程度提高是煤炭市场总体走向宽松的主要因素，需求高位对煤炭市场是有力支撑；集中度提高特别是生产向晋陕蒙集中煤炭供给调节能力会显著增强，安全生产、环境保护、淘汰落后产能等都会对一些非优质产能发挥形成一定制约；调控政策可对过松或过紧的煤炭市场进行灵活调节，促进煤炭市场基本稳定。

因此，未来几年煤炭市场可能出现总体偏宽松局面，产能有一定富裕但量不大，煤炭市场运行总体比较平稳。

提高煤炭国际合作水平，构建国内外煤炭供应平衡体系

朱　超　应急管理部研究中心

煤炭作为中国的主体能源，有力地支撑了国民经济和社会长期平稳较快发展。煤炭是中国最丰富、最经济的能源资源，资源保障能力强，占中国已探明化石能源保有经济可采储量的 97%左右。多年来，煤炭在中国能源消费结构的比例在 59%～76%之间波动，在未来相当长的时期内，煤炭仍将是中国最主要和最安全可供的一次能源。预计到 2020 年、2025 年和 2035 年，煤炭占中国一次能源消费中比例分别保持在 58%、55%和 50%左右。在去产能政策、生态环境保护、安全生产和煤炭消费温和反弹等多因素联合作用下，中国煤炭合法产能明显不足，煤炭供应偏紧，尤其是在华中、西南和东北地区连续多年煤炭供应紧张，导致煤炭价格居高不下。然而，世界煤炭供应充足，煤炭价格合理。因此，从环境保护、能源经济和能源安全角度出发，中国需要加强煤炭国际合作，提高海外煤炭供应能力，降低国内煤炭开发强度，保护中国煤矿区生态环境，实现国内煤炭供需动态平衡和煤炭供应安全。

一、国内外煤炭供需形势

（一）世界煤炭供需形势

21 世纪以来，世界煤炭产量从 2000 年的 4726 Mt 增加到 2013 年的 8271 Mt；2014—2016 年连续 3 年下降，2016 年世界煤炭产量下降到 7492 Mt；2017 年，世界煤炭产量有所回升，达到 7727 Mt，同比增长 3.4%。从各国煤炭产量分析看，世界煤炭产量的增长主要来自中国、印度、美国、印度尼西亚和蒙古的驱动，但与 2013 年世界煤炭产量峰值相比还有 444 Mt 差距。2017 年，世界煤炭探明储量为 1035 Gt，煤炭储采比高达 134，在未来较长时间内，世界煤炭生产可以充分满足煤炭市场需求。2017 年世界主要煤炭资源国家的煤炭储量如图 9－4 所示。2000—2017 年世界和中国煤炭产量变化趋势如图 9－5 所示。

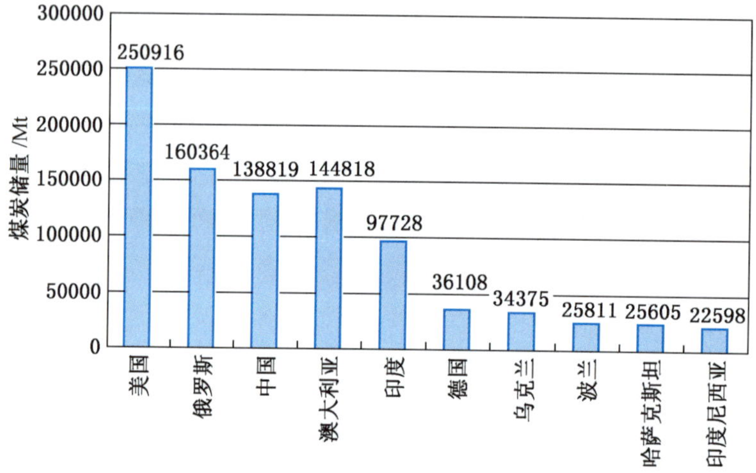

图 9－4　世界主要煤炭资源国家煤炭储量（2017 年）

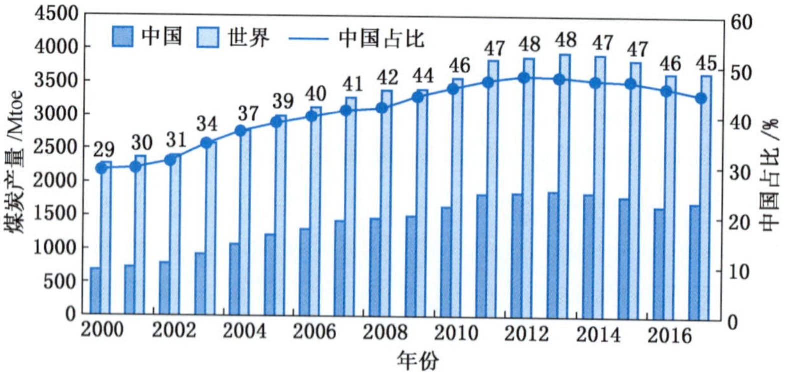

图 9－5　世界和中国煤炭产量变化趋势（2000—2017 年）

2000 年以来，世界煤炭消费量持续增长，2013 年达到 3865 Mtoe（8030 Mt）阶段性峰值，较 2000 年增长 1509 Mtoe（3190 Mt）。中国煤炭消费占世界煤炭消费的比重也从 2000 年的 29%上升到 2013 年的 51%。2014—2016 年，世界煤炭消费量连续 3 年下降，降至 3706 Mtoe。2017 年，国际经济形势好转，世界煤炭消费量为 3732 Mtoe，同比增长 1%；其中，OECD 国家煤炭消费量 1787 Mt，同比下降 0.2%；非 OECD 国家煤炭消费量 2840 Mtoe，同比增长 1.3%。根据煤炭需求宏观约束条件和部门分析法结果，预计到 2020 年、2030 年、2040 年和 2050 年，全球煤炭需求量分别达到 3937 Mtoe、3943 Mtoe、3632 Mtoe 和 3295 Mtoe，全球煤炭消费总量预计于 2025 年达到 3961 Mtoe 的峰值。2000—2017 年世界和中国煤炭消费量变化趋势如图 9-6 所示。

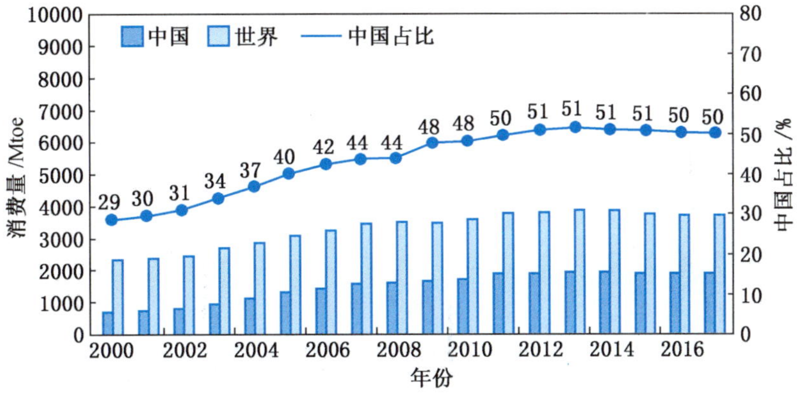

图 9-6 世界和中国煤炭消费量变化趋势（2000—2017 年）

2017 年以来，世界区域煤炭市场进一步分化加剧，欧美煤炭市场进一步萎缩，东南亚、南亚煤炭需求迅速增长。从煤炭消费方面来看，2017 年全球煤炭消费量同比增长 1%，而美国、欧盟等西方国家煤炭消费量同比下降 2.2%和 1.9%。亚太地区是煤炭消费增长主要地区，日本、韩国和中国台湾地区煤炭消费稳定，东南亚、南亚地区煤炭需求快速增加。随着“一带一路”倡议深入实施，沿线国家燃煤电厂将陆续密集投产，中国在沿线 25 个国家参与了 240 个煤电项目，总装机容量达到 251 GW，新建燃煤电厂投入使用将拉动沿线国家动力煤进口大幅增长，煤炭国际贸易规模也将增长，如图 9-7 所示。2017 年，世界煤炭贸易量达到 1.387 Gt，同比增长 5.2%。印度尼西亚和澳大利亚在 2017 年仍然是世界上最大的煤炭出口国，其出口量在全球中的占比分别为 28.5%和 27.6%。预计 2020 年、2030 年全球煤炭贸易量仍有较大增长，将分别达 1.69 Gt 和 1.8 Gt。

2012 年之后，世界煤炭价格急促下跌，到 2015 年欧洲和美国的价格已经跌破 60 美元/t。随着中国煤炭“去产能”政策效果凸显和煤炭需求温和反弹，世界煤炭由供需宽松转向供需平衡，2016 年世界煤炭价格出现逆转，并大幅上扬。2016 年澳大利亚动力煤现货离岸价和印度尼西亚煤炭销售基准价格指数已回升至 2012 年水平，均达

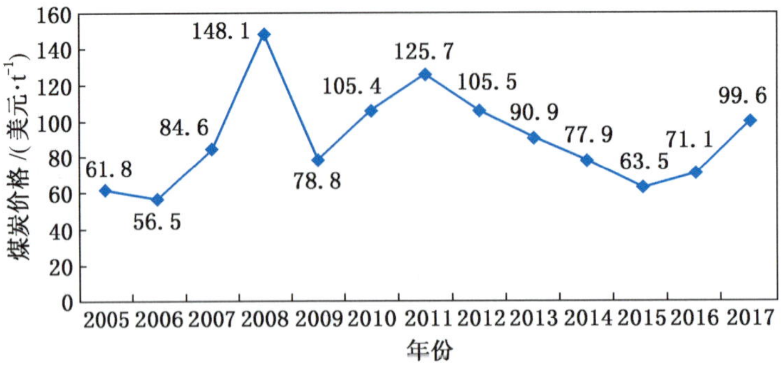

图 9－7　亚洲煤炭市场价格变化（2005—2017 年）

到 100 美元/t。2015 年以来，亚洲煤炭市场价格快速上升，从 2015 年 63.5 美元/t 增加到 2017 年的 99.6 美元/t。

（二）国内煤炭供需形势

中国煤炭资源丰富，主要分布在西北地区。根据全国第三次煤炭资源预测资料，全国垂深 2000 m 以浅煤炭资源总量为 5570 Gt，1000 m 以浅煤炭资源量为 2860 Gt。全国保有查明资源储量持续上升（图 9－8），2016 年和 2017 年新增查明煤炭资源储量分别为 60.7 Gt 和 81.6 Gt。截至 2017 年底，全国煤炭保有查明资源储量 1667 Gt，比 2012 年增加 250 Gt。

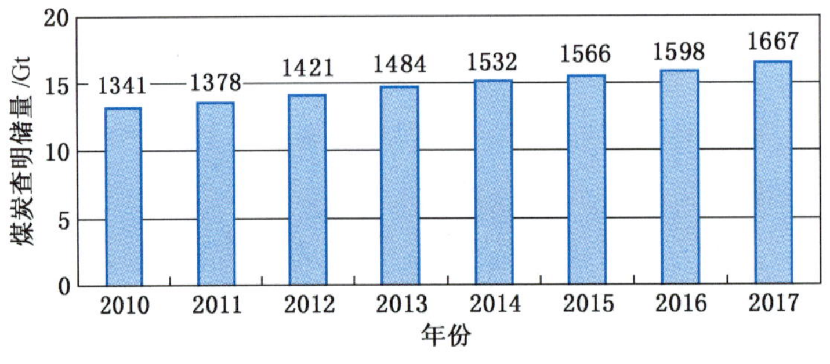

图 9－8　全国煤炭保有查明资源储量变化趋势（2010—2017 年）

2000 年以来，煤炭产量快速上升，从 2000 年的 1380 Mt 增加到 2013 年的 3970 Mt。2013 年以来，受经济增速放缓、产业结构调整和煤炭“去产能”政策等多重影响，煤炭产量开始缓慢下降，2016 年全国规模以上原煤产量回落到 3410 Mt。2017 年煤炭产量止跌回升，煤炭产量达到 3520 Mt，同比增长 3.4%。2018 年煤炭产量为 3680 Mt，同比增长 4.5%。预计到 2020 年，全国煤炭生产总量预计为 3900 Mt 左右。

改革开放以来，中国煤炭消费经历了缓慢增长、快速增长和平稳波动三个阶段。1978—2001 年为缓慢增长阶段，年均增长 4.1%；2002—2012 为快速增长阶段，年均增长为9.1%；2013年以来为平稳波动阶段，预示着中国煤炭消费进入峰值平台期。2014—2016年煤炭消费持续小幅度下降，下降幅度为2.9%～3.7%。2017—2018年煤炭消费温和反弹，增长幅度为0.4%～1%，2018年煤炭消费量达到3900 Mt。到2020年，全国煤炭消费总量预计达到4100 Mt。采用行业分析法和情景分析法进行煤炭需求预测，2020年、2025年和2035年中国煤炭未来中值需求量分别达到4100 Mt、4300 Mt和3800 Mt，预计在2025年左右煤炭消费达到峰值。

中国煤炭进口以降低成本和满足稀缺煤种需求为主，2010—2018年中国煤炭进口量变化趋势如图9-9所示。2012年以来，中国进口煤炭逐渐增加，2013年急剧增长到327 Mt。2018年，中国煤炭进口量为281 Mt。到2020年，中国煤炭进口将保持在300 Mt左右水平。随着中国海外煤炭生产能力的提高，中国未来年煤炭进口量可适度增加，总体控制在300～400 Mt。

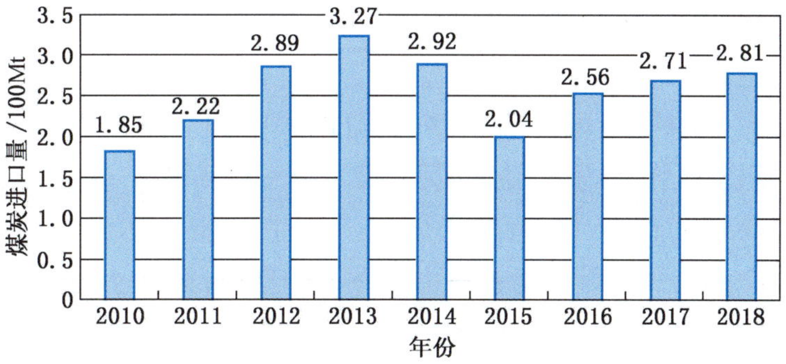

图9-9 中国煤炭进口量变化趋势（2010—2018年）

二、煤炭国际合作基础

中国煤炭国际合作不断取得新进展，煤炭行业不断扩大对外投资范围和规模，煤炭企业“走出去”成效显著；进口煤占中国煤炭消费的比重不断增加，对中国煤炭形成重要补充；煤炭进口政策机制日益成熟，劣质煤进口得到有效控制，进口煤质量明显提升。近年来，部分大型企业发挥资本、管理、技术、装备、人才等优势，深度融入“一带一路”建设，中国煤炭工业的国际影响力显著增强。

（一）“一带一路”倡议促进煤炭国际合作跃上新台阶

2013年9月中国提出了“一带一路”倡议，中国煤炭国际化合作领域不断拓展，实现了由重点突破向全方位、多层次、宽领域的国际化发展转变，国际影响力显著增强。兖矿集团有限公司在澳大利亚运营9座生产煤矿，年产量4000多万吨，并拥有纽卡斯尔港27%股权。国家能源投资集团有限责任公司建设运营印尼南苏电厂，在美国、老挝、蒙古等国家培育煤电及新能源市场，向俄罗斯、波兰、印尼等国家输出燃煤电厂超低排放新技术新产品。中国中煤能源集团有限公司、中国煤炭科工集团有限公司、山东能源集团有限公司等企业深度融入“一带一路”建设，大型煤机装备成功出口到了俄罗斯、印度、美国等主要产煤国家。

（二）煤炭国际合作多种模式并举

在国家相关政策的支持下，中国煤炭企业“走出去”步伐加快，国际合作模式多元化特征明显，主要涉足技术装备输出、投资并购、资源勘探和工程承包等。

随着中国科学技术水平的提高，在煤炭清洁高效利用和煤机装备制造等领域的技术和装备制造水平已经进入世界先进行列，形成了一批具有自主知识产权、在世界范围内具有重要影响的核心技术和装备，并成功向境外输出。国家能源投资建设运营印尼南苏电厂，在美国、老挝、蒙古等国家培育煤电及新能源市场，向俄罗斯、波兰、印尼等国家输出燃煤电厂超低排放新技术新产品；兖矿集团有限公司与英美资源公司签订综采放顶煤技术输出协议；中国中煤能源集团有限公司、中国煤炭科工集团有限公司、山东能源集团有限公司、徐州矿务集团有限公司等企业深度融入“一带一路”建设，对外出口大型煤机装备。

投资并购已成为中国煤炭国际合作重要模式。中国企业对外并购迄今为止已经完成 22 宗交易，涉及资金总额约 63 亿美元。2004—2018 年，兖矿集团有限公司经过 7 次并购，在澳大利亚成功运营 11 座生产煤矿，年生产能力达到 80 Mt，成为澳大利亚最大的专营煤炭生产商。2003 年以来，中鼎国际工程有限责任公司先后在马来西亚和印度尼西亚投资开发了 3 座煤矿，成为中国首家在境外成功投资开办煤矿的企业和世界上第一家在印尼投资地下煤炭开采的企业。

勘探合作成绩显著。中国煤田地质总局积极实施“走出去”战略，开展煤炭资源勘探国际合作，先后在美国、俄罗斯、澳大利亚等国家和地区，承担了大批资源勘探、空间测绘、煤层气评价、地理信息系统研建等国际工程项目。工程承包和劳务输出合作有序推进，中国中煤能源集团有限公司近年来先后承担 10 余项国际工程施工。

（三）煤炭进口优化了中国煤炭市场供应格局

进口煤炭的增长与中国煤炭消费总量和价格变化密切相关，煤炭价格高和煤炭需求增长促进煤炭进口规模扩大，煤炭进口政策调整也会影响煤炭进口规模。目前中国是世界上最大的煤炭消费国和进口国，进口煤是中国煤炭经济安全供应的重要补充，进口煤占中国煤炭消费的比重总体呈上升趋势，2018 年达到 7.21%。2010—2018 年中国进口煤占煤炭消费比重变化如图 9－10 所示。

进口煤炭进入中国煤炭市场的主要原因首先是价格低廉，进口煤炭尤其是进口焦煤和国内焦煤价格差价能达到 200 元以上，其次是进口煤炭品质好，澳大利亚的炼焦煤质量优于国内炼焦煤，灰分 9.8%、全硫分 0.61%；最后是运输费用低、采购方便，广东等东南沿海地区从澳大利亚和印度尼西亚进口煤炭主要采用海运，煤炭运输费用较低。优质进口煤改善了中国煤炭产品结构，中国进口煤炭来自 19 个国家和地区，主要进口国包括澳大利亚、印度尼西亚和蒙古等。煤炭进口（尤其是炼焦煤）不仅成为

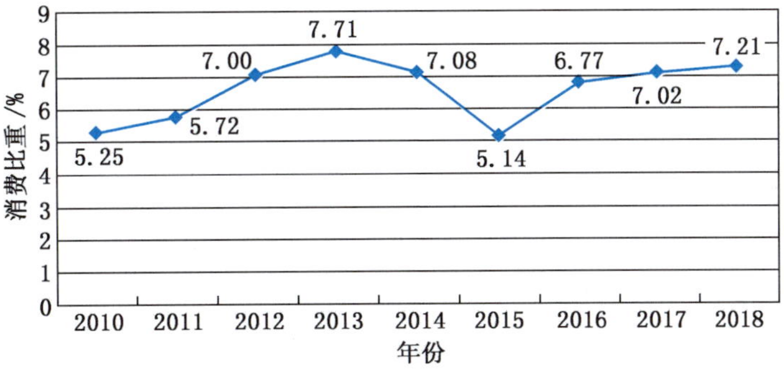

图 9-10　2010—2018 年中国进口煤占煤炭消费比重变化

中国煤炭市场的有效补充，而且也能促进中国煤炭产品结构的进一步优化。

根据国内煤炭市场变化和环境保护要求，中国煤炭进口政策不断调整。进口煤关税调整一直是重要的政策选项，2014 年 10 月 15 日起，中国取消无烟煤、炼焦煤、炼焦煤以外的其他烟煤、其他煤及煤球等燃料的零进口暂定税率，分别恢复实施 3%、3%、6%、5%、5%的最惠国税率，目的在于缓解国内煤炭供应过剩压力。为了提高进口煤质量，2015 年 1 月由国家发展改革委等 6 部门联合发布的《商品煤质量管理暂行办法》从供给侧对煤炭产品质量进行约束，杜绝劣质煤炭进入市场。2017 年 5 月 9 日，海关总署同国家发展改革委要求研究落实有关控制劣质煤炭进口措施，限制进口煤量；2018 年 4 月重启煤炭进口限制令，浙江、福建、广东等地先后暂停了二类港口的煤炭进口业务。煤炭进口政策收紧使煤炭月度进口数量明显下降，2018 年 12 月份，中国进口煤炭 10.23 Mt，同比下降 55%。

三、煤炭国际合作前景

中国煤炭消费已进入峰值平台期，预计持续到 2025 年后煤炭消费总量开始下降，煤炭进口将是中国煤炭市场的重要补充。统筹国际国内两种资源、两个市场，结合国家“一带一路”倡议，积极开展国际煤炭产能合作，实现中国煤炭供应的全球化配置，建立国内外煤炭供应动态平衡体系。

（一）进口煤对中国煤炭市场的影响

煤炭大量进口会加重中国煤炭产能过剩。2009 年中国由传统的煤炭净出口国转变为煤炭净进口国。此后，煤炭进口量出现快速增长，至 2013 年增长至 327 Mt 峰值，占全国煤炭消费量产量的 7.71%。2018 煤炭进口量为 281 Mt，占到全国煤炭消费量的 7.21%。从煤炭供应总量来看，进口煤会对中国国内煤炭市场造成一定冲击，在煤炭产能过剩情形下会加剧国内煤炭供应过剩。

进口煤是中国国内市场的重要补充，但进口煤存在着不合格率较高的问题。

2010—2013年中国进口煤炭不合格重量比变化范围为24.5%～44.6%，2016年中国进口煤炭不合格重量比为29.6%，主要不合格项目包括全水分、灰分、全硫分等十余项，涉及所有煤炭输出国。不合格的进口煤炭会给中国环境保护和企业生产经营带来负面影响。

（二）面临的机遇

1. 拓展优质煤炭资源供应

经过数十年跨越式发展，中国国内资源承载力显著下降。2013年以来，中国煤炭生产和消费量均达到全球的50%左右。这种大规模消费的结果导致国内优质煤炭资源已经被瓜分殆尽。超强度的资源消耗也使环境承载能力显著下降，燃烧劣质煤炭被认为是造成雾霾天气的主要污染源之一。国内煤炭生产与消费成逆向分布，煤炭长距离运输伴随着较大的运输成本，导致中国东部沿海地区国内煤炭供应成本超过进口煤。从可持续发展角度来考虑需要统筹两个市场、用好两种资源，尤其是炼焦煤等战略和稀缺煤种。目前，世界发达国家煤炭消费量普遍下降，世界煤炭供应充足，中国可选择优质煤炭资源进口，优化煤炭供应结构。

2. 海外煤炭业务开发竞争阻力减小

目前，国际财团撤资，国外部分大型能源公司加快剥离或退出煤炭业务，对于中国有实力的投资者来说，行业寒冬正是低成本兼并重组良机，而面向全球的兼并重组更是难得的机遇。2015年以来，力拓矿业集团、英美资源集团和皮博迪能源集团等国际煤炭巨头纷纷出售、重组煤炭资产或剥离煤炭业务，为中国企业进入国际煤炭业务创造较好的机会。

3. 中国开展国际产能合作优势明显

经过近40年的发展，中国成为世界的煤矿机械制造大国和强国，煤炭开采绝大部分环节产品的技术和质量已经处于世界先进行列，生产专业化集中度高，生产能力大，面对国际矿业市场的复苏，出口势头迅猛，因此开展国际产能合作、可以加速中国煤炭技术装备走出国门，占据国际煤机市场的前端，同时化解国内过剩的制造业产能。中国煤矿机械装备有限责任公司、石家庄煤矿机械有限责任公司和郑州煤矿机械集团股份有限公司等井工矿“三机一架”成套采煤设备及部件，年产千万吨级工作面成套设备出口俄罗斯、印度、美国、土耳其等国，2012—2016年煤机设备共出口64.55亿美元，年均增长10%以上，而同期进口28.59亿美元。国内有几十家矿业类大学，数十家煤矿专业设计院、研究所、专业矿建和运营公司，在矿山开采设计、灾害治理、安全管理等方面具有全球优势。

（三）面临的挑战

发达国家投资环境较为完善，但对资源开发的限制条款较多；发展中国家渴望通过大型矿业项目的开发带动自身发展，来自国家层面的支持力度较大，但项目实施困难较大。海外投资煤炭业务会面临各种风险，在任何国家投资都需要全面了解投资目的国的各类风险，避免投资的随意性和盲目性，尽最大努力规避和防范海外投资风险。

1. 发达经济体国家对国外投资门槛较高

不少西方国家对中国海外投资的动机存有疑虑，担心是出于政治和战略的考虑，是政府的政策工具，而不是单纯的商业行为。发达国家的环保等准入体系完善且严格，非常注重公众参与与开发后的生态恢复。此外，发达国家还对外资的股份比例、人员比例等有限制性规定。中国企业的海外投资从10亿增长到1000亿美元花了13年（2000—2013年），而且大多集中在风险敏感度高的能源资源行业。短短时间内投资迅速扩张，容易让煤炭项目东道国产生激烈反应。因此，如何减少政治风险带来的损失是中国企业长时间内需要认真应对的问题。

2. 新兴经济体国家宗教与政治风险较大

企业到境外投资面临着东道国的政治风险。国家政局不稳定、政权更迭频繁和国有化征收等都会影响投资活动的正常进行，引起投资的重大损失。部分国家如果陷入财政困境甚至经济危机，政府可能被迫爽约，更改投资协议。能源资源类的开采项目通常价值链条短且主要用于出口，同当地企业的纵向关联程度不高，很容易被贴上掠夺当地自然资源的标签。中国在非洲的能源资源投资项目遭遇的民众反对高于其他项目，一个重要原因就是同当地企业的纵向关联不够。

3. 中国国际化经营企业软实力短板急需补强

企业软实力是企业综合实力的重要组成部分，对提升企业国际竞争力和企业形象至关重要。中国涉外企业软实力建设要加强以弘扬传统文化和跨国文化整合为重点的企业文化建设，对内增强凝聚力和向心力，对外增强影响力和同化力；加强以社会公益和保护环境为重点的企业社会责任体系建设，依法经营管理，完善和谐发展机制，树立负责任大公司形象；加强以技术创新、管理创新和体制机制创新为重点的企业创新体系建设，在创新中提高国际化经营水平；加强以提高企业商誉和品牌价值为重点的品牌管理体系建设，建立健全企业品牌管理机制，增强社会诚信度和美誉度。

四、对策与建议

1. 实施“走出去”战略，全面提升煤炭国际合作水平

有序建设海外煤炭供应基地。以澳大利亚、俄罗斯、印度尼西亚和蒙古等国家为重点，以购买产能、合作开发和境外收购等方式，扩大煤炭权益产量，建立海外煤炭供应基地，实现海外煤炭供应来源多元化。加强与煤炭资源所在国合作伙伴合作开发煤炭资源项目，降低投资风险和进入成本。扩大对外技术合作，重点面向“一带一路”沿线国家出口成套化煤机装备，在煤机装备需求较大的国家可建设煤机装备制造基地。加强资源勘探合作，优先购买高级勘查阶段的探矿权或者直接购买采矿权，避开风险程度高的勘查阶段，适度参与风险勘查对新矿点，可以由一家或几家中方企业联合起来与外国企业进行合资经营开发，不宜独资。发挥人力资源和技术优势，拓展对外工程承包和劳务输出，重点面向印尼、蒙古、俄罗斯、印度和哈萨克斯坦等煤炭

资源丰富的国家和经济发展水平较低的国家。加强煤炭国际贸易，通过长期合同和现货方式利用国外煤炭资源。优先签订长期、稳定的煤炭供货合同，规避市场风险，适度采用现货贸易，重点巩固澳大利亚、印尼、俄罗斯和蒙古等煤炭进口最主要来源国。

2. 建立统筹协调机制，助力企业开拓海外煤炭业务

国家做好顶层设计，制定相应规划，并针对国际化经营企业出台配套指导办法，加强对企业"走出去"进行指导，建立企业"走出去"主要区域政治、经济、法律环境预报预警，有针对性地对企业"走出去"进行统一培训，降低企业合作可能存在的各种风险。制定相应促进与支持政策措施，完善企业参与国际项目相应的配套财税政策。将我国先进产能、绿色开采、智能开采等先进理念、技术、标准移植到周边国家，提升当地煤炭产业发展水平。鼓励在国外建设大型煤炭清洁高效开发利用商业化项目，带动中国技术服务、重大装备、人才劳务向国际市场输出，丰富合作层次，提升合作水平和中国国际影响力。重视并加大涉外项目评估部门的建设，尽快建立和完善一套先进、定量化的煤炭企业国际化经营风险评价方法，提高决策的科学性和准确性。建立和完善海外项目运作的风险管理体系，努力控制和化解投资风险，对高危风险区域要避免盲目进入。

3. 严控劣质煤进口，提高煤炭供应质量

加强进口煤检验检疫，用技术手段严控劣质煤进口。根据中国生态文明建设的新要求，修改完善《商品煤质量管理暂行办法》，提高商品煤进口质量。建议检验检疫部门应继续加大对进口煤炭的检验监管工作，尤其是对汞等有害元素的检验，对环保项目不合格的进口煤炭，一律禁止进口。强化质量标准，用法律手段严控劣质煤进口。近年来关税调整的结果是，71%的中国煤炭进口量不受进口关税限制，继续提高商品煤质量标准是控制劣质煤进口的可行路径。目前对进口煤进行检验检疫的主要依据是2014年9月3日国家能源局发布的《商品煤质量管理暂行办法》，应进一步增强其可操作性。建议尽快出台严格控制劣质煤炭进口的政策措施。加强口岸管理，用管理手段严控劣质煤进口。中国煤炭进口口岸包括一类口岸和二类口岸，数量较多、分布较广，建议进行集中化管理，减少许可煤炭进口的口岸数量；同时，建立进口煤炭风险分析和预警机制，改善进口煤炭监管工作。

4. 多措并举，为煤炭国际合作提供政策性融资支持

在金融支持政策方面，拓宽企业的融资渠道。重视发挥商业银行的作用，鼓励银行和企业合作，银行不仅要为煤炭企业提供信贷支持，要全面参与到煤炭企业的并购和资本运作中去。加大信贷融资支持力度，通过对项目投资贷款提供贴息或无息贷款、软贷款等形式，提高项目盈利能力；对符合条件的海外煤炭项目，增加信贷额度，适当放宽信贷条件；放宽贷款担保限制，建立贷款担保支持机制。建议拿出一定数额的外汇储备设立海外投资基金，通过政府指导、市场化运作方式，专门用于海外贷款和投资行为，支持中国煤炭企业海外投资。在亚洲基础设施投资银行、丝路基金

有限责任公司中安排专项资金用于煤炭项目投资，创新投资模式，从过去的以贷款为主向投资入股的合作模式转变，降低煤炭企业融资成本和财务压力。

5. 积极参与全球煤炭治理，提升在国际煤炭事务中话语权

巩固和发挥现有国际煤炭治理平台的作用，加强与国际能源组织、煤炭和采矿界的对话与交流，构建煤炭国际贸易及技术信息交流平台，探索与“一带一路”沿线国家和其他煤炭资源丰富国家企业、相关机构建立战略合作伙伴关系，深化互信合作、促进互利共赢。以煤炭产能合作为契机，促进我国煤机装备、技术、标准、服务走出去，培育有国际影响力的品牌产品。推进煤炭基础设施互连互通，推动跨境煤炭通道建设，共同维护国际能源通道安全。积极参与全球煤炭治理，坚持共商、共建、共享，不断扩大合作面，共同推动国际煤炭治理体系变革。构建全国性的煤炭电子交易市场，透过全国性的煤炭电子交易市场与国际市场的信息和交易互动，着力打造亚太煤炭市场交易中心，提升中国在国际煤炭市场上的话语权。

发挥国企优势　勇担社会责任

李永平　大同煤矿集团有限责任公司

国有企业的独特优势以及与之相应的社会责任是中国特色社会主义的重要特征。习近平总书记新时代中国特色社会主义思想强调我们要坚持理论自信、道路自信、制度自信、文化自信。从事国企工作尤其是国企管理人员，坚持四个自信的基本职责就是把发挥国企优势与承担社会责任高度统一于办企业管经营的自觉行动中。

一、国企优势与社会责任集于一体是由国有企业性质所决定的

国有企业是工人阶级的集中地，是中国共产党执政的基础，政治责任至关重要；国有企业布局在事关国计民生的重要领域是国家的经济命脉，经济责任首当其冲；国有企业与国家和民族利益紧紧联系，追求长远发展，必保队伍稳定，是造福一方的基本力量，社会责任光荣艰巨。政治责任的根基性、内在性突出，而经济责任和社会责任则突出为量化的外在性，俗话说“一滴水能反映太阳的光辉”，社会责任最能反映政治责任和社会责任担当程度。在历史发展的各个时期，特别是经营环境剧烈变革企业面临艰难困苦的关键阶段，能否勇于担当社会责任对于企业是最为严峻的考验。实践证明：我们的国有企业不忘初心，面对难关，坚守定力，千方百计，决策加落实，举措加行动，发挥内在优势，勇担社会责任，一次又一次地给时代、历史、国家、社会交出完满的答卷，在市场上、我们的国计民生中、世界上展现了企业的核心竞争力，展现了国家力量，展现了中国特色社会主义的理论、道路、制度、文化自信。

二、国有企业发挥优势勇担社会责任，是誓言更必须是“踏石有痕”的落实行动

以煤炭企业为例，煤矿大多远离城市，基础设施薄弱，特别是老国有煤炭企业，不同于新企业，也不同于民营企业，都是“因煤而城”，多数都处于独立工矿区，配套了完善的生活区、“三供一业”等后勤设施，可以说每座矿都是一座功能齐全的“城市”。企业不光要养煤炭主业的职工，还必须投入大量人力、物力、财力和精力维持这些独立工矿区“小城市”的运作。比如大同煤矿集团有限责任公司口泉沟的10座矿井，每个矿都是五六千人，算上家属就是两万人，再加上依附煤矿生活的群体，这就相当于一座县城的规模。国有企业不光要保障国家能源供应安全，还要保一方水土、养一方人，这既是国企必须承担的责任，也是历史赋予的光荣使命。进入中国特色社会主义新时代，供给侧结构性改革乃至高质量发展是国有企业面临的新任务、新要求，事关转型，意义深远，力度无比，非创新不能“爬坡过坎”。纵观这些年煤炭企业新一轮的改革脱困，论举措各具特色，论本质在于勇于担当社会责任。尤其是，按照中央要求，要确保贫困人口到2020年如期脱贫，国有企业纷纷冲上第一线，助力打赢脱贫攻坚战。大同煤矿集团有限责任公司作为大同地区最大的国有企业，义无反顾地承担起了国企的责任，制定实施了《精准扶贫行动计划》，成立的精准扶贫领导组由董事长、总经理亲自挂帅，在原帮扶天镇县5个贫困村的基础上，又认领了宁武县10个贫困村的帮扶任务，派驻了45名工作队员，并按照“一村一品一主体”的产业帮扶模式，变“输血”为“造血”，精准助力脱贫攻坚。2018年，为15个贫困村注入帮扶资金340万元并全部成立合作社。各村产业扶贫项目基本落地，预计每年每村增加收入近百万元。目前，15个贫困村已脱贫552户，剩余162户将于2020年前实现全面脱贫。

三、国有企业发挥优势勇担社会责任，要善于集中和充分发挥政治优势，才有力量担起重责

国有企业是中国特色社会主义的重要物质基础和政治基础，是中国共产党执政兴国的重要支柱和依靠力量。习近平总书记指出，坚持党的领导、加强党的建设，是中国国有企业的光荣传统，是国有企业的“根”和“魂”，是中国国有企业的独特优势。在世界经济一体化日益加深、国内经济转型换档升级、各种所有制经济竞相发展的新时期，如何进一步发挥党的领导独特优势，促进国有企业做强做优做大，迫切需要探索加强国有企业党的建设工作新思路，善于集中和充分发挥政治优势。大同煤矿集团有限责任公司同家梁矿始建于1938年，1949年恢复生产，累计为国家经济建设和能源发展生产煤炭127 Mt。这里曾诞生过全国首个年产破百万吨的综采队、全国手工掘巷最高纪录的“马连掘进小组”，涌现出马六孩、连万禄、李满仓等全国闻名的先进模范人物。但矿井因煤而兴、也因煤而困，截至2016年剩余可布面储量仅为0.424 Mt，

年产量 0.14 Mt，吨煤成本 3014 元，亏损达 5.2 亿元，矿井实施关闭。2017 年和 2018 年企业转型稳步推进，职工实现了岗位稳定、工作稳定和收入稳定，年营业收入增加 20%左右，企业经营大幅度减亏，职工人均年收入稳中有增，达到了 6 万多元。在矿井关闭过程中严格按照党中央、国务院和省委、省政府的部署要求，扎实做好各项工作。大同煤矿集团有限责任公司各级各层现场进行调研讨论，为矿井的转型发展把脉会诊，就职工出路问题出点子、想办法，在深入调研研究和听取职工意见的基础上，确立了“组织在、阵地在、队伍在、人心在”的工作要求，充分依靠党组织、依靠广大职工群众，实现了“安全撤退、文明撤退、环保撤退”，做到了“不让一名职工下岗，不把一名职工推向社会”，走出了“产能退出、转型发展、职工稳定”的路子。其经验之一就是发挥了组织优势。一是坚持党的领导不动摇，把党组织的领导核心和政治核心作用落到实处。集团公司党委多次专题研究，明确提出关闭煤矿不能关闭思想，紧紧依靠组织、依靠职工群众，充分发挥老企业的组织优势、文化优势、团队优势、技术优势，做到了组织在、阵地在、队伍在、人心在。二是坚持稳定思想不松劲。从关井的第一天起，便把安抚职工情绪作为矿井关闭退出的首要任务。从集团公司党委到矿党委、基层支部，各级党组织充分发挥党建优势作用，层层组织开展覆盖全矿职工群众的“讲形势、讲困难、讲任务、亮家底，促发展”形势任务宣讲，成立了 10 个宣讲团向广大干部职工讲解供给侧结构性改革政策，淘汰资源枯竭矿井的意义，通过座谈会、谈心走访等形式了解广大职工群众的所思、所想、所盼，有针对性地做好去产能政策宣传和思想疏导。三是坚持组织覆盖不断链。充分发挥党小组的作用，职工分流到哪里，党小组的工作就开展到哪里，面对面打消思想顾虑，实打实解决实际困难，让职工从思想上认识到“关闭矿井不是关闭企业，而是为了谋求更好的发展”，进一步坚定了职工对企业转型发展的信心，积极主动适应企业转型发展的要求。

四、国有企业发挥优势勇担社会责任，要注重以人为中心，确保有序稳定，才有凝聚力平稳起步

国企用人多是历史难题，如果试图绕过或甩开就不称其为国有企业。突破这一点，非真心实意、真招实干不可。首先，要正视国企职工是功不可没的历史功臣，特别是煤矿职工曾经流血流汗为能源短缺做出了巨大贡献，一代又一代矿工特别能战斗、特别能吃苦、特别能奉献举世公认。关闭矿井人本第一，转型发展人本第一，职工有稳定的岗位，有创造效益的岗位，有施展能力的岗位，才是企业转型的基本成功。大同煤矿集团有限责任公司关闭矿井后由原采掘业转型为生产服务业：一是成立专业化队伍，技术转岗一批职工。发挥老矿的技术和人才优势，向集团公司新建矿井输送专业技术和人才，组建了带式输送机运输队、综采搬家公司等几十支专业化队组，取得了机电设备安装、维修、制造等方面的安全资质和矿山工程总承包资质，向

兄弟单位输出采、掘、运、搬家准备等专业服务，共向外输出人员几千人。二是推行市场化竞争，劳务输出一批职工。针对生产辅助系统、地面服务单位的富余职工，通过转思想、再培训进行集中整合，以劳务输出的方式向集团内部电厂、洗煤厂、净化水厂等项目转岗安置职工，并承揽水泵、电机、减速机维修服务。三是维护矿区生产生活，就地消化一批职工。矿井虽然关闭了，但是矿区几万人日常生活依旧继续，周边村落、街道以及社会服务机构还得继续正常运行。职工安置供水、供暖、供电以及物业等单位，为矿区及周边提供“三供一业”保障服务，矿区生活、生态环境继续呈现出和谐、安定、优美的局面。

五、国有企业发挥优势勇担社会责任，要敢于创新、善于突破，才有活力行稳致远

特别是传统的老煤炭企业再也不能沉迷于传统的老模式、老经验中，必须紧紧抓住转型发展这个时代变革的新机遇，紧跟变革的时代而变革，这就要扭住增强核心竞争力这个根本进行技术创新、管理创新，特别是集技术与管理精密融和的经营模式创新尤其重要。比如，大同煤矿集团有限责任公司同家梁矿关闭后转型。一是坚持资源共享、优势互补，推进校企合作。与大同大学合作，共建了专业实践教学基地和矿区文化教育基地，成立了研究生工作室，构成了“产学研”一体化教学的新模式，盘活了矿井原有的工业设施及综采综掘等大型设备，构建了以主井绞车房和井口广场为中心的1600多平方米室外实训现场和300多平方米的室内实操平台，在校学生在实训基地内可真实操作，直观感受到井下设备的操作方式和运行状态，累计实训了大同大学532名在校大学生。同时，高校的师资力量反过来也对企业进行了各式各样的培训，提升了企业职工的文化素养和职业技能。校企合作优势互补、相得益彰，为盘活企业固定资产探索了新途径。二是变革机制，多元经营，做活做实。始终把创新发展作为第一理念，做到了“一科多能、多科一能”，一支队伍就是一个项目部，一个科室就是一个研发团队，鼓励职工技术创新、二次创业，深入挖掘企业的创新活力。利用旧厂房创办了创新研发实验室，市场需要什么就研发生产什么，先后完成了环保型水基清洗剂、煤岩层加固剂项目的研发。目前环保型水基清洗剂项目已经投产，相关专利也正在申请中，现已累计获得了100多吨的订单，同时也在组织力量打通网络营销渠道，为把产品推向全国市场做好铺垫；煤岩层加固剂项目通过攻关，已研制出凝固性能较好的煤岩层加固剂，计划建设年产500 t生产车间，创造经济效益1亿元。

六、国有企业发挥优势勇担社会责任，任重道远，路途艰难，关键难点急需要关键政策支持，才能可持续高质量发展

特别是在供给侧结构性改革过程中国家相关政策应当加快研究出台。最为迫切的包括：一是去产能关闭退出矿井资产、债务处置政策，大多数关闭退出矿井由于自身没有融资能力，几乎都是通过集团公司层面贷款或者担保。关闭退出后，由于资产、

债务处置没有政策依据，大大增加了集团公司的债务风险，影响大集团的融资，容易造成资金链断流。集团公司一直期盼国家出台去产能关闭煤矿债务处置，以及民营股份和职工股份退出的具体办法和政策。二是国家已批复产能置换方案的新投产矿井的证件办理急需加快。如果手续办理影响了矿井的投产进度，将直接影响转岗分流安置进度。总之，国有企业优势明显，担当社会责任理所应当，特别是员工分流安置是改革“深水区”里的历史难题，需要企业更需要政府共同多想办法，才能使改革有序推进，扎实有效，发展才能高质量、可持续。三是需要调整和出台降低煤炭企业融资成本和债务风险的政策。国家发展改革委将煤炭定位为“产能过剩”行业，对煤炭企业正常融资产生非常不利的影响。以大同煤矿集团有限责任公司为例：一方面，债券融资难度不断增加、融资成本持续上升。目前债券融资平均成本已经达到6.5%，相比2012年上升了1.2%，每年要多负担债券利息9亿～10亿元；另一方面，银行的综合授信额度长期未做上调，企业无法享受银行借款的低成本优势，目前银行借款利率比债券融资成本平均低2%，对债务规模较大的煤炭企业无疑是加大了利息费用负担。因此，像大同煤矿集团有限责任公司这类贡献大、先进产能占比高、积极执行国家限价政策的国有煤炭企业，应当从“两高一剩”名单中剔除或者进行分类管理。在政策上引导银行对企业增加授信额度，降低企业综合融资成本，增加中长期贷款融资规模，降低债务风险。四是各级政府在制定政策时，应该因地制宜、因企施策，更多地结合地方与企业实际，避免“一刀切”。比如，2018年7月，国务院发布了《打赢蓝天保卫战三年行动计划》，要求2020年底前，重点区域0.3 MkW及以上热电联产电厂供热半径15 km范围内的燃煤锅炉和落后燃煤小热电全部关停整合。五是国家和地方需要出台“三供一业”移交后的债务处理政策。按照财政部《关于企业分离办社会职能有关财务管理问题的通知》(财企〔2005〕62号）和四部委《关于国有企业办市政、社区管理等职能分离移交的指导意见》(国资发改革〔2017〕85号）的规定，要求资产无偿划转，债务却都留给了企业，在推进分离办社会职能改革过程中，企业资产负债率上升，进一步影响了企业融资和经营。国家和地方可以参照银行处理不良资产模式，将国有企业“三供一业”移交资产包括债务装入资产管理公司，由其委托地方政府进行管理。

总之，国有企业作为国民经济中的主导力量，是支撑经济社会发展的中流砥柱，地位突出、贡献巨大。在新时代新征程中，国有企业要自觉担当使命，在习近平新时代中国特色社会主义思想指引下，不忘初心，继续前进。同时，一些老国有企业面临的历史遗留问题和困难，还需要通过深化改革的办法和各级政府的政策支持，推动企业实现更高质量、更可持续发展。

新时代煤矿生产安全的主要问题与策略

颜爱华　应急管理部研究中心
王国栋　应急管理部研究中心

一、煤矿生产安全现状

（一）2000 年以来中国煤矿生产安全情况

自 2000 年国家煤矿安全监察体制建立以来，在煤炭产量增加 2 倍的情况下，中国煤矿安全生产形势实现明显好转。与 2000 年相比，2018 年实现了事故总量、煤矿百万吨死亡率、重特大事故“三个明显下降”（图 9－11）：事故起数、死亡人数分别下降 91.77%、94.26%，死亡人数降到 350 人以内；煤矿百万吨死亡率下降到 0.093，下降 98.39%，首次降到 0.1 以下；重特大事故起数由 75 起、1405 人下降到 2 起、34 人，分别下降 97.33%、97.58%。连续 26 个月（截至 2019 年 2 月底）未发生特别重大事故，煤矿安全实现明显好转。

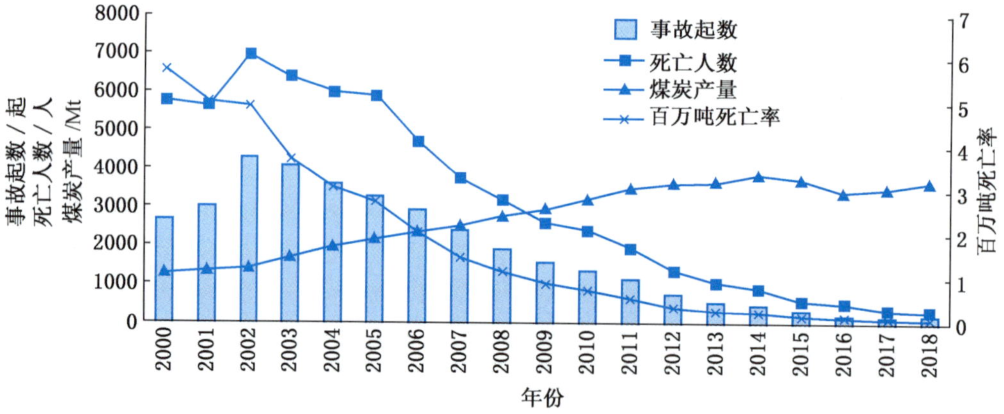

图 9－11　2000—2018 年中国煤矿生产安全事故情况

近 20 年来，中国煤矿生产安全事故总体呈持续下降态势，但期间也经历过几次较大的波动。特别是以重特大事故的波动为代表，反映了煤矿生产安全的规律和特点。一是 2002—2005 年间的事故高发期，平均每年死亡人数 6349 人，共发生死亡 10 人及以上的重特大事故 207 起、死亡 4975 人，其中死亡 30 人及以上的特别重大事故 35 起、死亡 2261 人，乡镇煤矿发生特别重大事故 21 起、死亡 1045 人。从 2004 年第三季度到 2005 年底，相继发生了 6 起一次死亡百人以上特别重大事故，损失惨重，造成了严重社会影响。二是 2008—2010 年间重特大事故反弹，2008 年发生重特大事故 38 起、死亡 707 人，事故起数同比增长 35.7%，死亡人数同比增长 23.4%。2010 年发生重特大事故 24 起、死亡 532 人，事故起数同比增长 20%，死亡人数同比增长 4.5%。三是 2014 年以来化解过剩产能期间，尽管全国煤矿安全生产形势总体平稳，但重特大事故上升。2016 年共发生重大事故 9 起、死亡 129 人，同比增加 4 起、44 人，分别上升 80.0%和 51.8%，发生特别重大事故 2 起、死亡 65 人，而 2015 年未发生特别重大事故。2000—2018 年中国重特大生产安全事故情况如图 9-12 所示。

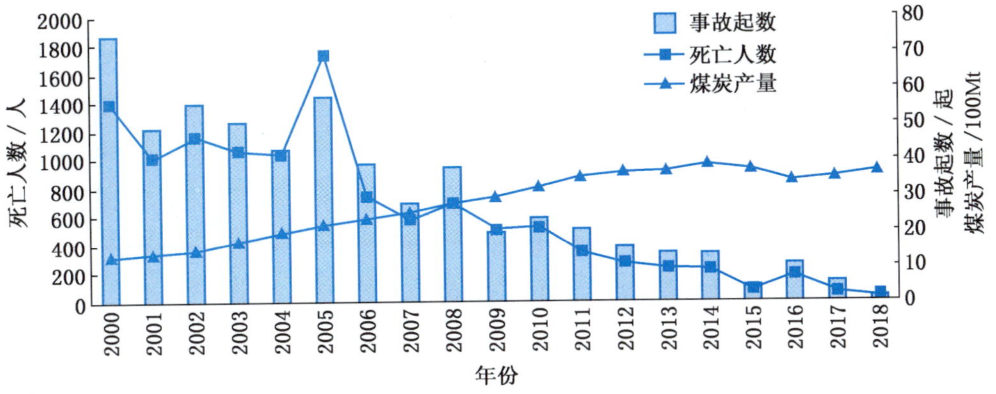

图 9-12　2000—2018 年中国重特大生产安全事故情况

（二）主要经验教训

一是国内外社会经济发展的大环境是影响煤矿安全的重要外部因素。历次煤矿事故高发期的经验表明，宏观经济波动、煤炭需求过热过冷、煤炭供需关系失衡、煤炭价格波动、铁路运力情况、产业政策变化及煤矿安全监管监察等外部环境变化是煤矿重特大事故集中多发频发的重要外部影响因素。如煤炭行业黄金十年初期，国民经济高速发展导致煤炭运力不足、供需紧张；国际金融危机时期，四万亿的投资刺激引发违法违规建设生产；去产能期间，煤炭过剩导致安全投入下降等，均是受外部环境影响而形成的事故多发频发期。因此，宏观经济政策的制定不能盲目追求高指标、采用强刺激，要在全面衡量社会经济发展趋势、煤炭行业发展现状基础上精准施策。

二是煤炭行业发展质量是影响煤矿安全的主要内在原因。在外部环境的影响下，煤矿因追求产量、经济效益而导致的采掘接替失调组织生产，主要生产安全系统不完善、不可靠，安全监控系统运行不正常，重大灾害治理不到位，安全生产主体责任不落实，蓄意违法违规生产建设，培训不到位等均是诱发煤矿事故的主要原因。要有效遏制煤矿生产安全事故，就要重点防范煤矿内部系统性安全风险，强化煤矿企业的安全生产主体责任，强化重大灾害治理和从业人员培训，杜绝违法违规生产，保障安全投入到位、安全管理到位，并努力提高煤炭行业发展现代化水平。

二、面临的形势和存在的问题

（一）中美贸易摩擦带来的经济下行压力，导致煤矿生产安全风险加大

2019 年中国外部环境更趋复杂严峻，中美贸易摩擦不确定性增加，经济下行压力加大，煤炭需求增速可能有所放缓。2018 年 GDP 增长速度 6.6%，同比下降 0.3%，预测 2019 年 GDP 增长速度将在 6.3%左右，同比下降 0.3%。中国煤炭出口量很少，而且出口至美国的煤炭更是少之又少，不足 1000 t/a，故中美贸易战对中国煤炭出口的影响可忽略不计。2018 年中国累计进口炼焦煤 69.35 Mt，其中来自美国的是 2.84 Mt，占比 4.1%，如果中国针对美国贸易保护主义采取反制措施，后期抑制美国煤炭进口，提高从美国的进口关税，有利于缓解煤炭供需偏紧形势，加快落后产能淘汰退出。但贸易战不利于煤矿技术装备升级。中国大部分露天煤矿的大型机械设备都是美国进口，中国对美反制措施征收关税会增加露天煤矿企业的成本。中美贸易战导致中国获取国外大数据、人工智能等高新技术难度加大，间接影响智能采掘装备和机器人研发应用积极性和进度。中国对美国商品加征关税，将导致中国 CPI 同比增长 0.2%～0.6%，物价上涨，人民币面临贬值压力，人力成本攀升、原材料价格增加，企业经营成本明显提高。2018 年规模以上煤炭企业资产负债率 65.7%，仍处于较高水平，补还安全生产和采掘工程欠账、职工工资、社保基金的压力仍然较大，对煤矿安全投入造成很大影响。由此而导致的煤矿安全风险将加大。

（二）煤矿自然灾害越发严重，淘汰退出落后产能任务仍然艰巨

随着开采深度增加，顶板、瓦斯、水害、冲击地压、地温异常等自然灾害更加严重，部分生产矿井将由低瓦斯向高瓦斯，由高瓦斯向突出矿井演变，新建矿井项目水文地质条件复杂和极复杂的数量增加，陕西、内蒙等资源条件较好的地区也出现冲击地压灾害。当前全国 0.3 Mt/a 以下小煤矿仍有 3113 处、产能 460 Mt/a，分别占全国的 53%、8.9%。特别是 0.09 Mt 及以下小煤矿仍有 1344 处、90 Mt/a，分别占全国的 22.9%、1.7%。小煤矿长期停工停产，根本不具备灾害治理能力。部分地方政府和煤矿企业受经济利益驱动淘汰落后产能不坚决，一些 0.09 Mt/a 以下的煤与瓦斯突出小煤矿以搞“技改扩能”和“保供”为名上演“最后的疯狂”。一些重大灾害难以有效防治的大矿，因债务处置、职工安置等种种原因，退出难度大，发生重大事故的风险很高。

（三）大型现代化矿井与技术装备落后矿井并存的局面尚未彻底改变

“十三五”以来，随着淘汰落后产能与发展优质产能协同推进，煤炭行业生产力水平大幅提升，整体技术面貌显著改善，但受历史沉淀影响，当前煤炭产业结构性矛盾仍然突出。从煤矿结构看，先进高效大型现代化煤矿与技术装备落后、生产效率低下、安全保障能力弱、管理水平差的落后煤矿并存。2018 年大型煤矿企业采煤机械化程度达 96%，已建成智能化采煤工作面 145 个，但仍有相当一部分小煤矿仍没有实现

机械化开采，技术装备水平差距明显。从企业结构看，既有少数资金实力雄厚、技术人才济济、管理水平高、市场竞争力强和发展潜力足的企业，也有大量技术人才匮乏、管理水平落后、资产负债率高、生产经营举步维艰的企业。截至2018年底，全国仍有煤炭生产企业4000家左右，平均年产量仅0.92 Mt。煤矿“四化”建设总体水平还有差距，与人工智能、互联网、大数据等技术融合度低，政策配套跟不上；一些煤矿企业思想认识不够，缺乏统筹规划，低水平重复建设，重建设、轻应用。“一优三减”工作仍有差距，一些煤矿采掘接替失调、违规布置采掘工作面问题突出，仍然多头、多面、多水平生产，人为分割采区；单班入井人员减至千人以下的42处矿井，多数单班入井人数仍达900人以上，作业人员多的问题还没有得到根本解决。

（四）煤矿企业安全责任体系不健全，管理理念需要进一步转变

一些企业重生产、轻安全，没有依法落实安全生产主体责任，在机构、人员、投入、装备、管理、培训等方面与规程规范、安全标准有较大差距。特别是一些灾害严重的矿井灾害治理跟不上，专业技术人员匮乏，科技创新能力不强，重大灾害防治措施没有针对性。采掘接续失调带来系统性安全风险仍然存在。山西、贵州、云南、河南、安徽、陕西等地250多处煤矿采掘接续失调，个别产煤地市采掘失调煤矿占比达到30%，近年来多起较大事故也暴露出采掘失调问题。这些煤矿灾害重、强度大、人员多，为赶工期、抢进度多头掘进，违规外包，甚至剃头开采，极易引发群死群伤事故。“五假五超三瞒三不”等违法违规行为仍然严重。“五假”是假整改、假密闭、假数据、假图纸、假报告；“五超”是超层越界、超能力、超强度、超定员、证照超期；“三瞒”是隐瞒作业地点、隐瞒作业人数、瞒报谎报事故；“三不”是不具备法定办矿条件、不经批准擅自复工复产、拒不执行指令仍然生产。

（五）职业吸引力差，煤矿职工断档和老龄化越发严重

近年来各地区各煤矿企业在提升人员素质方面做了大量工作。2012—2017年，全国共培训煤矿企业主要负责人7.6万人次、安全生产管理人员97.8万人次、特种作业人员257.5万人次；煤矿从业人员中，具有大专及以上文化程度的由11%上升至15%，初中及以下文化程度的由60%下降到50.9%。但还存在很多问题不容忽视。一是从业人员素质不高，老化问题和“招工难”问题突出，40岁以上的占56%，人才流失严重。二是部分企业对安全培训工作不重视，培训责任落实不到位，培训方法单一，培训质量差。三是安全培训资质取消后，培训事中事后监管跟不上，违法违规培训问题突出，不持证上岗、不培训、假培训、乱培训等乱象丛生。

（六）政府机构改革期间，监管弱化问题不容忽视

各地区政府机构改革深入推进，一些地区煤矿安全监管部门面临机构改革、职能调整。干部队伍不稳，可能会出现安全监管责任悬空、工作空档、力度减弱等问题。2019年为各地区政府换届和机构改革的攻坚阶段，在安全监管上难免出现“调整转型期”，很难在短期内建立起一个有效机制，现有的党政负责人抓安全生产的精力和主动性开始下降，新上来的党政负责人缺少监管经验，机构改革容易造成监管监察干部队伍不稳定，一些部门领导调整滞后、工作不在状态，容易出现安全监管空档；机构改革后，一些地区煤矿安全监管和行业管理职能分散在不同部门，协调机制尚未建立完善，容易出现部门间推诿扯皮、不容易形成合力，安全监管效能下降。另外，还存在干部能力不足、工作方法单一、手段比较落后，创新意识不强，分析解决深层次问题不够，以及机构布局不合理、干部缺员缺编、安全监管监察人员培训不够等亟待解决的问题。

三、对策措施及建议

（一）进一步完善生产安全法制机制，筑牢煤矿依法治安基础

梳理煤矿安全相关法律法规，整合修订《煤矿安全条例》。根据行业发展实际，加快制订煤矿安全生产领域强制性国家标准，废止一批不适应工作需要的规章规定和标准。根据政府机构改革职能分工，制定政府部门权力和责任清单，厘清国家监察、行业管理、安全监管部门的职责分工。结合实际研究制定具体实施办法，进一步规范行政处罚、行政强制、行政检查、行政许可等行为，提高依法行政水平。推进执法信息化体系建设，通过搭建煤矿安全监管监察信息共享平台，逐步形成全国煤矿安全生产“一张网”，开展远程监管监察执法。完善事故调查处理机制，进一步从法规、技术、管理和执法等方面完善制度措施，以事故教训推动安全生产工作。完善应急管理工作机制，政府机构加强领导值班备勤，煤矿企业要完善应急预案，加强应急队伍建设，开展应急演练，提高应急处置能力和救援装备水平。

（二）深入推进供给侧结构性改革，提高煤炭行业发展质量

煤炭行业供给侧结构性改革是实现煤矿高质量发展的必由之路，是提升煤矿安全生产整体水平的重要保障。要尽快释放优质产能，并以严格的安全标准倒逼落后产能淘汰退出，淘汰所有 0.09 Mt/a 及以下小煤矿、0.3 Mt/a 以下煤与瓦斯突出矿井。对“僵尸煤矿”要创造条件尽快退出。对全国 38 处采深超千米的冲击地压、煤与瓦斯突出矿井进行停产排查，在专家安全论证基础上，对具备灾害防治能力的产能核减 20%；对没有把握管控重大风险的，实施淘汰退出或划定限采区、禁采区。严格按照《煤矿建设项目安全审核基本要求》（AQ 1049—2018）标准把住准入门槛，对灾害没有查清、建设规模不符合规定、建设单位没有相关灾害治理经验的建设项目一律禁止通过审核。对长期停工停产的煤矿，监管要落实盯守或巡查责任，采取限电停电、停供火工品等强制措施；对不按批复设计施工、边建设边生产的整合技改煤矿，要落实“四个一律”执法要求（关闭取缔、上限处罚、停产整顿、严格追责）；对列入淘汰退出计划的煤矿定期检查，严禁违规设置“回撤期”“过渡期”，防止非法违法开采导致事故发生。

（三）大力推行党管安全治理模式，强化企业主体责任落实

《地方党政领导干部安全生产责任制规定》是中国安全生产领域第一部党内法规，

明确了五类地方党政领导干部的不同职责，进一步压实了责任，有利于煤矿生产安全工作的组织领导。无论是政府部门还是煤矿企业，要坚持党对安全生产工作的领导，发挥党组织在安全生产工作中总揽全局、协调各方的政治优势，提供组织和人才保证的组织优势，保证安全生产的方针政策正确制定和执行的制度优势，密切联系群众的优势。使煤矿安全生产工作得到切实有效的加强和改进，推进安全生产状况显著改善。安全生产的主体责任是企业，煤矿企业应建立健全各级负责人、各部门、各岗位的全员安全生产责任制，层层传递压力，真正把安全责任落实到区队、落实到班组、落实到人头，形成自我约束、持续改进、安全发展的内生长效机制。政府监管部门是煤矿安全的监督者，要通过执法检查，以打击“五假五超三瞒三不”为重点，从严从重惩处违法违规生产建设行为；开展企业主体责任落实专项监管监察，对责任制落实不到位、重大隐患整改不力的，依法依规进行问责、追责，并向组织人事、国资等部门或纪检监察机构通报。充分利用安全诚信体系、举报奖励等工具，倒逼企业主体责任落实。通过“安全生产月”“安全生产万里行”等加强安全生产宣传教育，推动企业安全文化建设，形成强烈的安全生产氛围。

（四）强化重大灾害治理，防控煤矿重大系统性安全风险

“一通三防”历来是煤矿安全管理的重中之重。煤矿企业应加强通风管理，确保矿井通风系统稳定可靠，树立零超限、零突出的理念，把瓦斯灾害治理到位。做好矿井防火和防尘工作，严防煤尘爆炸事故。近年来发生的煤矿冲击地压事故，暴露了煤矿防治冲击地压灾害的短板。煤矿企业应根据国家发布的《防治煤矿冲击地压细则》（2018 年）做好冲击倾向性鉴定和冲击危险性评价，健全防冲工作体系；有关科研单位应进一步研究冲击地压致灾机理和防治技术，制定防治相关技术装备标准，帮助企业建立完善监测预警系统。水害治理方面，煤矿企业应做好《煤矿防治水细则》对标整改，落实“三专两探一撤”措施和老空水害防治“四步工作法”。坚决治理好煤矿采掘失调问题，监管部门应从煤矿生产计划、采掘布局入手，开展预防性监管监察，防患于未然，有效管控因采掘失调导致的重大安全风险。各地区应结合实际制定有针对性的煤矿安全生产责任保险实施办法，根据不同类型煤矿企业需求实施差别费率，把控好政府监管和发挥市场作用之间的关系。

（五）大力推进安全生产标准化建设，夯实煤矿企业安全基础

“三位一体”煤矿安全生产标准化体系，是以质量标准化为基础，融合安全风险分级管控、隐患排查治理双重预防机制内容的体系，是符合中国实际、行之有效的安全管理模式，是迈向国际通用安全管理体系的必由之路。体系建设要切实强化煤矿安全风险辨识和管控。注重提高企业全员安全风险预控意识，着力抓好系统性风险防控，将隐患排查治理工作融入风险管控体系。推动静态与动态、结果与过程、硬件与软件达标相统一。监管部门通过推动体系建设引导煤矿企业建立健全安全管理制度，完善岗位责任制，实现精细化管理，真正把纸上的规程变成行为的准则。各地应结合实际制定配套措施，落实国家 9 项激励政策，充分调动煤矿创建安全生产标准化积极性。煤矿企业应按照标准要求，将现场领导带班下井、技术措施、规程规范、班组建设等管理制度落实到位。不断完善煤矿企业自主贯标、自主达标、动态保持、持续提升的工作机制，为煤矿安全生产标准化体系最终同国际接轨、形成符合中国特色的煤矿标准化认证体系奠定基础。

（六）强化"四化"建设，推进煤炭开采加速向技术密集型产业转变

煤矿"机械化、自动化、信息化、智能化"建设是煤炭工业发展的方向，有利于减人提效，有利于降低成本，有利于安全生产，有利于改善矿工工作环境，有利于解决招工难问题。煤矿企业应解放思想、转变观念，坚持创新驱动，瞄准新一轮科技革命和产业变革方向，推进互联网、大数据、人工智能同煤矿安全生产深度融合，加快装备升级和信息化改造，真正实现机械化换人、自动化减人。推进智能装备和机器人研发应用。对具备智能化开采条件的煤矿加快推进和建设，对灾害严重的煤矿重点攻关，最大限度减少井下作业人员。根据国家煤矿安监局印发的煤矿机器人重点研发目录，新成立的国家煤矿机器人推进中心应在发展规划、标准和认证体系、政策研究等方面发挥作用，与国家科技研发计划相衔接，破解体制机制障碍。各地区应对无法实现机械化开采的煤矿积极引导退出，停止审批非机械化开采的新建、改扩建煤矿，尽快实现全国所有煤矿机械化开采。煤矿企业应尽快完成安全监测监控系统升级改造，并进一步开发应用各种灾害或综合性的预警预报，拓展人员位置监测系统功能，研究探索在采煤机、掘进机、电机车、矿车等设备上内置位置监测标识卡，进行实时定位，实现超层越界报警等。

（七）强化"一优三减"，着力推进煤矿生产组织科学高效

煤矿企业应秉承"无人则安、人少则安"的理念，在提高煤矿科技水平基础行，不断优化系统、减水平、减头面、减人员（简称"一优三减"）。优化系统应首先解决采掘接替问题，通过推行"110 工法"等先进采掘技术和工艺，破解采掘失调难题。监管部门应对采掘接替失调的灾害严重矿井，实施停产、减产整改指令，严格控制矿井产量。对新建矿井大力推广"一井一面""一井两面"生产模式；在具备条件的煤矿推行"大走向、大采长、大储量"采煤工作面；在通风系统上，优化通风网络，精简通风线路，提高通风系统可靠性和稳定性；在运输系统上，推广智能集中控制、无人值守等先进技术，推广无轨胶轮车、卡轨车和单轨吊等运输方式，减少运输环节，提高运输效率；通过优化劳动组织，尽量减少平行和交叉作业，推进井下减人。

（八）重塑煤矿职业尊崇，提升煤矿职工技能和智力支撑

要实现煤炭行业高质量发展和安全发展，人才是根本。根据《国务院办公厅关于进一步加强煤矿安全生产工作的意见》（国办发〔2013〕99 号）和《煤矿安全培训规定》，矿长、副矿长、总工程师、副总工程师应当具备煤矿相关专业大专及以上学历，具有 3 年以上煤矿相关工作经历；新上岗的特种作业人员应当具备高中及以上文化程度，其他从业人员应当具备初中及以上文化程度。这些相对于其他行业来说已经是落后的人员素质标准，仍有很多煤矿没有达到要求。一方面应通过"四化"建设、安全生产标准化体系创建、推进“一优三减”等不断改善井下作业环境，提高煤矿从业人员工资和福利待遇，推广枣庄矿业（集团）有限责任公司取消夜班生产的做法，提高煤矿职业吸引力和幸福感、荣誉感。另一方面，监管监察部门应加大煤矿人员准入、安全培训工作检查，对违反法律法规的企业要从重查处，严厉问责追责。煤矿企业应根据实际状况和需求，因地制宜引进一批高素质人才，招录一批高技能职工，培育一批大专采煤班组，建设一批技能大师工作室，打造一批工匠团队。

基于设备组合开采效率优化露天煤矿设备选型的思考

王 岩 中煤科工集团北京华宇工程有限公司

中国是世界上发现、利用和开采煤炭资源最早的国家之一。中国露天煤矿开采起源于1914年辽宁抚顺古城子露天掘，至今已有100余年的开采历史。其间，中国的露天开采技术经历了从无到有、从人工开采到机械开采、从蒸汽动力到电力驱动、从跟随模仿向主动创新的快速转变；年生产能力从几万吨发展到几百万吨甚至几千万吨；开采设备从几立方米斗容、十几吨装载量的小型设备发展到几十立方米斗容、几百吨装载量的大型设备；开采工艺从人力开采、绞车提升发展到单斗—卡车间断式工艺、半连续式工艺、连续工艺以及拉斗铲倒堆工艺协调配合的综合工艺。中国露天开采经历几代人的不懈努力，发生了翻天覆地的变化，并且在世界露天开采史上占据了重要的地位。

一、中国露天煤矿开采现状及主要开采工艺

1914—1938年，日本占领中国东北期间，相继建设了抚顺西露天矿、阜新露天煤矿和鹤岗露天煤矿，开采规模以几万吨到几十万吨为主，开采工艺几乎全是人工、蒸汽挖掘机和单斗挖掘机采掘配合铁道运输。中华人民共和国成立后，经历了起步恢复时期、加速发展时期、全面壮大时期和稳步推进时期，中国露天煤矿在开采规模、产量占比、开采工艺、开采设备以及安全生产、绿色开采、信息化建设等方面取得了巨大的成绩。

（一）数量及规模

目前，国内生产和在建露天煤矿400余座，总设计（核定）产能650 Mt/a左右。其中，4 Mt/a及以上的大型露天煤矿30余座，设计（核定）产能360 Mt/a；中型煤矿90余座，其余为1 Mt/a的小型煤矿。大型煤矿中10 Mt/a及以上的特大型露天煤矿15座，生产能力总计290 Mt/a。此外，还有大量正在开展前期工作的大型和特大型露天煤矿，总设计产能100 Mt/a；内蒙古和山西的中小型煤矿正在改扩建，大部分已经达到设计产能。

（二）分布区域

国内露天煤矿主要分布在内蒙古、新疆、山西和云南，其中内蒙古和新疆适合露天开发的资源较多，主要有内蒙准格尔、胜利、宝日希勒、伊敏、霍林河、元宝山和白音华矿区，新疆淖毛湖、三塘湖、沙尔湖、哈密和准东煤田等。露天煤矿数量以内蒙古最多，有200多处，其中规模最大的哈尔乌素露天煤矿和宝日希勒露天煤矿产能达到35 Mt/a；新疆、山西和云南露天煤矿数量几十处不等，其余地区露天煤矿少则几处，多则10多处。

（三）开发主体

露天煤矿特别是大中型露天煤矿，开发投资高，投资回收期相对较长，开发单位多数为国家能源投资集团有限责任公司、中国中煤能源集团有限公司、中国华能集团有限公司和中国国电集团公司等中央企业，少数为新疆广汇新能源有限公司等实力较强的民营企业和地方矿务局及煤电企业。

国家能源集团为国内最大的露天煤矿开发企业，内蒙古和新疆是其主要露天煤矿集中地，拥有23座大中型露天煤矿，总产能264.05 Mt/a；中国中煤能源集团有限公司建设的露天煤矿主要集中在山西、新疆和内蒙古，总产能70～80 Mt/a；中国华能集团有限公司、中国大唐集团有限公司等电力企业为国内褐煤资源的主要开发者，露天煤矿主要分布在内蒙古锡林郭勒和呼伦贝尔等褐煤发育区。新疆广汇新能源有限公司和天池能源有限责任公司主要开发新疆地区露天煤矿，阜新矿业（集团）有限责任公司和辽宁铁法煤业（集团）有限责任公司主要开发内蒙古锡林郭勒地区露天煤矿。

（四）开采工艺及主要设备

开采工艺是推动露天煤矿技术进步最基础的动力，是露天采煤技术变革的引发者。目前国内露天煤矿开采工艺主要有单斗—卡车工艺、单斗（—卡车）—破碎站半连续工艺、轮斗连续工艺和拉斗铲倒堆工艺及综合开采工艺。其中单斗—卡车工艺是中国应用最广泛、最成熟的开采工艺，适用于各种复杂煤岩赋存条件和恶劣的自然条件；单斗（—卡车）—破碎站半连续工艺也是中国常用工艺，由于其克服了卡车运输距离受制约的缺点，具有很好的发展前途；轮斗连续工艺具有高效率、低成本的优点，但受大风、寒冷和物料硬度影响较大，且初期投资大、对剥离物赋存稳定性要求高，在中国仅元宝山和扎哈淖尔等少数几个露天煤矿使用；拉斗铲倒堆工艺是最先进、高效的工艺，但对煤层赋存条件要求严格，设备投资巨大且管理、技术和操作水平要求高，在中国仅黑岱沟露天煤矿使用，目前该工艺在中国的应用仍处于逐步成熟阶段。

20世纪80年代前期，国内露天煤矿采装设备以1～4 m^3 电铲为主，运输设备以80～150 t电机车和蒸汽机车为主。近几十年，露天煤矿装备向大型化、现代化方向发展，挖掘机斗容从4 m^3 增加到75 m^3，自卸卡车载重从20 t级发展到400 t级；轮斗挖掘机能力由400 m^3/h 增加到6600 m^3/h，拉斗铲斗容为90 m^3。挖掘机和卡车基本实现了国产化和配套化，形成了以国产设备为主、国外设备为辅的局面，轮斗挖掘机及配套设备和拉斗铲属于定制设备，主要是引进技术与国外合作设计、合作制造，以进口为主。

二、当前露天煤矿开采设备选型存在的主要问题

由于受中国煤炭资源赋存条件和大型成套设备设计制造技术的制约，轮斗连续工艺和拉斗铲倒堆工艺仅在中国个别露天煤矿有所应用，而适应性更广的单斗—卡车工艺和单斗（—卡车）—破碎站工艺成为中国露天煤矿的主流开采工艺。目前，国内主要大中型露天煤矿如黑岱沟露天煤矿、哈尔乌素露天煤矿、元宝山露天煤矿、安太堡露天煤矿、宝日希勒露天煤矿、胜利露天煤矿和伊敏露天煤矿等均在剥离或采煤作业中加以不同程度的应用。

此外，由于轮斗挖掘机和拉斗铲单一设备的生产能力大、价格昂贵、个体庞大且对露天煤矿生产有举足轻重的影响，设备选型通常由设计单位、建设单位和设备制造单位三家共同研究确定设备主要技术和规格参数，由设备生产厂家进行定制生产。由于轮斗挖掘机和拉斗铲未能形成成型系列设备，故除设备厂家可供选择外，对设备规格几乎没有可供选择的余地。单斗挖掘机和自卸卡车经过多年的发展，根据露天煤矿规模，考虑设备在一定范围内的通用性，已经研制出对应型号和参数的设备，使其在一定范围内适应露天煤矿高效开采的需求。单斗挖掘机和自卸卡车的设备选型及规格匹配相对更为灵活，同时也是决定单斗—卡车工艺和单斗（—卡车）—破碎站工艺能否成功应用的关键。

单斗挖掘机和自卸卡车设备选型和规格匹配是一个系统工程，需综合考虑设备组合的技术经济性，即技术先进和经济合理。技术先进主要体现为设备能力的最大发挥，经济合理主要是计算设备组合方案的投资费用和经营成本。目前，国内露天煤矿单斗挖掘机和自卸卡车选型的总体思路是，初步拟定若干个设备组合备选方案，然后分技术比较和经济分析两步进行。技术比较主要是从备选方案中筛选出同时满足或接近“卡车载重利用率大于90%”和“卡车载重量与单斗挖掘机勺斗装载量的比例3∶1～6∶1”的方案；经济分析主要是在技术先进的若干方案中进一步筛选出投资额或运营费用最少的方案。但是，这种传统设备选型方法存在以下几方面问题：

（1）技术层面：“卡车的载重利用系数”和“卡车载重量与单斗挖掘机勺斗装载量”两个考核指标为经验值，缺乏理论支持；可能存在两个或两个以上设备组合方案均能满足指标要求，造成方案取舍困难；考核结果只是定性比较不能量化考核。

（2）经济层面：将设备投资和运营成本单独考虑，经济性分析不全面。

（3）系统层面：技术比较和经济分析“分裂”进行，未能有机融合在一起。

为此，需要对目前单斗挖掘机和自卸卡车设备选型及规格匹配的思路及方法进行革新，加强技术先进性判定的理论支撑并实现考核结果数值化，综合考虑设备初始投资和运行成本，将设备的技术先进性和经济合理性分析有机融合，使得设备选型及规

格匹配最优，最终实现设备能力高效发挥。

三、解决方案

（一）设备配套技术先进性分析

设备选型技术先进性的实质是“设备能力发挥最大”。具体包括以下三个层次内容：

（1）设备能完成正常生产所需要的工作量（剥离量或采煤量）。

（2）设备自身能力可以充分发挥。

（3）单斗挖掘机和自卸卡车设备组合能力发挥最大。

为了将单斗挖掘机和自卸卡车设备匹配进行量化，并体现设备选型“设备能力发挥最大”的实质，在基本满足车铲比和车铲斗容比的前提下，引入“设备组合能力指数”对不同设备组合方案的技术先进性进行深入分析。

设备组合能力指数，是表征特定设备组合（单斗挖掘机和自卸卡车）在保证完成正常采掘作业工作量的前提下，设备组合生产能力的实际发挥效应。在进行设备规格选型和数量计算时，不同的设备规格对应不同的设备数量，而且计算得到的设备理论数量往往不是整数，为此必须进行“向上取整”处理，即增加设备数量；而且不同设备组合方案的设备冗余程度也是不同的。设备数量冗余在实质上是对设备能力发挥的“打折”。设备组合能力指数可以在实质上对设备数量冗余程度进行考核。在多方案比较时，可以选择设备组合能力指数最大的方案，将设备冗余程度降到最低，从而使设备组合生产能力的实际发挥效应最大程度接近100%。

在设备组合所需完成工程量和物料运距、作业时间等作业条件确定的情况下，影响设备生产能力发挥的最终表现因素为设备规格和设备数量。从设备能力和数量计算的原理出发，引入“设备组合能力指数”对设备组合能力的发挥进行判定。设备组合能力指数定义为完成既定剥采工作量条件下的设备组合单位工作能力，即既定剥采工作量除以总的单斗挖掘机斗容和自卸卡车载重。

（二）设备配套经济合理性分析

露天煤矿投入的设备，在其使用寿命到期前主要发生两类费用：一是前期的一次性设备购置费；二是使用期间的设备使用成本。不同的设备组合方案这两类费用都不尽相同，在实现相同功能的前提下（完成年剥离工作量或采煤量），通常情况是设备购置费用较高但设备使用成本较低，从而使得设备选型出现“矛盾”。

在工程建设中，不同的技术、工艺和材料方案只能选择一个方案实施，即方案之间具有互斥性。常用的静态分析方法有增量投资分析法、年折算费用法、综合总费用法等；常用的动态分析方法有净现值法，净年值法等。露天煤矿生产期间，设备各年的使用成本差别不大。为此，单斗挖掘机和自卸卡车配套的经济合理性分析可采用静态分析法进行，本文选用年折算费用法。年折算费用可表示为年使用成本与利用基准投资收益率对投资进行折算后的费用两者相加。当方案的有用成果相同时，年折算费用最小的方案为优选方案。

（三）设备配套系统合理性分析

设备配套系统是指综合考虑技术性和经济性而组成的系统。在此引入“费用效率”进行系统合理性分析。费用效率，即费用发挥作用的有效性，表征单位费用所取得的作用。针对单斗挖掘机和自卸卡车配套系统，费用效率就是指在花费相同费用（包括投资和使用成本两部分）的情况下，单斗挖掘机和自卸卡车配套方案所能达到的实际生产能力。在多方案比较时，可以选择费用效率最高的方案。

四、案例研究

内蒙古自治区“S”露天煤矿设计产量为10.0 Mt/a，年剥离量11.60 Mm^3。参照国内主要露天煤矿生产实践，选用斗容12～25 m^3的挖掘机与载重108～154 t卡车的设备组合系列。

现采用费用效率对剥离作业设备配套方案系统合理性进行分析。作业基础参数见表9-1，设备组合能力指数计算见表9-2，设备年折算费用计算见表9-3，设备费用效率计算及方案排序见表9-4。

表9-1 作业基础参数表

项目	方案一	方案二	方案三	方案四	方案五
挖掘机斗容/m^3	25	20	25	20	12
自卸卡车载重/t	154	154	108	108	108
卡车运距/km	3.0	3.0	3.0	3.0	3.0
年需完成剥离量/Mm^3	21.6	21.6	21.6	21.6	21.6
物料实方容重/$(t \cdot m^{-3})$	2.0	2.0	2.0	2.0	2.0

表9-2 设备组合能力指数表

项目	方案一	方案二	方案三	方案四	方案五
满斗系数	0.9	0.9	0.9	0.9	0.9
每勺循环时间/s	35	35	35	35	35
卡车载重利用率/%	95	95	95	95	95
挖掘机年能力/10^4 m^3	567	463.5	567	463.5	270
卡车年能力/10^4 m^3	64.83	63.32	47.75	46.59	43.40
挖掘机数量（理论/实际）/台	3.81/4	4.66/5	3.81/4	4.66/5	8.00/8
卡车数量（理论/实际）/台	33.32/34	34.11/35	45.24/46	46.36/47	49.77/50
设备组合能力指数	0.001768	0.001681	0.001863	0.001785	0.001800

表 9-3　设备年折算费用计算表

项　　目	方案一	方案二	方案三	方案四	方案五
挖掘机数量/台	4	5	4	5	8
卡车数量/台	34	35	46	47	50
挖掘机单价/(万元·台$^{-1}$)	4350	3500	4350	3500	820
卡车单价/(万元·台$^{-1}$)	830	830	470	470	470
设备投资/万元	45620	46550	39020	39590	30060
挖掘机使用成本/(万元·台$^{-1}$)	836.6	698.2	836.6	698.2	227.7
卡车使用成本/(万元·台$^{-1}$)	278.1	275.3	205.9	204.17	199.4
设备使用成本/万元	12801.8	13126.5	12817.8	13086.99	11791.6
基准投资收益率/%	8	8	8	8	8
设备折算费用/亿元	1.645	1.685	1.594	1.625	1.420

表 9-4　设备费用效率计算及方案排序表

项　　目	方案一	方案二	方案三	方案四	方案五
设备组合能力指数	0.001768	0.001681	0.001863	0.001785	0.001800
设备折算费用/亿元	1.645	1.685	1.594	1.625	1.420
设备费用效率	0.001075	0.000998	0.001169	0.001098	0.001268
系统合理性优劣排序	4	5	2	3	1
综合比选结果	推荐选用方案五				

从表 9-1 至表 9-4 可以看出：

(1) 通过计算设备组合能力指数，可以解决备选方案中存在两个以上（含两个）方案同时满足或接近“卡车载重利用率大于 90%”和“卡车载重量与单斗挖掘机勺斗装载量的比例 3∶1～6∶1”指标要求而造成的方案排序困难。

(2) 通过计算年折算费用，可以清晰地确定各个备选方案在经济层面的优劣次序，从而避开备选方案中投资较高而成本较低方案的优劣性判断。

(3) 通过计算费用效率，可以将设备配套的技术性和经济性有机结合在一起，清晰地确定各个备选方案系统合理性的优劣次序。

五、结论与建议

由于受中国煤炭资源赋存条件和大型成套设备设计制造技术的制约，中国露天煤矿的主流开采工艺为单斗—卡车工艺和单斗（—卡车）—破碎站工艺。但是，目前对单斗挖掘机和自卸卡车的选型存在考核指标缺乏理论支撑、考核结果难以取舍和量化、设备投资和运营成本未能综合考虑，以及技术比较和经济分析未能有机融合等问题。为此，特提出“设备组合能力指数”“年折算费用”和“费用效率”，从而可以根本上解决目前存在的问题，通过对单斗挖掘机和自卸卡车设备选型及规格匹配的思路及方法进行革新，最终实现设备能力高效发挥。

此外，在设备选选型时还需要注意以下问题：

(1) 设备配套时尽量减少或统一设备型号，新采购设备充分考虑与现有设备总成部件、配件的通用性，提高互换性，避免多样化造成维修、配件储存的困难。

(2) 为便于设备配件组织，降低配件库存储备，露天煤矿主要采运排设备的型号尽量选用相同生产厂家的设备进行配套。

(3) 推广应用交流无极变频驱动技术，提高设备的使用性能，降低设备维修费用，延长设备使用寿命。

(4) 研究提高设备适应不同工作条件的能力，通过更换部分部件，提高设备适应能力。例如采运煤炭或岩石时，通过更换卡车车厢斗及电铲铲斗以适应不同的采掘工况，减少设备数量和提高设备使用效率。

附录1　关于做好2018年重点领域化解过剩产能工作的通知

（发改运行〔2018〕554号）

各省、自治区、直辖市及新疆生产建设兵团发展改革委（能源局）、经信委（工信委、工信厅）、财政厅（局）、人力资源社会保障厅（局）、国资委、煤炭管理部门，有关中央企业：

2016年以来，各地区、各有关部门认真贯彻落实党中央、国务院关于供给侧结构性改革的决策部署，扎实推进钢铁煤炭化解过剩产能和防范化解煤电产能过剩风险各项工作，取得显著成效，累计退出粗钢产能超过1.2亿吨、煤炭产能超过5亿吨，分流安置职工110余万人，2017年淘汰停建缓建煤电产能6500万千瓦，提前超额完成了年度各项目标任务，供给质量和效率大幅提升，行业运行状况明显好转，产业结构调整和布局优化取得积极进展，市场竞争秩序得到有效规范，长效机制逐步建立完善。2018年是贯彻党的十九大精神的开局之年，是改革开放40周年，是决胜全面建成小康社会、实施“十三五”规划承上启下的关键一年，为更好适应去产能进入新阶段后的新形势、新变化、新要求，推进重点领域化解过剩产能工作不断深化，现就做好有关工作通知如下。

一、准确把握2018年化解过剩产能工作总体要求

深入学习贯彻习近平新时代中国特色社会主义思想和党的十九大精神，按照中央经济工作会议和政府工作报告关于深化供给侧结构性改革的决策部署，坚持稳中求进工作总基调，坚持新发展理念，坚持用市场化、法治化手段去产能，把处置“僵尸企业”作为重要抓手，把提高供给体系质量作为主攻方向，重点在“破”“立”“降”上下功夫，大力破除无效供给，扩大优质增量供给，实现供需动态平衡，保持价格基本稳定，降低实体经济成本；更加严格执行质量、

环保、能耗、安全等法规标准，更加严格治理各种违法违规行为，倒逼落后产能退出，坚决防止已经化解的过剩产能死灰复燃；将去产能与国企改革、兼并重组、转型升级、优化布局结合起来，加快优质产能释放，实现新旧动能转换和结构调整；科学把握去产能力度和节奏，保障市场供需总体平稳；稳妥有序推进职工分流安置，妥善处置企业资产债务，健全长效机制，促进相关行业持续健康发展。

二、科学安排2018年化解过剩产能目标任务

钢铁方面：2018 年退出粗钢产能 3000 万吨左右，基本完成“十三五”期间压减粗钢产能 1.5 亿吨的上限目标任务。煤炭方面：力争化解过剩产能 1.5 亿吨左右，确保 8 亿吨左右煤炭去产能目标实现三年“大头落地”。煤电方面：淘汰关停不达标的 30 万千瓦以下煤电机组。根据实际情况，依法依规清理整顿现有违规建设项目。严控新增产能规模，结合煤电规划建设风险预警等级，控制煤电规划建设节奏。加大超低排放和节能改造力度，中部地区具备条件的煤电机组要完成改造工作。

三、持续深入推进钢铁去产能

巩固化解钢铁过剩产能成果，严禁新增产能，防范“地条钢”死灰复燃和已化解的过剩产能复产。坚持用市场化、法治化手段去产能，通过常态化严格执法和强制性标准实施，促使达不到有关标准和不符合产业政策的落后产能依法依规退出。严把钢铁产能置换和项目备案关，防止产能“边减边增”。着力推进钢铁企业兼并重组，合理高效利用废钢铁资源，进一步推动钢铁行业转型升级和结构优化。

四、不断提高煤炭供给体系质量

由总量性去产能为主转向系统性去产能、结构性优产能为主。适当提高南方地区煤矿产能退出标准，严格治理各种违法违规行为，加强煤矿建设项目分类管理，坚决退出违法违规和不达标的煤矿，加快退出安全保障程度低、环保问题突出且整改不到位的煤矿。适应新形势新要求，加快北煤南运大通道建设，更多发挥北方优质先进产能作用，统筹做好去产能和保供应相关工作，促进煤炭供需总体平衡和价格基本稳定。加快长效机制建设，强化产能置换指标交易等市场化手段，积极推进煤电联营和兼并重组，持续优化煤炭开发布局，大力推动转型升级，促进煤炭行业高质量发展。

五、积极稳妥化解煤电过剩产能

立足实际情况，充分发挥市场调节和宏观调控作用，有力有序有效关停煤电落后产能，清理整顿违规建设项目，发布实施年度风险预警，严控各地新增煤电规模，规

范自备电厂建设运行，合理安排应急备用电源，继续推进煤电超低排放和节能改造工作，促进煤电转型升级。

六、坚定不移处置“僵尸企业”

认真落实钢铁、煤炭行业处置“僵尸企业”工作方案各项要求，做好“僵尸企业”分类处置。对于长期停工停产、连年亏损、资不抵债，没有生存能力和发展潜力的“僵尸企业”，要加快实施整体退出、关停出清、重组整合，加快形成市场决定要素配置的机制，释放错配资源。各地要列出名单、拿出计划，全面稽查、上报结果。尽快修订有关资产处置、债务清偿等方面的法律法规，完善“僵尸企业”破产重整机制。

七、稳妥做好职工安置工作

继续将职工安置作为重中之重，坚持与去产能工作同谋划、同部署、同推进，完善职工安置工作协调机制，加强部门间信息共享和工作协同，及时摸清涉及企业职工底数，做实做细职工实名制动态管理。支持企业多渠道分流安置职工，指导企业依法妥善处理职工劳动关系，做好社会保障衔接，对不裁员少裁员企业及时核发稳岗补贴。加强对失业人员生活保障和再就业帮扶，按规定及时发放失业保险金，加大公益性岗位安置力度，推进创业孵化载体建设，鼓励分流职工创业。加强风险防范，落实完善应急预案，及时协调解决职工安置中的突发情况，预防和妥善化解规模性失业和重大群体性事件。加强对地方和企业推进职工安置工作的业务指导和督促检查，对责任不落实、政策不落实的进行约谈问责。

八、加快处置资产债务

落实钢铁煤炭行业化解过剩产能国有资产处置损失有关财务处理规定等政策，依法依规加快去产能企业国有资产处置。落实去产能行业金融债权债务处置政策，加强对债权债务处置工作的指导和政策解读培训。支持有关省（区、市）成立资产公司，承接去产能企业剥离的资产和负债。进一步落实有保有压的金融政策，在风险可控和商业可持续的原则下，对优势企业实施兼并重组、升级改造和转型发展项目给予积极支持，拓宽融资渠道、优化资金结构、降低财务成本；推动金融机构运用市场化手段，有效退出过剩产能领域贷款，完善各方依法分担债务的处置机制，化解金融风险。加快去产能企业剩余矿产资源处置，做好资源价款退还、生态环境修复、采矿许可证注销等相关工作。

九、大力推动转型升级

充分利用产能置换和指标交易等市场化手段，加快形成一批工艺先进、生产效率高、资源利用率高、安全保障能力强、环境保护水平高、单位产品能耗低的优质产能。坚持创新驱动发展，把钢材质量稳定性、先进高端钢材、节能环保新技术、关键共性技术等作为重点，加大研发力度，尽快取得突破。加快钢结构推广应用，提高钢结构应用比例和用钢水平。进一步完善废钢铁回收、分类、加工、配送体系等，加速废钢铁循环利用，在资源循环利用基地建设中鼓励废钢铁循环利用，适度引导发展电炉炼钢，深入推动行业节能环保水平提升。引导煤炭企业加大科技投入，应用现代信息技术和先进适用装备，建设智能高效的大型现代化煤矿，优化开拓布局，简化生产系统，降低生产能耗，减少劳动用工，全面提升煤矿技术水平和经济效益。研究开展重点产煤地区转型发展试点。进一步推动钢铁煤炭企业瘦身强体，减员增效，降低经营成本，切实提高经济效益，在此基础上逐步降低债务负担。

十、进一步优化产业布局

按照企业主体、政府引导、市场化运作的原则，鼓励有条件的企业实施跨地区、跨所有制的兼并重组，进一步优化产业布局。积极推动钢铁国际产能合作。坚持以北方大型现代化煤矿替代南方中小煤矿的方向，逐步降低生态环境脆弱、水资源短缺、开采条件复杂地区开发强度，重点建设神东、陕北、晋北、晋东和新疆大型煤炭基地。通过开展跨区域指标交易和产能协作等方式，引导有效产能向优势企业和地区集中。

十一、科学把握去产能力度和节奏

有关地区、中央企业要坚持实事求是、因地制宜，综合考虑资源条件、供需实际、在建项目衔接、运力配置等因素，对“十三五”后三年化解过剩产能任务进行认真论证、统筹安排，按照有关任务目标稳步有序推进去产能，避免出现产业链不匹配、供需失衡、价格异常波动等情况。加强市场供需动态监测和预研预判，及时发现和协调解决出现的问题，采取有效措施保障稳定供应，保持市场平稳运行。

十二、构建促进行业健康发展的长效机制

钢铁方面：各有关地区要加快违法违规产能和“地条钢”等举报平台建设，完善举报响应机制；进一步开展对钢铁产能等情况的核实调查，健全产能等数据沟通协调机制。煤炭方面：不断完善中长期合同、产能置换指标交易、应对煤价异常波动、煤炭储备和库存、社会责任企业等制度。煤电方面：完善化解煤电过剩产能工作协调机

制，督促地方制定落实工作实施细则。及时发布并实施年度煤电项目规划建设风险预警，指导地方和企业稳妥有序推进煤电项目的规划建设。

十三、深化国企改革和产业融合

尊重市场经济规律和企业发展规律，以企业为主体，充分发挥市场机制作用，把引资本与转机制结合起来，把产权多元化与完善企业法人治理结构结合起来，积极推动钢铁、煤炭、煤电领域国有企业混合所有制改革，不断提升企业市场竞争力。鼓励钢铁企业围绕钢材产品目标市场定位和根据下游企业需求，加强与下游企业的协作，实现钢铁材料制造供应商向材料解决方案综合服务商转变。积极探索多种形式，加快煤电一体化、煤焦一体化、煤化一体化等产业融合发展。

十四、更好发挥奖补资金对去产能的支持作用

针对内部转岗安置、民营企业资金使用等情况和问题，进一步研究完善相关政策，保障职工分流安置，加大对职工生活保障和欠缴社会保险费等方面的支持。切实加强对奖补资金的监督管理，严肃查处虚报冒领、挤占挪用等违法违规行为。鼓励各地通过市场化产能置换指标交易等方式，多渠道筹措化解过剩产能所需资金。

十五、进一步压实各方责任

各地区、各有关部门要继续把化解过剩产能工作摆在突出位置，完善已有工作机制，加强对相关政策措施落实情况和任务完成情况的督促检查，确保各项工作积极稳妥推进。要严格按照要求做好去产能信息的公示公告工作，建立健全举报制度，强化社会公众监督，坚决防止已经退出的产能死灰复燃。对弄虚作假、违法违规建设生产、未按要求淘汰退出产能、供应保障责任不落实的地方和企业要严肃处理。由主管部门、行业协会牵头，第三方征信机构参与，推动钢铁、煤炭、煤电行业信用体系建设，开展信用信息采集，发挥诚信的激励和约束作用。

十六、加强经验推广和舆论引导

有关地区和部门要认真总结、及时梳理地方和企业在化解过剩产能过程中探索形成的好做法好经验，钢铁煤炭行业化解过剩产能和脱困发展工作部际联席会议将以通报简报、召开现场会等形式及时推广，以点带面推动全国化解过剩产能工作。定期组织宣传化解过剩产能工作进展和取得成效，大力宣传先进典型，及时发布并解读有关政策。加强舆情跟踪监测，积极主动回应社会关切，凝聚推进化解过剩产能工作的强大正能量。

附录 2　关于进一步完善煤炭产能置换政策加快优质产能释放促进落后产能有序退出的通知

（发改办能源〔2018〕151 号）

各产煤省、自治区、直辖市、新疆生产建设兵团发展改革委、能源局、煤炭行业管理部门，有关中央企业：

为深入学习贯彻习近平新时代中国特色社会主义思想和党的十九大精神，深入推进煤炭领域供给侧结构性改革，优化存量资源配置，扩大优质增量供给，实现供需动态平衡，针对各地推动落后产能退出力度不断加大、经济回升对能源的需求显著增加的情况，需要进一步完善产能置换政策、加快优质产能释放，通过优质产能有序增加，推动落后产能尽早退出，促进煤炭产业结构调整和新旧发展动能转换。现就相关事宜通知如下。

一、支持与自然保护区、风景名胜区、饮用水水源保护区重叠煤矿加快退出

经过省级人民政府有关部门同意，通过核减生产能力退出与自然保护区、风景名胜区、饮用水水源保护区重叠部分的煤矿，批复的核减产能，产能置换指标折算比例可提高为 200%。

二、支持灾害严重煤矿和长期停工停产煤矿加快退出

支持煤与瓦斯突出、冲击地压和长期停产停建煤矿退出或核减产能，对其中退出煤矿产能规模高于发改运行〔2017〕691 号文件所明确淘汰落后产能规模的、煤与瓦斯突出和冲击地压煤矿核减产能的，相应产能置换指标折算比例可提高为 200%。

三、支持一级安全生产标准化煤矿增加优质产能

属于一级安全生产标准化煤矿申请核增产能的，现有合法生产煤矿通过改扩建、技术改造增加优质产能超过120万吨以上的，所需产能置换指标折算比例可提高为200%

四、支持优化生产系统煤矿增加优质产能

通过机械化、自动化、智能化改造增加优质产能的煤矿，以及井下采用一个采煤工作面、两个掘进工作面进行采掘作业的煤矿申请核增产能的，所需产能置换指标折算比例可提高为200%。

五、支持煤电联营煤矿增加优质产能

自本通知印发后与煤炭调入地区发电企业新实施跨省（区市）煤电联营的煤矿申请新增优质产能的，所需产能置换指标折算比例可提高为200%，其中申请新增优质产能的煤矿和发电企业拥有一方股权超过50%的，折算比例可进一步提高为300%；在本省（区、市）新实施煤电联营的，所需产能置换指标折算比例可提高为150%。

该政策适用的煤电联营项目是指，新增优质产能煤矿实质性进入煤炭电力企业新实施的兼并重组，或发电企业实质性重组新增优质产能煤矿项目，或新增优质产能煤矿的投资人实质性重组发电企业，或拥有对方股权不低于30%。享受该政策的产能规模应不高于煤电联营对应的产能规模或用煤规模。

六、支持与煤炭调入地区签订相对稳定的中长期合同煤矿增加优质产能

申请新增优质产能的煤矿就新增优质产能对应增加产量与煤炭调入省（区、市）签订3年、2年、1年煤炭中长期合同（合同量不低于新增优质产能对应增加产量的75%），所需产能置换指标折算比例可分别提高为200%、150%、130%。

符合上述情形的煤矿，应提供有量、有价、有违约条款，由煤矿与直接用户签订（实行煤炭统购统销的，可由上一级煤炭购销企业签订）的煤炭购销合同和运力配置证明，承诺全年合同履约率不低于90%，由第三方征信机构进行信用采集核实，并经省级人民政府有关部门确认（中央企业由国务院国资委确认）。

七、鼓励已核准（审批）建设煤矿增加优质产能

已核准（审批）的煤矿建设项目，原则上不再通过核减自身建设规模方式承担化解过剩产能任务，鼓励通过实施产能置换淘汰落后产能。对于使用其他企业产能指标

并于2018年9月30日前上报产能置换方案的，产能置换指标折算比例可提高为200%。

对于本通知印发前已批复产能置换方案的此类企业，按200%比例折算后的富余指标可另行使用。

八、有序实施产能置换承诺制度

已建成或已完成技术改造（资源整合）的合法建设煤矿、申请核增产能的生产煤矿，短期内落实产能置换指标确有困难的，有关企业可出具承诺函，承诺确保在1年内落实产能置换指标到位。对做出承诺的企业，可先行办理相关手续，开展竣工验收和生产能力登记公告；逾期未落实的，属于核增产能的煤矿，核减所核增产能，属于建设煤矿竣工验收和登记公告生产能力的，取消生产能力登记公告；产能置换方案批复部门会同有关方面采取失信联合惩戒措施，对有关单位和责任人进行严肃处理。

九、明确产能置换煤矿关闭退出时间

产能置换方案经有关部门审核确认后，可依法依规办理相关手续，开展竣工验收、生产能力核增和生产能力登记公告。建设煤矿产能置换方案中的退出煤矿（含核减产能）最迟应在建设煤矿投产前关闭（核减）到位，生产煤矿产能置换方案中的退出煤矿应在产能核增申请得到批复后6个月内关闭到位，退出煤矿不属于“僵尸企业”、长期停产停建煤矿和9万吨/年及以下煤矿的，关闭退出时间可承诺在项目投产或核增申请得到批复之后1年内关闭到位。

十、加强事中事后监管

煤炭企业要认真落实产能置换相关要求，国家有关部门和地方人民政府发现企业隐瞒有关真实情况、弄虚作假的，追回已给予的优惠政策，对有关单位和责任人进行严肃处理，情节严重的列入煤炭行业失信企业名单，实施失信联合惩戒。

有关省（区、市）和相关职能部门要认真落实“放管服”要求，加强煤炭产能置换指标交易服务，为产能置换创造有利条件，并严格执行发改运行〔2017〕763号文件要求，加大监管力度，组织开展已批复产能置换方案落实情况检查，严格把关能力核增条件程序和相关标准，国家有关部门适时开展抽查，对落实不到位的企业公开曝光、限期整改，情节严重的列入煤炭行业失信企业名单，实施失信联合惩戒。

十一、其他有关事项

（一）本通知印发前已经审核确认的产能置换方案，除第七条所列情形外，原则上不予调整，确需调整的，按照国能综函煤炭〔2017〕114号文件规定执行。本通知印发前产能置换方案已批准并对剩余指标落实做出承诺的，已审核确认的产能置换指标计算方式仍按原规定执行。

（二）本通知产能置换指标折算应同时适用发改能源〔2016〕1602号、发改能源〔2016〕1897号、国能综函煤炭〔2017〕269号等文件要求，但不可同时适用发改能源〔2017〕609号文件关于跨省（区、市）实施产能置换、兼并重组、已核准（审批）煤矿使用其他企业产能指标按130%计算的规定和发改运行〔2017〕1623号文件关于国发〔2016〕7号文件印发前有关省级人民政府已审批转型升级（资源整合、兼并重组、整顿关闭）整体方案、地方相关部门未批复单个项目初步设计的煤矿项目可按130%或150%计算的规定。本通知第一至第七条优惠政策不可同时适用。与自然保护区、风景名胜区、水资源保护区重叠煤矿关闭退出或核减产能后指标折算不适用本通知第二至第七条规定。未核准（审批）的建设项目和核增产能项目实际退出产能（含核减产能）不得小于新增产能。人员安置折算的产能指标不能用于交易，可在本企业（集团）产能置换中使用。

（三）本通知所称煤炭中长期合同，是指按照发改运行〔2016〕2502号文件规定，买卖双方约定期限在一年及以上的单笔数量在20万吨以上的厂矿企业签订的合同。

（四）本通知所称长期停产停建煤矿，是指因成本过高、经营亏损已连续停产停建1年以上、恢复生产建设无望的煤矿。

（五）本通知有效期至2018年12月31日，由钢铁煤炭行业化解过剩产能和脱困发展工作部际联席会议办公室组织解释。

国家发展改革委办公厅
国家能源局综合司
国家安全监管总局办公厅
国家煤矿安监局办公室
2018年2月1日

附录3 关于进一步做好"僵尸企业"及去产能企业债务处置工作的通知

（发改财金〔2018〕1756号）

各省、自治区、直辖市人民政府，新疆生产建设兵团，积极稳妥降低企业杠杆率工作部际联席会议各成员单位：

为深入贯彻习近平新时代中国特色社会主义思想和党的十九大精神，打好防范化解重大风险攻坚战，落实中央经济工作会议、全国金融工作会议和政府工作报告部署，深入推进供给侧结构性改革，积极稳妥处置"僵尸企业"和去产能企业债务，加快"僵尸企业"出清，有效防范化解企业债务风险，助推经济提质增效，经国务院同意，现将有关工作事项通知如下。

一、处置原则

（一）坚持市场化法治化

相关市场主体依据市场化法治化原则开展债务处置，区分不同情形采取适当处置方式，自主协商形成处置方案，依法公平合理分担处置成本。充分尊重债权债务关系，依法保护企业职工、债权人、股东和投资者合法权益。

（二）发挥好政府引导作用

完善与债务处置相关的各项制度与政策，加快建立激励与约束机制，为债务处置创造良好的政策与制度环境；同时加强组织、引导和协调工作，对国有企业中的"僵尸企业"和去产能企业要制订债务处置计划并限期完成，推动金融机构和企业积极开展债务处置。

（三）有效防范债务处置中的各类风险

要稳妥有序开展各项工作，切实防止逃废债等道德风险、国有资产流失风险，维护好社会稳定，严密监测及时处理化解与债务处置相关的金融风险。

二、处置范围

（一）“僵尸企业”和去产能企业的直接债务

由“僵尸企业”和去产能企业法人单位作为借贷主体、债权债务关系清晰的债务。

（二）“僵尸企业”和去产能企业统借债务

由企业集团作为借贷主体统借统还实际用于“僵尸企业”和退出的合法合规在籍产能项目债务。

（三）“僵尸企业”和去产能企业的担保债务

由企业集团或其他第三方为“僵尸企业”和退出的合法合规在籍产能项目借贷提供担保形成的担保债务。

三、处置方式

（一）分类处置“僵尸企业”和去产能企业的直接债务

依据“僵尸企业”和去产能企业的营业价值、债务清偿能力、资产负债状况等因素，按照相关法规，分别采取破产清算、破产重整、债务重组、兼并重组等方式分类处置其直接债务。对具备清偿能力的去产能企业积极进行追索，切实防止恶意逃废债行为。

（二）清分“僵尸企业”和去产能企业统借债务并纳入直接债务处置

允许相关企业和债权人根据借款合同约定、“僵尸企业”和去产能企业资产或营业收入在企业集团中的占比、所去产能在企业集团总产能中的占比等情况自主协商一致后从企业集团的统借债务中清分出实际用于“僵尸企业”及去产能企业的债务，清分后的统借债务可纳入“僵尸企业”和去产能企业的直接债务中一同处置。

（三）自主协商处置“僵尸企业”和去产能企业的担保债务

企业和债权人可自主协商一致后解除或部分解除企业集团或第三方的担保责任，其中为去产能企业担保形成的担保债务可依据所去产能在去产能企业集团总产能中的占比等因素予以部分解除。

四、处置流程与时限

（一）确定债务处置企业名单

地方各级人民政府、各级相关国有资产管理部门应按照处置范围并结合实际情况，定期确定需开展债务处置的“僵尸企业”和去产能企业名单并及时通报相关金融机构和其他债权人。尚未确定过“僵尸企业”和去产能企业债务处置名单的地方各级人民政府、各级相关国有资产管理部门，应在本通知发布后三个月内确定首批名单。要合理安排确定后续处置企业名单，原则上应在2020年底前完成全部处置工作。

（二）形成处置方案并实施

仍有部分营业价值的“僵尸企业”、资产负债率高于合理水平且偿付到期债务有困难的去产能企业，鼓励通过金融债权人委员会机制与债权人自主协商开展资产、债务和业务重组，支持引入战略投资者推动兼并重组。各相关利益方应在“僵尸企业”名单确定后六个月内协商一致形成重组方案。符合破产重整条件的“僵尸企业”，地方各级人民政府、各级相关国有资产管理部门、金融监管部门应积极推动进入重整程序，由管理人或债务人根据企业破产法的相关规定，应在六个月最多再延长三个月内形成破产重整计划草案。符合破产清算条件的“僵尸企业”，应坚决破产清算。

（三）处置困难企业的后续处置

对列入处置名单后在规定时限内达不成债务重组方案或因其他处置困难导致资产负债率持续偏高的“僵尸企业”和去产能企业，符合条件的应按照加强国有企业资产负债约束的相关规定，列入资产负债率重点监管企业名单，对其债务融资和其他经营行为实行严格限制，企业应及时制定降低资产负债率方案，符合破产条件的应转入破产司法程序进行债务处置。

五、完善政策与制度环境

（一）支持资产处置盘活存量资产

在防范国有资产流失的前提下，进一步明确、规范国有资产转让相关程序，提高审批效率，完善“僵尸企业”及去产能企业债务抵押物处置规则。积极利用产权交易所、租赁、资产证券化等多方式充分盘活“僵尸企业”及去产能企业有效资产，用于清偿债务。

（二）落实完善相关金融信贷政策

对债务处置不到位资产负债水平持续超出合理水平且按时偿付到期债务有困难的“僵尸企业”，监管部门应严格展期续贷、借新还旧、关联企业担保贷款等业务的实施条件，禁止给予金融机构特殊监管政策支持，并对操作不规范的金融机构实施必要的惩戒。落实去产能和“僵尸企业”债务重组政策，对债务处置过程中形成的损失做到应核尽核及时核销，并落实尽职免责。加大对兼并重组的金融支持，鼓励金融机构在依法合规和风险可控的前提下提供发放并购贷款，支持符合条件的企业发行并购票据和引入并购基金。

（三）落实并完善相关社会保障和财税政策

完善社会保障体系，充分发挥社会保障制度的兜底作用。鼓励有条件的地方探索建立破产经费多渠道筹措机制，用于破产财产不足以支付破产费用案件的管理人报酬和其他破产费用的支付。严禁政府通过财政补贴维持“僵尸企业”存续的行为。落实好现有企业破产重整的税收支持政策，并根据实际情况研究相关政策。

（四）支持有效开展土地再利用

“僵尸企业”及去产能企业依法取得的国有土地可交由地方政府收回，地方各级人民政府收回原土地使用权后的出让收入，可按规定通过预算安排用于支付企业职工安置费用。在符合规划和转让条件的前提下，土地使用权人可整体或分割转让土地使用权，涉及改变土地用途和原划拨土地使用权转让的，经批准可采取协议方式办理用地手续。转产用于国家鼓励发展的新产业新业态的，可以五年为限，继续按原用途和土地权利类型使用土地。

（五）完善重整企业信用修复机制

重整计划执行过程中，企业可申请在全国信用信息共享平台、国家企业信用信息公示系统和金融信用信息基础数据库的大事记信息中添加相关信息，以及时反映企业最近生产经营状况。重整计划执行完毕后，企业可申请增设重组完成相关信息，以提示企业的重组情况。

六、组织实施

（一）建立政府法院协调机制

鼓励各地方建立政府法院协调机制。任何组织、机构、企业或个人不得阻碍或拖延符合破产条件的企业或其债权人提起破产申请。

（二）加强社会信用约束

对“僵尸企业”及去产能企业债务处置过程中恶意逃废债、国有资产流失等违法违规行为责任人建立信用记录，纳入全国信用信息共享平台、国家企业信用信息公示系统和金融信用信息基础数据库。构建失信行为联合惩戒机制，依据相关法律法规严格追究恶意逃废债和国有资产流失等违法违规单位及相关人员责任。

（三）明确责任主体，做好组织协调

“僵尸企业”及去产能企业是债务处置的第一责任主体。各地区应建立“僵尸企业”及去产能企业债务处置工作机制，明确牵头部门。各地区都要列出“僵尸企业”名单、拿出计划，全面稽查、上报结果。发展改革委要会同财政部、人民银行、银保监会、国资委等积极稳妥降低企业杠杆率工作部际联席会议相关部门和单位，依托相关工作机制，做好“僵尸企业”及去产能企业债务处置的组织协调、推动促进和监督检查工作，助推供给侧结构性改革持续深化，重大事项及时报告国务院。

国家发展改革委
工业和信息化部
财政部

人力资源和社会保障部
自　然　资　源　部
人　　民　　银　　行
国　　　资　　　委
税　　务　　总　　局
市　场　监　管　总　局
银　　保　　监　　会
证　　　监　　　会
2018年11月23日

附录 4 国家煤矿安监局关于有效防范和遏制煤与瓦斯突出事故的通知

（煤安监技装〔2018〕13 号）

各产煤省、自治区、直辖市及新疆生产建设兵团煤矿安全监管部门、煤炭行业管理部门，各省级煤矿安全监察局，司法部直属煤矿管理局，有关中央企业：

今年以来，全国煤矿共发生瓦斯事故 7 起、死亡 23 人，其中，较大瓦斯事故 4 起、死亡 18 人。特别是 4 月份以来，黑龙江龙煤集团鸡西矿业公司、河南能源集团焦煤公司和义煤公司等国有重点煤矿企业所属煤矿相继发生 3 起煤与瓦斯突出事故，共造成 11 人死亡。这些事故充分暴露出当前一些煤矿抽掘采比例失调严重，瓦斯抽采不到位，现场管理薄弱，安全监控系统运行不正常，超能力、超强度、超定员生产等问题。为深刻汲取事故教训，有效防范和坚决遏制煤与瓦斯突出事故，提出以下要求：

一、发生煤与瓦斯突出或者冲击地压事故的，一律依法停产整顿。

发生煤与瓦斯突出或者冲击地压事故的煤矿，无论是否有人员伤亡，一律停产整顿，并按照煤矿事故及时报告，煤矿安全监察机构要认真组织调查并严格追究责任；事故煤矿要立即进行专项整改，整改完成并经企业董事长签字后，按程序组织复产复工验收，对验收合格的，再经省级煤矿安全监察局专项监察后方可恢复生产，监察情况报国家煤矿安全监察局。

二、安全监控系统不能正常有效运行的，一律依法停产整顿。

煤矿安全监控系统运行不正常、不能实时上传数据或人为修改、删除、屏蔽数据的，一律停产整顿。经整改完成后，按程序组织复产复工验收，其中，对验收合格的高瓦斯、突出矿井，再经驻地煤矿安全监察分局专项监察后方可恢复生产，监察情况报省级煤矿安全监察局。

三、存在超能力生产、瓦斯超限作业等重大隐患的，一律依法停产整顿。

矿井超能力生产，通风系统不完善、不可靠，瓦斯超限作业，高瓦斯和突出矿井未建立瓦斯抽采系统，瓦斯抽采不达标，有冲击地压危险未采取有效措施，电气设备未取得煤矿矿用产品安全标志或者防爆等级与矿井瓦斯等级不符等重大隐患的煤矿一律停产整顿，并追究煤矿企业及负责人责任。经整改完成后按程序组织复产复工验收，其中，对验收合格的高瓦斯、突出矿井，再经驻地煤矿安全监察分局专项监察后方可恢复生产，监察情况报省级煤矿安全监察局。

四、未按规定实施防突措施的，一律依法停产整顿。

突出矿井未建立防治突出机构并配备相应专业人员，或未按规定落实两个“四位一体”综合防突措施，一律停产整顿。经整改完成后先按程序组织复产复工验收，对验收合格的，再经驻地煤矿安全监察分局专项监察后方可恢复生产，监察情况报省级煤矿安全监察局。

五、未按规定进行突出矿井鉴定的，一律认定为突出矿井。

《煤矿瓦斯等级鉴定办法》要求鉴定的，应当立即进行煤层突出危险性鉴定，或直接认定为突出煤层，鉴定完成前，一律按照突出煤层管理。未按规定完成突出鉴定的直接认定为突出矿井。煤矿企业和鉴定机构要严格执行鉴定标准和程序，对违法违规、弄虚作假的，要依法依规从严追究相关单位和人员的责任。

六、9万吨/年及以下的煤与瓦斯突出矿井一律依法关闭。

9万吨/年及以下的煤与瓦斯突出矿井必须立即依法停产、关闭退出。由省级煤炭行业管理部门或煤矿安全监管部门牵头，会同省级煤矿安全监察机构，提出关闭退出方案，明确关闭退出时间表、路线图，确保在2018年底前关闭到位。

七、煤矿企业及其有关人员存在以下情况的，一律纳入联合惩戒对象或安全生产“黑名单”。

发生较大及以上生产安全责任事故，或1年内累计发生3起及以上造成人员死亡的一般生产安全责任事故的煤矿及所属煤矿企业，一律纳入联合惩戒对象；存在严重违法违规行为，发生重特大生产安全责任事故，或1年内累计发生2起较大生产安全责任事故，或发生性质恶劣、危害性严重、社会影响大的典型较大生产安全责任事故的煤矿及所属煤矿企业，一律纳入安全生产不良记录“黑名单”管理。

国家煤矿安监局

2018年5月24日

附录 5 国家煤矿安全监察局关于印发《防范煤矿采掘接续紧张暂行办法》的通知

（煤安监技装〔2018〕23 号）

各产煤省、自治区、直辖市及新疆生产建设兵团煤矿安全监管部门、煤炭行业管理部门，各省级煤矿安全监察局，司法部直属煤矿管理局，有关中央企业：

《防范煤矿采掘接续紧张暂行办法》已经 2018 年 9 月 3 日国家煤矿安监局第 29 次局长办公会议审议通过，现予印发，自 2018 年 11 月 1 日起施行。

国家煤矿安全监察局

2018 年 9 月 21 日

防范煤矿采掘接续紧张暂行办法

第一条　为有效管控煤矿采掘接续紧张引发重特大事故风险，根据《国务院关于预防煤矿生产安全事故的特别规定》和《煤矿重大生产安全事故隐患判定标准》，制定本办法。

第二条　矿井有下列情形之一的，为采掘接续紧张：

（一）除衰老矿井和计划停产关闭矿井外，正常生产矿井的开拓煤量、准备煤量、回采煤量（以下简称“三量”）可采期小于本办法第三条规定的最短时间的；

（二）开采煤层群的突出矿井，具备开采保护层条件，未优先选取无突出危险的煤层或者突出危险程度较小的煤层作为保护层开采的；

（三）未按《煤矿安全规程》形成完整的水平或采（盘）区通

风、排水、供电、通讯等系统，进行回采巷道施工的；

（四）采（盘）区内同时作业的采煤工作面和煤巷掘进工作面个数超过《煤矿安全规程》规定的；

（五）擅自缩短工作面走向（推进）长度的（除遇大断层构造带或煤层变薄带不可采等外），或未经批准擅自将一个采区划分为多个采区的；

（六）煤层群开采时，未留有足够的顶底板稳定时间，施工近距离邻近煤层回采巷道的；

（七）擅自减少瓦斯、水害等重大灾害治理巷道工程、钻孔工程，或擅自缩减瓦斯抽采时间，减少灾害治理措施的；

（八）采煤工作面生产安全系统未形成进行采煤的；

（九）各省级煤矿安全监察局和煤矿安全监管部门认定并经国家煤矿安全监察局批复确认的其他采掘接续紧张情形。

第三条　矿井开拓煤量可采期应当符合下列规定：

（一）煤与瓦斯突出矿井、水文地质类型极复杂矿井、冲击地压矿井不得少于5年；

（二）高瓦斯矿井、水文地质类型复杂矿井不得少于4年；

（三）其他矿井不得少于3年。

矿井准备煤量可采期应当符合下列规定：

（一）水文地质条件复杂和极复杂矿井、煤与瓦斯突出矿井、冲击地压矿井、煤巷掘进机械化程度与综合机械化采煤程度的比值小于0.7的矿井不得少于14个月；

（二）其他矿井不得少于12个月。

矿井回采煤量可采期应当符合下列规定：

（一）2个及以上采煤工作面同时生产的矿井不得少于5个月；

（二）其他矿井不得少于4个月。

矿井“三量”及“三量”可采期计算方法见附录。

第四条　矿井应当定期计算分析矿井“三量”，确保矿井灾害治理和采掘平衡，通过绘制和填报相应的图、表、台账及文字说明，及时掌握和分析生产准备程度与采掘关系；至少每季度形成期末“三量”动态报表，并根据采掘接续变化，定期（每年不得少于1次）对三量的动态变化进行统计和分析，形成分析报告，编制或修订不少于24个月的采掘工作面接续图表，算出最短的“三量”可采期。

矿井应当建立完善“三量”管理制度，明确责任分工和管理要求。

矿井应当编制矿井生产和灾害治理规划、年度计划，统筹采掘工程、灾害治理工程安排。

第五条　矿井发现“三量”可采期未达到规定要求的，应当及时报告上级公司，并主动降低产量，制定相应的灾害治理和采掘调整计划方案。矿井可根据采掘接续紧张的严重程度，相应调减计划产量，或减少同时作业的采煤工作面个数，并形成正式文件或纪要，报上级公司或负责属地监管的煤矿安全监管部门。工作面回采结束后无接续工作面的，应当确定停采期。

第六条　煤矿上级公司应当加强煤矿灾害治理和采掘平衡管理工作，发现所属矿井采掘接续紧张或接到矿井采掘接续紧张的报告并验证确认后，应当按照“三量”平衡管理要求，以正式文件或纪要形式重新调整下达产量考核指标和相对应的经营考核指标。

第七条　煤矿上级公司明知矿井采掘接续紧张仍然下达导致采掘接续紧张的产量考核指标或相应的经营考核指标的，依法对上级公司进行联合惩戒，导致生产安全事故发生的，依照有关规定对上级公司主要负责人、分管负责人及相关管理部门负责人给予问责。

第八条　煤矿安全监管监察部门发现矿井采掘接续紧张没有主动采取限产或停采措施，仍然进行生产的，应当依照《国务院关于预防煤矿生产安全事故的特别规定》和《煤矿重大生产安全事故隐患判定标准》进行处罚。

第九条　本规定自 2018 年 11 月 1 日起施行。

附录 6　2018 年全国规模以上分省（区、市）原煤产量

省（区、市）	原煤产量/Mt	去年同期/Mt	同比增减/%
内蒙古自治区	926.0	878.6	5.4
山西省	893.4	854.0	4.6
陕西省	623.2	569.6	9.4
新疆维吾尔自治区	190.4	167.1	13.9
贵州省	139.2	165.5	-15.9
山东省	121.7	129.5	-6.0
安徽省	115.3	117.2	-1.6
河南省	113.7	116.9	-2.7
宁夏回族自治区	74.2	73.5	1.0
黑龙江省	57.9	54.4	6.4
河北省	55.1	60.1	-8.3
云南省	45.3	43.9	3.2
甘肃省	35.8	37.1	-3.5
四川省	35.2	46.6	-24.5
辽宁省	33.8	36.1	-6.4
湖南省	16.9	18.6	-9.1
吉林省	15.2	16.4	-7.3
江苏省	12.5	12.8	-2.3
重庆市	11.9	11.7	1.7
福建省	9.2	11.1	-17.1
青海省	7.7	7.2	6.9
江西省	5.3	7.8	-32.1
广西壮族自治区	4.7	4.2	11.9
北京市	1.8	2.6	-30.8
湖北省	0.8	3.1	-74.2
合计	3546.2	3445.6	2.9

注：数据来源于国家统计局。

附录 7　2018 年全国煤炭行业主要经济技术指标

序号	指标名称	单位	2018 年	2017 年	同比/%
1	全国原煤产量	亿吨	36.8	35.2	4.5
2	规模以上煤炭企业原煤产量	亿吨	35.46	34.46	2.9
3	大型煤炭企业原煤产量	亿吨	26.11	25.22	3.5
4	全国煤矿数量	处	5800 左右	6794	
5	千万吨级煤矿（生产）	处	42	36	16.7
6	千万吨级煤矿（在建和改扩建）	处	37	34	8.8
7	煤炭铁路运量	亿吨	23.8	21.55	10.4
8	煤炭进口量	亿吨	2.81	2.71	3.7
9	煤炭出口量	万吨	493.4	817	-39.6
10	智能化采煤工作面	个	145	47	208.5
11	大型煤炭企业回采工作面单产	吨/个·月	80648	80487	0.2
12	大型煤炭企业利润	亿元	1563.05	1233.46	26.7
13	大型煤炭企业原煤生产人员效率（井工）	吨/工	6.803	6.681	1.8
14	大型煤炭企业原煤生产人员效率（露天）	吨/工	96.03	95.09	1.0
15	大型煤炭企业采煤机械化程度	%	97.9	97.8	0.1
16	大型煤炭企业从业人员	万人	268.32	271.34	-1.1
17	固定资产增长率	%	5.9	-12.3	-148.0
18	百万吨死亡率	人/百万吨	0.093	0.106	-12.3

参 考 文 献

[1] 中华人民共和国2018年国民经济和社会发展统计公报. http://www.stats.gov.cn/tjsj/zxfb/201902/t20190228_1651265.html.

[2] 中国能源统计年鉴2017. http:/www.stats.gov.cn/tjsj./tjcbw/201806/t20180612_1604117.html.

[3] 经济运行稳中有进　转型发展再展新篇——《2018年统计公报》评读. http:/www.stats.gov.cn/tjsj/sjjd/201902/t20190228_1651270.html.

[4] 《求是》发表宁吉喆署名文章:发展目标较好实现　稳中有进态势持续. http:/www.stats.gov.cn/tjsj/sjjd/201902/t20190201_1648019.html.

[5] 刘文华:能源供需稳定增长　节能降耗稳步推进. http:/www.stats.gov.cn/tjsj/sjjd/201901/t20190122_1646258.html.

[6] 彭永涛:稳投资初见成效　调结构深入推进. http://www.stats.gov.cn/tjsj/sjjd/201901/t20190122_1646246.html.

[7] 文兼武:工业经济总体平稳　结构效益持续优化. http://www.stats.gov.cn/tjsj/sjjd/201901/t20190122_1646240.html.

[8] 国家统计局局长就2018年国民经济运行情况记者答问. htp://www.stats.gov.cn/tjsj/sjjd/201901/t20190121_1645944.html.

[9] 中国煤炭工业协会. 2018煤炭行业发展年度报告. https://www.cctd.com.cn/uploadfile/2019/0308/20190308093106638.pdf.

[10] 商务部合作司负责人谈2018年对外投资合作情况. http:/diagram.mofcom.gov.cn/lg/5c492f54cd91893da982154f.

[11] 2018年1—11月我国对外投资合作情况. http://www.mofcom.gov.cn/article/i/jyjl/m/201812/20181202816994.shtml.

[12] 世界货币组织《世界经济展望》. https:/www.imf.org/zh/Publications/WEO/Issues/2019/01/11/weo-update-january-2019.

[13] 中国矿产资源报告2018. http:/www.mnr.gov.cn/sj/sjfw/kc_19263/zgkczybg/201811/t20181116_2366032.html.

[14] 中华人民共和国生态环境部,http:/www.mee.gov.cn/.

[15] 加快经济结构优化升级——把握我国发展重要战略机遇新内涵述评之一[N]. 人民日报,2019-02-17.

[16] 高举习近平新时代中国特色社会主义思想伟大旗帜　奋力推动能源高质量发展迈出新步伐　2019年全国能源工作会议召开. http://www.nea.gov.cn/2018-12/27/c_137702602.htm.

[17] 王显政在庆祝煤炭工业改革开放40周年座谈会上的讲话. 国家煤炭工业网. http:/www.coalchina.org.cn/detail/18/12/29/00000032/content.html.

[18] 王显政出席IEA《全球煤炭市场报告(2018—2023)》发布会. 国家煤炭工业网. http://www.coalchina.org.cn/detail/19/02/26/00000002/content.html.

[19] 吴吟,张立宽. 我国煤炭工业实现十大历史性转变——改革开放40年煤炭发展观察[N]. 中国电力报,2018-07-31.

[20] 2018“陕煤集团杯”煤炭行业企业双十大新闻评出[N]. 中国煤炭报,2019-01-04.
[21] 90 家大型煤企实现利润 1563 亿仍有 22 家负债超千亿元[N]. 证券日报,2019-03-04.
[22] 2019 年煤炭行业十大猜想,煤炭市场运行走势如何?[N]. 中国煤炭报,2019-01-02.
[23] 我国建成全球最大清洁煤电供应体系　煤电行业逐渐摘掉污染标签[N]. 经济日报,2019-02-12.
[24] 独家专访　章建华:深入贯彻落实能源安全新战略[N]. 中国电力报,2018-12-28.
[25] 加快构建我国可再生能源发展路径[N]. 经济日报,2018-11-23.
[26] 2018—2019 年我国石油对外依存度将超七成[N]. 国经济时报,2019-01-25.
[27] 煤炭去产能进入巩固阶段,解决人员安置、提升供给质量,听代表委员献策[N]. 中国煤炭报,2019-03-08.
[28] 两会代表委员话安全　全国政协委员黄玉治谈煤矿安全生产[N]. 中国安全生产,2019-03-09.
[29] 《BP 世界能源统计年鉴》2018. https://www.bp.com/content/dam/bp-country/zh_cn/Publications/2018SRbook.pdf.
[30] 本刊编辑部. 加快能源结构调整　打赢蓝天保卫战[J]. 中国能源,2018,40(9):1-2.
[31] 国务院:调整能源结构　助力蓝天保卫计划[EB/OL]. 中国政府网,2018-06-13.
[32] 中国铁路总公司. 六线六区域成煤炭铁运扩能重点　2020 年建成 4 条万吨煤炭重载铁路通道[EB/OL]. 煤炭工业网,2018-07-09.
[33] 2018 年中国蒙华铁路对鄂湘赣地区煤炭运输通道的影响分析[EB/OL]. 中国产业信息网,2018-07-05.